UNE HISTOIRE DU PARADIS
Le jardin des délices

낙원의 역사

기쁨의 정원은 어디에

UNE HISTOIRE DU PARADIS
Le jardin des délices
by Jean DELUMEAU

Copyright © Librairie Arthème Fayard, Paris, 1992
Korean Translation Copyright © L.P. Publishing Co. Ltd., 2025
All rights reserved.

This Korean edition was published by arrangement with
Librairie Arthème Fayard (Paris)
through Bestun Korea Agency Co., Seoul

이 책의 한국어판 저작권은 베스툰 코리아 에이전시를 통해
저작권자와의 독점계약으로 도서출판 앨피에 있습니다.
저작권법에 의해 한국 내에서 보호를 받는 저작물이므로
무단 전재와 무단 복제를 금합니다.

UNE HISTOIRE DU PARADIS
Le jardin des délices

낙원의 역사
기쁨의 정원은 어디에

| 장 들뤼모 지음   박용진 옮김 |

차례

머리말 — 9
옮긴이 글 — 13

제1장 전설의 혼합
: 모세와 호메로스에서 토마스 아퀴나스까지 — 45

주 하느님께서 에덴에 정원을 만드셨다
황금시대, 엘리시온의 평원, 행운의 섬Iles Fortuness — 53
그리스-로마 신화의 기독교화 — 61
지상낙원 : '역사적' 현실 — 72

제2장 낙원, 대기의 장소 — 85

유대교와 기독교의 묵시록 — 87
예수에 의해 다시 열린 '낙원' — 99

제3장 지상낙원과 중세 지리학 — 119

지상에 여전히 존재하는 지상낙원 — 121
　희년서에서 토마스 아퀴나스까지
　성 토마스 아퀴나스에서 크리스토퍼 콜럼버스까지
지상낙원과 중세 지도제작법 — 156

제4장 사제 요한 왕국 — 175

거짓의 승리 — 177
사제 요한 왕국 근처에 있는 아시아 — 200
아시아에서 아프리카로 — 212

제5장 다른 꿈의 나라 — 225

낙원 섬 — 227
아메리카와 파라다이스 — 249

제6장 향수鄕愁 — 261

황금시대와 '행운의 섬'에 대한 슬픈 시선 — 263
닫힌 정원 — 272
닫힌 정원에서 열린 정원으로 — 284
꽃과 샘 — 297

제7장 새로운 학문과 지상낙원 — 307
문화의 중심에 있는 지상낙원 — 309
방법과 쟁점 — 322
중세적 신념의 점진적 포기 329

제8장 지상낙원의 위치에 대한 연구(16~18세기) — 341
환상적인 장소의 포기 — 343
아르메니아, 바빌로니아 또는 팔레스타인? — 352
    아르메니아
    메소포타미아
성지 — 366
몇 가지 보충 질문 — 372

제9장 정교해진 연대 계산 — 377
지상낙원은 언제 창조되었나? — 379
아담의 창조와 이브의 창조 사이의 시간 — 383
이브의 창조부터 지상낙원에서의 추방까지 — 388

**제10장 인류는 눈을 뜨자마자,
행복한 자신의 모습을 보았다** — 401

    존재의 완벽함 — 405
    아담과 이브의 능력과 지식 — 421
    지상낙원에서의 결혼과 사회 — 432

제11장 매혹의 정원의 소멸 — 451

    화석이 제기하는 질문 — 457
    성경과 이성 — 466
    진화론의 탄생 — 470
    루소와 칸트의 '자연 상태' — 482

결론 신화의 다른 해석 — 489

● 미주 — 501

일러두기

원어 표기 꼭 필요한 경우가 아닌 한, 고대 그리스-로마 작가나 성경에 등장하는 성인 등의 인명은 원어를 병기하지 않았다. 고전이라 할 만한 고대 작품들도 원어를 병기하지 않았다. 기타 저작명이나 인명은 맨 처음 주요하게 언급될 때 한 번만 원어를 병기했고, 상세한 미주가 있는 경우에는 병기를 피했다. 히브리어나 그리스어 등은 원래의 언어 대신에 영어 알파벳으로 적었다. 인명이나 지명은 외래어 표기용례를 따르되, 널리 알려진 이름이나 표기가 굳어진 명칭은 그대로 사용했다.

성경 인용 본문에 인용하는 성경 텍스트는 천주교와 개신교가 공동 구성한 한국 성서공동번역위원회가 편찬한 《공동번역 성서》(1977) 번역을 따랐다. 단, 성서에 등장하지 않는 성인 등 인명은 기독교 역사 및 문화와 밀접하게 관련된 라틴어로 표기하고 필요한 경우에 설명주를 달았다.

원주 하단 각주와 본문의 ( )는 원저자의 것이다.

옮긴이 주 원어 병기를 절제하는 대신에 독자의 이해를 돕고자 가독성을 해치지 않는 범위에서 낱말 풀이 등 옮긴이 주를 상세히 넣었다. 본문 속 옮긴이 주는 |고딕체|로 표기했다. 하단 각주의 옮긴이 주는 (옮긴이)로 표시했다.

도서 제목 본문에 나오는 도서 제목은 원저자가 사용한 언어의 원어를 번역 표기하는 것을 원칙으로 하되, 국내에 번역 출간된 도서는 가능한 한 그 제목을 따랐다.

머리말

"인간의 꿈은 인간 역사의 일부를 이루며 인간 행위의 상당 부분을 설명해 준다."

마조리 리브스Marjorie Reeves가 12세기 이탈리아 신학자 요아킴 피오레 및 그 후예들과 관련하여 한 이 말은,[1] 그의 탁월한 통찰력을 보여 주는 말이자 지금 내가 펼쳐 보이려는 새로운 역사 서술 계획 방식의 도입부로서 가장 적절한 말이다.

이 계획은 20년 전에 시작된 길고도 외로운 여정의 연속선상에 있다. 《서양의 공포》를 필두로 《원죄와 공포》, 《안심과 보호》, 《고백과 용서》 등을 출간했다. 이처럼 제목만 열거해도 우행과는 상관없는 이 계획의 내적인 논리가 드러난다. 먼저 내가 관심을 가졌던 것은 나의 조상인 서양 사람들이 무엇에 대해 특히 공포를 느꼈는가 하는 것이다. 그다음에는 자연, 인간, 저승 등에서 유래하여 서양인들을 위협한 위험에 대해 서양 사람들이 취한 해결책을 들여다보았다. 그러나 이후에도 여전히 아쉬움이 남았다. 그것은 조상들이 품었던 행복에 대한 꿈을 재현해 보고 싶다는 것이었고, 그래서 지금의 이 구상을 하게 되었다. 이것이 바로 《낙원의 역사》에서 하려고 하는 일이다.

앙리 미쇼는 "우리는 낙원의 세기에 있지 않다"[2]고 했다. 그렇다면 이러한 시대에 사는 우리는 다른 어떤 시대 사람들보다 우리 선조들이 생각한 낙원Paradise이란 무엇이었는지 알아보아야 할 필요가 있지 않을까? 그래서 행복에 대한 꿈을 역사 서술의 '주제'로 삼아야겠다는 생각이 떠올랐다. 사실 하나의 '주제'는 거의 무한정이므로 합리적인 한계가 설정되어야 한다. 나의 앞선 저작들과 마찬가지로 나는 서양을 벗어나지 않을 것이며, 시대적으로 나의 전문 영역인 14~18세기를 주된 대상으로 삼을 것이다. 여기에 세 가지 큰 주제를 차례로 다룰 것이다. ① 지상낙원에 대한 향수, ② 지상에 실현되어 천년 동안 지속되는 지복왕국(천년왕국)에 대한 기대, ③ 마침내 기독교의 천상에 있는 하느님의 광명 속에서 누릴 완전한 불멸의 기쁨에 대한 희망. 행복에 대한 이 세 가지 큰 집단적 사고는 각각 한 권의 책으로 담을 것이다. 지금 보고 있는 첫 번째 책은 '기쁨의 정원'에서 일어나는 행복과 불행이 주제이다.

이 긴 호흡의 작업 중간에, 그리고 이 주제에 최대한의 새로움을 부여하기 위해, 이전의 책에서 했던 것과 마찬가지로 나름대로 황금률을 부과했고 앞으로도 이것을 지킬 것이다. 즉, 느낌과 사실이 살아 있는 일차 사료를 계속 참조할 것이다. 사료史料의 목소리는 원래의 신선함을 유지하고 있으므로 독자들과 내가 수 세기에 걸친 순례를 하는 동안 우리와 함께할 것이다.

시어도어 젤딘Theodore Zeldin이 낙원을 우화적으로 그린 소설 |《행복Happiness》(1988). 《걸리버 여행기》, 《이상한 나라의 앨리스》 등의 계보를 잇는 낙원소설|에서는 두 명의 천사가 낙원에서 수정 구슬을 가지고 놀고 있었는데, 젤딘이 파견한 여성 대사가 그 구슬 중 하나를 가지고 와서 쇼윈도에 전시하고 여기에 "낙원에서 발견된 행복의 조각"[3]이라는 설명서를 붙인다. 우리의 이 새로운 여행에서 그러한 수정 구슬을 발견할 수는 없을 것이다. 이 책에서 찾고자 하는 것은 다른 것이다.

역사가는 할 수 있는 한 최선을 다해 과거의 세계를 다시 구성하려고 노력한다. 그런데 이처럼 재구성할 때, 우리 선조들의 행복에 대한 논의나 선조들이 풍부하게 가꾸어 온 행복의 이미지를 포함하지 않으면 매우 불완전한 것에 그치고 말 것이다.

이것은 심리학적이며 동시에 형이상학적 도면 위에서 구성될 터, 이 여정은 샤르트르 대성당 바닥에 새겨진 〈미로〉의 구불구불한 길을 따라가는 것에 비유할 수 있다. 사람들은 이 미로를 '리외lieue'라고 한다. 이 미로를 무릎을 꿇고 가면, 걸어서

갈 때의 거리로 1리외(약 3~4킬로미터)를 가는 것과 같기 때문이다. 이 미로의 외부에서 중심까지 이어지는 길이는 261.5미터이다. 다른 성당과 마찬가지로 샤르트르 대성당의 '미로'도 주의 깊고 인내심 강한 순례자를 천상의 예루살렘으로 인도한다.

지금 출발하려는, 시간을 따라가는 길에서는 길가에 있는 수많은 환상을 포기해야 할지도 모른다. 마치 르네상스 시대 사람들이 그때까지 믿었던 포르투나Fortuna(행운의 섬)와 사제왕 요한 왕국을 인식의 틀에서 없애 버렸듯이 말이다. 그러나 그렇게 함으로써 우리 운명의 의미와 우리에게 남아 있는 희망을 더 확실하게 발견하게 되기를 바란다.

이전에 출간했던 나의 저작들과 마찬가지로, 이 책 역시 두 명의 조력자에게 큰 빚을 졌다. 안젤라 암스트롱과 사빈 멜키오르보네이다. 그들에게 다시 한 번 감사를 표한다.

책 내부의 컬러사진은 다니엘 알렉상드르비동이 준 것이다. 그녀는 이미 《고백과 용서》의 책 표지 그림을 나에게 준 바 있다. 그녀에게도 감사를 드린다.

옮긴이 글

영원히 안식할 낙원이라는 희망

인간의 영원한 꿈은 죽지 않고 영원히 사는 것이다. 그러나 이미 인류 최초의 서사시라고 할 《길가메시 서사시》도 인간이 죽음을 피할 수 없다고 했고, 과학이 발달한 오늘날에도 인간은 아직 영생을 얻지 못했다. 그렇다고 영원한 이상향에 대한 인간의 염원이 사그라드는 것은 아니다. 낙원, 유토피아, 무릉도원, 서방정토 등 이상향의 꿈은 세계 각지에서 공통되게 나타나지만, 그 모습은 저마다 다르다. 이상향도 시간과 공간의 현실을 반영하기 때문이다.

서양의 대표적인 이상향은 기독교에서 유래한 낙원과 에덴동산이다. 이 책은 그 낙원의 기원과 변화 그리고 쇠퇴 과정을 다룬 역사책이다. 정확히 말하면, '낙원'이라는 개념의 역사적 변화를 추적한다.

이 책은 장 들뤼모의 '낙원의 역사' 3부작 중 제1권 '기쁨의 정원'편에 해당한다. 제2권은 '천년의 행복', 제3권은 '낙원이 남겨 준 것'이다. 들뤼모는 《서양의 공포 La Peur en Occident》(1978)와

《원죄, 공포, 죄의식La Peur en Occident》(1983)으로 유명한데, 그는 이 책들에서 서양 문화의 밑바탕에 있는 공포와 종교가 일상적 종교 생활에서 구체화되는 양상을 보여 주었다. 한 마디로 일상생활에 배어 있는 종교적 심성을 보여 주는 연구들로, 서양 문명의 기저에 존재하는 종교에서 비롯된 다양한 두려움과 공포가 어떻게 규율과 통제 체제를 구축했는지를 설명해 보였다. 그의 이러한 심성사 연구는 마르크 블로크의 《기적을 행하는 왕》이나 뤼시앵 페브르의 《16세기의 무신앙 문제》를 잇는 연구라고 할 수 있다.

그런데 이러한 공포의 심성과 짝을 이루는 것이 바로 낙원에 대한 상상이라고 할 수 있다. 한 사회에 공포와 두려움, 죄의식만 있다면 인간이 어떻게 살겠는가. 이러한 공포와 두려움을 상쇄할 수 있는 장치가 필요한데, 그것이 바로 낙원이다. 아담과 이브는 '원죄'를 짓고 낙원에서 쫓겨났다. 이러한 죄의식에도 불구하고 인간이 살아 나갈 수 있는 것은 언젠가는 그곳 낙원으로 돌아갈 수 있으리라는 희망을 품기 때문이다.

들뤼모의 연구 여정을 보면 이 점을 확실히 알 수 있다. 그의 저작은 서양의 공포에서 출발하여 《안심과 보호: 서양의 안도감Rassurer et protéger. Le sentiment de sécurité dans l'Occident d'autrefois》(1989)과 《고백과 용서L'aveu et le pardon》(1990)를 거쳐 이 책《낙원

의 역사》(1992)에 도달했다. 《낙원의 역사》는 서양의 공포와 동일한 문제의식의 연장선상에 있는 셈이다. 그의 출발선은 공포였지만 그것은 서양의 공포이므로, 《낙원의 역사》는 기독교의 낙원에서 시작한다. 그러나 창세기 이야기가 기독교 이전에 있었던 신화, 예를 들어 엘리시온의 들판, 행복의 섬에 관한 이야기와 연결되어 있음을 보여 준다. 에덴동산은 어떤 사람에게는 우화적 상징이었지만, 어떤 사람들에게는 역사적·지리적 현실이었다. 그들은 원죄 이후 낙원이 인간이 접근할 수 없는 장소가 되었지만 여전히 지상에 존재한다고 생각했다. 지상에 여전히 존재한다면 다시 찾아갈 수 있지 않을까?

그리하여 중세인들은 낙원을 지도에 표시하기까지 했다(3장). 더, 나아가 이러한 장소가 실재한다고 생각했으므로 가장 그럴듯한 장소를 선정했다. 탐험가들은 사제 요한 왕국을 찾아 아프리카를, 행운의 섬과 성 브렌던 섬을 찾아 대서양과 남아메리카를 헤맸다(4장과 5장). 그러나 그 결과는 실망스러웠다. 그래서 낙원이 대홍수로 파괴되었다고 생각했다. 그럼에도 낙원에 대한 향수는 지속되어서 회화, 정원(닫힌 정원) 등 예술 영역에 투영되었다(6장). 16세기와 17세기에는 낙원에 대한 중세적 신념이 포기되고, 대신에 과학적 방법을 동원하여 낙원을 찾기 시작했다(7장과 8장). 그러나 계몽사상, 고생물학, 진화론 등에 기반한 새로운 자연관에 직면하여 낙원과 낙원에 대한 향수까지 사라져 갔다.

앞서 말했듯이, 들뤼모는 서양에는 기독교에서 기원한 죄의식과 공포, 두려움이 뿌리 깊이 박혀 있고, 이에 대한 대응물로 등장한 것이 낙원이라고 생각했다. 그렇게 보면 들뤼모는 현재 당면한 두려움과 공포에 매몰되지 말고 낙원을 상상하고 그 힘으로 미래에 대한 희망을 품으라고 권하는 듯하다. 낙원이 사라지면 죄의식과 공포도 사라질 것이며, 인간에게 죄의식을 불어넣은 신의 이미지도 바뀔 것이다. 들뤼모에 따르면, 지상낙원이 사라지면 그와 함께 신의 이미지도 복수심에 찬 이미지를 벗어 버릴 것이다.

이 책의 번역을 완료하는 데까지 오랜 시간이 걸렸다. 먼저 이 책의 번역을 권유한 남종국 선생에게 감사를 드린다. 그는 항상 나에게 새로운 주제를 권해 주는 훌륭한 동료이다. 사실 이 책의 번역을 결정한 것은 10년 전 일인데, 그동안 본인의 게으름 때문에 번역이 늦어졌다. 그동안 꾸준한 마음으로 기다려 준 앨피출판사에 감사한다. 번역은 주말과 방학을 이용해야 했는데, 그 시간을 함께하지 못한 아내 안혜경과 두 딸 수완과 채완에게도 미안한 마음을 전한다. 항상 번역을 마치고 나면, 그제야 이상한 문장들이 눈에 들어온다. 부디 오역과 이상한 문장을 고칠 수 있는 기회가 있기를 바란다. 그때까지는 너그러이 이해해 주시길 독자들께 빈다.

2025년 가을

박용진

지상낙원에서 쫓겨난 아담과 이브(1482년경), 뮌헨, 바이에른 주립도서관.

르네상스기에 활동한 프랑스 화가 장 푸케Jean Fouquet가 그린 지상낙원에서 거행된 아담과 이브의 결혼. 지상낙원이 요새 같은 건물로 둘러싸인 '닫힌 정원' 형태이다. 플라비우스 요세푸스Flavius Josephus의 《유대 고대사Antiquitates Iudaicae》 속 삽화. 15세기, 파리, 아스날 도서관.

15세기 말 프랑스 루앙에서 사용된 《전례서Livre d'heures》에 실린 지상낙원의 아담(왼쪽)과 이브(오른쪽). 파리, 아스날 도서관.

1530년경 독일 화가 루카스 크라나흐Lucas Cranach가 그린 〈지상낙원〉, 빈 미술관. 에덴동산이 들판 쪽으로 넓게 펼쳐져 있다.

'오랭(라인강 상류지방)의 거장'이라 불리는 익명의 화가가 그린 〈낙원의 정원〉. 성모는 책을 읽고 있고, 아기 예수는 성 세실리아의 키타라를 가지고 놀고 있으며, 성 미카엘은 성 조지 및 다른 성 기사들과 대화를 나누고 있다. 1430년경, 프랑크푸르트, 암마인 슈테델 미술관.

17세기 프랑스 화가 니콜라 푸생 Niclas Poussin**이 그린 지상낙원의 아담과 이브. 이브가 아담을 유혹하는 장면이다. 파리, 루브르 박물관** ⓒ Bulloz

(위) 〈이브의 유혹〉, 플랑드르 태피스트리, 16세기 중반, 피렌체, 아카데미아 미술관.
(아래) 〈동물 이름을 짓는 아담〉, 플랑드르 태피스트리, 16세기 중반, 피렌체, 아카데미아 미술관.

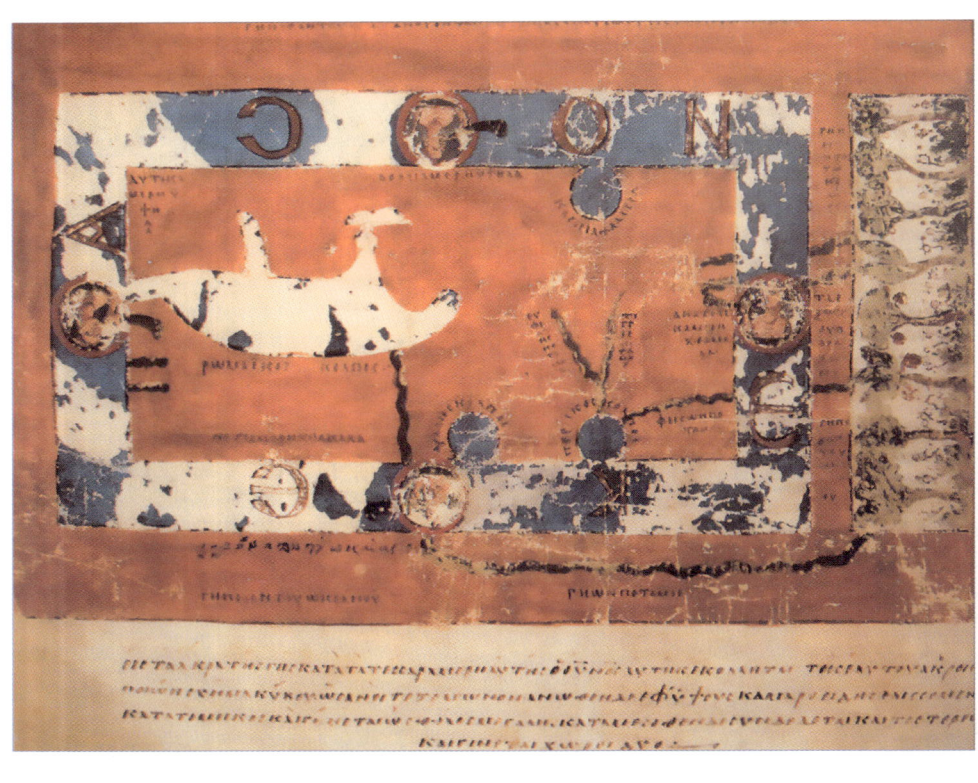

6세기 알렉산드리아의 코스마스 인디코플레우스테스가 저서 《기독교 지형도 Topographie chrétienne》에서 제시한 세계지도

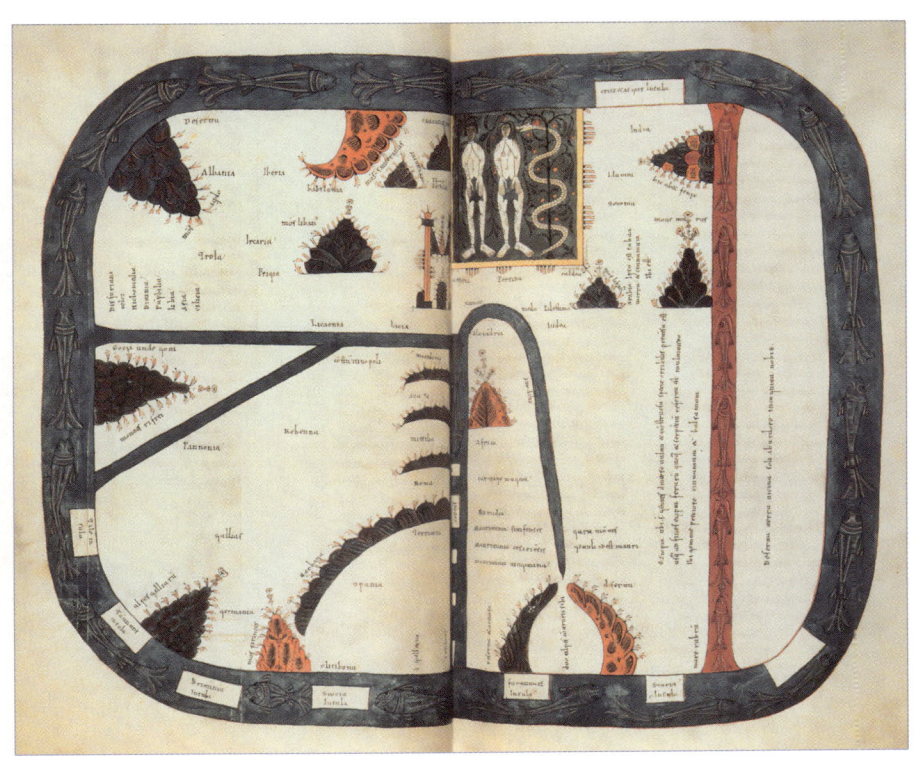

1109년 부르고스 주교구의 실로스 수도원에서 제작된 것으로 추정되는 〈묵시록〉 주석이 있는 세계지도('Silos Apocalypse', 본문 〈지도 2〉). 부르고스 교구의 에우테루스 주교에게 헌정된 것이다.

10세기 혹은 12세기에 제작된 것으로 추정되는 세계지도(본문 〈지도 3〉). 에우테루스 주교에게 헌정된 〈묵시록〉 주석 사본들 중 토리노에 보관된 사본에 실려 있다.

1120년경 《꽃의 책Liber Floridus》을 장식하기 위해 "오닐프의 아들인 생 토메르의 랑베르"가 그린 세계지도(본문 〈지도 4〉).

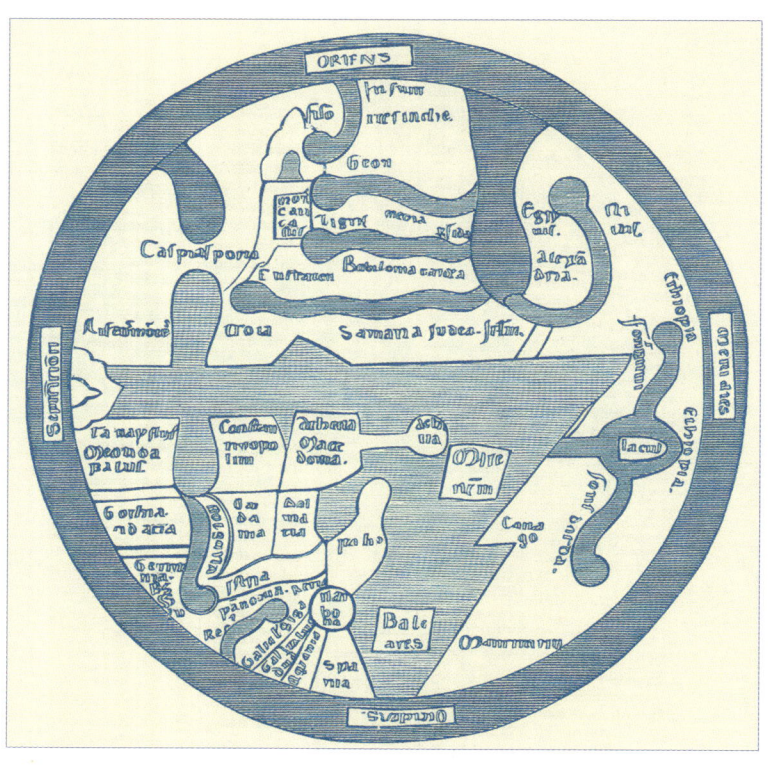

브뤼셀에 보존된 《귀도의 책Liber Guidonis》에 실린 세계지도(본문 〈지도 5〉). 12세기에 제작되었다.

위그 드 생빅토르의 《세계지도 설명Descriptio mappe mundi》(1128-1129)에 실린 세계도(본문 〈지도 6〉). 1130년 독일 황제 하인리히 5세에게 헌정되었다.

1300년경 제작된 〈헤리퍼드 대성당 지도〉(본문 〈지도 7〉). 영국 헤리퍼드 대성당에 보존되어 있는 이 세계도는 크기가 2 × 1.60m로 매우 크다.

14세기 영국 베네딕투스 수도사 라눌프 하이그덴Ranulph Hygden의 《복합연대기 Polychronicon》에 실린 세계지도(본문 〈지도 8〉).

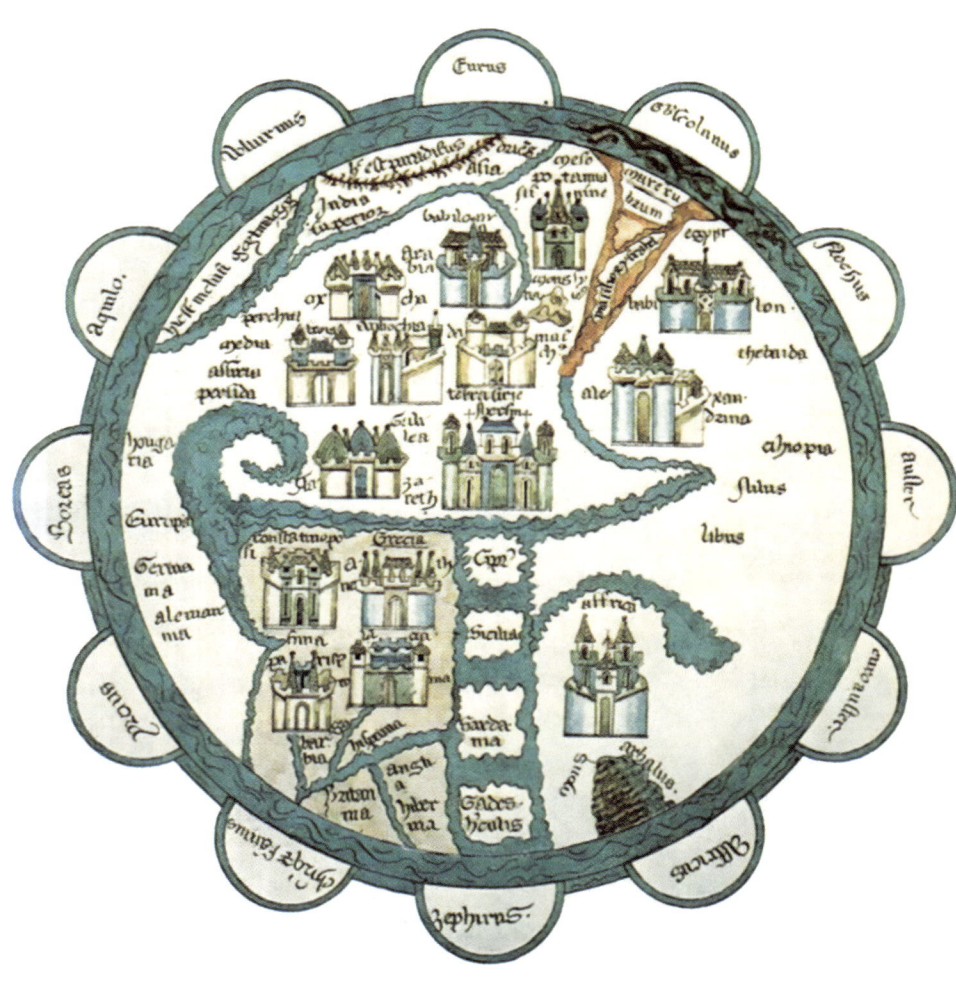

프랑스 생트주느비에브 도서관에 소장된 《샤를 5세 시대의 생드니 대연대기Grandes Chroniques de saint Denis du temps de Charles V》(1364~1372)에 실린 세계도(본문 〈지도 9〉).

1436년 베네치아 사람 안드레아 비앙코Andrea Bianco가 제작한 유명한 세계지도(본문 〈지도 10〉).

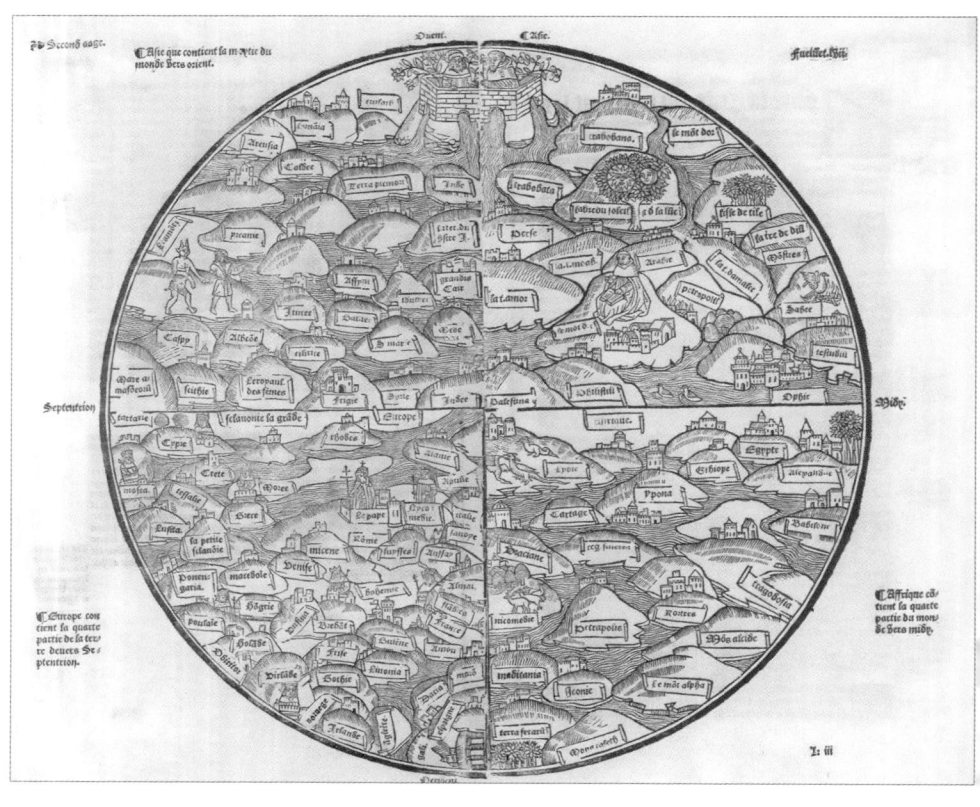

15~16세기 익명의 제작자가 펴낸 《역사의 바다Mer des hystoires》에 실린 세계지도 (본문 〈지도 11〉).

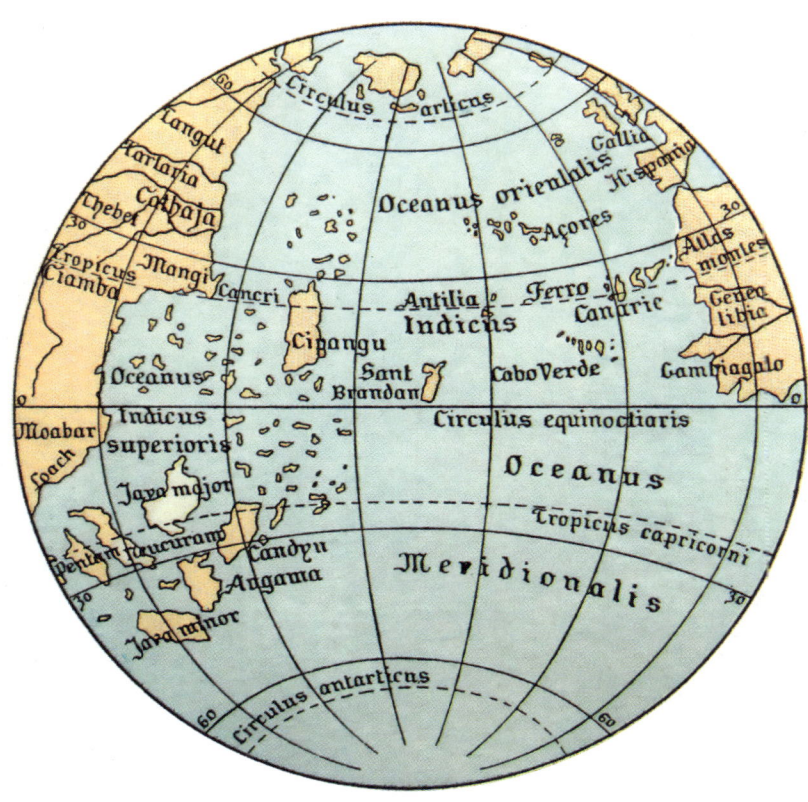

1492년 독일 사람 마르틴 베하임Martin Behaim이 제작한 지구본('뉘른베르크 지구본', 본문 〈지도 12〉).

베네치아 지도 제작자 프라 마우로Fra Mauro가 1450년경 제작한 세계지도(본문 〈지도 14〉).

바티칸 박물관의 '지도의 방'에 있는 1452년작 〈전 세계 Orbis terrarum〉(본문 〈지도 15〉).

콜럼버스의 두 번째 항해에 동행했던 후안 데 라 코사Juan de la Cosa가 1500년에 그린 〈세계도〉(본문 〈지도 16〉).

14세기 영국 베네딕투스 수도사 라눌프 하이그덴의 《복합연대기Polychronicon》에 실린 세계지도(본문 〈지도 18〉).

1482년 이탈리아 그라치오소 베닌카사Grazioso Benincasa가 제작한 항해용 세계지도(본문 〈지도 19〉).

1367년 완성된 '피치가니 Pizzigani 형제의 항해도'(본문 〈지도 20〉).

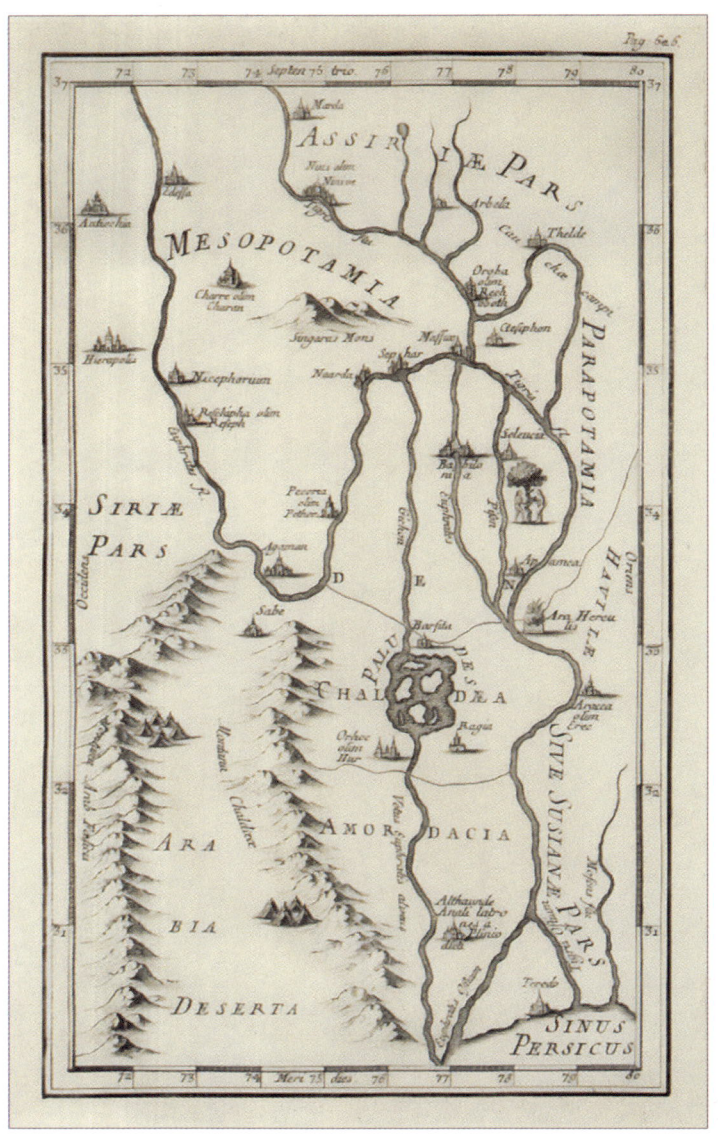

동양학자 존 홉킨슨John Hopkinson의 《낙원 개요Synopsis paradisi》(1593)에 실린 '메소포타미아의 낙원'(본문 〈지도 25〉).

제1장

전설의 혼합

: 모세와 호메로스에서 토마스 아퀴나스까지

주 하느님께서 에덴에 정원을 만드셨다

낙원Paradise이란 처음부터 그리고 오랫동안 지상의 낙원을 가리켰다. 교부 시대의 작가들, 즉 6세기나 심지어 8세기까지도 작가들 대부분은 아무런 형용사 없이 '낙원'이라는 단어를 썼고, 그것은 본질적으로 아담과 이브가 살았던 환희의 정원을 가리키는 말이었다. 수 세기 동안, 대략 3천 년 동안, 덧몇 예외가 있기는 하지만, 처음에는 유대인, 나중에는 기독교인들은 신이 에덴에 훌륭한 정원을 만들었다는 〈창세기〉(2:8-17) 이야기가 역사적 사건임을 믿어 의심치 않았다.

야훼|여호와| 하느님께서는 동쪽에 있는 에덴이라는 곳에 동산을 마련하시고 당신께서 빚어 만드신 사람을 그리로 데려다가 살게 하셨다. 야훼 하느님께서는 보기 좋고 맛있는 열매를 맺는 온갖 나무를 그 땅에서 돋아나게 하셨다. 또 그 동산 한가운데는 생명나무와 선과 악을 알게 하는 나무도 돋아나게 하셨다.
에덴에서 강 하나가 흘러 나와 그 동산을 적신 다음 네 줄기로 갈라졌다. 첫째 강줄기의 이름은 비손이라 하는데, 은과 금이 나는 하윌라 땅을 돌아 흐르고 있었다. 그 땅은 좋은 금뿐 아니라 브돌라라는 향료와 홍옥수 같은 보석이 나는 곳이었다. 둘째 강줄기의 이름은 기혼이라 하는데, 구스 온 땅을 돌아 흐르고 있었다. 셋째 강줄기의 이름은 티그리스라 하는데, 아시키아 동쪽으로 흐르고 있었고, 넷째 강줄기의 이름은 유프라테스라고 하였다.

　야훼 하느님께서 아담을 데려다가 에덴에 있는 이 동산을 돌보게 하시며

　이렇게 이르셨다. "이 동산에 있는 나무 열매는 무엇이든지 마음대로 따먹어라.

　그러나 선과 악을 알게 하는 나무 열매만은 따먹지 마라. 그것을 따먹는 날, 너는 반드시 죽는다."✢

우리는 앞으로의 논의 과정에서 〈창세기〉에 근거하여 지리적 위치를 특정하려는 시도가 수많은 문학작품, 특히 16~17세기의 문학작품들을 낳았고 거기에 많은 훌륭한 전거들이 제시되었음을 보게 될 것이다. 그러나 구약의 시대 이래 〈창세기〉가 불어넣은 낙원상像은 다른 문헌들로 확증되고 명확해졌으며 풍부해졌다. 〈이사야〉에서는 "〔하느님이〕 황무지를 에덴처럼 만들고 그 벌판을 야훼의 동산처럼 만들어 흥겨움과 즐거움이 넘치고 감사의 노랫가락이 울려 퍼지게 하리라"고 했다. 에제키엘(에스겔)의 예언(28:13-14)은 그 거만함 때문에 벌을 받은 영웅인 티

✢ 이 책에서 인용한 성격 번역의 출처는 *TOB*, Paris, Cerf-Societe biblique francaise, 1988이다. 이 성경에 따르면, 우리에게 기혼으로 알려진 강만이 예루살렘에 공급되는 물의 원천이라고 한다. 비손강은 알려지지 않았다. 하월라라는 장소는 아라비아에 있는데, 그곳에는 브델륨(야자나무에서 채취되는 고무)과 보석이 있다. 하월라라 불리는 다른 장소도 있는데 그곳은 이집트 근처, 팔레스타인 남쪽에 있다. 쿠슈는 종종 누비아를 가리킨다. 그러나 아카바만 근처 팔레스타인에 있는 쿠슈도 있다.

레의 군주에게도 보석으로 담이 쳐진 신의 정원을 상기시켰다.

> 하느님의 동산 에덴에 있었다. 홍옥수, 황옥, 백수정, 감람석, 얼룩마누, 백옥, 청옥, 홍옥, 취옥, 온갖 보석들로 단장했었다. […]
> 나는 빛나는 거룹을 너에게 붙여 보호자로 삼고 하느님의 산에 두어, 불붙은 돌들 사이를 거닐게 하였다.

에제키엘은 다른 예언에서 바빌론에서 쫓겨난 유대인들에게 다시 세워진 신전의 모습을 보여 주는데, 그 신전에서는 새로운 샘이 흘러넘치고 있었다. 이 샘은 하느님이 생명을 주는 능력을 가지고 계심을 보여 주었다(47:12). "이 강가 양쪽 언덕에는 온갖 과일나무가 자라며 잎 시드는 일이 없다. 그 물이 성소에서 흘러나오기 때문에, 다달이 새 과일이 나와서 열매가 끊어지는 일이 없다. 그 열매는 양식이 되고 그 잎은 약이 된다." 에제키엘은 여기서 경이로운 물을 공급받고 있는 에덴동산의 이미지를 다시 보여 준다. 이곳에서는 울창한 초목 사이에서 생명의 나무가 열매를 맺고 있다.

이처럼 바빌론 유수의 시대(기원전 6세기)에 지상낙원의 구성 요소가 자리를 잡았다. 낙원은 무엇보다도 정원이었다. 고대 페르시아어 '아피리다에자apiri-daeza'는 벽으로 둘러싸인 과수원을 의미했다. 고대 히브리어에서는 이를 '파르데스pardes'라는 형태로 받아들였다. 그 후 70인역 성서에서는 정원을 의미하는 더 고전적인 히브리어 단어인 '간$_{gan}$'과 파르데스를 모두 '파라데이소스$_{paradeisos}$'로 번역했다. 풍요로운 시골(Eden) 한가운데에 자리 잡은 이 정원에서는 모든 것이 즐겁고, 맛있고, 향기로웠다. 그곳에서는 남자와 여자가 자연과 조화를 이루며 살았고, 물이 풍부했다(물의 풍부함은 건조함과 사막화 위협에 끊임없이 시달리는 사람들에게는 최고의 행복을 의미했다). 이것들의 존재는 불멸일 것이며 기쁨 속에, 그리고 이사야가 말했듯이 "노랫소리 속에서" 펼쳐질 것이다.

에제키엘이 에덴동산을 위치시킨 우주의 산과 그곳을 둘러싼 보석의 벽은 〈요한의 묵시록〉에서 메시아의 예루살렘으로 바뀐다. 메시아의 예루살렘은 "수정처럼 맑은 벽옥과 같"이 빛나고 그 성벽은 사파이어, 옥수, 비취옥 그리고 그 밖의 아홉 가지 보석의 기초 위에 서 있을 것이다(묵, 21:11-22). 제물로 바쳐진 어린 양의 옥좌로부터 "생명수의 강"이 흘러나올 것이다(묵, 22:1-2). 시적 상상력은 이러한 중심 주제를 셀 수 없이 많은 방법으로 꾸며 낼 것이다. 최초의 황금기, 온난한 자연, 풍부한 물, 부드러운 빛, 변치 않는 봄의 계절(常春), 달콤한 향기, 천상의 음악 등 이 모든 것은 일반적으로 낙원의 폐쇄지형 개념과 연결되며, 이 폐쇄지형 자체는 종종 높은 산이나 어느 먼 곳에 위치한다.

성경 속 신성한 정원은 과거 다른 종교나 오리엔트 문명에 있는 신성한 정원과 유사하거나 심지어 연결되어 있다고 여겨졌다.[1] 수메르의 엔키 신화는 딜문│신들의 땅이자 영원한 낙원│을 지배하는 낙원의 평화를 묘사하는 것으로 시작된다. 이곳에서는 동물들이 서로 싸우지 않고 인간은 질병에 걸리지 않는다. 그러나 신선한 물이 부족하다. 수메르 신화에서 물을 관장하는 위대한 신 엔키는 태양신 우투에게서 정원에 필요한 물을 받았다. 이때부터 정상적인 삶이 꽃피었다.[2] 《길가메시 서사시》에도 성경에 나오는 '경관décors'이 묘사되어 있다. 삼나무로 뒤덮인 산, 신들이 만들어 놓은 놀라운 정원, 강의 하구, 생명의 식물 등이다. 더욱이 메소포타미아의 신전, 즉 지구라트의 꼭대기에는 숲으로 된 성소聖所가 있었다. 이란의 영웅담에서도 성경에 나오는 과수원과 비슷한 광경을 볼 수 있는데, 이 영웅담에서는 황금시대의 군주인 지마의 정원이 산꼭대기에 있다고 말한다. 이곳에는 마법의 나무가 자라는데, 특히 생명의 나무가 자랐고, 이곳에서 풍부한 물이 흘러나와 온 땅을 풍요롭게 했다.

다만, 한 가지 기본적인 요소가 에덴의 낙원과 메소포타미아의 정원 그리고 페르시아의 정원을 구별 짓는다. 그것은 바로 "선과 악을 알게 하는 나무"의 존재이다. 이 나무에 대한 신의 명령에 복종하는 것이 불사不死의 조건이었고, 반대로 불복종은 죽음으로 이끌었다. 또 다른 차이점도 몇 가지 지적해야 한다. 모두 바레인섬을 가리키는 것으로 여기는 딜문은 태양신이 엔키의 부족함을 채워 줄 때에만 낙원이 된다는 점이다. 실제 물의 공급이 문명을 꽃피우게 만든다.[3] 길가메시에 대해 말하자면, 그는 불사를 추구하는 영웅이지만 생명의 식물을 계속 유지하지는 못한다. 결국 그는 사람들이 자신을 계속 기억하게 할 만한 영광스러운 일을 추구했다. 마지막으로 지마는 신들에게서 불사를 훔치려고 시도했는데, 그는 아담보다 프로메테우스에 가까운 존재이다.

반면에 최근까지, 즉 진화의 증거가 발견되고 '인간화 현상phénomène humain'이 매우 더디게 진행되었다는 증거가 발견될 때까지 많은 문명은 완전하고, 자유와 평화, 행복, 풍요가 있으며, 제약, 긴장, 갈등은 없는 원초적 낙원을 믿었다. 이곳에서는 인간이 동물들과 서로 이해하며 조화롭게 살았다. 또한, 아무런 어려움 없이 신과 소통했다. 이러한 믿음은 집단의식 속에서 잃어버렸지만 잊히지는 않은 낙원에 대한 깊은 향수와 그곳을 되찾고자 하는 열망을 만들어 냈다.

기원origin에 행복이 있다는 이러한 생각은 시간이 돌고 도는 것이라고 생각하는 종교나, 시간을 하나의 낙원에서 다른 낙원으로 흐르는 운동이라고 생각하는 종교에나 모두 자리를 잡았다. 전자에 해당하는 인도의 종교들은 황금시대가 주기적으로 반복된다고 믿었는데, 이 점에서 헤시오도스 및 플라톤의 개념과 맞닿는다. 후자의 종교, 특히 유대교-기독교에서는 신과의 친밀함 및 죽음의 극복이 인간에게 주어진 과제이다. 만일 신의 율법에 복종한다면 "약속의 땅"으로의 전진은 인간이 에덴동산에서 불안정하게 소유했던 재화를 종말론의 낙원에서 확실하게 회복하게 해 줄 것이다.

황금시대, 엘리시온의 평원,
행운의 섬 Iles Fortunées

과거의 심성에서 행복과 정원은 구조적으로 거의 하나로 연결되어 있었다. 이것은 그리스-로마 전통이 기독교 시대 이후 에덴의 과수원에 관한 성경 구절을 상기시키는 것과 부분적으로 합쳐진 결과였다. 축복받은 지역 내부에서 자연의 관대함은 물, 향기, 상춘(봄 날씨), 고통의 부재, 인간과 동물 사이의 평화 등과 연결된다. 이러한 행복의 땅을 연상시키는 세 가지 주제는 황금시대, 엘리시온의 평원, 행운의 섬이다. 이 세 주제는 때로는 혼합되고 때로는 분리된다.[4]

헤시오도스는 〈일과 날〉에서 황금시대에는 "인간이 신처럼 살았다. 마음에는 근심이 없었고, 고통과 불행에서 멀리 떨어져 있었다. 노화라는 불행도 그들을 짓누르지 않았다. 팔과 다리는 항상 젊음을 유지했고 잔치를 즐겼으며 모든 악에서 벗어나 있었다. 죽을 때에는 잠이 든 것 같았다. 모든 재화는 그들의 것이었다. 비옥한 땅은 저절로 풍요롭고 넉넉한 수확을 만들어 주었고, 이 땅에서 즐거움과 평화 속에서 끝없는 재화를 누리며 살았다."[5] 더 나아가, 헤시오도스는 시에서 황금시대를 특정 장소와 연결시켰다. "근심 없는 마음으로 살던 그곳은 행운의 섬 안에 있으며 대양의 깊은 소용돌이의 끝에 있다. 이 행운의 영웅들을 위해 대지는 1년에 세 번 풍요롭고 감미로운 수확을 가져

다준다."⁶

플라톤도《국가》에서 크로노스가 지배하던 행복한 시대에 대해 이야기한다. "그가 지배하던 시절에는 법 같은 것이 없었다. (…) 인간들은 나무와 식물의 과실을 풍부하게 가졌는데 이것을 농사를 짓지 않아도 수확할 수 있다. 땅이 스스로 열매를 주기 때문이다. 옷을 입지도 않고 침대가 필요하지도 않아 그들은 대부분 야외에서 생활한다. 계절은 모두 그들에게 따뜻했기 때문에 그들이 그것으로 고통받지 않았고, 대지에서 풍부하게 자라는 풀 속에 마련된 그들의 잠자리는 부드러웠기 때문이다."⁷

황금시대라는 주제는 라틴문학, 즉 베르길리우스와 오비디우스의 작품에서도 뚜렷하게 나타난다. 베르길리우스는 기원전 40년경 그 유명한《목가》네 번째 노래에서 원초적 행복의 시대가 곧 돌아올 것임을 예고한다. 대지는 좋은 열매만 맺을 것이고 동물들은 평화롭게 살 것이며, 사람들은 일해도 지치지 않을 것이다.⁸ 오비디우스는 예언을 단호하게 거부하지만, 헤시오도스를 본떠《변신 이야기》에서 기꺼이 인류사의 첫 시기에 대해 이야기한다.

첫 번째 시대는 황금시대였다. 이 시대에는 벌주는 자도 없고 법이 없어도 모두 스스로 선의와 미덕을 실천했다. 사람들은 처벌과 두려움을 알지 못했다. 청동판에 새겨진 위협적인 말을 읽을 수 없었으며, 탄원하는 사람들이 재판관 앞에서 떨지 않

아도 되었다. 벌주는 자 없이도 사람들은 마음놓고 살았다. 〔…〕 군대가 필요 없었으니 사람들은 평화 속에서 편안한 나날을 보냈다. 대지는 시키지 않아도, 괭이에 닿거나 보습에 갈리지 않아도 저절로 모든 것을 주었다. 사람들은 저절로 자란 먹을거리에 만족하며 돌능금과 산딸기, 산수유 열매와 관목에 열리는 나무딸기, 가지를 뻗은 유피테르 나무에서 떨어진 도토리를 모았다. 그때는 늘 봄이었고, 서풍은 씨 뿌리지 않아도 그 부드러운 숨결로 산천에 만발한 꽃들을 어루만졌다. 이윽고 대지는 쟁기질을 하지 않았는데도 곡식으로 뒤덮였고, 경작하지 않아도 들판은 무성한 이삭으로 누렇게 변했다. 어느새 젖과 넥타르|신들의 음료|가 냇물을 이루며 흘렀고, 너도밤나무 가지에서는 금색 꿀이 방울방울 떨어졌다.[9]

엘리시온의 들판|고대 그리스의 사후 세계. 서쪽 바다에 있는 행운의 섬, 축복받은 자들의 섬| 역시 매혹적인 거주지가 되었다.《오디세이아》의 네 번째 노래에서 프로테우스가 메넬라오스에게 다음과 같이 말한다. "(불사신들이 그대를) 엘리시온 들판과 대지의 끝으로 데려다 줄 것이다. 그곳은 금발의 라다만티스가 있는 곳으로 사람들이 살기에 가장 편안한 곳이다. 그곳은 눈도 오지 않고 혹독한 겨울도 없으며 비도 전혀 내리지 않아 훈풍만을 느낄 것이다. 휘파람을 내는 그 바람은 대양에서 솟아올라 인간들을 상쾌하게 한다."[10] 핀다로스는 기원전 476년에 쓴《올림피아》두

번째 노래에서 세 번의 지상의 삶을 통과하고 심판의 시험을 성공적으로 통과한 의인들을 위한 행복의 장소가 '행운의 섬'|포춘 아일랜드|에 있다고 했다. 이들은 바다에서 불어오는 상쾌한 바람과 고통도 두려움도 없는 그 땅에서 영원한 행복으로 보답받는다. "그곳에는 황금꽃들이 빛나고 있다. 어떤 것은 땅 위 멋진 나뭇가지에 달려 있고, 어떤 것은 물에서 영양을 공급받는다. 사람들은 그 가지들로 화환을 엮어 팔에 두른다. 또한 그들은 라다만티스의 공정한 감독 아래 그 가지들로 왕관을 만든다."[11]

마찬가지로 베르길리우스의 《아이네이스》 6권에서도 엘리시온의 들판이 아름답게 묘사되어 있는데, 그곳에는 안키세스와 같이 마침내 행복을 찾은 사람들이 살고 있으며, 다시 태어나기 전에 레테의 강물을 마신 사람들이 다수를 차지하고 있다. 그곳은 지하 세계에 자리 잡은 지상낙원이다. 아이네이스는 결국 "웃음 띤 공간, 행운의 나무가 자라고 있는 축복받은 초원에 이르렀다. 그곳은 행복한 사람들의 거주지다. 그곳에서는 폭넓게 퍼진 에테르가 평원을 빛나게 밝히며 보라색으로 물들였다. 그곳에는 그곳의 태양과 천체가 있다. 어떤 사람들은 잔디밭에서 운동을 하고 경기를 벌여 힘겨루기를 하고 황갈색 모래밭에서 서로 경쟁한다. 다른 사람들은 합창의 리듬에 맞춰 다리를 구르며 월계수 향이 나는 숲에서 시를 노래한다. 〔…〕 이곳에서 에리다누스강이 아래를 향해 숲을 가로질러 힘차게 흐른다."[12]

똑같은 매혹적인 특성이 호메로스의 《오디세이아》 일곱 번째 노래에 나오는데, 이번에는 죽음 앞에 자리 잡고 있는 것으로 묘사된다. 그것은 스케리아섬에 있는 알키노오스 왕의 정원으로 "울타리가 쳐져 있다."

이곳은 무엇보다도 과수원이다. 이곳에는 배나무, 석류나구, 황금빛 열매를 맺는 사과나무, 달콤한 무화과나무, 한창 꽃이 피는 올리브나무 같은 키 큰 나무들이 꽃이 만발한 채 자라고, 겨울에도 여름처럼 1년 내내 열매를 맺는다. 끊임없이 불어오는 서풍의 숨결은 어떤 나무는 싹을 틔우고 어떤 것은 익게 한다. 그리하여 배 옆에 어린 배를 만들며, 무화과 옆에 무화과를 맺게 한다. 포도밭의 경계에는 채소가 가득히 잘 가꾸어진 화단이 있으며 사시사철 푸르다. 포도밭에는 두 개의 샘이 솟아, 하나는 정원 전체에 흩어지고, 다른 하나는 정원의 경계선 아래에서 흘러 높은 저택 쪽에서 솟아올라 시민 전체가 이 샘에서 물을 얻는다.[13]

"다른 곳"에 대한 훌륭한 묘사로서, 여기서는 섬으로 묘사되어 있다. 이는 드문 일이 아니다. 이곳에는 행복이 넘친다. 이러한 점에서는 헤시오도스도 호메로스와 같다. 헤시오도스는 《신들의 계보》에서 정원을 "해가 저무는 곳 너머 저편"에 위치시키는데, 이 정원은 밤의 신의 딸로서 요정인 헤스페리데스들이 "아름다운 황금 사과와 그러한 사과를 열매 맺는 나무들을 돌보는 곳"¹⁴이다.

로마의 호라티우스 역시《에포데스》16편에서 '행운의 섬'이 대양 가운데에 솟아 있다고 했다.

> 그곳에서 대지는 경작하지 않아도 해마다 곡식을 준다. 가지치기를 하지 않아도 포도는 꽃을 피운다. 올리브 나뭇가지에서는 기대를 저버리지 않고 싹이 트며, 갈색 무화과 열매가 그 나무를 장식한다. 털가시나무 구멍에서는 꿀이 흐르고, 높은 산에서는 물이 가볍게 흘러내리며 가벼운 소리를 낸다. 염소들은 부르지 않아도 젖을 짜러 오고 양 떼는 기꺼이 풍만한 젖가슴을 내밀어 온다. 저녁때가 되어도 곰이 양의 우리 주위에서 짖지 않고, 땅이 독사 때문에 부풀어 오르는 일도 없다. 습기를 머금은 동풍이 폭우로 변하여 논밭을 헤집는 일도 없다. 뿌려진 굵은 씨앗이 마른 흙덩이 밑에서 말라붙지도 않는다. 가축을 덮치는 전염병도 없고, 별들이 과도한 열로 가축 떼를 태워 버리지 않는다.¹⁵

시는 이러한 묘사 끝에 "주피터는 황금시대의 순수함을 구릿빛으로 바꿔 버렸지만, 경건한 종족을 위해 이러한 해안을 보존했다"고 쓴다. 이러한 믿음은 중세, 심지어 르네상스 시대에도 여전히 존재했다. 지상낙원 근처에는 다양한 방법으로 특권을 유지하는 장소가 여전히 존재하고, 그것은 지상에 있지만 멀리 떨어져 있고 인간 중에서 가장 대담한 자들만이 접근할 수 있다는 믿음이다.

호라티우스가 행운의 섬을 기술하던 시절에, 시칠리아의 디오도로스는 《역사총서》에서 이암불루스라는 사람이 에티오피아에서 출발하여 적도 지대에 있는 먼 남쪽 섬에 이르는 여행을 이야기했다. 그가 단언한 바에 따르면, 이 섬 주민들은 키가 크고 균형이 잡혀 서로 매우 닮았으며, 강하고 유연한 신체를 타고났다. 이들은 머리카락, 눈썹, 속눈썹이 있지만 다른 부위에는 일체 털이 없다. 그들의 귀는 우리 귀보다 훨씬 발달되어 있다. 그들은 혀가 두 개라도 되는 양 동시에 두 사람과 대화할 수 있다. 섬의 기후는 그 위도에도 불구하고 온난하여 사람들은 더위에도 추위에도 시달리지 않는다. 물은 풍부한데, 뜨거운 물과 찬물이 솟는 샘으로 나뉘어 있다. 자연은 삶을 유지하는 데 필요한 모든 것을 풍요롭게 제공해 준다. 또한, 특별한 동물을 낳는데, 이들은 전혀 공격적이지 않으면서 유익하다. 이 섬 사람들은 일반적으로 병을 앓지 않아서 150세까지 살기도 한다. 이 나이가 지나면 특별한 식물 위에 누워 생명을 끊는데, 이 식물이 그들을 마지막 잠에 들게 한다. 그들은 결혼을 하지 않는다. 그들의 아이들은 모두가 공유하며, 어머니가 자신의 아이를 봐도 알 수 없게 되어 있다. 따라서 그들 사이에는 경쟁심이 없다. 그들은 혈연관계에 따라 집단적으로 생활하는데, 그 집단은 400명을 넘지 않는다. 규칙에 따라 이들은 누구나 어떤 날은 생선을, 다른 날은 고기를 먹도록 정해져 있다. 이들 사이에는 조화가 지배하고 시민들 사이에 불화는 없다.[16] 이와 비슷한 유토피아적 섬은 서양 역사를 통틀어 오랫동안 존재했다.

그러므로 고대 그리스-로마시대 내내 정원이라는 주제는 지극히 자연스럽게 황금시대 그리고 행운의 섬이라는 주제와 연결되었다. 이 주제들은 서로를 풍요롭게 만들었고, 그리하여 낙원의 이미지를 더 정교하게 다듬었다. 지상낙원을 '이상적 경관'이나 '아름다운 장소locus amoenus'로 더 상세하게 묘사했다. 이러한 지상낙원에 대한 묘사는 주로 세 가지 형태를 띠었다. 정원으로 묘사된 풍경, 야생이면서도 신의 놀라운 손길이 더해진 자연, 사랑의 목가적 환경이 그것이다.[17] 이러한 구분을 제시한 자마티A. B. Giamatti는 알키노오스의 궁전을 정원의 첫 번째 형태로 간주했다. 호메로스가 쓴 데메테르 여신 찬가에서 두 번째 유형의 예시를 볼 수 있다. 페르세포네가 "젊고 풍만한 가슴을 가진 오케아니스(바다의 요정, 오케아노스와 테티스의 딸들)들과 함께 즐겁게 지내며 온화한 초원에서 꽃을 딴다. 장미, 크로커스, 아름다운 제비꽃, 아이리스, 히아신스, 수선화 등을 딴다. 이 꽃들은 대지의 신이 아이들을 위해 화관처럼 신선하고 놀라운 번개처럼 빛나도록 만든 것들이었다."[18]

시라쿠사의 테오크리토스 이후 목가시의 기반을 이루게 되는 목가적 풍경과 사랑의 결합에 대해 말하자면, 그것은 낙원과 관련된 이교적 주제와 기독교적 주제의 융합을 촉진했으며, 밀턴을 비롯한 수많은 작가들이 에덴의 정원에서 아담과 이브가 나누는 순결하고 부드러운 입맞춤을 묘사할 수 있게 해 주었다. 테오크리토스의 《목가시》 제7편(기원전 315~250)은 이후 오랫동안 이어진 이 장르의 모범을 제공했다. 이 시는 각 세대를 통해 '자연 상태'가 사라져 버린 것을 탄식하는 모든 사람들의 향수를 표현하고 있다.

우리 위에는 수많은 포플러나무와 느릅나무가 솟아올라 잎사귀를 우리 머리 쪽으로 기울이고 있었다. 근처에는 요정들에게 바쳐진 동굴에서 신성한 물이 소리를 내며 떨어졌다. 그늘진 나뭇가지에 기대어 햇볕에 탄 매미들이 애쓰며 지저귀고, 푸른 개구리는 멀리 가시나무 덤불 속에서 울부짖고, 종달새는 노래하고, 방울새는 노래하고, 비둘기는 구슬프게 울었다. 황금빛 노란 벌들이 샘 주위를 날아다녔다. 모든 것이 아름답고 풍요로운 계절의 냄새, 과일 계절의 냄새를 풍겼다. 우리 발밑에는 배가, 우리 곁에는 사과가 나뒹굴고 있었다. 자두를 가득 매단 가지들이 휘어져 땅까지 닿아 있었다.[19]

그리스-로마 신화의 기독교화

초기 기독교 작가들은 황금시대와 '행운의 섬' 신화

를 거부했다. 그러나 2세기부터 이 신화들이 점차 기독교화되었다.

이 지점에서 중요한 것이, 순교자 성 유스티누스(165년 사망)의 작품으로 알려진 《그리스인들에게 보내는 권고》이다. 이 글에서 유스티누스는 호메로스가 이집트에서 모세오경ǀ구약의 첫 다섯 권. 〈창세기〉, 〈출애굽기〉, 〈레위기〉, 〈민수기〉, 〈신명기〉ǀ을 알았다고 주장한다. 유스티누스에 따르면, 호메로스는 세계 창조의 첫 번째 단계에 관한 모세의 텍스트를 번역했다고 할 수 있다. 실제로 모세는 다음과 같이 썼다. "처음에 하느님은 하늘과 땅을 창조하셨다. 그다음에 태양, 달, 별들을 창조하셨다." 호메로스는 유대인의 이야기를 모방하고 허구를 사용하여 변형시켰다. 아킬레우스의 방패에 세계 창조를 묘사한 헤파이스토스ǀ불카누스ǀ의 이야기가 바로 그 허구이다. "호메로스는 알키노오스의 정원이 지상낙원을 상징하도록 묘사했으며, 항상 꽃이 피고 과일로 가득 찬 과수원의 모습을 제시했다." 이 주장을 뒷받침하기 위해 유스티누스는 《오디세이아》의 110~133행을 인용했다. 그리고 이렇게 질문한다. "이 구절은 예언자들의 수장인 모세가 낙원에 대해 쓴 것을 분명히 모방한 것이 아닌가?"[20]

카르타고의 테르툴리아누스(222)도 유스티누스와 마찬가지로 성경의 교리가 이교도 문화보다 더 오래되었고, 따라서 이교도 문화보다 더 많은 측면에서 인간의 동의를 얻어야 한다고 확신했다. 실제로 이교도들은 모세의 하느님을 모르고도 숭배했다. 실제로 이교도 시인들이 엘리시온 들판에 대해 쓴 것은 〈창세기〉 2장에 기록된 지상낙원에서 비롯된 것이다.[21] 알렉산드리아의 성 클레멘스(215년 사망)는 다양한 연대기를 참조하여 "모든 지혜 중 가장 오래된 것은 유대인의 지혜임"을 증명하려 했다.[22] "진리는 하나이지만, 거짓은 천 가지 방법으로 길을 잃게 만든다. 그리스와 야만인의 철학 학파들은 그런 거짓을 일정 부분 이어받았다."[23] 역사를 이러한 관점에서 보면, 당연히 이교도 신화가 유대인의 이야기에서 유래했다고 추론하게 된다.

풍부한 고전 문화 식견을 갖춘 인물로서 기독교 시대에 큰 영향력을 미친 아프리카의 락탄티우스(330년 사망)도 다음과 같은 사실을 인정했다. 고대 이교도들이 사투르누스[크로노스의 라틴어식 이름]의 통치 시기를 상기할 때 무의식적으로 칭송한 것은 진정한 신이었다. 그들이 황금시대 신화로 의미하려고 했던 바는, 인간 세계가 쇠퇴 이전에는 행복한 상태였다는 것이다. 그 당시 "사람들은 매우 관대하여 대지가 그들에게 생산해 준 과일을 숨겨 두지 않았고, 숨긴 재물을 자신만을 위해 차지하지 않았으며, 자기 노동의 열매를 가난한 자들에게 나누어 주었다. 여기에는 우유의 강이 흐르고, 저기에는 신의 음료로 된 강이 흘렀다."《변신》, 1, 24)[24] 락탄티우스는 오비디우스와 함께 키케로의 《신들의 본성에 관하여》, 《농경시》, 《아이네이스》를 인용한다. 그리고 사투르누스의 시대를 묘사한 다음에 "고대의 모든 시인처럼, 주피터의 통치 아래 세계가 겪은 타락으로 넘어가는 모습을 그린다."[25] 즉, 원죄 이후의 시대를 묘사한다.

위대한 성 바실레이오스(379년 사망) | 가톨릭 성인 바실리오(대) | 가 카이사레아에서 행한 아홉 번의 설교에서 길게 묘사한 것도 아담과 이브의 죄 이전, 지상이 낙원이었던 시절이다. 이 설교는 당시 큰 인기를 끌어 '헥사메론Hexameron' | 그리스어 단어 '6일'. 〈창세기〉 1장 1절부터 2장 3절까지 이어지는 창조 신화 이야기 | 이라는 장르를 만들어 냈고, 라틴어로 번역되어 성 아우구스티누스가 《창세기 문자적 해설De Genesi ad litteram》에 인용했으며, 세비야의 이시도루스, 가경자可驚者Venerabilis | 존엄한 자 | 베다, 성 토마스 아퀴나스 등도 인용했다. 이후 잠시 잊혔다가 르네상스 시대에 재발견되었다. 이 작품들은 타소의 《천지창조 7일Sette Giornate》, 뒤 바르타스의 《주간週間Semaines》, 파세로의 《6일 이야기Essamerone》 등에 영감을 주었다. 이 설교들은 비록 낙원을 상세히 묘사하지는 않았지만, 신의 손에서 나온 창조물의 경이로움을 당시의 과학적 지식에 근거하여 화려한 문체로 묘사했다.[26]

그러나 성 바실레이오스의 (미완성) 설교는 오랜 기간 카파도키아 출신의 이 위대한 성인이 쓴 것으로 간주되었던 해설로 보완되었다. 이 해설은 지상낙원에 대한 화려하고 유혹적인 묘사를 담고 있었다. 역사적으로 보면, 이 가짜 바실레이오스 텍스트는 《6일 이야기》 자체와 마찬가지로 중요하며, 〈창세기〉에 나온 에덴동산, 그리고 황금시대와 행운의 섬과 같은 이교도의 상상력이 혼합되는 데 크게 기여했다. 이제 공통 개념은 완벽하게 준비되었다.

가짜 바실레이오스에 따르면, 지상낙원은 "이상적인 장소"이자 "안전한 공간"이며, "놀랍고 화려한 경관"을 갖추었다. 세계의 다른 부분을 초월한 위치에서, 모든 피조물이 갖춰진 채 무한히 맑은 공기에 둘러싸여, 연중 내내 온화하고 일정한 기온을 누리는 곳이다. 여기서는 폭풍도, 폭우도, 우박도, 겨울의 극한 추위도, 가을의 가뭄도 없다. 여름은 꽃을 시들게 하지 않고, 과일은 모두 익은 상태로 열린다. 이곳은 꿀과 우유가 흐르는 비옥한 땅으로, 풍부한 물로 적셔져 모든 종류의 식용 과일이 극도의 달콤함을 자랑한다. 들판은 항상 꽃으로 가득하고, 장미는 가시가 없다. 이 축복받은 땅에는 슬픔도 걱정도 전혀 없다. 그러나 오늘날에는 "꽃을 볼 때마다 내 죄의 기억이 떠오르며, 그 벌로 땅은 가시를 가진 식물과 고난을 낳는다." 타락하기 전, 에덴동산에는 행복, 불사不死, 색채, 향기로 가득했다.[27]

나중에 보겠지만, 에데사의 부제副祭인 시리아 출신 성 에프렘|에프렘, 에브라임|(373년 사망)은 이 정원을 영적 의미로 이해하라고 권한다. 그러나 그의 유명한 《낙원 찬가Hymnes sur le paradis》는 그 훌륭한 시적 묘사로 겨울이 없는 과수원 신화를 강화하는 데 기여했다. 그는 "울타리 안에 조용히 서 있는 무화과나무들 〔…〕, 빛나는 집들, 향기를 내뿜는 샘들"을 묘사했다. 그가 단언했듯이, 그곳에서는 "어두운 2월이 5월처럼 웃고, 12월은 〔…〕 8월처럼 과일로 가득하며, 6월은 4월과 같다." 꽃들이 곳곳에서 피어나고, 공기는 "순결하고 투명하며", "즐거움의 샘"이 풍

요로운 땅을 적시며, "포도주와 우유, 꿀과 버터"가 풍부하다. 나무들은 "끝없는 풍요로움"을 보여 준다. 그리고,

> 인접한 두 송이 꽃이,
> 각자의 색을 지니고 있지만,
> 서로 결합하여
> 단 하나의 꽃이 되어,
> 새로운 색을 탄생시킨다.
> 두 종류의 과일이 결합하여,
> 새로운 아름다움을 낳으며,
> 그 잎은 다른 모습을 갖는다.[28]

바로 이 울타리 안, 진정한 "향기의 창고"에서, "두려움을 모르는 어린 양들이 먹이를 먹고 있다."[29]

그리스-로마의 황금시대와 에덴동산의 융합은 여러 다른 시적 작품들에서 이루어졌으며, 이는 다음 세대에 강한 영향을 미쳤다. 락탄티우스의 작품으로 간주되었던 《불사조 찬가 De Ave Phœnice》는 창세기에 나오는 과수원을 직접적으로 묘사하지는 않지만, 이에 대해 언급한 것으로 일반적으로 해석된다. 불사조가 이제는 비현실적인 것이 되어 버린 장소를 상기시키는 계기를 제공한다. 이 행복의 장소는 "동양의 깊은 곳"에 위치하며, "영원한 극점을 향해 크게 열려 있다"고 묘사된다. 넓은

평원 위에 솟아오른 산의 정상에 작은 숲이 있고, 그곳은 영원한 봄의 땅으로, 구름이나 비가 없어도 물이 풍부하게 흐른다. 그곳에서는 '생기를 잃는 질병'도, '고통스러운 노년'도, '잔인한 죽음'도, '공포의 혹독함'도 없다.[30]

《불사조 찬가》가 락탄티우스의 작품으로 간주되었던 것처럼, 6세기경에 작성된 '신의 심판'이라는 제목의 시는 테르툴리아누스의 작품으로 알려져 있다. 분명히 《불사조 찬가》의 영향을 받은 이 시는 나무들, 풍부한 물, 항상 온화한 기후를 호의적으로 묘사하는데, 특히 세 가지 주제를 강조한다. 이 주제들은 이후 기독교 세계에서 지상낙원의 필수 요소로 자리 잡게 된다. 그것은 향기로운 냄새—여기서는 계피와 카르다몸의 향기—, 정원 중앙의 샘에서 흘러나오는 네 개의 큰 강, 마지막으로 에메랄드, 루비 등 보석으로 장식된 낙원의 평원이다.[31]

4세기부터 6세기까지 라틴과 기독교의 많은 시인들은 지상낙원을 베르길리우스의 어조로 묘사하며, 〈창세기〉 기록과 그리스-로마 전통을 교묘하게 결합시켰다. 그중 가장 큰 영향을 미친 인물은 스페인 출신 프루덴티우스(410년 사망)로서, 그의 《카테메리논Cathemerinon》|일과서日課書|에서는 에덴동산에서 고전적인 요소를 발견할 수 있다. 사람을 환영하는 나뭇잎, 다채로운 초원, 영원한 봄, 놀라운 향기, 네 개의 강으로 나뉘는 풍부한 물 등이 그것이다.[32] 갈리아|고대 유럽의 켈트인이 살던 지역. 현재의 프랑스, 벨기에, 이탈리아 북부 등지|에서도 같은 맥락에서 작품을 쓴 사람

들이 있었다. 마르세유의 수사학자 클라우디우스 마리우스 빅토르(5세기 초), 비엔의 주교 알키무스 에크디키우스 아비투스(490년경), 클레르몽의 주교 시도니우스 아폴리나리스(487~489) 등이 그들이다.

특히 빅토르는 지상낙원이라는 주제를 두 번이나 다루었다. 《창세기》에서 아담과 이브가 건강과 지혜를 동시에 누리며 보석으로 장식된 마법 같은 자연 속에서 즐기는 장면, 그리고《진실》에서 알키노오스의 정원과 베르길리우스의 엘리시온 평원을 재현하며 에덴동산을 황금시대의 땅으로 묘사한다. 특히 메디아, 아시리아, 팔레스타인의 향기보다 뛰어난 향기의 다양성과 품질을 강조했다. 이 행복의 땅에서 아담과 이브는 음식이 필요하지 않았다. 그들은 천사처럼 살았고, 과일은 그들의 즐거움을 위해 존재했다.[33]

학식 있는 귀족 시도니우스 아폴리나리스ㅣ로마화된 갈로로마인 귀족으로 아비투스 황제의 사위이자 안테미우스 황제에게 주교로 임명됨ㅣ는 주교가 되기 한 해 전에 〈안테미우스에게 헌정하는 찬가〉를 썼다. 이 작품은 엄밀히 말해 기독교 시는 아니다. 그러나 베르길리우스, 오비디우스, 가짜 락탄티우스, 클라우디우스 마리우스 빅토르의 영향이 결합되어, 영원히 푸른 정원, 향기가 풍성하게 퍼지며 보석으로 가득 찬 정원을 노래했다. 이 정원은 이교도들에게는 황금시대의 땅이나 엘리시온 들판으로, 기독교인들에게는 성경의 지상낙원과 동일시되었다.[34] 이와 달리 비엔의 주교 아비투스는 507년경에 쓴 모세의 역사에 관한 시에서 자신의 기독교적 의도를 밝히고, 원죄 이전에는 아담과 이브가 천사의 음악을 배경으로 순결한 사랑으로 결합했다고 주장한다. 이 시에서 에덴의 과수원은 우리에게 익숙한 축복받은 울타리로 둘러싸인 곳으로서, 아름다움과 향기, 색상이 어우러진 곳이다. 그곳에는 안개도, 과도한 더위도, 서리도, 격렬한 폭풍우도 없다. 식물은 항상 녹색이며, 나무에서 잎이 떨어지는 일도 없고, 백합은 시들지 않는다. "제비꽃을 만져도 시들지 않는다."[35]

이 같은 주제는 반달족에게 포로로 잡힌 카르타고의 변호사 아이밀리우스 드라콘티우스가 5세기경에 쓴 《신의 노래 Carmen de Deo》에서도 다시 발견된다. 놀랍도록 아름다운 자연, 보석으로 덮인 잔디, 향기로운 식물, 온화하고 균형 잡힌 기후, 부드러운 바람, 시원한 나무 그늘, 건강을 유지하는 데 도움이 되는 다양한 잎사귀 등이 그것이다.[36] 이 작품의 독창성은 아담과 이브의 부드러운 사랑에 대한 강조로, 나중에 밀턴이 떠올리게 되는 묘사이다. 이브는 요정처럼 보이며, 나체임에도 수치심을 느끼지 않았고, 눈처럼 흰 몸에 장미색 뺨, 풍성하고 아름다운 머리카락을 가졌다. 16세기와 17세기의 많은 작가나 시인들은 〈창세기〉에 주석을 달거나 〈창세기〉를 재해석하며 아담과 그 배우자가 폭넓은 지혜를 가졌다고 했지만, 드라콘티우스의 작품에 등장하는 아담과 그 배우자는 그렇지 않다. 그러나 드라콘티우스는 그들이 첫 번째 일출에 놀라워하며 그 빛의 따뜻

함을 느끼며 기뻐하는 모습을 보여 준다.[37]

황금시대, 엘리시온 들판, 행운의 섬 등 그리스-로마 전통과 성경의 지상낙원이 융합된 것이다. 세비야의 이시도루스(636년 사망)가 《어원Etymologiae》에서 그 융합의 필요성에 대해 상세히 설명했다. 여전히 유명세를 잃지 않은 백과사전인 《어원》에서 이시도루스는 실제로 행운의 섬을 언급하며, 그곳이 포도밭과 귀한 나무, 다양한 과일로 가득 차 있다고 강조한다. 그러나 그러면서도 '행운의 섬'을 에덴동산과 혼동하지 않도록 주의하라고 한다.[38]

사실 이 융합은 집단의 상상력 속에서 이루어졌다. 이 융합은 중세 시대의 수많은 저작물 속에서 지속되었다. 몇몇 예를 들자면, 12세기 프랑스 베르나르 실베스트르의 《세계론De mundi universitate》과 이탈리아 비테르보의 고프레도의 《세계사 Pabtheon》, 13세기에는 영국 알렉산더 네캄의 《신의 지혜 찬양 De laudibus divinae sapientiae》이 있다. 네캄은 지상낙원이 달에 닿을 만큼 높은 곳에 있기 때문에 홍수에서 벗어났다고 주장한다.[39] 단테에 이르러서는 지상낙원이 우리 행성의 정상에 놓이게 된다. 13세기 작품으로는 프랑스 메츠의 고티에가 쓴 《세상의 거울Le Miroir du monde》, 독일 루돌프 폰 엠스의 《세계 연대기 Weltchronik》(미완성), 네덜란드의 야코프 판 마를란트의 《역사의 거울Spiegel Historiael》(1282~1290년경)이 있다. 1325~1330년경에는 이들의 후계자 중 한 명인 얀 판 분달레의 《평신도의 거울Der

Liken(leken) Spieghel》이 이어졌다. 이들은 세대를 이어 가며 성경과 이교도 문화를 분리할 수 없는 방법으로 결합하며 잃어버린 낙원에 대한 애정을 나타냈다.

영국의 월터 롤리Walter Raleigh(1618)는 엘리자베스 시대의 아메리카 식민지 개척운동의 선구자로서, 앞으로 언급할 그의 《세계사The Historie of the World》에서 다음과 같이 언급했다. "호메로스는 알키노오스의 정원이라는 발상을 어디서 얻었을까? 순교자 유스티누스가 지적했듯이, 모세가 묘사한 낙원에서가 아니면 어디서 얻을 수 있단 말인가? 그리고 엘리시온에 대한 아름다운 묘사는 낙원의 역사 이외에 어디에서 가져왔단 말인가? (…) 오르페우스, 리노스,✚ 핀다로스, 헤시오도스, 호메로스, 그리고 그 이후 오비디우스가 차례로, 그리고 이 모든 이들은 피타고라스와 플라톤 및 그들의 제자들과 함께, 수많은 성스러운 문헌 전집에서 영감을 받아 그들의 창작물을 크게 풍부하게 만들었다. 이 전집들은 이교적인 부분이 추가되어 변질되고 시적인 장식으로 위장되었다."[40] 이렇듯 롤리는 유스티누스, 데르툴리아누스, 알렉산드리아의 클레멘트의 논리를 반복하며, 이교도와 기독교 두 전통의 융합을 정당화했다.

✚ 리라 연주자로서 오르페우스의 스승.

지상낙원
: '역사적' 현실

몇몇 뛰어난 사상가들, 특히 로마제국의 그리스 지역의 사상가들은 〈창세기〉에 등장하는 에덴동산 묘사를 비유적인 의미로 해석해야 한다고 생각했다. 특히 필론(50년경 사망)은 팔레스타인 밖으로 흩어진 유대인 중 한 명으로서, 그의 저술은 성 바울로ㅣ바울, 바오로ㅣ가 지었다고 하는 〈히브리인들에게 보낸 편지〉와 오리게네스가 대표하는 알렉산드리아의 기독교 학파ㅣ알렉산드리아 학파ㅣ에 영향을 미쳤다.

필론ㅣ고대 알렉산드리아의 유대인 철학자ㅣ은 아담과 이브에게 주어진 정원을 상징적으로 해석하라고 권했는데, 이는 상징적 해석을 중시하는 사람들에게 친숙한 방식이다.[41] 그는 다음과 같이 단호하게 주장한다. "포도나무, 올리브나무, 사과나무, 석류나무나 이와 같은 나무들이 실제 존재한다고 믿는 것은 매우 순진한 생각이며, 쉽게 고쳐질 수 없는 것이다."[42] 오리게네스(252년 또는 254년 사망)는 지상과 하늘의 왕국 사이에 중간적인 장소가 과거에 존재했거나 현재도 존재한다는 것을 부정하지는 않지만(이 점에 대해서는 다음 장에서 다룰 것이다), 성경 텍스트를 상징적으로 해석해야 한다고 말한다. 그는 묻는다. "농민과 마찬가지로, 하느님이 동방의 에덴에 정원을 두고 그 정원 안에 눈에 보이고 만질 수 있는 생명나무를 창조하셨으며, 그 결과 그 열매를 현실의 이빨로 먹은 자는 생명을 얻게 되었고, 마찬가지로 이 나무에서 취한 열매를 씹은 이유로 선과 악에 관여하게 된 인간이 있다는 것을 누가 믿겠는가?"⁴³

4세기에는 시리아의 성 에프렘이 저 유명한 《낙원 찬가》에서 낙원을 완전히 매혹적으로 묘사했다.⁴⁴ 그러나 그는 자신이 아낌없이 제공하는 이 화려한 묘사를 영적 차원으로 옮겨야 한다고 경고한다. "나는 영靈의 눈으로 낙원을 본다. 〔…〕 영적인 자들에게는 영적인 눈과 영적인 음식이 적합하다."⁴⁵ "말로는 에덴이 지상의 것처럼 보일지라도, 에덴의 본질은 순수하고 영적인 것이다."⁴⁶ 소아시아 지역 카파도키아의 교회 박사인 니사의 그레고리우스(394년 사망)는 지상낙원 이야기가 과거에 기록된 종말론적 예언이라는 입장에 가깝다. 그에 따르면, 에덴동산은 "살아 있는 자들의 땅"을 의미하며, 언젠가 선택된 자들이 들어갈 곳이다. "그곳은 죽음이 들어가지 않은 곳, 죄인들이 길을 침범하지 않은 곳이다."⁴⁷ "성경에 근거해, 나는 문제가 되는 것이 육체적 음식이나 육체적 기쁨이라고 전혀 믿지 않는다."⁴⁸

그러나 동방 기독교에서도 낙원으로서의 정원에 대한 성경 구절을 상징적으로 해석하려는 신학자들은 소수에 불과했다. 시리아 안티오키아ㅣ안타키아ㅣ의 성 테오필루스(181년경 사망)는 그런 신학자들과 논쟁을 벌이며 다음과 같이 주장했다. "신이 동쪽에 낙원을 두고 땅에서 모든 아름다운 나무들이 자라게 하셨다고 성경에 나와 있지만, 성경이 우리에게 가르쳐 주는 것은

낙원이 동양이든 땅이든 우리 하늘 아래에 있었다는 것이다."[49] 갈리아의 성 이레네우스(202년경 사망)|이레네오, 이레나이우스|는 다음과 같은 질문을 던진다. "첫 번째 인간은 어디에 놓여 있었는가?" 그리고 답한다. "성경에 기록된 대로 명백히 낙원에 놓였다. 신은 에덴에 낙원을 두고 [...] 거기서 그를 쫓아냈다."[50] 로마의 성 히폴리투스|히폴리토|(235년 사망)는 더욱 명확히 말한다. "일부 사람들은 낙원이 하늘에 있으며, 낙원이 하느님에 의해 지상에 창조되지 않았다고 주장하는 자들도 있다. 그러나 우리 눈으로 낙원에서 흘러나오는 큰 강을 볼 수 있으며, 오늘날에도 여전히 그것을 볼 수 있기 때문에, 낙원은 하늘에 있는 것이 아니라 지상의 창조된 것들 중에 있다고 결론지어야 한다. 그것은 동양의 어느 장소이며, 선택된 어느 지역이다."[51]

오리게네스파|성경 텍스트의 상징적 해석|에 격렬하게 반대한 키프로스 살라미스의 주교 에피파니우스(403년 사망)도 동일한 논리를 전개했다. "우리가 쫓겨난 낙원에서 [...] 티그리스강, 유프라테스강 및 다른 강들이 흘러나와 여기에서 나타난다. [...] 아담은 결코 하늘에서 쫓겨난 것이 아니라 동쪽에 위치한 이 낙원에서 쫓겨난 것이다."[52] 오리게네스의 상징적 해석을 극도로 혐오한 안티오키아 학파의 대표자 중 한 명이며, 구체적으로 말하는 것을 선호한 소아시아 몹수에스티아의 테오도루스|테오도로|(428년 사망)도 다음과 같이 단호하게 주장한다. "[신은] 인간을 위해 특별한 지역을 거처로 선택하고, 그곳을 나무로 장식하

고 낙원이라 명명했다. 이 지상의 가장 영광스러운 부분은 해가 떠오르며 가장 먼저 비추는 곳이다."[53] 다마스쿠스의 성 요한네스[요한, 요안니스](749년 사망)는 같은 신념을 주장하며 '신의 정원'의 현실성을 다음과 같이 강조한다.

신은 인간을 '그분의 형상 그대로, 자신과 닮게' 가시적이면서도 비가시적인 존재로 창조하여, 지상과 그 안에 있는 모든 것의 왕이자 주인으로 삼았다. 신은 먼저 자신이 창조한 땅에 왕국을 세우고, 그곳에서 행복한 삶을 살도록 했다. 그곳이 바로 신의 손으로 에덴에 놓인 신의 낙원이었으니, 모든 마음의 기쁨과 즐거움의 보고였다(에덴은 즐거움을 의미한다). 그곳은 땅의 가장 높은 동쪽 지역에 위치했고, 공기는 가장 달콤하고 가벼우며 순수했다. 영원히 꽃피는 식물들로 장식되어 향기가 뛰어나며 빛으로 가득 찬 이곳은 우리의 감각으로는 상상할 수조차 없는 아름다움을 갖고 있었다. 진정으로 신성한 땅이었으며, 신의 형상대로 창조된 자에게 어울리는 땅이었다. 이곳에는 이성 없는 존재는 전혀 없었고, 오직 신의 손으로 창조된 인간만이 거주했다.[54]

나중에(약 900년경) 바그다드 근처 베트라만의 주교였던 모세 바르 세파스는 《낙원에 대한 주석 Commentaire du Paradis》에서 〈창세기〉 속 정원을 두 가지 관점에서 볼 수 있다고 설명했다.

첫 번째는 물리적 관점이고, 두 번째는 신비적 관점이다. 그의 저서 제2부는 두 번째 관점을 제시한다. 낙원은 완벽한 영적 삶을 의미하며, 거기서 흘러나오는 네 개의 강은 주요 덕목, 즉 복음서 저자의 덕목을 상징한다. 그러나 그것이 우리 세계에 속하기 때문에, 그것은 지상 밖이 아니라 지상에 놓였고, 동쪽에, 대양 너머에, 그리고 지구상 그 어떤 곳보다 높은 곳에 위치했다. 낙원은 주변의 아름다운 풍경보다도 더 아름다웠다는 점에서 에덴동산과 구별되었다. 영국의 존 밀턴이 《실낙원Paradise Lost》에서 반복하듯이, 물은 중력을 거슬러 신이 에덴동산에서 아담과 이브에게 할당해 준 더 높은 지대의 매혹적인 과수원으로 올라갔다가, 거기서 폭포처럼 쏟아져 내려 바다 아래로 잠기며, 다시 우리 눈높이에 나타나 지상에서 큰 네 개의 강을 형성했다. 이 축복받은 정원에서 아담과 이브는 벌거벗고 순수하게 살아갔다.[55]

고대의 황금시대 신화와 신의 과수원에 대한 필론의 영적 해석을 겹쳐 놓은 성 암브로시우스를 비롯한 몇몇 예외적 인물을 제외하면,[56] 서유럽은 아담과 이브의 낙원에 대해 압도적으로 그것이 실제로 존재했다는 입장을 취했다. 예를 들어, 락탄티우스는 〈창세기〉의 본문을 물질적 의미, 즉 육체를 가진 것으로corporaliter 이해하고 낙원을 그곳에 실제로 존재했던 장소로 묘사한 인물 중 하나이다. 그는 다음과 같이 명시적으로 말한다. "신은 존재하는 한 가장 풍요롭고 가장 편안한 곳에, 〔…〕

인간을 두었다. 그곳은 동방에 있었다. 신은 그 정원에 모든 나무와 관목을 심어 인간이 그 다양한 열매로 자양분을 얻게 하고, 모든 노동에서 해방된 인간이 아버지인 신을 최고의 신앙으로 섬길 수 있도록 했다."[57]

성 아우구스티누스(430년 사망)는 지상낙원이 실제로 존재했는지 하는 문제를 직접적으로 다루었다. 히포의 주교인 아우구스티누스의 답변은 그가 서방 기독교에 미친 엄청난 영향력을 고려할 때 분명히 큰 영향을 미쳤다. 《창세기 문자적 해설》제8권 서두에서, 그는 아담과 이브가 놓인 낙원에 대해 세 가지 주요 견해가 존재한다고 지적한다. 일부 사람들은 그곳을 단순히 "물질적 현실"로 보며, 다른 이들은 "영적 현실"로 보고, 또 다른 이들은 "물질적이자 영적인 현실"로 본다. 아우구스티누스는 처음부터 다음과 같이 분명히 밝힌다. "간단히 말해, 나는 이 세 번째 견해가 마음에 든다고 고백한다."[58] 그러나 이 복잡하고 미묘한 마지막 주장에도 불구하고, 그는 결국 상징적 해석보다 실제적 해석으로 더 기울었다. 그 과정에서 그는 이 문제에 대한 자신의 교리가 변화했다고 설명한다. 마니교도와의 논쟁에서 그는 "이 이야기들이 우리에게 상징과 수수께끼로 제시되었다"고 생각할 가능성을 열어 두었다(《창세기에 대해 마니교도에게 반박함De Genesi contra Manicheos》, II, 2, 3). "그러나 신의 은혜로 이 텍스트들을 더 가까이에서 검토한 결과, 이제 나는 다음과 같이 근거를 들어 말할 수 있게 되었다. 이 텍스트들은 문자 그대로의 의미로 쓰였으며, 은유적인 의미로 쓰이지 않았다는 것을 나는 증명할 수 있다."[59] 창조 이야기에서 원하는 모든 상징적 의미를 찾을 수 있지만, 그 안에 기록된 사건들이 '실제로 일어났다는 것'을 진실로 받아들이는 한에서 그렇다."[60] 그 사건들의 "이상한" 성격은 그것이 "처음으로 일어났기 때문이다." 에덴의 정원에 있던 것은 분명히 "실제 나무"였다. 낙원의 샘과 그곳에서 흘러나온 네 줄기 강에 대해 아우구스티누스는 다음과 같이 말한다. "이 강들이 상징적인 강이 아니라 실재하는 강이라는 것을 확인하는 것보다 더 나은 일이 있겠는가?" "그러므로 우리는 기원에 대한 이야기의 나머지 전체를 문자 그대로 받아들여야 하며, 이것을 상징적인 표현으로 보지 말고, 실제로 일어난 사건임과 동시에 다른 의미를 지닌 이야기로 이해하라는 경고로 받아들여야 한다. […] 강은 그 근원을 에덴에, 즉 즐거움의 땅에 두고 있으며, 낙원을 적시고 있다. 즉, 그곳 전체에 그늘을 드리우고 풍성하게 열매를 맺을 나무들을 적시고 있다."[61]

수 세대에 걸쳐 서양 기독교인들에게 성 아우구스티누스의 이러한 주장은 틀릴 수 없는 것이었다. 이 주장은 세월이 흐르며 집단적 신념을 형성하는 데 결정적인 영향을 미쳤다. 여기서 가장 주목할 만한 인물은 세비야의 이시도루스로서, 그의 《어원》은 당시 종교적 및 세속적 지식을 모두 담은 백과사전을 목표로 했다. 그는 "중세의 위대한 교사"라고 불리기도 했다.

카롤루스 왕조 | 8~10세기 프랑크왕국의 둘째 왕조 | 시대 이후 《어원》에는 약 10종류의 필사본이 존재했고, 아일랜드·잉글랜드·게르마니아·갈리아에서 필사되었다.[62] 그러나 이시도루스는 망설임 끝에, 우리가 여기서 다루는 문제와 관련하여 아우구스티누스의 입장을 채택했다. 히포의 주교를 따라, 〈창세기〉의 정원은 세 가지 방식으로 이해할 수 있다고 말한다. 문자적 의미, 비유적 의미, 그리고 마지막으로 이야기가 역사적 사실임을 인정하면서 "신비적" 해석을 추가하는 방식이다. 정원과 마찬가지로 노아의 방주, 언약궤, 예루살렘 성전도 "역사적 사실"이다. 물론, 동시에 이것들이 교회의 신비를 가리킨다는 것을 지적 수준에서 이해할 수 있다. 그러나 "우리의 첫 조상들이 어떤 생물도 서로를 해치지 않는 곳, 불에 타지도 않는 곳, 물에 빠지지도 않는 곳, 야수들이 죽이지 않는 곳, 가시가 찌르지 않는 곳, 공기가 없어 질식하지 않는 곳에 놓여 있었다고 생각해 보자. 그렇게 생각하지 못할 이유가 무엇인가?" 그들의 몸은 고통, 노화, 죽음으로부터 보호받았다.[63]

이후 수 세기 동안 다른 위대한 권위자들도 같은 의견을 피력했다. 예를 들어, 앵글로색슨 학자 베다(673년 출생, 736년 사망)를 들 수 있다. 그는 중세의 '창시자' 중 한 명으로, 이후 500년 동안 가장 많이 읽히고 인용된 저자로 꼽히며, 교부教父들과 동등하게 존경받았으며, 그로 인해 '존경받는Venerable' | 가경자可敬者 |[64] 이라는 별명을 얻었다. 그 베다는 명시적으로 다음과 같이 주

장한다. "첫 번째 인간이 놓인 낙원을 현재의 교회나 미래의 고향을 상징하는 것으로 여기는 사람들이 있더라도, 낙원은 표현된 문자 그대로의 의미로 이해해야 한다는 점을 의심하지 말라. 그곳은 기쁨의 땅이었고, 열매를 맺는 나무가 그늘을 만드는 곳이며, 큰 강이 흘러나오는 광활한 거주지였다."

라바누스 마우루스(856년 사망)는 헤센 지방 풀다의 수도원장으로서 나중에 마인츠 대주교가 된 인물로서 독일|프랑크왕국|의 '카롤링거 르네상스'의 대표자이자 '게르마니아의 교사'로 불린 인물이지만, 베다보다 더 강하게 "기쁨의 정원"이라는 표현의 신비적 의미를 강조했다. 그러나 그러면서도 다음과 같이 명확히 주장한다. "지상낙원은 모든 종류의 향기로운 식물과 과일나무로 풍요로웠으며, 추위나 무더위도 없고, 그 가운데에서 솟아나 정원을 적신 후 네 개의 큰 강으로 흘러나가는 샘이 있다."[65]

오툉|프랑스|의 호노리우스는 실제로는 12세기 독일인인데, 그의 《해명Elucidarium》은 당시의 신앙과 과학을 요약한 교리서이자 요약서이다. 여기서 그는 다음과 같은 질문을 제기한다. "[지상]낙원은 무엇인가?" 그의 답변은 다음과 같다. "그것은 [⋯] 다양한 종류의 나무들이 심어져 모든 불편함이 제거된 장소이다. 예를 들어, 사람이 적절한 시기에 한 나무의 열매를 먹으면 배가 고프지 않았고, 다른 나무의 열매를 먹으면 피로가 사라졌으며, 또 다른 나무의 열매를 먹으면 노화가 멈췄다. 마지막으로 생명나무에 의지하면 노화, 질병, 죽음에서 벗어날 수

있었다."⁶⁶ 이 텍스트는 란츠베르크의 헤라데 수녀(1195년 사망)가 신참 수녀들을 위해 쓴 《기쁨의 정원Hortus deliciarum》에 다시 인용되었다.⁶⁷

피에르 롱바르 l 페트루스 롬바르두스, 피터 롬바드 l (1160년경 사망)도 《명제집Libri Quattuor Sententiarum》에서 지상낙원이라는 중요한 문제를 피할 수 없었다. 그는 이 점에서 아우구스티누스 전통을 비롯한 여러 전통의 계승자로서, 이 전통을 완전히 수용하고 거의 그대로 되풀이하며, 이 문제를 완벽할 정도로 명확하게 표현했다. 그의 작품이 끼친 지속적인 영향력을 고려할 때 이는 강조할 만한 점이다.

> 신은 인간을 그렇게 창조하시고 기쁨의 낙원에 두었으니, 이는 신이 처음부터 심어 놓으신 것이었다. 이 말로 모세는 인간이 처음에는 낙원 밖에서 창조되었지만 나중에 낙원에 놓였음을 암시한다. [...] 인간이 놓인 이 낙원은 실제 장소로서 물질적 의미로 이해되어야 한다. 이 낙원에 대해 세 가지 주요 견해가 있다. 첫째, 단지 물질적 현실로 보는 견해, 둘째, 단지 영적 현실로 보는 견해, 셋째, 두 가지 의미를 모두 포함하는 견해이다. 내가 선호하는 것은 세 번째 견해이다. 땅이 물에서 나와서 풀과 나무를 자라게 하라는 지시를 받은 순간, 지상낙원은 창조되기 시작했으며 인간이 그곳에 놓였다. 이 낙원이 현재의 교회나 미래의 교회를 상징하더라도, 그것은 문자 그대로 매우 아름다운

장소, 과일나무로 가득 찬 넓은 땅으로, 그리고 큰 샘이 솟아나는 곳으로 이해되어야 한다.[68]

성 토마스 아퀴나스ㅣ중세 서방 기독교의 대표적 신학자ㅣ는 피에르 롱바르의 《명제집》에서 출발한다 (이로써 한 저자가 다른 저자에게 끼친 영향을 볼 수 있다). 그리고 다음과 같이 질문한다. "지상낙원은 실재하는 장소인가?" 그의 습관대로, 이 위대한 학자는 찬성과 반대의 논증을 제시한 후, 성 아우구스티누스의 입장에 동조한다. 성 아우구스티누스는 다음과 같이 썼다. "낙원에 대한 영적 해석의 채택을 막을 것은 아무것도 없다. 다만, 그것은 사건의 이야기에서 절대적 신앙의 진리가 드러날 때에만 유용하다."[69] 아퀴나스는 히포의 주교와 같은 결론을 내린다. "성경에 기록된 낙원에 대한 언급은 역사적 사실을 이야기하는 형태로 제시되어 있다. 따라서 성경이 이러한 방식으로 전하는 모든 것에 대해서는 역사적 진실성을 기초로 삼아야 하며, 그 위에 영적 해석을 세워야 한다."[70] 생명나무는 분명히 "실재하는 나무였다. 그 열매가 생명을 보존하는 힘을 가졌기 때문이다. [⋯] 그러나 그것은 영적 의미도 지니고 있었다. 사막의 바위가 물질적인 현실이면서도 그리스도를 상징한 것과 마찬가지다."[71] "원죄 이후로 인간이 그곳에 살지 않는다고 해서 그 장소가 더 이상 존재하지 않을 이유는 없다."[72]

당대에는 명백했던 지상낙원의 역사성과 〈창세기〉 이야기의 문자적 해석은 13세기의 위대한 지식 전달자 중 한 명인 뱅상 드 보베(1264년 사망)가 《역사의 거울Speculum historiale》에서 제시한 연대기의 세부 사항을 이해하는 데 도움을 준다. "사람들이 믿기를, 아담과 이브는 창조된 당일, 즉 세계가 존재한 지 여섯 번째 날에, 정오 무렵에 낙원에서 죄를 지었다. 그 후 그들은 약 9시경에 낙원에서 쫓겨났다."[73] 따라서 예수는 정오에 십자가에 못 박히고, 강도에게 낙원을 열어 준 후, 9시경에 숨을 거두었다. 뱅상 드 보베에 따르면, 우리 조상들은 낙원의 즐거움을 단 몇 시간만 누렸을 뿐이다.

이러한 단순한 생각을 중세적 사고방식으로 탓하지 말아야 한다. 더 단순한 사례를 르네상스와 16세기에도 발견할 수 있기 때문이다. 우리는 먼저 지상낙원의 변종 중에서 상대적으로 덜 알려진 것부터 탐구해야 한다. 바로 낙원이 의인義人들의 거주지로 변형되는 것이다. 의인들이 죽은 뒤 그곳에서 부활을 기다린다는 것이다. 이 탐구를 마친 후에 다시 살아 있는 자들의 땅으로 돌아갈 것이다.

제2장

낙원, 대기의 장소

Map of Mesopotamia

Antiochia · *Edessa*

MESOPOTAMIA

Charræ olim Charræ · *Arbela* · *Thelde*

Hierapolis · *Singaras Mons* · *Oryba olim Rechoboth*

Nicephorium · *Nisibis* · *Ctesiphon*

Nearda · *Sipphar*

Resiphus olim Reseph

SIRIÆ PARS

Euphrates fl.

Pecorum olim Pethor

Seleucia

Baxylon olim

Tigris fl.

Agamum

Apamea

Siabe · D · E · *Barsita* · *Ata He...*

PALU **DES**

CHALDÆA

Orchoe olim Hur · *Ragas*

Arabia felix

Maadena fl.

Chaldar fl.

Veteris aquæductus alveus

ARA-
BIA

AMOR- **DACIA**

Althaurije Arabi latrones à Scenitis dicti

SIVE SUSIANÆ PAR

유대인과 기독교인들은 지상낙원이 실제로 존재한다고 오랫동안 믿었다. 수 세기 동안 많은 사람들이 머지않은 미래에 부활과 최후의 심판 직전에 정의로운 자들이 대기하는 장소로서 지상낙원이 항상 존재한다고 여기기까지 했다. 이러한 전체적인 개념의 근저에는 다양한 견해가 있었다. 어떤 사람에게는 낙원이란 지상의 외딴 장소에 태초의 모습 그대로 존재하지만 특별한 통행허가를 부여받거나 천사의 인도 없이는 접근할 수는 없는 곳으로 여겨졌다. 또 어떤 사람들은 낙원이 원죄 이후 지상에서 떨어져 나가 하늘로 옮겨졌다고 믿었다. 이 장소는 사도 바울로가 이끌려 갔다는 소위 제3의 하늘이며, 영원한 행복과 천상의 행복이 있는 일곱 번째 하늘과는 다른 곳이었다. 이 대기 장소는 에녹(창세기, 5:24)과 엘리야(열왕하, 2:18)가 사는 곳이며, 이들은 산 자들 가운데서 영생을 얻은 자들이었다.

유대교와 기독교의 묵시록

〈에녹 1서〉|구약성경의 외경|는 원래 히브리어로 도어 있던 이 전통을 잘 보여 주는 책이다. 이 책이 온전한 형태로 전해지는 것은 4세기 또는 5세기에 쓰인 에티오피아어 판본밖에 없다. 그러나 원본 텍스트는 아람어였으며, 쿰란|사해 북서쪽 평원|

에서 그 일부가 발견되었고, 오늘날 "에세네파ㅣ바리사이파·사두가이파와 함께 유대교의 3대 종파로 광야에서 공동체 생활을 함ㅣ의 위대한 고전 중 하나이자 모든 고전 중의 고전"으로까지 간주되고 있다.[1] 〈에녹 1서〉를 구성하는 다양한 요소들이 기원전 1세기에 쿰란에서 수집된 것으로 보이며, 일부 편린은 3세기로 거슬러 올라가는 것으로 보인다.[2] 이 묵시록에서 에녹은 이 특이한 여행ㅣ노아의 조상인 에녹은 신의 사랑을 받아 죽지 않고 천국을 여행했다고 한다.ㅣ 중에 본 것을 이야기한다. 특히 서쪽에 "웅장하고 높고 단단한 바위 산"(17-25장)이 눈길을 끈다. 그 안에는 4개의 동굴이 있는데, 세 개는 "어두운" 동굴이고 하나는 "빛으로 충만한" 동굴이다. 라파엘(천사)은 여행자에게 이렇게 설명한다. 이 동굴들은 죽은 자들의 영혼이 모여 있는 곳인데, "그들은 심판의 날까지, 그리고 그들을 위해 정해진 시간까지 그곳에 남아 있게 된다. 이 긴 시간은 〔그들에게 내려질〕 최후의 심판까지 〔지속될 것이다〕."

세 개의 "어두운" 동굴은 죄인들을 위해 예약되어 있다. 빛으로 충만한 동굴은 의로운 자들의 영혼을 위한 곳이다(22장). 에녹은 먼저 서쪽의 위치를 정한 다음, "정의의 낙원"으로 향하는 두 번째 여행에서는 동쪽의 위치를 정한다. 이곳은 향기가 나는 곳으로 지혜의 나무가 자라는 곳인데, 이 나무의 열매는 포도송이를 닮았다(26-32장).[3] 이러한 장소 선정의 불일치는 그대로 두고, 여기서는 기원전 3세기부터 히브리 문헌에 등장하기 시작한 사후 보상에 주목해 보자. 이와 반대로 고대 유대교는 죽은 자들이 무차별적으로 스올에 갇힌다고 생각했다. 〈에녹 1서〉의 영향은 상당했다. 〈유다의 편지〉(14,16)에도 인용되었다.

"구약과 신약 사이에 쓰인 글" 중에는 〈바룩의 묵시록〉도 있는데, 이것은 몇몇 기독교도의 가필이 있기는 하지만 유대교의 저작이라고 할 수 있다. 115~117년에 이집트가 이스라엘 공동체를 강력히 탄압했던 시기보다 이후에 쓰인 것이 아니다. "셋째 하늘"에 도착한 바룩은 자신을 안내하는 천사에게 요청하기를 "아담을 타락하게 한 나무를 보여 달라"고 한다. 그런데 이 셋째 하늘에는 어둠과 더러움의 평원인 하데스(음부)가 있고, 이곳에는 악마의 뱀이 살고 있다. 따라서 의인의 정원과 영혼이 형벌을 받는 곳은 이번에도 서로 가까운 곳에 있다. 그렇지만 그곳은 천국의 경계선 안에 있다.[4]

영향력 측면에서 더 중요한 것은 〈에즈라 4서〉|구약성경의 외경|인데, 이것이 불가타Vulgata 성경|5세기 초에 완성된 라틴어 성경 번역본|에 라틴어 번역본으로 삽입되었기 때문이다. 몇 가지 단서를 보면 이 책의 원본은 셈어였을 것으로 추측된다. 그리스어 판본의 존재는 일반적으로 인정되고 있다. 시리아어, 아랍어, 그루지야어, 아르메니아어 버전도 알려져 있다. 쿰란에서 발견되기 전에는 〈에즈라 4서〉를 바리새파의 것으로 보는 견해가 많았다. 오늘날에는 "많은 주제들이 에세네파의 어조를 띠고 있어, 기원후 70년 이후 흩어진 에세네파의 것"[5]으로 본다. 〈에즈라 4서〉는 불가타 성경에 포함됨으로써 예외적으로 널리 유포되었고,

르네상스가 이 책에 대한 새로운 관심을 불러일으켰다.

에즈라는 환상을 보던 중 인도하던 천사에게 이렇게 물었다 (7:88-101):

"주님, 제가 주님께 은혜를 입었다면, 당신의 종에게 그것을 다시 보여 주십시오. 이제 우리 각자가 죽은 후, 주님께서 새롭게 창조를 시작하실 때까지 안식을 누리겠습니까, 아니면 곧바로 고통을 받게 되겠습니까?"

천사가 대답하기를, 악인들은 "거처"에 들어가지 못하고 "방황"하며 일곱 가지 다른 방법으로 "벌을 받고 비통해하며 슬퍼할 것"이라고 한다. 이 일곱 가지 중 하나는 "큰 침묵이 지배하는 거처에서 천사들이 지키는 다른 '죽은 자들'을 보는 것"이다. 신이 인도하는 길을 따랐던 사람들의 영혼은 먼저 큰 기쁨으로 그들을 맞이하시는 주님의 영광을 보고 일곱 가지 방법으로 "안식"한다. 그중 마지막 네 가지는 다음과 같다.

네 번째 방법 그들은 이제 자신들이 누리는 안식을 알고, 그들의 거처에 모여 깊은 침묵 속에서 천사들의 보호를 받으며, 마지막 시간에 그들을 기다리는 영광을 안다.

다섯 번째 방법 그들은 어떻게 자신들이 부패한 세상에서 벗어났는지, 그리고 어떻게 미래의 세계를 유산으로 받게 될지를 알고 기뻐한다. 또한 그들이 벗어난 좁고 고통스러운 통로와 영원을 누리게 될 광활한 공간을 보게 된다.

여섯 번째 길 그들은 자신의 얼굴이 어떻게 태양처럼 빛나고, 자신들이 더 이상 타락하지 않으면서 별의 광채를 닮아 가는지 보여 줄 때 기뻐한다.

일곱 번째 방법은 내가 말한 모든 것을 능가하는 것이다. 이 영혼들은 그들이 평생 동안 섬기고 그리하여 정당한 보상을 주실 그분의 얼굴을 볼 때가 다가오고 있기 때문에 확실한 기쁨, 명확한 자신감, 두려움 없는 행복을 알게 될 것이다.

에즈라는 여전히 이렇게 묻는다. "그러면 육체에서 분리된 영혼들에게 당신이 제게 말하신 것을 볼 수 있는 시간이 주어질까요?" 천사는 이렇게 대답한다. "칠 일 동안 그들은 자유로울 것이다. 그리하여 그 칠 일 동안 내가 너에게 말한 것을 볼 수 있을 것이다. 그런 다음 그들은 그들의 거처로 모일 것이다."[6] 결국 이 책은 삶과 영원의 중간 장소에 대해 말하고 있는 것이다. 선택받은 자들을 위한 이 '거처'는 지상낙원이 그러하듯이 천사들이 지키는 곳으로서, 선택받은 자들이 자신들의 미래에 행복이 올 것을 알고 있는 채로 안식을 취하는 침묵의 장소이다.

자크 르 고프Jacques Le Goff|프랑스 역사학자|는 〈에즈라 4서〉에 삽입되어 있는 내세에 대한 환상이 지속적인 영향을 미쳤다고 했는데 이것은 올바른 지적이다.[7] 알렉산드리아의 클레멘스는

저작 《스트로마테이스Stromateis》|그리스어로 '잡다한 이야기'|(III, 16)에서 이를 암시한다. 무엇보다도 성 암브로시우스는 저서 《죽음의 선함De bono mortis》(X, 46)에서 이를 분명히 언급하는데,[8] 에즈라가 언급한 "거처"는 예수께서 "내 아버지 집에는 거처가 많으니"(요한, 14:2)라고 말씀하실 때 언급한 거처와 동일하다. 그러므로 암브로시우스의 종말론은 천국에 마지막으로 접근하기 전에 "영혼의 창고promptuarium animarum"를 두었다. 이곳은 쾌적하고 즐거운 기다림의 장소, 즉 되찾은 지상낙원이다(40).

오랫동안 유대 전통은 중간낙원, 즉 선택받은 자의 영혼이 부활과 천국 입성을 기다리는 곳이 있다고 믿어 왔다. 카이사레아의 주교 에우세비우스(340년 사망)에 따르면, 당시 유대인들은 미덕을 실천하여 죽은 뒤에 하느님의 동산으로 돌아갈 수 있는 자격을 갖추기 위해 노력해야 한다고 가르쳤다.[9] 그 이후 1270~1300년 사이에 작성되어 상당한 영향력을 발휘한 난해한 저작인 《조하르Zohar》(유대교 신비주의 경전)는 다음과 같이 명확하게 말하고 있다. "의인의 영혼이 이 세상을 떠나면 낮은 에덴에 위치한 이 궁전에 들어간다. 그리고 그곳에서 높은 에덴으로 올라가는 데 필요한 시간 동안 머문다."[10]

유대교 전통이었던 두 에덴의 구분|낮은 에덴/높은 에덴|은 기독교의 종말론으로 넘어왔다. 이것은 〈베드로의 묵시록〉과 〈바울로의 묵시록〉을 포함한 외경|정경正經으로 인정받지 못한 구약성경 외경은 14~15권, 신약성경 외경은 훨씬 더 많다.| 문헌에서 찾아볼 수 있다. 우

리의 주제와 관련해서는 〈바울로의 묵시록〉이 〈베드로의 묵시록〉보다 훨씬 더 중요하다. 하지만 좀 더 오래된 〈베드로의 묵시록〉이 〈바울로의 묵시록〉에 영향을 미쳤다. 〈베드로의 묵시록〉은 아마도 2세기 중반, 어쩌면 그 이전에 쓰였을 것이다. 이 묵시록은 그리스도가 베드로에게 보여 준 계시를 베드로가 다시 그의 제자 (로마의) 클레멘스에게 전한 것으로 되어 있다. 〈묵시록〉의 저자는 그리스도가 베드로에게 보여 준 계시를 저연함으로써 (지상의) 낙원Paradise과 (하늘의) 낙원Heaven을 구분하고 있다. 그 결과, 예수와 함께 모세, 엘리야, 그리고 구약의 여러 의로운 사람들이 등장하는 거룩한 산에서 베드로는 "넓게 열린 낙원을 발견한다. 그곳에는 열매를 맺는 나무가 있었다. 그 축복의 열매는 좋은 향기가 가득했다." 이곳은 의인들의 "안식처"로 묘사된다. 베드로는 천막 세 개를 치기를 원했다. 그러나 구름이 열렸다. 예수, 엘리야, 모세는 "다른 하늘로 갔다."[11]

〈바울로의 묵시록〉은 매우 널리 전파되었기 때문에 여기서 주목할 가치가 있다. 첫 번째 판본은 3세기 중반경에, 틀림없이 그리스어로 쓰였을 것이다. 그로부터 150년이나 200년쯤 지난 다음에 이 판본에 서론이 추가되었는데, 여기에서 〈바울로의 묵시록〉과 이방인 사도가 이야기한 황홀한 경험 사이에 연결 고리가 생겼다(2고린토, 12:1-5). "내가 잘 아는 그리스도 교인 하나가 십사 년 전에 셋째 하늘까지 붙들려 올라간 일이 있었습니다. ㅡ몸째 올라갔는지 몸을 떠나서 올라갔는지 나는 모릅니다.

그러나 하느님께서는 알고 계십니다.-" 〈바울로의 묵시록〉의 라틴어 번역은 늦춰 잡아도 6세기 초를 넘지 않는다. 라틴어 버전의 〈바울로의 묵시록〉은 최소 52개의 사본이 남아 있는 것으로 보아, 그 이후에 빠르게 그리고 빈번하게 사본이 만들어졌다. 게다가 시리아어, 콥트어, 슬라브어, 아르메니아어, 아랍어, 에티오피아어로 번역된 오래된 판본도 있다. 중세 시대에는 프랑스어, 프로방스어, 루마니아어, 영어, 웨일스어, 독일어, 덴마크어, 불가리아어, 세르비아어 및 기타 언어로도 번역되었다. 이 묵시록의 성공은 특히 8~11세기에 집중되었는데, 이 기간에 라틴어로 된 "편집본", 즉 고대의 "긴 텍스트"의 요약 또는 개편 작업이 급증했다.[12]

〈바울로의 묵시록〉은 〈베드로의 묵시록〉뿐만 아니라 〈에녹 1서〉, 〈에즈라의 묵시록〉, 그리고 다른 묵시록과도 연결되어 있다. 이들 묵시록에는 지상의 낙원을 최종적인 천국 이전의 단계로 파악하는 것이 확실하게 나타나 있다.[13] 바울로는 고개를 들어 "매우 아름답고 금으로 된 띠를 두르고 있으며 손에 월계수를 들고 아름다운 옷을 입은" 천사들을 보았다. 바울로는 자신을 안내하는 천사에게 이 천상의 사람들이 누구인지 물었다. 천사는 대답했다. "이들은 주님께 진정으로 충실한 사람들을 안식처로 인도하는 천사들이다." 그다음으로 보게 된 환상은 사도가 하느님 앞에 있는 장면이었는데, 하느님은 방금 죽은 충실한 사람 중 한 사람의 영혼을 심판하려는 참이다. 주님은 이렇게 결정했다. "이 영혼이 자비로우니 나도 이 영혼에게 자비를 베풀겠다. 이 영혼을 대천사 미카엘에게 맡겨서, 하늘로 데려가 완전한 부활의 날까지 모든 성도들과 함께 그곳에 거하게 할 것이다."

뒤이어 바울로는 "은보다 일곱 배나 밝은" 땅을 방문한다(21, 22장). 그는 동행한 천사에게 묻는다. "천사이시여, 이곳이 어디입니까?" 대답은 이렇다. "이곳은 보상의 땅이다. '마음이 가난한 사람은 행복하다. 하늘 나라가 그들의 것이다.'(마태오 5:4)라고 기록된 것을 너는 듣지 못하였느냐? 육신을 떠난 의인의 영혼은 잠시 이곳으로 보내진다."[14] 이곳에는 젖과 꿀이 흐르는 강이 흐른다. 이곳의 모든 나무는 1년에 열두 번 열매를 맺으며 그때마다 다른 열매를 맺는다. 포도나무에는 만 개의 가지가 있어 포도나무 한 그루에 백만 개의 포도알이 열린다. 첫 번째 땅, 즉 우리의 땅이 멸망하면 이 땅이 하늘에서 내려와 우리의 땅을 대신할 것이며, 이 대신하는 땅에서 성인들이 예수님과 함께 천년 동안 살게 될 것이다.

이 천년왕국 종말론에 대해서는 다음 책에서 다시 다루겠다. 여기서는 지구에서 분리되어 하늘의 구름 속에 보존된 지상낙원이 선택받은 자의 영혼을 '잠시 동안' 받아들인다는 이 주장에 집중하자. 이 장소에 대비되는 장소도 있다. 바울로는 계속하여 이 장소에서 몸이 들려 "온통 금으로 만들어진" 12개의 벽으로 둘러싸인 "그리스도의 도성"으로 이끌려 들어간다

(23장). 〈바울로의 묵시록〉에서 구원의 이 마지막 단계는 〈요한의 묵시록〉과 에스겔이 묘사한 영광스러운 예루살렘에서 유래한 여러 요소로 구성된 것으로 보인다.

우리가 여기서 견지하는 관점에서 볼 때 〈바울로의 묵시록〉에서 말하는 환상은 〈바울로의 묵시록〉보다 더 오래되고 그만큼이나 유명한 텍스트인 《성 페르페투아와 성 펠리치타의 수난Passio sanctarum Perpetuae et Felicitatis》과 비교해 볼 수 있다. 이 이야기는 203년 셉티미우스 세베루스 |193~211년 로마 황제|가 아프리카의 기독교인들을 박해하던 시절의 이야기다.[15] 그해 페르페투아와 펠리치타라는 두 명의 여성과 사투루스, 사투르니누스, 레보카투스라는 세 명의 남성이 카르타고에서 처형당했다. 페르페투아와 사투루스는 순교 전 며칠 동안 자신들의 기억과 환상을 글로 쓰거나 말로 외부인들에게 전할 수 있었다. 나중에 사람들이 이 기록에다가 희생자들의 죽음에 대한 뒷이야기를 덧붙였다. 텍스트는 부사제였던 사투루스가 수난을 당한 후 그와 페르페투아에게 일어날 일을 알려 주는 환상을 어떻게 받았는지 말해 준다. "싸움이 시작되자 우리는 육신을 떠났고, 네 천사가 우리를 건드리지 않고 동쪽으로 데려갔다. 〔…〕 우리는 과수원처럼 보이는 광활한 들판으로 들어갔고, 나무에는 장미와 온갖 종류의 꽃이 피어 있었다. 나무들은 사이프러스만 한 크기였고 나뭇잎들은 끊임없이 웅웅거리는 소리를 냈다. 〔…〕 우리는 그곳에서 많은 형제를 만났지만 그들은 모두 순교했다. 형

언할 수 없는 향기가 우리 모두의 음식으로 제공되었고 우리는 배고픔을 채웠다."¹⁶

《성 페르페투아와 성 펠리치타의 수난》은 흔히 카르타그의 테르툴리아누스의 작품으로 알려졌다. 이는 잘못이다. 그러나 테르툴리아누스 | '삼위일체'라는 말을 맨 먼저 사용함 | 는 《영혼론De Anima》에서 죽은 자들이 머무는 세 종류의 거처를 구분함으로써 이 작품의 의미를 밝혔다. 첫 번째 거처는 지하 세계로서 일반 신도를 위한 곳이며, 그다음은 지상낙원으로서 페르페투아와 그녀의 동료들처럼 현재 이후 순교자들이 갈 수 있는 곳이며, 마지막은 "천국으로서 종말이 되어서야 열리는 곳이다."¹⁷ 다른 기독교 저술가들도 이 점에 관해서는 테르툴리아누스와 같은 생각을 했으며, 순교자, 선한 도둑, 에녹, 엘리야만이 천국과는 구별되는 아담의 낙원을 이미 누리고 있다고 생각했던 것으로 보인다. 로마의 성 히폴리투스(235년 사망), 푸아티에의 성 힐라리우스(367년 사망), 성 암브로시우스(397년 사망), 성 히에로니무스 | 예로니모, 제롬 | (420년 사망) 등이 이러한 저술가들이다.¹⁸

신약성경에는 '파라데이소스'라는 단어가 세 번밖에 등장하지 않는데, 이 단어는 행복으로 가득한 중간 장소가 있을 것이라는 믿음을 통해서 이해되었다. 이 장소는 전체적인 부활 이전의 영혼의 대기실이며, 초기 그리스도인들의 의견에 따르면 순교자 이외의 다른 사람들까지도 받아들여지도록 확대되었다. 죽어 가던 예수는 착한 도둑에게 이렇게 말했다. "오늘 네가 정녕 나와 함께 낙원에 들어갈 것이다."(루가, 23:43) 바울로는 "그는 낙원으로 붙들려 올라가서 사람의 말로는 표현할 수 없는 이상한 말을 들었다"(2고린토, 12:4)고 확언한다. 그에 앞서 그는 '셋째 하늘'에 대해 말했는데, 당시 일반적으로 통용되던 우주론에서는 일곱 개의 하늘이 있다고 가르치고 있었다. 마침내 〈요한의 묵시록〉(2:7)에서 "귀 있는 사람은 성령께서 여러 교회에 하시는 말씀을 들어라. 승리하는 사람에게는 내가 하느님의 낙원에 있는 생명나무의 열매를 먹게 해 주겠다."고 한다.

이러한 중간 단계로서의 낙원과 가난한 라자로ㅣ나사로ㅣ가 죽은 후 천사들이 그를 데려간 '아브라함의 품'은 시간이 지나면서 점차 비슷한 것으로 여겨지게 되었다. 바로 그곳이야말로 악한 부자가 그를 가로막는 '깊은 심연' 너머 라자로의 모습을 바라보는 장소이다(루가, 16:23).ㅣ"부자가 죽음의 세계에서 고통을 받다가 눈을 들어 보니 멀리 떨어진 곳에서 아브라함이 라자로를 품에 안고 있었다."ㅣ

선한 도둑에게 예수가 한 약속ㅣ"오늘 네가 정녕 나와 함께 낙원에 들어갈 것이다."(루가, 23:43)ㅣ에 대해 《성경 사전》은 다음과 같이 설명한다. "고대 기독교 문헌에서나 유대인 문서에서나 '낙원'이라는 단어는 일반적으로 천국과 동의어가 아니다. 〔…〕 예수의 말 뒤에 숨어 있는 것을 포착할 수 있게 하는 것은 기원의 정원에 대한 유대인의 사고이다. 외경에서 말하는 방식을 빌리자면 〔…〕 예수는 단순히 의로운 사람들을 위해 하느님이 최종적으로 개입하실 때 그들이 기다리는 곳을 보여 주신 것이다."[19]

예수에 의해 다시 열린 '낙원'

기원후 몇 세기 동안 교회에서는 예수가 선한 도둑에게 약속을 하셨을 때 아담과 이브의 실수 이후 닫혀 있던 지상낙원을 다시 열었다는 의견이 꽤 널리 퍼져 있었다.

이런 확신이 있었던 성 아타나시우스(373년 사망)는 이렇게 주장한다. "[예수님은] 도둑에게 '오늘 네가 정녕 나와 함께 낙원에 들어갈 것이다'라고 말씀하심으로써 아담이 쫓겨났다가 도둑의 모습으로 다시 낙원으로 들어간 셈이므로 낙원의 문을 다시 열어 준 것이다."[20] 성 바울로가 들어 올려진 곳이 바로 그곳이다. 니사의 그레고리우스(394년 사망)(카파도키아의 3대 교부 중 한 명)는 하느님께 이렇게 말했다. "당신은 우리를 낙원에서 쫓아내셨고, 우리를 다시 낙원으로 부르셨다."[21] 어느 금요일, 성 요한네스 크리소스토모스(407년 사망)은 청중들에게 이렇게 확언했다. "5천 년 이상 닫혀 있던 낙원을 오늘 하느님께서 열어 주셨다. 하느님께서는 같은 날, 같은 시간에 도둑을 그곳으로 인도하셨다."[22] 프로클루스(485년 사망)|신플라톤주의 철학자|는 "이제 그 도둑은 오 천 오 백 년 동안 불의 검으로 지켜지던 낙원 깊숙이 들어갔다."[23]고 했다. 또한 다마스쿠스의 요한네스(749년 사망)는 그리스도를 통해 착한 도둑에게 다음과 같이 말하게 했다. "[에덴의 첫 부모를] 추방한 것은 나였다. 불의 검으로 외곽을 지키며

낙원의 문을 닫았던 것도 나였다. 바로 그러한 내가 너희를 데려오지 않으면 그 문은 닫혀 있을 것이다."[24]

이 '낙원'은 영원한 행복이 가득한 천국과 별개의 것이다. 이 점에 대해 불가리아의 주교 테오필락토스(1085년 사망)는 〈루가의 복음서〉(23:43)에 주석을 달면서 다음과 같이 명확히 설명한다. "아무도 나에게 낙원이 천국과 같은 것이라고 말하지 않기를 바란다. 사실 천국에 있는 좋은 것들에 대해 어떤 귀도 들어본 적 없고, 어떤 눈도 본 적 없다."[25]

교황 레오 1세ㅣ서로마제국 시기인 440~461년 재위ㅣ의 두 번의 연속된 설교가 이 중요한 구분에 대해 조명해준다. 주님의 수난에 대한 설교에서 그는 단언한다. "선한 도둑의 믿음이 천국의 문을 열었습니다. 그러므로 기독교를 믿는 사람들은 한때 추방되어 멀어졌던, 잃어버린 조상의 땅으로 돌아갈 수 있는 능력을 갖고 있습니다."[26] 그리고 예수승천 축일에 이렇게 덧붙인다. "이제 [...] 우리는 낙원이 있다는 확신만이 아니라 그리스도께서 우리를 하늘 높이 올리셨다는 확신이 있습니다."[27] 이와 같은 확신을 담은 다른 기독교 저술가들의 수많은 인용문을 여기에 얼마든지 추가할 수 있다.

전체적 모습은 이러하지만 미묘한 차이는 고려해야 한다. 여기서는 지배적인 개념만을 강조했지만, 몇몇 텍스트는 어쩔 수 없이 모호한 데다가, 기독교도의 비석을 통해 알 수 있는 신자들의 생각도[28] 유동적이고 사후 세계의 지리학을 다루는 여러 작가들의 생각도 고정되어 있지 않다. 예를 들어, 니사의 그레고리우스는 곧잘 최초의 인간인 아담의 낙원과 영원한 행복을 동일시하는 것 같다.[29] 성 바실레이오스(379년 사망)는 '천국'과 '낙원'을 구분하지 않고 두 명칭을 무차별적으로 사용했다.[30] 성 아우구스티누스는 몇몇 경우에 여러 개념들 사이에서 망설이는 모습을 보인다. 실제로 그는 여러 해에 걸쳐 태도를 바꾸었다. 명백히 성 아우구스티누스는 다음과 같이 가르친다. 즉, 성인들은 그리스도의 재림 후에 자신들이 있어야 할 곳에 있지 않았고, 부활할 때까지는 하느님의 기쁨을 온전히 누리지도 못하며, 천국도 몇 개의 거처로 나뉘어져 있으며, 천사들의 거처인 천국과 구별되는 곳인 행복의 거처는 바로 낙원, 즉 아브라함의 품이다.[31] 그러나 다른 데에서는 '아브라함의 품'이 어떻게 이르어져 있는지 명확하게 알 수 없음을 고백하며, 때때로 낙원이 천국과 같은 것이 아닌가 하는 의문을 던지기도 한다.[32]

초기 기독교 저술가들이 모두 행복으로 가득 찬 중간 장소와 아담과 이브가 살았던 낙원을 동일시한 것은 아니다. 그러나 그들 중 많은 이들이 성 히에로니무스와 더불어 아담과 이브가 추방되었던 낙원에 에녹과 엘리야가 다시 들어갔다고 생각했다.[33] 그들은 심지어 최후의 심판이 에덴동산에서 이루어질 것이라고 예측하기도 했다. 또한, 일반적으로 기독교인은 세례 덕분에 잃어버린 낙원으로 되돌아간다고 여겼다.[34]

그리하여 일부 엄격주의자들은 순교자와 소수의 특별한 사

람, 즉 아담, 예수가 낙원을 약속한 도둑, 에녹, 엘리야만이 행복으로 가득 찬 중간 장소(그것이 지상낙원이든 아니든)에 있다고 했지만, 다른 많은 사람들은 도둑에게 한 예수의 약속과 해방을 위해 예수가 부활 전 지옥으로 내려간 일|"그리스도께서는 갇혀 있는 영혼들에게도 가셔서 기쁜 소식을 선포하셨습니다."(베드로, 3:19)|을 근거로 의인의 무리들이 낙원으로 간다고 인정했다.[35] 152년 베르가모 공의회|가톨릭 종교회의|에 모인 7명의 주교는 다음과 같이 천명했다. "영혼은 낙원에 거하며 불멸의 몸을 받을 때까지 그곳에서 행복을 누리고 [...] 이 몸 덕분에 인간은 천국에 참여하게 된다."[36]

이레네우스|성 이레네오|(202년 사망)는 "의인들의 영혼은 신이 정한 곳, 즉 낙원으로 간다"고 가르쳤다. "그 영혼들은 그곳에서 부활할 때까지 머무른다." 심판 후에 "그들은 천국에 들어갈 것이다." 이러한 지연의 이유는 다음과 같다. "그러므로 그리스도께서는 죽은 자의 영혼들 가운데 그림자의 거처로 들어가셨다가 다시 육신으로 부활하셔서 하늘로 올라가셨는데, 이러한 일들이 신도를 위한 것이므로, 신도들의 영혼은 하느님께서 그들에게 할당하고자 하는 보이지 않는 곳으로 보내질 것이며, 그곳에서 부활의 날까지 기다릴 것이다. 그런 다음 주님이 그러하셨듯이 육체를 가지고 육체로 다시 일어나 하느님의 면전에 나타날 것이다. 제자는 스승 위에 있지 않지만 모든 제자는 스승과 닮은 존재가 될 때 완전해지기 때문이다."[37]

알렉산드리아의 클레멘스(211경~216)는 이렇게 확신한다. "시대가 끝나면 천사들이 진정한 참회자들을 천상의 장막으로, (…) 천국으로 옮길 것이다." 그러나 당분간 의인들은 낙원이 있는 "일곱 번째 안식"에 있다.³⁸ 오리게네스는 좀 더 복잡한 방식으로 설명한다. "성인聖人은 이 세상을 떠날 때 성경에서 '낙원'이라고 부르는 지상의 어떤 곳에 남게 되는데, 그곳은 교육의 장소, 공회당, 영혼의 학교와 같은 곳이며, 그곳에서 그들은 지상에서 보았던 모든 것에 대한 가르침을 받게 될 것이다. 그러나 그중에 순수한 마음과 단련된 정신을 가진 사람이 있다면, 그 사람은 곧장 그곳을 떠나 하늘로 올라가 (…) 뒤이어 하늘의 여러 영역을 거치며 그곳에서 새로운 교육을 받게 될 것이다." 최종 목적지는 "우리가 이름만 들어 본 적이 있는, 보이지 않는 천국이다."³⁹ 앞서 살펴본 것처럼 오리게네스는 〈창세기〉를 우화적으로 해석해야 한다고 주장하지만,⁴⁰ 그럼에도 무덤 너머의 행복에서 가장 낮은 단계인 영혼의 '공회당'은 그에게도 구체적이고 물질적인 것으로 간주된다. 그는 다음과 같이 적는다. "그 세계가 형태를 가지고 있지 않거나 영혼의 환상과 일관성 없는 사유만을 보는 태도는 전혀 나의 것이 아니다."⁴¹

따라서 교부들의 시대 |기원후 1~8세기 초기 기독교 시대부터 중세 초기| 에는 많은 사람들이 행복으로 가득 찬, 혹은 적어도 안식으로 가득 찬 중간 장소인 '낙원'이 의인의 영혼을 맞이하고, 그 영혼이 최종적인 천국 승천을 위해 육체를 회복하는 것은 그 이후라고 생각했다는 것이 수많은 증거들이 한결같이 확언하는 바

이다. 382년에 새겨져 로마 성벽 바깥의 성 아그네스 성당에 보존되어 있는 로마시대의 묘비명은 21세에 죽은 젊은 딸 테오도라의 것으로, 다음과 같은 문장이 새겨져 있다. "그녀는 별까지 갔고, 지금은 그리스도의 궁정에서 기쁨에 넘쳐서 지내고 있다. 〔…〕 그녀는 그 고귀한 영혼을 성인들에게 영원히 맡겼다. 또, 낙원의 감미로운 향기에 둘러싸여 영원한 봄이 강가의 잔디를 항상 푸르게 하는 곳에서 그녀를 더 높은 곳으로 끌어 올려 주실 하느님을 기다리고 있다."[42]

더 공식적인 권위를 갖춘 수준에서는 아타나시우스, 디디무스(398년 사망), 에피파니우스(403년 사망), 니사의 그레고리우스, 요한네스 크리소스토모스 등은 한결같이 천국에는 최후의 심판일에야 도달할 수 있지만, 우리보다 먼저 간 '성인들', '온유한 자들', '의로운 자들'은 이미 낙원에서 "가장 안락하고 특별히 선택된 장소"에서 '안식'을 취하고 있다고 확언한다.[43] 시리아의 아프라아테스(345년 이후 사망)도 선택된 사람들이 영광에 도달하는 것은 부활과 전체 심판의 날이 되어서라고 지연시켜 잡는다. 그날이 되어서야 비로소 선한 사람들은 악한 사람들과 결정적으로 분리될 것이다.[44] 같은 시리아 사람인 에프렘은 낙원에 관해 언급된 모든 것, 그리고 감미로운 향기, 여러 색깔의 꽃, 과일, 음악, 신선한 물 등 자신이 천국에 대해 했던 매혹적인 묘사를 영적인 의미에서 이해하라고 확실히 권한다. 그러면서도 에덴동산은 여전히 대홍수의 피해를 입지 않은 채 존재하며 그

기슭에는 '피난처'가 있는데, 그곳은 의인의 영혼이 상대적인 행복 또는 적어도 일종의 수면 또는 자궁의 배아와 비슷한 축소된 삶에서 부활을 기다리는 곳이라고 말했다.[45]

키루스ㅣ시리아 서북쪽ㅣ의 테오도레토스(466년 사망)는 성인들이 아직 부활하지 않았고 천국에 이르지 못했지만, 이미 춤을 추고 있으며 낙원을 칭송하는 찬가의 아름다운 소리를 듣고 있다고 가르쳤다.[46] 로마의 대관구 총독에서 수도사가 된 카시오도루스(580년 사망)는 선택받은 자들이 '아브라함의 품'에 모여 천국에서 약속된 보상을 누리기 위해 기다리고 있다고 했다.[47] 세비야의 이시도루스는 저서 《창조의 질서에 대하여 De ordine creaturarum》에서 대기권 위에 있지만 창공 아래에 있는 천상 낙원을 지상에 남아 있는(그러나 우리에게는 금지되어 있는) 아담의 낙원과 구별하는 사람들의 의견을 제시한다. 의인의 영혼은 "하늘 아래 있는 매우 희미한 거처"에서 안식을 취하다가 최후의 심판 때 창공 위 궁극의 천국, 즉 하느님과 천사들의 하늘로 올라간다.[48]

가경자可驚者 베다가 제시한 저승의 지리학도 같은 근본적인 구분에 근거한다. 그는 이렇게 썼다. "교회의 많은 사람들은 육체가 해체된 후 즉시 낙원의 안식과 행복을 누리는 의인들이다. 그들은 낙원에서 축복받은 수많은 사람의 행렬 속에 있으면서 몸을 얻어 주님 앞으로 나아갈 때를 기다리고 있다."[49]

그리스어, 시리아어, 라틴어 작가들의 글을 가려 뽑은 몇 가

지 발췌문(이 목록은 얼마든지 더 길게 늘어놓을 수 있다)을 보면 《기독교 고고학 사전》의 설명이 옳다는 것을 알 수 있다. 이 사전에는 다음과 같이 되어 있다. 초기 기독교 교회에서 "낙원은 아직 '천국'이 아니고," 나중에야 그렇게 될 것이다. "낙원은 아직 의인의 영혼이 부활의 때를 기다리는 임시 거처 이외에 아무것도 아니다. 부활의 순간은 전체적인 심판의 순간이며, 그 후에 그들은 천국의 왕국으로 인도될 것이며, 그곳에서 하늘의 아버지께서는 행복에 도달하도록 허락된 선택된 사람들 앞에 나타나게 될 것이다."[50] 장 다니엘루Jean Daniélou|20세기 프랑스 신학자| 역시 다음과 같이 확언한다. "〔기원후 몇 세기 동안 가장 발전된 천국 개념은〕 〔…〕 의인의 영혼이 종말론적 부활을 기다리는 장소를 지칭하는 개념이다."[51]

이 기다림의 장소에 대한 믿음은 명백하게 그리스도의 재림, 즉 예수의 '재림'이 멀지 않았다는 확신과 연결되어 있다. 여기서 조상들의 고성소古聖所limbus patrum|기독교를 믿을 기회가 없었던 과거의 의로운 사람들이 머무는 장소|와 유아들의 고성소limbus puerorum를 혼동해서는 안 된다. 전자는 교부들이 자주 언급했던 '아브라함의 품'을 말하는 것이고, 기독교 어휘에 좀 더 후대에 등장하는 후자의 림보는 세례를 받지 못하고 죽은 아이가 |원죄 상태로| 고통 없이 머무는 곳을 가리킨다. 이 구분을 권한 것은 성 토마스 아퀴나스이다.[52] 그러나 림보 문제는 교회 교부들이나 초기 기독교인들의 관심사가 아니어서, 12~13세기 이후에야 어느 정도

일관성을 띠기 시작했다.[53]

기독교 초기로 돌아가서 다시 한 번 다음 사실을 강조해 두자. 사후에 선택받은 자들이 거쳐 가는 장소에 대해서는 신자들의 생각에도, 그들에게 가르침을 전하는 교회에도 어느 정도 모호함이 있었다. '낙원Paradise'과 '천국Heaven'이라는 용어는 기독교 묘비문에는 매우 드물고, 낙원의 도상학 자체도 많지 않다. 그러나 묘비문에 비교적 빈번하게 사용된 죽은 사람이 '인 보노in bono'(행복) 또는 '인 보니스in bonis'(행복한) 상태에 있다는 진술은 〈시편〉 24장에 대한 카시오도루스의 주석으로 설명된다. "이 삶을 떠나는 의인들은 성인聖들이 부활할 때 받기로 약속된 완전한 행복을 즉시 받지 못하기 때문에 그들의 영혼이 '인 보니스' 상태에 남아 있다고 한다. 왜냐하면 '눈으로 본 적이 없고 귀로 들은 적이 없으며 아무도 상상조차 하지 못한'(1고린토 2:9) 이 보상을 아직 얻지 못했더라도, 나중에 받을 보상에 대한 확고한 소망으로 이미 기쁨을 누리고 있기 때문이다."[54]

이런 관점에서 보면 고대에 제작된 죽은 자들을 위한 전례典禮liturgy|사역. 교회 공동체가 정한 공적 예배 행위| 문헌을 더 잘 이해할 수 있다. (최종적) 천국에 대한 언급은 이런 문서에 많지 않다. 초기 기독교인들은 무엇보다도, 먼저 죽은 자들이 전체적 부활 이전에 당연히 거쳐야 하는 단계인 '안식'의 장소에 도달할 수 있도록 기도했다. 이 기도문 중 일부를 상기해 보자.

"(주님), 주의 종(또는 주의 여종)의 영혼의 안식을 위해 기도

합니다. 푸르고 평화로운 곳에서 그의 영혼을 쉬게 하시고 주께서 정하신 날에 그 육체를 부활시키소서."(4세기 수도사 세라피온이 편찬한 전례집)[55] "그들(죽은 자)을 기억하시고, 그들에게 안식을 주시고, 빛이 가득한 공간, 축복받은 영혼들의 처소, 하늘의 예루살렘, 하늘에 새겨진 맏아들의 교회에 그들을 두소서."(시리아 야고보파|시리아 정교회|가 사용한 성 이그나티우스의 전례서)[56]

"(주님, 그들을) 빛과 기쁨이 가득한 공간, 그늘과 안식이 있는 천막, 풍요로움의 보물 한가운데 (…), 영혼들이 고통 없이 생명의 첫 열매를 기다리는 곳, 의인의 영혼들이 모두 함께 그들에게 약속된 보상을 향하는 곳에 그들을 (두소서). 지친 노동자들이 천국을 묵상하고, 결혼식 하객들이 하늘의 신랑이 오기를 기다리는 그곳에 (그들을) 두십시오."(앞의 것과 같은 시리아 야고보파가 사용했던 《성 클레멘스 전례서》)[57]

"그들을 아브라함, 이삭, 야곱의 품으로 받아들이소서. 푸르고 시원한 물이 있는 곳, 쾌락의 낙원으로 그들을 받아 주소서."(5세기 이후 성 바실레이오스가 쓴 것으로 추정되는 콥트 교회의 전례서)[58]

성 요한네스 크리소스토모스(407년 사망)의 것으로 추정되는 장례식 전례 문서에도 죽은 자들이 "천상의 공간, 기쁨의 낙원, 빛의 장막, 안식의 처소"[59]에 들어가도록 기도한다.

이 점에서는 서방교회의 전례가 동방교회의 전례와 일치한다.│그전부터 갈등하던 교회는 1054년 로마 교황 사절단과 동로마제국 콘스탄티노폴리스 총대주교의 상호 파문 사태로 로마가톨릭(서방 교회)과 로마 교황을 인정하지 않는 동방정교회로 분열되었다.│ 교황 겔라시우스(496년 사망)의 《성사》는 죽은 자에게 "낙원의 빛나는 보석들 가운데서 기쁨을 얻을 수 있도록, 〔…〕 천상의 예루살렘의 열린 문을 찾을 수 있도록 하느님께 간청한다. 〔…〕 〔주님〕, 그에게 안식과 왕국, 즉 천상의 예루살렘을 주시고, 그를 우리 족장 아브라함, 이삭, 야곱의 품에 안겨 주시며, 그가 첫 부활에 참여하고, 택하신 자들과 함께 그가 아버지의 오른편으로 나아가게 하소서. 〔…〕 주님, 그에게 빛과 상쾌함과 평화의 장소를 주시옵소서."⁶⁰라고 기도한다. 마찬가지로 그레고리우스│그레고리오 1세│ 대교황의 《성사》(604년 사망)에도 다음과 같은 문장이 있다. "주님, 당신의 면죄부가 〔이 죽은 이들에게〕 상쾌함과 빛과 평화의 장소를 허락해 주시기를 기도합니다."⁶¹

역사가 매우 오래된(7~8세기) 《프랑스 교회 전례서》 역시 신에게 다음과 같이 간구한다. "아브라함의 품에 안긴 〔이 죽은 자들이〕 지옥의 고통을 피하고 부활의 때가 오면 천사들과 재회할 수 있도록 명령해 주십시오."⁶²

이 인용문 목록은 더 길게 이어지지만, 마지막으로《모사라베 전례서》(6~7세기)│모사라베는 이슬람 지배하 기독교인, 특히 서고트족 전통에서 유래한 이베리아반도의 양식이다.│의 간청을 인용하고 마무리하자. "〔주님〕, 이 영혼들을 맹렬한 불에서 구해 주시고, 그들이 낙원의 기쁨에 이르도록 명하시고, 아브라함의 품에 모여 당신의 성인들

과 함께 첫 부활을 알 수 있도록 명령해 주시기를 바랍니다."⁶³

필리프 아리에스Philippe Ariès|프랑스 역사학자|는 '레프리게리움refrigér□um'|서늘함, 경감, 위안 등을 의미하는 고대 라틴어로 죽은 자들을 위한 안식처를 의미하기도 함|이라는 단어의 모호성을 지적했다. 이 단어는 '생명 회복의 장소'를 의미하기도 하지만, 초기 기독교인들이 순교자들의 무덤에서 먹었던 기념 식사와 그곳에 바친 제물을 의미하기도 했다는 것이다.⁶⁴ 하지만 이 이중적인 의미는 여기서만 기억하면 된다. 앞에서 인용된 '레프리게리움'이라는 단어가 관례적인 표현에서 '빛' 또는 '평화'와 함께 사용될 때, 즉 '빛과 평화가 가득한 회복의 장소locum refrigerii, lucis et pacis'처럼 사용될 때 이 표현을 달리 이해할 수는 없기 때문이다.

반면에 초기 그리스도인들의 마음속에는 '안식réqu□es'|레퀴에스|의 의미에 대해 약간의 혼란이 있었다. 안식은 부활을 앞둔 잠을 의미하는 것일까, 아니면 의인들이 노래하고 춤추며 천국의 문이 열리기를 기다리는 푸른 초원 속의 편안하고 안락한 안식처를 의미하는 것일까? 〈사도행전〉(7:60)은 돌에 맞아 쓰러진 성 스테파누스|스테파노, 스데반. 기독교 최초의 순교자|에 대해 "그가 잠들었다"고 말한다.|공동번역 성서에서는 "눈을 감았다"| 성 바울로는 〈고린토인들에게 보낸 첫째 편지〉(15:6)|코린토스는 로마에 멸망당한 고대 그리스 도시|에서 예수님께서 부활하신 후 "한번에 오백 명이 넘는 교우들에게도 나타나셨는데 그 중에는 이미 잠든|공동번역 성서에서는 "세상을 떠난"| 사람도 있지만 대다수는 아직도 살아 있"다

고 했다.

필리프 아리에스가 죽은 자의 잠에 대한 이러한 믿음을 에페수스 ㅣ바울로가 전도와 사목을 한 에게해 연안의 에페소, 에베소ㅣ의 일곱 잠자는 자들의 전설과 연결시킨 것은 옳은 일이다. 이 전설은 투르의 그레고리우스에 이어 파울루스 디아코누스,[65] 그리고 야크부스 데 보라지네(《황금 전설La Légende dorée》)를 통해 우리에게까지 전해졌다. 4세기에 죽은 자의 부활을 부정하는 이단이 퍼졌다. 이에 맞서고자 하느님은 수 세기 동안 "잠들어 있던" 에페수스의 순교자 일곱 명을 깨우셨다. 군중은 저승에서 돌아온 이들 주위에 모여 이렇게 설명했다. "위대한 부활의 날을 앞두고 하느님께서 우리를 일으켜 세우신 것은 당신들을 위해서였다. (…) 어머니 뱃속의 아이가 아무런 필요를 느끼지 않고 살아가는 것처럼 우리도 살아서 쉬면서 잠을 자고 아무런 감각을 느끼지 못한 채 살아 있었다."[66] 이 말을 한 후, 일곱 순교자들은 다시 "잠들었다."

지그문트 프로이트의 수많은 발견에 영향을 받은 우리의 심성에 비추어 볼 때, 초기 기독교인들이 잠과 근심 없는 안식과 어머니 자궁 속의 안전한 안식처를 동일시한 것을 주목하지 않을 수 없다. 초기 기독교인들에게 부활 이전의 낙원은 여성이 보호하는 거처의 조용한 평화였다. 대기 장소라는 오래된 관념을 오랫동안 유지하면서 무덤에는 종종 다음과 같은 비문이 새겨졌다. '여기에 쉬다', '여기에 안식하다', '여기에 잠들다'와 같은 맥락에서, 중세 시대 성직자에게만 허용된 종부성사ㅣ죽음을 앞둔 이에게 하느님의 은총을 부여한 의식ㅣ는 '잠자는 자들의 출발dormentiun exitium'[67]이라고 불렸다.

이와 유사한 서술은 성직자들의 글에서 쉽게 찾아볼 수 있다. 오툉의 성 게르마누스(576년 사망)는 그곳에 묻힌 성 카시니우스에게 질문하여 다음과 같은 대답을 받았다. "나는 달콤한 안식을 즐기며 주님의 도래를 기다리고 있다."[68] 임종을 앞둔 성 마르티누스는 찾아온 악마에게 이렇게 말했다. "너는 나에게서 필멸의 것을 찾을 수 없을 것이다. 나는 아브라함의 품으로 가고 있다."[69] 이것은 편안한 안식처를 가리키는 또 다른, 그리고 매우 일반적인 방법으로서, 그 안식처는 죽은 자의 영혼이 더 이상 두려움을 느끼지 않는 곳이었다.

중세의 상당 기간에 베드로와 바울로의 '묵시록'을 이어받아, 영혼의 대기 장소는 사후 세계를 여행할 수 있었던 소수의 특권층이 누린 환상을 묘사한 수도원 문헌에 매우 많이 등장했다. 이러한 기록 중 하나가 13세기 초 몬테카시노 수도원ㅣ중부 이탈리아에 세워진 서유럽 최초의 수도원ㅣ의 수도사였던 알베리코 다 세테프라티가 쓴 것이다.[70] 성 베드로의 안내를 받은 알베리쿠스는 특히 지옥이나 연옥ㅣ죽은 사람의 영혼이 천국에 가기 전에 심판을 받고 불과 같은 시련으로 죄를 정화하는 곳ㅣ과 같은 형벌의 장소에서 시간을 끌었다. 그러다가 이 장소에서 나와서 백합과 장미 향기 가득한 기쁨과 평화의 들판인 '레프리게리움'으로 이동했다. 이 들판에는 최후의 낙원이 있으며, 대부분의 영혼은 최후의 심판이 끝날 때까지 그곳에 들어가지 못한다. 이미 그곳에 들어간 사람은 천사와 성인들뿐이다.

이보다 더 유명한 것은, 1149년 독일 레겐스부르크의 한 수도원에서 아일랜드 순회 수도사였던 마르쿠스가 기록한 《트누그달의 환시Visio Tnugdali》다. 이 기록은 트누그달이라는 아일런드 기사의 이야기를 라틴어로 번역한 형태로 독자들에게 소거되었다.[71] 이 환시 역시 독자를 지옥의 이곳저곳으로 오랜 시간 끌고 다닌다. 그런 다음에야 독자를 행복의 장소로 안내한다. 이 장소에 앞서 중간 지대가 있는데,[72] 그곳은 벽으로 둘로 나뉘어 있다. 벽 이쪽에는 '악하지 않은 자'의 영혼이 머문다. 이 영혼들은 빛을 즐기고 지옥의 악취를 피했지만 비바람에는 여전히 노출되어 있다. 벽 너머에는 '선하지 않은 자'의 영혼이 머물고 있으며, 이 영혼들은 생명의 샘이 솟아나는 기쁨의 들판에 자리 잡고 있다. 이 영혼들은 아직 완전히 행복하지 않으며, 성인들은 이 영혼들과 함께 있지 않다. 이곳은 선택된 사람들을 위한 고전적인 대기 장소이다.

《성 패트릭의 연옥》역시 중세 시대에 널리 읽힌 사후 세계로의 상상 여행기다. 마찬가지로 수도사가 썼는데, 저자는 솔트레이 수도원의 영국 시토회 수도사로 1190년 이후에 쓰인 것으로 추정된다.[73] 이 이야기에는 기사 오웬이 등장하는데, 그는 솔트레이 수도원의 수도사와 함께 아일랜드로 가서 성 패트릭의 우물에 들어간다. 이 우물은 예수님께서 아일랜드의 사도에게 보여 주신 둥글고 어두운 구멍이다. 누구든지 믿음과 참회의 정신으로 그곳에서 하루 밤낮을 보내면 죄가 씻기고 악인의 고문과 선인의 보상을 볼 수 있다고 한다. 오웬은 이를 시험해 보기로 한다. 그는 악인들에게 가해지는 형벌을 보게 되는데, 이는 이야기 속에서 더 길게 묘사된다. 그는 결국 구원받게 되지만, 그전에 잘못을 갚아야 하는 영혼에게 가해지는 연옥의 형벌을 본다. 그런 다음에야 오웬은 우물에서 나와 다리를 건너 지상 낙원에 도착한다. 그곳에는 정결한 형벌을 마치고 휴식과 기쁨에 이르렀지만 아직 하늘로 올라갈 자격이 없는 자들이 모여 있다. 매일 몇 명의 영혼이 "지상의 낙원에서 천상의 낙원으로 이동"한다.

《성 패트릭의 연옥》은 중세 최고의 베스트셀러 중 하나였다. 12세기가 저물 무렵 (영국에 살던) 유명한 여성 시인 마리 드 프랑스Marie de France가 이 이야기를 프랑스어로 번역했다.[74] 나중에는 라틴어와 다른 속어로도 번역되었다. 하이스터바흐의 카이사리우스|독일|, 뱅상 드 보베|프랑스|, 야코부스 데 보라지네|이탈리아|, 성 보나벤투라|이탈리아|, 프루아사르, 프랑수아 라블레, (루도비코) 아리오스토, 윌리엄 셰익스피어, 칼데론 등 나열하자면 끝이 없는 사람들이 모두 《성 패트릭의 연옥》을 인용했다. 자크 르 고프는 이 이야기가 저승의 새로운 장소인 '연옥'을 상세히 묘사했다는 점을 지적한다. 그러나 여기서 우리가 주목해

야 할 점은, 영혼이 최종적인 행복에 도달하기 전의 '안식', 심지어 기쁨까지 경험하는 천국의 대기실에 대한 오래된 믿음이 그대로 유지되었다는 점이다.

결국, 미묘한 차이도 있고 복잡하기도 하지만 틸베리의 게르바시우스가 가르쳐 주는 것도 똑같은 저승의 지리학이다. 그는 1210년경 《황제의 여가Otia imperalia》를 집필하여 신성로마제국 황제 오토 4세에게 헌정했다. 여기서 그는 두 개의 낙원과 두 개의 지옥을 구분한다. 한편으로는 창공의 천국과 지상의 낙원, 다른 한편으로는 '지상의 지옥'과 고통의 장소가 있다. 이러한 대칭은 외형상만 그러하다. 왜냐하면 '지상의 지옥'은 고난의 땅gehenne | 게헨네. 예루살렘 남쪽에 있는 우상숭배 의식을 치르던 계곡으로 불못, 지옥을 상징 | 이 아니라 불안이 없는 장소의 입구와 같은 곳이기 때문이다. "지상의 지옥은 지상에 있는 구멍 속에 있다고 한다. 이 지옥에는 형벌을 받는 곳에서 멀리 떨어진 곳이 있는데, 그곳은 고요하고 외따로 떨어져 있어 바다의 품〔만灣〕과 같은 의미로 '품'이라고 불린다. 부자와 라자로의 우화[75] 때문에 '아브라함의 품'이라도 부른다."✣ 이 텍스트에 대해 자크 르 고프는 당시

✣ 〔옮긴이〕 "예전에 부자 한 사람이 있었는데 그는 화사하고 값진 옷을 입고 날마다 즐겁고 호화로운 생활을 하였다. 그 집 대문간에는 사람들이 들어다 놓은 라자로라는 거지가 종기 투성이의 몸으로 앉아 그 부자의 식탁에서 떨어지는 부스러기로 주린 배를 채우려고 했다. 더구나 개들까지 몰려와서 그의 종기를 핥았다. 얼마 뒤에 그 거지는 죽어서 천사들의 인도를 받아 아브라함의 품에 안기게 되었고 부자는 죽어서 땅에 묻히게 되었다. 부자가 죽음의 세계에서 고통을 받다가 눈을 들어보니 멀

명사이자 장소로 등장하던 연옥purgatorium이 천국과 지옥이라는 두 극단에 이끌렸다는 점에 주목한다.[76] 틸베리의 게르바시우스의 경우, 연옥은 여전히 낙원의 영향력 아래 있는 곳으로서 의인의 영혼이 부활을 기다리는 평화로운 장소에 더 가깝다.

1240년 파리대학교는 의인의 대기 장소에 대한 교리를 이단으로 정죄했다. 14세기에 가톨릭교회는 공식적으로 그리고 분명하게 '레프리게리움' 개념을 폐기했다. 이는 교황 요한 22세의 입장에 따른 것으로, 그 당시에 그의 입장은 '새롭기는 하지만 지지할 수 없는' 것으로, 사실상 구시대적인 것으로 여겨졌다. 1331년 만성절에 교황 요한 22세는 육체의 부활과 최후의 심판 이전에는 의인들이 지복직관至福直觀 | 하느님을 직접 보는 것으로서 천국의 행복한 상태 | 을 할 수 없다고 말했다. 공현절 전날, 요한 22세는 다시 한 번 더 단언하기를, 부활 이전에는 육체를 떠난 영혼이 아직 신을 직관적 환상으로 볼 수 없다고 했다. 1332년에는 악마들이 지옥에 가는 것은 세상의 종말 이후라고 덧붙이기도 했다. 이러한 수많은 발언은 적어도 당시 왕실 귀족이나 고위 성

> 리 떨어진 곳에서 아브라함이 라자로를 품에 안고 있었다. 그래서 그는 소리를 질러 '아브라함 할아버지, 저를 불쌍히 보시고 라자로를 보내어 그 손가락으로 물을 찍어 제 혀를 축이게 해주십시오. 저는 이 불꽃 속에서 심한 고통을 받고 있습니다.' 하고 애원하자 아브라함은 '애야, 너는 살아 있을 동안에 온갖 복을 다 누렸지만 라자로는 불행이란 불행을 다 겪지 않았느냐? 그래서 지금 그는 여기에서 위안을 받고 너는 거기에서 고통을 받는 것이다. 또한 너희와 우리 사이에는 큰 구렁텅이가 가로놓여 있어서 여기에서 너희에게 건너가려 해도 가지 못하고 거기에서 우리에게 건너오지도 못한다.' 하고 대답하였다. (루가, 16:19~26)

직자들 사이에 큰 논란을 불러일으켰다. 이듬해 프랑스 왕 필리프 6세는 뱅센에서 소집된 공의회에서 이 개념을 거부했다. 이 거부는 1336년 교황 베네딕투스[베네딕토] 12세, 그리고 1439년 피렌체 공의회에서 반복되었다.[77]

기다림의 장소는 연옥으로 축소되었다. 그곳은 희망을 품은 채 고통을 받는 곳이다. 하늘의 예루살렘 가장자리에 있던 푸른 초원은 사라져 버렸다.

제3장

지상낙원과 중세 지리학

MESOPOTAMIA

Antiochia
Edessa
Tigris Flu.
Arbela
Gaugamela
Thelde
Charræ olim Charan
Oryba olim Rehoboth
Hierapolis
Singaras Mons
Ctesiphon
Mosfun
Nicephorium
Singara
Niarda
Euphrates Fl.
Seleucia
Rechipha olim Refeph
Tigris
Bathne vel Anathe

SIRIÆ PARS

Pecora olim Pethor
Apamia
Saba
D.
E.
Barfita
Palus Desert
CHALDÆA
SITÉ SUSIANÆ PARS
Ana H...

Orcheo olim Hur
Raqua

ARABIA

Kurdura
Chaldar
AMOR DACIA
Athaurde Arabs latro

부활을 기다리는 동안 임시로 기거하는 장소는 중세 초를 지나면서 기독교의 상상 세계에서 점차 사라졌다. 그러나 접근할 수는 없을지언정 에덴동산이 지상에서 완전히 없어지지는 않았을 거라는 신념은 그 이후에도 지속되었다. 이러한 믿음에 더하여 위대한 여정을 시작하게 하는 다른 믿음이 추가되었는데, 바로 다음과 같은 믿음이었다. 비록 지상낙원은 닫혀버렸지만, 그 근처 어느 곳쯤 아니면 멀리 떨어진 곳에라도 행복하고 놀라운 일로 가득 찬 세상이 있을 것이고, 용감한 사람이라면 그곳에 도달할 수 있을 뿐만 아니라 막대한 부까지 얻을 수 있으리라는 믿음이다. 이 장에서 재구성하고자 하는 것이 바로 이 두 가지 지리 개념이다.

지상에 여전히 존재하는 지상낙원

희년서에서 토마스 아퀴나스까지

우리가 사는 땅 위에서 낙원이 사라지지 않았다는 확신은 기독교 시대 이전부터 있었다. 〈희년서Livre des Jubilés〉|희년(50년) 단위로 창세기에 벌어졌던 일을 풀이한 구약성경의 외경|는 유대의 마카베오 일가가 셀레우코스 왕조에 저항하던 기원전 164년에서 기원전 140년 사이에 쓰였는데, 여기에는 노아가 세 명의 아들인 셈,

함, 야벳에게 땅을 어떻게 나누어 주었는지 적혀 있다. 셈은 가장 좋은 땅을 얻었는데, 북쪽으로는 티나강(돈강)에 이르고 남쪽으로는 기혼강(나일강)에 이르렀다. 여기에는 동쪽에 에덴동산, 주거지 가운데에는 시온산, 남쪽에는 시나이산이 포함되어 있었다. 그러므로 셈의 할당지는 아시아였던 셈이다.

노아는 이 지역을 셈과 그 후손에게 물려주게 된 것을 기뻐했다. 노아는 에덴동산이 성스러운 곳 중에서도 가장 성스러운 곳이며 주님이 사는 곳임을 알고 있었다. 또한 시나이산이 사막 가운데 있으며 시온산이 세상의 배꼽 가운데에 있다는 것도 알고 있었다. 이 세 장소는 애초부터 신성한 장소로 창조되어 서로 마주보고 있다.[1]

기원후 1세기 초에 이번에는 유대인 플라비우스 요세푸스(기원후 100년 사망)가 세상의 주요 강이 지상낙원에서 흘러나오는 것이 확실하다고 말했다. "비손강은 풍부함을 의미하는데, 그리스 사람들은 이를 갠지스강이라고 부른다. 두 번째 강은 유프라테스강인데, 우리말로는 포라Phora강이라고 부른다. 이것은 확산 또는 흐름을 의미한다. 세 번째 강은 티그리스강 또는 디글라트Diglath강인데, 좁고 빠름을 의미한다. 네 번째 강은 기혼강인데, 오리엔트에서 온다는 것을 의미하고 그리스인들은 나일강이라고 부른다."[2]

우리가 이미 살펴본³ 성 테오필루스, 성 이레네우스, 성 히폴리투스, 성 에피파누스 등 모든 기독교 작품들 역시 이러한 댁락 안에 있다. 앞서 살펴본 시리아의 에프렘(373년 사망)은 낙원에 관한 이러한 자연적 모습을 더 확장시켜 낙원이란 우주의 신전이 있는 장소로 간주했는데, 예루살렘의 신전은 이러한 우주의 신전 중에서 눈으로 볼 수 있는 것이다. 그렇지만 그는 지상낙원이 성스러운 지리에 포함되는 데 크게 기여했다. 그가 이 탕면에 끼친 영향은 지속되었다. 에제키엘로 거슬러 올라가는 전설에 따르면, 사실 에프렘은 낙원을 산으로 묘사했다고 한다. "나는 영혼의 눈으로 낙원을 보았다. 모든 산의 꼭대기가 그 아래 있었다. 대홍수가 모든 산꼭대기를 덮었음에도 낙원의 발아래밖에 미치지 않았다."⁴ 찬가의 뒷부분에서 에프렘은 낙원을 묘사하면서 달을 감싸고 있는 달무리나 모세가 제단을 장식헸던 황금관에 비유했다. 그리고 이렇게 확언했다. "낙원은 그렇게 세계를 감싸고 있다. 육지와 바다는 낙원으로 둘러싸여 있다." 다른 작품(《창세기 주해》)에서는 "네 개의 강이 낙원의 샘에서 솟아나온다"는 말에 대해 사람들이 제기한 질문에 이렇게 대답했다. "네 개의 강은 나일강, 다뉴브강, 티그리스강, 유프라테스강이다. 그 강들이 흘러나오는 곳을 알기는 하지만, 그곳이 그 강들의 발원지는 아니다. 사실 낙원은 아주 높은 곳에 있다. 강물은 낙원의 가장자리에서 땅으로 흡수되어 수로를 통과하듯이 바다 가운데를 아래로 통과한 이후, 땅에 이르러서는 각

지역의 위로 올라온다."⁵

　에프렘의 지구 개념에서 낙원이란 역사가 시작되는 곳이며 동시에 끝나는 곳이기도 하다(낙원은 정의로운 자들이 기다리는 장소임을 상기하라). 그러나 후대인들은 구체적으로 낙원이 정상ㅣ꼭대기ㅣ이며 세계를 둘러싸고 있다는 점에 특히 방점을 찍었다. 알렉산드리아의 필론과 히폴리투스가 이미 이야기했듯이, 낙원에서 발원한 강물이 지하를 통과하여 세계의 네 구석에서 솟아나온다는 점을 확실히 함으로써 이 특성, 즉 낙원이 세계를 둘러싸고 있다는 특성 또한 긴 생명력을 갖게 되었다. 그리하여 다뉴브강보다는 갠지스나 인더스강에 대해 더 자주 언급할 정도가 되었다. 결국 사람들은 에프렘의 성스러운 지리를 통해 우리가 살고 있는 세계가 낙원과의 관계 안에 위치해 있다는 점을 유지하게 되었다.

　에프렘 이후 얼마 지나지 않아 카파도키아 출신으로서 아리아족에 호의적이었던 필로스토르기오스(425년 사망)는 낙원의 위치와 거기서 발원하는 강에 대해 질문했다. 그는 낙원이 동방의 적도 근처에 있다고 했다. 그는 (틀림없이 인더스강이나 갠지스강을 히페이스강✣ㅣ지금의 인도 베아스강ㅣ이라고 착각하여) 이 강이 〈창세기〉의 비손강이며 그 발원지가 낙원이라고 생각했다. 그 강둑에 카네이션이 피었는데, 주민들은 상류 전 지역이 사막과

✣ 알렉산드로스가 승리의 행진을 멈춘 인더스강의 왼쪽 지류.

황무지이기 때문에 이 꽃이 낙원에서 온 것이라고 믿었다. 강이 지하로 흐른다면 꽃을 피우지 못할 텐데, 강이 꽃을 피워 내는 것으로 보아 그 강이 지하로 흐르지 않을 것이고 추정했다. 히페이스강이 낙원과 연결되어 있다고 여긴 또 다른 근거는, 그 강에서 목욕을 하면 곧바로 열병이 치료된다는 것이었다. 반면 티그리스강과 유프라테스강은 히페이스강과 반대로 땅 밑을 흐른 뒤에 땅 위로 솟아오른다. 이것은 모세가 기혼강이라고 부른 나일강도 마찬가지다. 추측할 수 있듯이, 나일강은 낙원에서 발원하여 인도양을 지나 구불구불 돌아(누가 그 경로를 정확히 알겠는가?) 땅 밑을 지나 홍해로 나아가다가 아프리카에 있는 달의 산 아래서 솟아오른다. 그곳에서 강은 멀리 떨어지지 않은 두 갈래 큰 물줄기로 갈라지고, 이 두 물줄기는 각각 아주 높은 곳에서 떨어진다. 그리하여 절벽에서 폭포처럼 떨어져서 낭떠러지를 급하게 내려와 에티오피아를 지나 이집트에 이른다.[6]

    6세기에 알렉산드리아의 코스마스 인디코플레우스테스('인도로 항해한 코스마스')는 상인이자 여행가였다가 나중에 수도사가 되었다. 이 사람도 당대에 지상낙원이 어디에 있는지 관심이 있었다. 그의 책 《기독교 지형도 Topographie chrétienne》[7]는 프톨레마이오스와 같은 "이야깃꾼"이 제시한 이교도의 지리학이나 지상이 천구로 둘러싸여 있다는 생각은 무엇이든 부정했다. 코스마스가 보기에, 신이 시나이에서 모세에게 보여 준 성궤(성막)는 세계의 형상을 재현한 것이었다. 코스마스는 성막의 탁자가 상징하는 대로 인간의 거주지는 '장방형' 또는 '사각형'이라고 했다. 그러나 그 평면은 수평이 아니다. 이 세계는 남동쪽에서 북서쪽으로 높아진다. 북쪽과 서쪽 지역은 벽처럼 솟아 있다(지도 1). 이것은 두 가지 결과를 낳는다. 하나는 태양이 낮 동안 동쪽과 남쪽을 지나면서 인간의 거주지를 비추지만, 서쪽과 북쪽을 지날 때에는 높은 장벽 너머를 지나게 되므로 어두워진다. 둘째 티그리스강과 유프라테스강은 남쪽으로 흘러 내려 가므로 속도가 빨라지는 반면, 나일강은 북쪽으로 흘러 올라가므로 속도가 느려진다.

코스마스에 따르면, 인간이 거주할 수 있는 육지는 하나의 대양으로 둘러싸여 있고 그 너머에 바깥세상이 있는데, 그 바깥세상에 낙원이 포함되어 있고 하느님이 아담을 그 낙원에 살게 했다. 원죄를 저지른 이후 아담과 그의 첫 후손들은 똑같은 바깥세상에 살았으나 그 땅은 경작하기 힘든 데다 짐승들이 들끓었다. 이들은 홍수 때까지 이곳에 살았다. 대홍수 때 하느님은 방주를 이용해 노아와 그 가족을 구했는데, 방주는 150일을 항해하여 대양을 건너 우리가 사는 땅에 도착했다. 그 이래로, "마치 우리가 오래전부터 죽게 될 운명이 됨으로써 하늘에 도달할 수 없게 되었듯이, 우리는 대양을 건너갈 수 없게 되었다." 현재 인간이 살고 있는 땅과 예전에 인간이 살았던 낙원이 있었던 땅은 이제 건널 수 없는 대양에 의해 나누어졌지만, 네 개의 강으로 연결되어 있다. 성경은 "그 네 강이 낙원에서 흘러나와

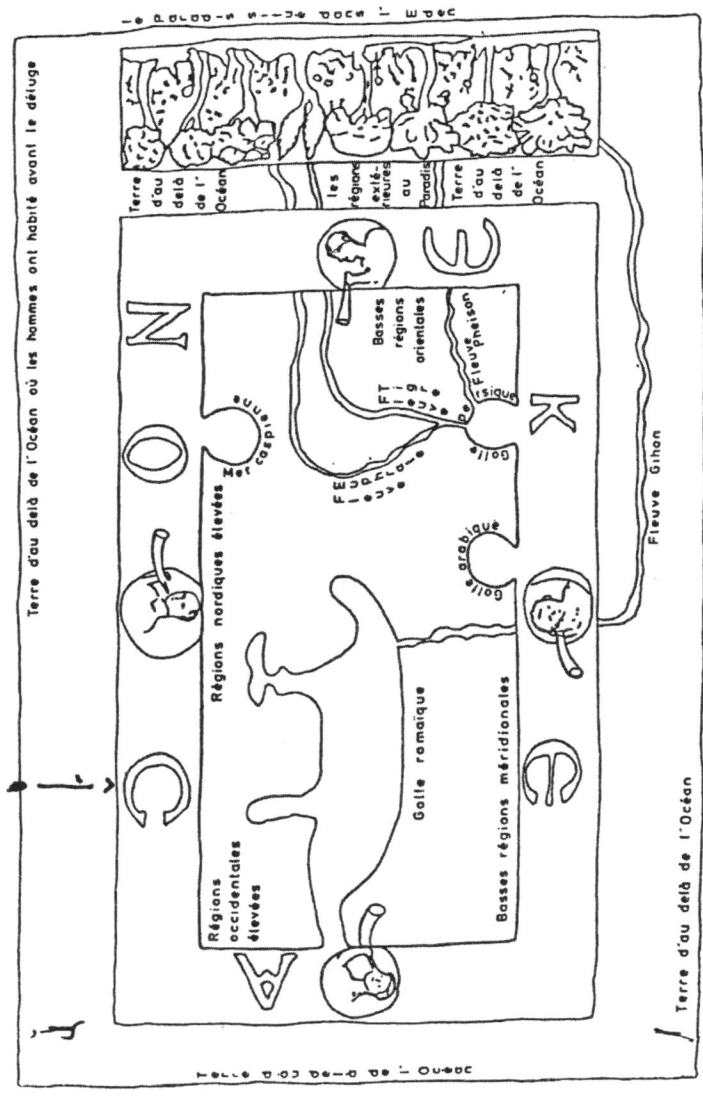

| 지도 1 | 코스마스의 인간 거주지, 《기독교 지형도》(9세기). Alain Desreumaux et Francis Schmidt, *Moïse géographe. Recherches sur les représentations juives et chrétiennes de l'espace*, Paris, Vrin, 1988, p. 20.

서 대양을 지나 우리가 사는 땅에 이르러 솟아난다"고 했다.

그러므로 지상낙원은 이제 도달할 수 없게 되었지만, 완전히 사라지지 않고 여전히 지상에 거대한 강줄기를 제공하고 있다. 이것이 로마 전통(로마가톨릭)에서나, 그리스 전통(그리스정교회)에서나 오랫동안 살아남았던 기독교 지리학 이념이었다. 르네상스 시대에 종종 인용되었던 8세기의 성 요하네스 다마스케누스(다마스쿠스의 요한네스)는 신비로움의 관점과 동시에 물리적 관점에서 낙원에 대한 견해를 밝혔는데, 특히 물리적 관점에서 생각해 보면 신성한 낙원은 "동쪽, 즉 지상에서 가장 높은 곳에 있다"[8]고 했다. 비록 코스마스처럼 네 개의 강이 낙원에서 발원한다고 확신하지는 않았지만, 낙원의 발원지(수원지)에서 나온 물이 대양을 이룬다고 했다. 요하네스는 "대양은 지상을 둘러싸고 있는 강과 같다. 내가 보기에 성경에서는 하나의 강이 낙원에서 흘러나온다고 했다. 그 물은 소금기가 없어서 마실 수 있다(음용 가능하다). 이 물은 바다의 물과 합쳐져 정체됨으로써 씁쓸한 맛을 내게 된다. 태양이 사이펀처럼 이 물의 일부를 증발시키기 때문이다. 이 증발된 물이 구름과 비가 되는데, 이 물은 증류된 것이므로 마실 수 있다. 이 강물이 네 개의 머리를 가지고 있어서 네 개의 강으로 나뉜다."[9]

9세기에 베트라만의 주교였다가 나중에 모술의 주교를 역임한 모세 바르 세파스는 16~17세기의 창세기 주석가들이 종종 인용하는 사람이다. 성 요한 다마스케네스와 마찬가지로 이 사람 역시 낙원을 상징적이면서도 구체적인 방법으로 보았지만 동시에 독특한 실체로 다루었다. 그에게는 어떠한 의심의 여지도 없어 보였다. 낙원이란 대양 건너 동쪽에 있는 것이다. 그리고 우리가 사는 어떤 곳보다 높은 곳에 있다. 확실히 낙원은 달의 영향권에 속하는 않고(네 강이 어떻게 그렇게 높은 곳에서 땅으로 떨어지겠는가?), 네 강은 낙원에서 흘러나와서 세계의 나머지 부분을 적신다.[10]

그리하여 에프렘, 필로스토르기오스, 코스마스, 요한 다마스케네스, 모세 바르 세파스 등의 주장이 항상 일치하지는 않지만, 이들의 주장을 토대로 공통의 지리학이 만들어졌다. 그것은 다음과 같이 단순화할 수 있다. 지상낙원은 이제 인간의 손이 닿지 않는 곳에 있는데, 그 이유는 그곳이 닿을 수 없는 높은 곳에 있기 때문이기도 하고, 건널 수 없는 대양 너머에 위치해 있기 때문이기도 하다. 그러나 그곳이 우리가 살고 있는 세계와 전혀 관계가 없는 것은 아니다. 낙원은 우리 세계에 물을 공급한다. 어떤 사람들에게는 대양의 원천이고, 어떤 사람들에게는 큰 강들의 신비롭고도 진정한 원천이다. 이 강들로 인해 우리가 사는 땅에 생명이 존재할 수 있다.

성 아우구스티누스의 영향력이 지배적인 서양에서 지상낙원, 혹은 이와 유사한 신비로운 땅의 위치를 언급한 가장 중요한 발언은 중세의 사상적 지도자였던 세비야의 이시도르의 언급이었다. 앞서 언급했듯이 이시도르는 낙원을 두 개로 구분했다. 하나는 "지상" 낙원으로서 최초의 조상이 살던 곳이고, 다른 하나는 "천상" 낙원으로서 정의로운 자들이 부활을 기다리는 곳이다.[11] 첫 번째 것에 관해서 이시도르는 아시아 지리를 다루면서 이렇게 썼다.

> 아시아는 아주 많은 지방과 지역을 포함하고 있는데, 그 이름과 장소를 이제 내가 간략하게 열거할 것인즉, 그 첫 번째는 낙원이다. 낙원은 동양의 한 지방이고, 그 이름은 그리스어에서 라틴어로 옮기면 정원hortus이다. 그리고 히브리어로는 '에덴'이다. 그것은 우리말(라틴어)로는 행복deliciae이다. 두 단어를 합치면 '행복의 정원hortus deliciarum'이 된다. 이곳에는 온갖 종류의 나무들이 심겨 있는데, 특히 과일나무가 심겨 있고 생명의 나무도 여기에 있다. 이곳에는 추위도 무더위도 없고 기온은 언제나 따뜻하다(온난한 기후는 고대인들이 황금시대와 행운의 섬을 연상할 때 등장하는 단골 주제이다). 정원 가운데에는 샘이 있어서 낙원 전체를 적시고 갈라져서 네 개의 큰 강을 만든다. 원죄 이후 인간은 이곳에 접근하는 것이 금지되었다. 사실 낙원은 양날의 칼을 닮은 화염으로 완전히 둘러싸여 있다. 즉, 불길이 하늘까지 뻗은 화염의 벽으로 둘러싸여 있다는 것이다. 지천사 Chérubin가 어느 영혼도 어느 육신도 낙원에 들어가지 못하게 하라는 명령을 받았다.[12]

아우구스티누스의 메시지는 서양 사람들이 아담과 이브가 살았던 낙원을 실제 존재했던 것으로 믿게 만드는 데 중요한 역할을 했고, 이것은 세비야의 이시도르에서 토마스 아퀴나스에 이르기까지 나타난다. 따라서 이 저자들이 낙원은 항상 존재하지만 금지되어 있다는 또 다른 주장에 대해서도 일치된 견해를 갖는 것은 지극히 당연한 일이다.

가경자可驚者 베다는 이시도르만큼이나 낙원의 현실성을 인정했다. 베다는 사람들이 지상낙원에서 교회의 모습, 혹은 우리 미래 나라의 상징적 모습을 찾아내기를 바랐다. 그러나 어느 누구도 〈창세기〉를 문자 그대로 해석하는 것을 인정하지 않을 수는 없었다. 고대의 〈창세기〉 번역에서 '처음으로'를 '동쪽으로'로 해석하는데, "이 때문에 많은 사람들이 낙원이 원반으로 된 이 세계의 동쪽에 있으며, 아주 넓은 공간(그것은 땅일 수도 있고 바다일 수도 있다)에 의해 현재 인간이 사는 지역으로부터 떨어져 있다고 생각했다. 대홍수의 물은 우리가 살고 있는 대지의 아주 높은 곳까지 차올랐지만, 낙원에 이르지는 못했다. 신이 낙원을 이곳에 만들었든 아니면 다른 곳에 만들었든, 그러한 장소가 지상에 존재했고 존재한다는 것을 의심할 여지는 없다 (tantum locum hunc fuisse et esse terrenum)."[13] 여기서 '존재했다 fuisse'에서 '존재한다 esse'로 진행하는 것에 주의를 기울여야 한다. 지상낙원이 여전히 이 세상에 존재한다는 것에는 의심의 여지가 없다.

라바누스 마우루스가 앞에서 언급한 이시도르의 구절을 본인의 우주론에 단어 그대로 옮겨 놓은 것을 보면, 이시도르의 영향력이 어느 정도였는지 알 수 있다. 확실히 그는 뒤이어 낙원이라는 단어에 교회의 이미지라는 상징적 의미를 부여하기는 한다. 그러나 아우구스티누스의 전통에 충실한 라바누스는 지리학에서는 이 축복받은 장소가 접근할 수 없게 되기는 했지만 사라지지는 않았다는 견해를 견지했다.[14]

이 관점은 12세기에 위대한 지식 전파자였던 오툉의 호노리우스의 관점이기도 했다. 그는 아시아에 대해 이야기하면서 처음부터 아시아는 동방에서 '낙원'으로부터 시작된다고 단언한다. "낙원은 그곳에서 발견할 수 있는 모든 안락함 때문에 예외적인 곳이지만, 인간이 도달할 수 없는 곳이며, 하늘까지 닿는 불의 벽으로 둘러싸여 있는 곳이다." 생명나무는 여전히 그곳에 있으며, 그 열매를 먹을 수 있는 사람이 있다면 그 사람은 불멸을 얻을 수 있을 것이다. "또한 이 땅에는 샘이 하나 솟아나는데, 그 샘은 네 개의 큰 강으로 나누어진다. 그 큰 강들은 낙원의 땅에서 지하로 내려가 멀리서 지상으로 다시 솟아난다." 그리하여 그 강들은 갠지스강(비손강), 나일강(실제로는 기혼강), 티그리스강, 유프라테스강이 된다. 오툉의 호노리우스에 따르면, 지상낙원은 '무인 지대'로 둘러싸여 있는데, 이 지대는 "사람이 전혀 살지 않는, 농사를 지을 수 없는 광활한 공간으로서, 그곳에 사는 여러 뱀과 짐승들 때문에 사람이 살지 않는다."[15]

중세 저술가들 중에서 후대에 가장 큰 영향을 끼친 사람은 당연히 1160년 파리 주교로 사망한 피에르 롱바르Pierre Lombard이다. 그의 주요 저작인 《명제집Libri Quattuor Sententiarum》은 신학교에서 필수 교재가 되었고, 위대한 대가들이 이에 대한 주석을 썼다. 피에르 롱바르는 이렇게 말한다. "'아 프린키피오a principio'(처음부터)는 예전에는 '아드 오리엔템ad orientem'(동방으로)으로 번역되었다. 따라서 낙원은 세계의 동쪽에 위치하며, 대지 또는 바다로 이루어진 광활한 공간으로 인간이 사는 여러 지역과 분리되어 있고, 또한 달의 권역까지 닿을 수 있는 고도에 위치해 있어 대홍수의 물도 거기까지는 도달하지 못한다고 생각한다."[16] 이 결정적인 텍스트에서 피에르 롱바르는 앞에서 언급한 그리스 전통을 전면적으로 계승하는 동시에 중세 지리학의 다양한 주장을 종합한다. 그 주장은 다음과 같다. 낙원은 지금도 동쪽에 존재한다. 그것은 대홍수를 피했다. 그러나 그 그도 때문에, 그리고 낙원과 우리 사이에 있는 대지 또는 바다 때문에 도달할 수 없는 곳이 되었다.

이 12세기에 많은 작가들이 이와 비슷한 신념을 공유하고 표명했다.[17] 1100년경에 틸베리의 게르바시우스가 재조명한 |오툉의 호노리우스가 지은| 《세계의 모습De imagine mundi》에서 지상낙원은 세비야의 이시도루스가 묘사한 것과 매우 유사하게 '모든 평온함'을 갖추고 있지만, 하늘에 닿을 수 있는 불의 벽으로 둘러싸여 있는 것으로 묘사되었다. 그 한가운데에는 생명나무와 샘이

133

있으며, 샘은 네 개의 강으로 갈라져 지하로 사라진다. 이 축복받은 울타리 바깥에는 뱀과 들짐승으로 가득한 황량한 땅이 펼쳐져 있다.[18] 아무런 근거도 없이 위그 드 생빅토르Hugues de Saint-Victor|12세기 신학자|의 작품으로 추정되는 《세계 지형De situ terrarum》 역시 낙원을 아시아에 위치시키고 고전적 설명을 반복하는데, 심지어 과거가 아닌 현재 시제로 말한다. "그곳에는 추위도 없고 더위도 없으며, 공기는 항상 온화하다."[19] 아벨라르 Pierre Abélard|중세 프랑스 철학자이자 신학자|는 베다와 이시도루스를 인용해 낙원의 샘이 세계 4대 강을 낳았다고 주장한다.[20] 12세기에는 전설상의 인물인 사제 요한Prester John|동방 어딘가에 있다는 강력한 기독교 왕국의 지도자|이 쓴 것으로 추정되는 편지에 부분적으로 근거한 《엘리세우스의 기록Account of Elysaeus》이 있는데, 이 기록에는 지상낙원이 인도의 네 개의 산 정상에 위치해 있다. 이곳은 어둠의 장벽 때문에 접근할 수 없다. 이곳에서 흘러나오는 네 개의 강에는 보석과 향기로운 사과가 있다. 이 사과의 향기를 맡은 사람들은 더 이상 배고픔과 목마름을 느끼지 않으며, 이 사과 향은 병을 치료하는 힘도 가지고 있다.[21] 당대의 수도사인 베르나르 실베스트르도 시적인 문체로 낙원의 꽃과 향기를 강조한다.[22]

지상의 낙원은 1100년에서 1175년 사이에 유대인 작가가 쓴 12세기의 유명한 작품인 《알렉산드로스 대왕의 낙원 여행 Alexandri Magni iter ad paradisum》에도 등장한다. 이야기는 다음과 같다. 알렉산드로스와 그의 고위 신하들이 갠지스강 유역에 도착하여 지상낙원을 찾아 떠난다. 마침내 그들은 도시를 둘러싸고 있는 거대한 성벽에 도착한다. 그 성벽은 강을 따라 이어져 있지만, 어떠한 틈도 입구도 찾을 수 없었다. 마침내 사흘을 항해해 상류로 올라간 끝에 알렉산드로스 일행은 성벽에 있는 작은 창문을 발견한다. 그곳에 한 노인이 나타나고, 일행은 왕 중의 왕인 알렉산드로스에게 경의를 표하라고 요구한다. 노인은 이곳은 축복받은 자들의 도시이며, 강물의 거센 흐름이 여행자들을 삼킬 수 있기 때문에 더 이상 그 앞에 머무르는 것은 위험하다고 대답한다. 그러면서 알렉산드로스에게 신비한 돌을 주었고, 알렉산드로스는 그 돌을 바빌론으로 가져간다. 어떤 현명한 사람이 알렉산드로스에게 그 의미를 알려 준다. 이 돌을 저울의 쟁반에 올려놓으면 어떤 금보다 무겁지만, 가루로 만들어 뿌리면 깃털보다 가볍다. 즉, 야망, 영광, 권력도 죽음의 순간에 이르면 그 무게가 가벼워진다. 알렉산드로스는 그 교훈을 깨닫고 바빌론에서 조용히 생을 마감한다.[23]

《알렉산드로스 대왕의 낙원 여행》은 독일어로 번역되어 《스트라스부르의 알렉산더》가 되었다. 프랑스어 번역본은 《지상낙원으로의 여행》이라는 제목으로 번역되어 알렉산드로스 이야기에 포함되었다. 이는 《로마인들의 업적》에도 삽입되었다. 마찬가지로 《황제의 업적》과 《맨체스터 개요》도 알렉산드로스의 지상낙원 여행을 이야기에 포함시켰다. 여기서 흥미로운 점은, 이 위대한 정복자의 모험담에서 낙원을 연상시키는 장소가 여전히 '실제' 존재하는 것으로 간주한다는 점이다. 라틴어 텍스트에서 알렉산드로스와 그의 신하들은 "높이와 길이가 엄청난 건물로 된 도시"[24]를 발견한다. 반면에 《로마인들의 업적》에는 높은 산기슭에 "아름답게 장식되고 높은 벽으로 둘러싸여 있으며 아름다운 과수원을 가진 작은 저택"이라고 묘사되어 있다. 아무도 들어갈 수 없는 "풍요로운" 과수원에는 한 그루의 나무가 있는데, "누구든지 그 나무의 열매를 먹으면 죽지 않는다"고 한다.[25] 요컨대 《낙원 여행》에서 알렉산드로스는 다음과 같이 말한다. "지상낙원에 대해 들어 보기는 했지만 어디에 있는지는 몰랐다. 이제는 불멸을 주는 아름다운 나무가 꽃피는 곳을 알고 있지만, 그 어떤 인간도 이 복된 곳으로 억지로 들어갈 수는 없다."[26]

《알렉산드로스 대왕의 낙원 여행》은 '샤를마뉴 무훈시'|중세 프랑스에서 유행한 무용담 장르. 《롤랑의 노래》 등 주로 샤를마뉴와 그 기사들의 무용담을 노래했다.|의 한 편인 《위옹 드 보르도(보르도의 위옹)Huon de Bordeaux》(12세기 말 또는 13세기 초)와 비교해 볼 수 있다. 위옹은 샤를마뉴|카롤루스 마그누스|의 아들 중 한 명을 죽인다. 그가 죄를 속죄하려면 바빌론으로 가서 족장emir의 수염을 자르고 이빨 네 개를 뽑아서 황제에게 가져가야 한다. 그런데 족장의 집 마당에는 "낙원의 강에서 발원한 시냇물"이 흘렀다. 이 시냇물은 병자에게 건강을 되찾아 주고 노인들에게 젊음을 되찾게 해 주었다.[27]

성 토마스 아퀴나스에서
크리스토퍼 콜럼버스까지

《알렉산드로스 대왕의 낙원 여행》과 《위옹 드 코르도》가 번역되거나 전파되던 12세기와 13세기에는 권위 있는 수많은 저술가들이 한목소리로 지상낙원이 역사적으로 실제로 존재했을 뿐만 아니라, 지금도 여전히 존재한다고 주장했다. 심지어 엘리야와 에녹이 여전히 그곳에 살고 있다고 했다. 이러한 사정은 성 토마스 아퀴나스도 마찬가지여서, 그의 《신학대전 Summa Theologica》 102번 문제는 "지상낙원의 위치"를 다룬다. 그가 이 주제를 다룰 때 참조한 것은 성 아우구스티누스, 세비야의 이시도루스, 성 베다, 다마스쿠스의 성 요한네스였다.

아퀴나스도 이시도루스와 마찬가지로 낙원을 동양에 위치시킨다. 그리고 성 아우구스티누스와 마찬가지로 다음과 같이 생각해 보라고 권한다. "이곳은 인간이 찾아 헤매는 곳에서 멀리 떨어진 곳에 있다. 〔…〕 몇 개의 큰 강에 대해 그 근원이 알려져 있다고 하는데, 사실 그 강들은 어떤 곳에서 지하로 내려갔다가 지상의 다른 곳으로 솟아오른 것들이다. 〔…〕 실제로 이런 현상이 일부 강에서 자주 발생한다는 사실을 모르는 사람이 있을까? 이 장소는 우리가 살고 있는 곳과는 떨어져 있고 그 사이에는 몇 가지 장애물이 있다. 그 장애물은 산맥일 수도 있고, 바다일 수도 있고, 혹은 지나갈 수 없는 뜨거운 지방일 수도 있다. 지리학자들이 이곳에 대해 이야기하지 않았던 이유가 바로 그것이다."

따라서 성 토마스 아퀴나스는 낙원이 달에 인접해 있다고 생각하지 않았다. 그렇다면 적도 지방에 있지 않을까? 그의 대답은 이렇다.

> 낙원이 적도대에 있다고 말하는 사람들은 이 적도대에 기후가 매우 온난한 장소가 있다고 생각한다. 왜냐하면 이 지역은 낮과 밤의 길이가 항상 같기 때문이기도 하고, 태양이 지역에서 결코 멀리 가지 않기 때문이기도 한데, 만약 그렇게 떨어진다면 지나치게 추워질 것이기 때문이기도 하며, 태양이 이 지역 주민들의 머리 위로 지나가더라도 그 위치에 오래 머물지 않기 때문에 너무 덥지 않기 때문이기도 하다. 그러나 아리스토텔레스는 《기상학Meteorologic》에서 이러한 지역은 더위 때문에 사람이 살 수 없다고 분명히 말했다. 이쪽이 더 진실에 가까운 것 같다. 왜냐하면 태양이 절대로 머리 바로 위를 지나지 않는 곳도 태양이 매우 가까운 위치에 있기 때문에 매우 뜨거워지기 때문이다. 어느 쪽의 주장이 옳든, 그것이 열대지방이든 다른 곳이든 간에 낙원은 매우 온화한 기후의 장소에 놓여 있다고 보아야 한다.[28]

프란체스코회 수도사 성 보나벤투라는 성 아우구스티누스와 베다의 영향을 모두 받았으며, 이 점에서는 도미니코회 수도사 토마스 아퀴나스의 의견에 동조한다. 아퀴나스는 지상의 낙원을 달의 영역에 두지는 않았지만, 공기가 깨끗한 아주 높은 곳에 있다고 확신했다. 그는 '낙원'이라는 단어에 승리한 교회의 이미지를 부여함으로써 상징적 의미가 있다는 데 동의하면서도, 다음과 같이 말함으로써 문자 그대로의 의미도 유지한다. "그것은 쾌락과 아름다움으로 가득 찬 실제(=형태를 지닌) 장소이다."[29] 중세 최고의 지성들에게 이 주장은 지리학적으로 아무런 문제가 없는 것이었다. 그리하여 뱅상 드 보베는 폭넓은 독자층을 대상으로 한 방대한 저서 《커다란 거울 Speculum majus》(1244)에서 세비야의 이시도루스가 언급한 '쾌락의 정원 hortus deliciarum'[30]에 관한 문장, 즉 인간에게는 사라졌지만 자취를 감추지는 않았다는 문장을 한 마디도 빠짐없이 옮겨 쓸 수 있었고, 이에 대해 어느 누구도 놀라지 않았다.

이 '위대한 13세기' 작가들이 발언한 같은 방향의 주장을 헤아리자면 끝이 없을 것이다. 장 드 주앵빌Jean de Joinville |13세기 역사가이자 작가|이 7차 십자군에 대해 이야기하면서 나일강의 근원에 대해 설명한 문장은 수없이 인용되었다. 여기서도 어찌 인용하지 않을 수 있겠는가?

이제 지상낙원에서 발원하여 이집트를 통과하는 강에 대해 말해야 할 것 같다. (…) 나일강이 이집트로 들어가는 지점에서 나일강을 생업으로 삼는 사람들은 밤에 강에 그물을 쳐 놓는다. 아침이 오면 그들은 그곳에서 귀중한 여러 가지 산물을 찾아내서 그것을 마을로 가져간다. 그것은 생강, 대황, 알로에, 계피 등이다. 이 향신료들은 지상낙원에서 오는데, 숲에서 바람에 마른 나무가 쓰러지듯이 바람에 낙원의 나무에서 떨어졌다는 것이다.[31]

지상낙원에 대한 주앵빌의 확신은 어떤 의미에서는 〈니코데무스 복음서Gospel of Nicodemus〉|〈요한의 복음서〉(3:1-21)에 나오는 니고데모가 썼다고 하는 신약외경. 〈니고데모 복음서〉 혹은 〈빌라도 행전〉|와 함께 탄생한 셋Seth|세트| 전설과 비슷하다고 볼 수 있다. 이 전설은 중세까지 이어졌고, 15세기에는 피에로 델라 프란체스카Piero della Francesca가 아레초의 산 프란체스코 교회에 그린 유명한 프레스코화에도 이 전설이 담겼다. 이 전설에 따르면, 늙고 병든 아담이 병을 고칠 수 있는 기름을 구하기 위해 세 번째 아들 셋을 지상낙원으로 보낸다. 금단의 동산 입구에 있던 천사는 셋에게 물질적인 약이 아닌 '자비의 기름'을 주며 구원의 때가 가까웠음을 알려 준다. 이 자비의 기름 덕분에 아담은 평온하게 죽음을 맞이할 수 있었다.

문법학자이자 시인인 알렉산더 네캄Alexander Neckham의 《신의 지혜 찬가》, 프란체스코회 수도사 바르톨로메우스 앙글리쿠스Bartholomaeus Anglicus의 《사물의 속성에 관하여De proprietatibus rerum》, 루돌프 폰 엠스Rudolph von Ems의 《세계 연대기》 등은 모두 세세한 부분에서는 차이가 있지만 주요한 점에서 일치한다.

지상낙원은 홍수의 영향을 받지 않고, 모든 형태의 아름다움, 행복과 부를 찾을 수 있으며, 에녹과 엘리야는 여전히 그곳에 살고 있지만 인간은 회복할 수 없을 정도로 잃어버린 장소라는 점이다.[32] 메츠의 고티에Gauthier de Metz가 1247년경에 써서 16세기 초까지도 출판된 《세상의 거울》이라는 시는 이 점에서 중요한 의미가 있다. 특히 다음과 같은 구절이 그러하다.

> 지상의 낙원은
> 아시아에서 가장 좋은 곳에 있고
> 그곳에는 많은 위안이 있다.
> 어떤 사람이라도 그곳에 있으면 지칠 줄 모르고
> 그곳에서 사람은 늙지 않는다.
> 그곳은 즐거움으로 가득한 장소이다.
> 그 안에는 생명나무가 있다.
> 그 나무에는 아담이 먹고 싶어 했던 선악과가 있다.
>
> 이 열매를 먹는 사람은 결코 죽지 않았다,
> 하지만 인간은 그곳에 도달할 수 없다,
> 천사나 하느님이 인간에게 허락하지(=할 수 있게 놔두지) 않을
>   것이기 때문이다.
> 그것은 뜨거운 불에 의해 금지되어 있기 때문이다.
> 그 불꽃은 구름에 닿을 정도이다.

그곳에는 하나의 샘이 솟아나고
그 물이 네 개의 큰 강을 만들어 낸다고 한다.[33]

물론 이 네 개의 강은 갠지스강으로 확인되는 '비손'강, 나일강으로 확인되는 '기온'강, 티그리스강, 유프라테스강이다.
이와 유사한 지리학을 브루네토 라티니Brunetto Latini가 쓴 《보물의 서書》에서 찾아볼 수 있다. 단테의 옛 스승이었던 라티니는 1265년경에 이 책을 썼다. 그는 완고한 겔프파(교황파)였으므로 프랑스로 망명해야 했다. 이 책이 오일어|북부 프랑스어|로 쓰인 것도 그 때문이다. 이 책에는 다음과 같은 내용이 있다.

지상낙원은 인도에 있다. 거기에는 지상에 모든 종류의 나무, 사과류, 과일이 있다. 그리고 거기에는 신이 최초의 인간에게 금지한 생명의 나무도 있다. 그곳은 춥지도 덥지도 않고 적당하고 온화한 기후만 있다. 그 중심에는 샘이 있고 사방으로 물을 보낸다. 그 샘에서 여러분이 알고 있는 네 개의 큰 강, 즉 비손, 기온, 티그리스, 유프라테스강이 흐른다. 최초의 인간이 죄를 지은 후 이곳은 다른 모든 사람에게는 폐쇄된 곳이었다.[34]

단테Dante Alighieri는 《신곡La Divina Commedia》|14세기|에서 지상의 낙원에 대해서는 별로 언급하지 않는다. 그는 지옥, 연옥, 최상위 천국에 대해 훨씬 더 길게 다루었다.

그러나 그가 지상낙원을 구성한 요소들은 당시 독자들에게 익숙한 관념을 떠올리게 하는 것들이었다. 잘 알려진 바와 같이, 단테는 지상낙원을 연옥의 산꼭대기에 위치시켰다. 이는 에프렘, 락탄티우스, 가짜 바실레이오스, 다마스쿠스의 성 요한네스, 베다, 피에르 롱바르의 공통된 사고방식과 일치한다. 이들도 에덴동산을 대홍수도 침범할 수 없을 만큼 높은 곳에 위치시켰다. 여기에 단테는 낙원의 평원에 두 개의 강, 즉 레테강과 에우노에강이 흐른다고 말한다. 고대 그리스에서 차용한 이름을 사용했지만, 적어도 본질적인 부분에서는 〈창세기〉(2:10)를 다시 인용한 것이다. "에덴에서 강 하나가 흘러 나와 그 동산을 적신 다음 네 줄기로 갈라졌다."

단테는 이 네 개의 지류를 두 개로 줄였다. 그 외에 지상낙원에 대한 묘사에서는 가장 확실한 전통을 따랐다. 이 축복받은 장소는 "새로운 날의 빛이 눈에 (부드럽게) 비추는, 울창하고 생명력 넘치는 신성한 숲"이다. 그곳에는 "부드러운 바람보다 더 가벼운 공기가 변함없이 평온하게 흐른다." "작은 새들이 나무 꼭대기에서 노래하고 있다." 이곳에는 "다양하고 신선한 식물들이 있다." 시인은 이렇게 말한다. 신이 인간에게 "영원한 평화를 보장하기 위해" 주신 곳이 바로 이곳이다. 이 "거룩한 평원은 모든 종류의 씨앗으로 가득 차 있다." 지상낙원에 대한 설명은 다음과 같은 유명한 시구로 끝난다.

고대에
황금시대와 그 행복을 노래하던 시인들은
아마도 그들의 파르나소스산 위에서 이곳을 생각했을 것이다.
그곳에서 인간은 순진무구했다.
그곳은 상춘으로 온갖 열매가 익어 가는 곳이었다.
누구나 말하는 넥타르도 바로 그곳에 흐르고 있었다.[35]

이 설명을 단순히 시적인 허구로 간주하는 것은 잘못이다. 이 묘사를 읽은 동시대 사람들은 이를 훨씬 더 구체적인 지리적 장소를 가리키는 것으로 이해했을 것이다. 그들은 지상의 낙원을 도달할 수 없는 높은 곳에 위치시키면서도 단테와 마찬가지로 완전히 사라지지 않았다고 믿었다.

그 결과, 당시 지상낙원은 우화적 여행기에서 거의 빠질 수 없는 요소이기도 했다. 그 증거로 파치오 델리 우베르티Fazio degli Uberti (1368년 사망)의 《세계론Dittamondo》을 들 수 있다. 이것은 저자의 상상 속 세계여행에 대한 미완성 이야기다. 여기서 "대부분의 사람들이 동양에 있다고 말하는" 지상낙원에 대한 이야기가 나온다고 놀라지 말자. 그것은 첫 번째 하늘에 닿아 있는 산이며, 그곳에는 추위도, 얼음도, 비도, 구름도 없다. 그곳은 영원한 봄이다. 그곳에는 온갖 종류의 꽃들이 자라는데, 특히 백합과 장미가 많이 자란다. 몇 개의 강과 향기로운 향기, 음악 소리가 어우러져 영혼을 매혹시킨다. "이곳에 들어가는 행복을 얻은 자는 늙음과 불구를 경험하지 않는다. 그 증거는 에녹과 엘리야다."[36]

단테를 모방한 페데리코 프레치Federico Frezzi의《네 개의 왕국Il Quadriregio》도 같은 계열에 속한다. 이 시에서 이야기되는 것은 원죄에서 시작해 영원한 행복에 이르는 여정으로서 사랑의 왕국, 악마의 왕국, 악덕의 왕국, 미덕의 왕국을 거친다. 지상낙원은 사랑의 왕국에 자리 잡고 있다. 그것은 동쪽에 있으며, 당연히 향기로운 꽃과 다양한 열매로 가득하다. 그 밖에 시인은 여기서 생명나무와 지혜의 나무, 네 개의 큰 강에 물을 공급하는 샘, 그리고 존경할 만한 에녹과 엘리아의 모습을 본다.[37]

이 점에서 14세기는 앞선 세기가 닦아 놓은 길을 이어받았다고 할 수 있다. 헤제의 요한은 극동으로 여행을 떠났을 때 멀리서 지상낙원을 보았다고 진술했다.[38] 조반니 마리뇰리Giovanni Marignolli는 세일란섬 주민들에게 "아담의 산"은 지상낙원에서 불과 40마일밖에 떨어져 있지 않으며, 어떤 날에는 "에덴에서 흘러나와서 정원을 적시는" 강물이 떨어지는 소리를 들을 수 있다는 말을 들었다.[39] 마찬가지로 시사하는 바가 큰 작품은 만더빌의《맨더빌 여행기The Travels of Sir John Mandeville》와 하이그덴의《복합연대기》이다.

1300년경 잉글랜드에 태어난 존 맨더빌John Mandeville은 레반트 지방, 인도, 중국을 여행한 (우리가 보기에는) 상상의 이야기를 프랑스어로 쓴 작가이다. 사실 맨더빌은 영국과 벨기에

역사가들 사이에 논쟁이 된 인물로, 영국에서 기사 작위를 받고 리에주|벨기에|에서 생을 마친 것으로 보인다. 일인칭으로 쓰인 이 이야기는 여행기라기보다는 14세기 지식 체계 속에서 본 세계의 모습이다. 따라서 이 책은 당시의 지리적 개념을 종합하고, 특히 1300년경에 쓰인 볼덴젤레의 빌헬름Wilhelm von Boldensele의 《바다 저편에 위치한 몇 개의 장소에 관한 책Liber de quibusdam ultramarinis partibus et praecipue de Terra sancta》과 오도리코 다 포르데노네Odorico da Pordenone|오도릭|의 《오도릭의 동방기행Odorichus de rebus incognitis》에 나오는 여러 요소들을 그대로 가져와 사용했다.[40]

맨더빌은 셋이 지상낙원으로 가는 여정과 자비의 기름을 가지고 아버지 아담에게 돌아가는 것에 대해 언급한다.[41] 그러면서도 다음 장에서 이야기할 사제 요한의 왕국과 지상낙원 사이에는 "산과 거대한 바위와 어둠의 지역만이 존재하며, 그곳 사람들이 말하듯이 밤낮으로 시야가 가려 전혀 보이지 않는다"[42]고 단언한다. 지상낙원의 존재 자체에 대해서는, 자신은 그곳에 들어갈 자격이 없어서 "결코 들어갈 수 없었으므로, 제대로 말할 수 없다"고 했다. 그러나 맨더빌은 사람들이 천국에 대해 말하는 것을 들었고, 이 소문을 기록해 놓았다.

사람들이 말하기를 지상낙원은 세계에서 가장 높은 땅에 있다고 한다. 그리고 그것은 육지가 시작되는 동양에 있다. 그것은 매우 높기 때문에 달이 지나가는 길목인 달의 영역에 닿을 정도이다. 그것은 매우 높기 때문에 노아의 홍수조차도 거기까지는 이르지 못했다. 그래도 그 홍수는 낙원을 제외한 곳은 높은 곳이나 낮은 곳을 가리지 않고 육지를 뒤덮었다. 낙원은 벽으로 둘러싸여 있고 〔…〕 입구가 하나밖에 없다. 그 입구도 뜨거운 불길로 막혀 있어 유한한 인간 중 누구도 그곳에 들어갈 수 없다. 낙원의 가장 높은 곳의 중심에는 샘이 있고, 그 샘은 네 개의 큰 강을 낳고, 그 강은 여러 땅으로 흐른다. 〔…〕 사람들이 말하기를, 세상의 모든 맑은 물이 흐르는 강은 이 샘에서 생겨나며, 모든 물은 이 샘에서 흘러나온다고 한다.

그리고 어떤 상인이나 다른 어떤 사람도 바다로 가든지 육지로 가든지 이 천국에 도달할 수 없다는 것을 알아야 한다. 〔…〕 많은 위대한 군주들이 여러 차례 굳은 각오로 거대한 군대를 이끌고 몇 번이고 강들을 거슬러 올라가 낙원으로 가려고 했지만, 배가 앞으로 나아가지 못했다. 결국 많은 사람들이 파도를 거슬러 헤엄치다 지쳐서 죽고, 어떤 사람들은 장님이 되었고 어떤 사람들은 하천의 굉음 때문에 귀머거리가 되기도 했다. 많은 사람들이 파도에 밀려 익사했다. 유한한 인간은 하느님의 은총이 아니면 이곳에 접근할 수 없다.[43]

아시아의 끝을 낙원으로 묘사한 것이 전혀 독창적인 것이 다 님은 물론이다. 그렇지만 수천 번 되풀이되는 주제를 반복했다

는 점이 오히려 중요하다. 반복이란 집단심성의 관점에서 의미가 있다. 여기서 반복되는 것은, 화염의 벽과 거센 강물 때문에 이제는 금단의 장소가 되어 버린 세계의 가장 높은 곳에서 우리 지구의 모든 신선한 물이 흘러내려온다는 것이다. 《맨더빌 여행기》는 엄청난 인기를 얻었다. 그 필사본이 250권에 이르고, 그중 52권은 프랑스어로 쓰였다. 인쇄술 발전 덕분에 이 저작은 열 개 정도의 언어로 180개 판본이 인쇄되었다. 마르틴 베하임Martin Behaim|15세기 독일 지리학자|은 이 저작을 길게 인용했다. 마틴 프로비셔Martin Frobisher|잉글랜드 탐험가|는 1576년 북서항로를 발견하기 위해 항해할 때 이 책을 가지고 항해했다. 하르트만 셰델Hartman Schedel|독일 역사가|, 아브라함 오르텔리우스Abraham Ortelius|플랑드르 지도 제작자|, 존 베일John Bale|영국 성직자|, 존 셀랜드 John Seland, 리처드 해클루이트Richard Hakluyt|영국 작가|, 새뮤얼 퍼처스Samuel Purchas|영국 성직자 겸 저술가|등 르네상스 최고의 지리학자들이 맨더빌을 근대의 율리시스로 만들었다.[44] 크리스토퍼 콜럼버스Christopher Columbus는 서재에 《맨더빌 여행기》와 마르코 폴로의 여행기를 둘 다 두고 보았던 것으로 보인다.[45]

영국 베네딕투스 수도회|베네딕도회| 소속의 라눌프 하이그덴 Ranulph Hygden(1364년 사망)이 라틴어로 쓴 우주의 역사《복합연대기Polychronicon》는 1385년 초 영어로 번역되고 1482년에 부분적으로 인쇄되었는데, 영국에서는 이런 종류의 책 중 걸작으로 여겨졌다. 하이그덴은 먼저 네 가지 논거를 들어 지상낙원이

존재한다는 것을 증명한다. ① "역사적 설명"을 통해 지상낙원이 멸망하기 전의 소돔 지역과 유사하다는 것을 확인한다. ② 이곳을 보았다고 확신하는 믿을 만한 사람들의 증언을 고려한다. ③ 또 다른 중요한 증거는 낙원에서 흘러나오는 네 개의 강으로, 이집트 왕과 다른 사람들의 노력에도 불구하고 그 근원을 사람이 사는 지역이나 바다에서 찾지 못했다. ④ 마지막으로 "낙원이 존재한다는 전설은 6천 년 이상, 즉 세상의 시작부터 우리 시대까지 끊임없이 이어져 왔다. 오류에 근거한 전설은 대개 잊히거나 반대 견해에 밀려 사라진다."[46]

세비야의 이시도루스의 《어원》과 성 바실레이오스의 '헥사메론'(6일간의 이야기)을 인용한 하이그덴은 낙원이 달만큼 높은 곳에 있다고 생각하지 않았다. 만약 그렇다면 낙원이 달을 가리게 되어 달을 볼 수 없을 것이기 때문이다. 또한, 그는 낙원이 우리가 사는 세상과 바다라는 광활한 공간으로 분리되어 있다고 생각조차 하지 않았다. "얕은 생각이나 약간의 경험밖에 없는 사람들의 의견을 따라서는 안 된다. [...] 학자들은 지상낙원이 동쪽에서도 가장 먼 곳에 있으며, 만약 인류가 죄를 짓지 않았다면 인류 전체가 그곳에 있을 것이므로 인도나 이집트 못지않게 크고 상당한 부분을 차지하는 땅덩어리를 이루고 있다고 결론 내렸다."[47] 일단 이러한 기본 전제를 세운 후, 하이그덴은 다른 사람들과 마찬가지로 낙원은 완전히 건강한 곳이며, 항상 온화한 기후를 유지하고 있어서 사람이 죽지 않는 곳이며,

에녹과 엘리야가 여전히 그곳에 살고 있고, 나무의 이파리들이 떨어지지 않고 꽃도 시들지 않으며, 대홍수 때에도 물이 높은 고도 때문에 도달하지 못했고, 하늘에 이르는 불의 장벽으로 둘러싸여 있다고 단언했다.[48]

지상낙원이 계속 존재한다는 주장은 14세기 말 혹은 15세기 초에 쓰였으나 1956년에야 출판된 포르투갈의 《신랑의 정원Orto do esposo》에서도 그다지 부정되지 않았다.[49] 익명의 저자는 특히 세비야의 이시도루스, 다마스쿠스의 요한네스, 베다, 바르톨로메우스 앙글리쿠스 등의 주장에 근거한다. 저자는 지상낙원이 달의 궤도에 접해 있다는 주장을 문자 그대로 받아들이지 않았다. 사람들이 이런 식으로 이야기할 때, 그것은 지상낙원이 지상과 이승에 비해 높은 곳에 있다는 의미라는 것이다. 그러나 이러한 미묘한 차이를 제외하면, 《신랑의 정원》역시 앞서 인용한 수많은 권위자들과 마찬가지로 지상낙원의 특징인 변함없이 쾌적한 기후, 풍부한 재물, 비옥한 토양, 썩는 것이 없다는 점 등을 다시 언급했다.[50]

라눌프 하이그덴과 《신랑의 정원》의 저자 다음으로는 피에르 다이Pierre d'Ailly 추기경(1420년 사망)으로 넘어가는 것이 논리적이다. 그의 《세계의 형상Ymago mundi》은 콜럼버스가 즐겨 보던 책의 하나로서, 콜럼버스는 1483년 루뱅에서 인쇄된 사본을 소유하고 이 책의 여백에 수백 개의 주석을 남겼다. 피에르 다이는 다음과 같이 확언했다.

지상낙원에는 샘이 하나 있는데 이 샘은 기쁨의 정원을 적시고 네 개의 강으로 갈라진다. 이시도루스, 다마스쿠스의 요한네스, 베다, 스트라보, 역사의 교사(=피에르 코메스토르) 등에 따르면, 지상낙원은 쾌적한 장소로서 우리가 사는 곳과 육지와 바다로 분리되어 멀리 떨어진 동방의 어떤 지역에 자리 잡고 있다. 그곳은 너무 높아서 달의 영역에 접해 있으며 대홍수의 물도 거기에 도달하지 못했다. 이것 때문에 지상낙원이 실제로 달의 궤도에 닿아 있다는 의미로 이해해서는 안 된다. 이것은 과장된 표현으로서, 여기서 의미하는 바는 단순히 지상낙원이 우리의 낮은 세계에 비해 비교할 수 없을 정도로 높고 고요한 대기층까지 이르렀다는 의미다. 고요한 대기층 아래 요동치는 대기층이 있고, (아프로디시아스의) 알렉산드로스[2세기 말 학자]가 말했듯이, 이 요동치는 대기층까지 달을 향한 발산과 수증기가 대기층까지 밀려왔다가 밀려간다. 이렇게 높은 산에서 흘러내리는 물은 거대한 호수를 이룬다. 이 물이 떨어지는 소리가 너무 커서 어린아이의 청력까지 파괴할 정도여서 그 지역 주민들은 태어날 때부터 귀머거리가 된다고 한다. 적어도 바실레이오스와 암브로시우스의 증언은 그렇다.

이 호수를 원천으로 하여 낙원의 네 개의 강이 흘러내린다고 사람들은 믿고 있다. 이 네 강은 비손강, 즉 갠지스강, 나일강을 말하는 기혼강, 티그리스강, 유프라테스강이다. 이 네 강은 언뜻 보기에는 그 원천이 전혀 다른 곳에 있는 것처럼 보인다.[51]

여기서 알 수 있듯이, 피에르 다이는 라눌프 하이그덴이나 《신랑의 정원》 저자처럼 지상낙원의 높이에 대해서는 조심스러운 태도를 취해도, 낙원이 지금도 존재한다는 것, 낙원이 높은 곳에 있다는 것, 그리고 낙원이 우리가 사는 땅 위를 흐르는 네 개의 큰 강의 원천이라는 점에 대해서는 전혀 의문을 제기하지 않는다.

크리스토퍼 콜럼버스는 앞선 사람들이 제시한 지상낙원의 위치에 이의를 제기하지만, 낙원에 대한 전통적인 믿음에서는 벗어나지 않는다. 세 번째 항해(1498) 보고서에 있는 저 유명한 구절을 여기에서 다시 상기할 필요가 있다. 콜럼버스는 이 항해 도중에 남아메리카의 파리아만과 오리노코강 입구에 닿았다.|

오리노코강은 파리마 산맥에서 발원하여 대서양으로 흘러들어간다.|

성경에 따르면, 하느님은 지상낙원을 만들고 생명나무를 심으셨다고 한다. 바로 이곳에서 하나의 샘이 솟아나고, 이 샘에서 세계에서 가장 중요한 네 개의 큰 강이 생겨난다. 그 네 개의 강은 인도의 갠지스강, 아시아의 티그리스강, 유프라테스강, 〔…〕 그리고 에티오피아에서 발원하여 알렉산드리아 바다로 흘러드는 나일강이다.

그러나 나는 지상낙원이 이 세상 어디에 있는지 확실하게 보여 주는 어떤 라틴어 문서도, 그리스 문서도 찾지 못했고, 본 적도 없다. 또한, 지상낙원이 세계지도에 있는 것을 본 적도 없다. 설령 그 위치가 특정되었다고 해도 그것은 여러 가설에 근거할 뿐이다.

만약 적도 아래를 지난다면, 가장 높은 곳이어야 하는 이 지점에 도달하고, 그곳에서 더 온화한 기후를 발견하고, 물과 별의 모습도 내가 지금까지 알고 있던 것과는 매우 다르다는 것을 발견할 수 있으리라. 내가 이렇게 말한다고 해서 항해를 통해 이 높은 곳까지 도달할 수 있다거나, 이 낙원이 물로 이루어져 있다고 주장하는 것은 아니고, 그곳에 도달할 수 있다고 주장하는 것도 아니다. 그러나 나는 하느님의 뜻이 아니면 아무도 도달할 수 없는 지상낙원이 그곳에 있다고 믿는다. (…)

나는 예전에 낙원에 대해 쓴 사람들처럼 지상의 낙원이 험준한 산의 형태라고 주장하지 않는다. 다만, 배의 꼭지를 상상해 본다면 그 꼭대기에 지상낙원이 있다고 말하는 것이다. 그곳으로 나아가기 시작하면 그곳에 도착하기 훨씬 전부터 나도 모르게 서서히 고도가 올라가리라고 나는 믿는다. 또한, 앞서 말했듯이 결코 그 꼭대기에 도달할 수 없으리라고 믿는다. 비록 지상낙원이 아주 멀리 있기는 하지만 지금 우리가 보고 있는 이 물이 그곳에서 내려온 것이며, 여기에 이르러 거대한 호수(파리아만)를 형성했다고 생각한다.

이 모든 것은 지상의 낙원이 아주 가까운 곳에 있다는 것을 알려 주는 명백한 증거이다. 사실 낙원의 환경에 대해서는 모든 성인과 훌륭한 신학자들의 의견이 일치한다. 우리가 발견한 코든 징후들도 일치한다. 이토록 많은 양의 담수가 소금물 한가운데서 소금물과 부딪히면서도 담수의 상태를 유지한다는 이야기를 읽은 적도 들은 적도 없다. 이곳의 지극히 온화한 기후도 이곳이 지상낙원이라는 것을 믿게 만든다. 이 강〔오리노코강〕이 지상의 낙원에서 흘러나오는 것이 아니라면, 이것은 정말로 놀라운 일일 것이다. 왜냐하면 세계 어디에서도 이토록 크고 깊은 강을 본 사람이 없을 것이기 때문이다.[52]

알렉상드르 시오라네스퀴Alexandre Cioranescu|20세기 문헌학자|는 이 위대한 발견자의 《작품집》, 그중에서도 우리가 방금 읽은 구절에 주석을 달면서 다음과 같이 썼는데, 이는 일리가 있다. "콜럼버스는 〔…〕 중세인과 똑같이 믿었다. 즉, 그는 분별력 없게도 의견과 신앙의 신조를 구분하지 않고 모두 믿어 버렸다. 그의 신앙은 단지 종교적인 감정에 그치지 않고 정신의 모든 영역에 걸쳐 무차별적으로 적용되는 사고방식이기도 했다. 그는 고대의 권위자들의 주장, 태양 광선으로 금이 만들어진다는 것, 지구의 중심을 형성하는 물로 가득한 산, 그리고 마르코 폴로의 이야기 등을 믿듯이, 지상낙원의 존재를 믿었다."[53] 여기서 우리에게 중요한 점은 크리스토퍼 콜럼버스가 지상낙원이 그의 시대까지 계속 존재한다고 굳게 믿었다는 점, 높고 기후가 쾌적한 지역에 낙원을 위치시켰다는 점, 낙원을 엄청난 양의 담수의 원천으로 여겼다는 점이다.

바르톨로메 데 라스 카사스Bartolomé de las Casas|동시대의 스페인 성직자|는 이 위대한 '제독'의 해당 구절을 옮겨 적으면서, 아메리카 대륙에 지상낙원이 있다는 주장에는 정중하게 동의하지 않지만, 지상낙원이 사라지지 않았다는 콜럼버스의 믿음을 정당화하려고 노력한다. "콜럼버스는 '불합리한' 의견을 표명한 것이 아니다." 오히려 콜럼버스의 주장은 "가능성 있고 신뢰할 만한" 근거에서 나왔다. 긴 논의 끝에 라스카사스는 이렇게 말한다. "결국 우리는 지상낙원이 이 세상에서 가장 높은 곳에 있으며, 다른 모든 산이 아무리 높더라도 그 산들보다 높은 곳에 있다고 결론지을 수 있다. 홍수의 물조차 그곳에 도달할 수 없었다."[54]

18세기 말, 브라질에서 26년 동안 살았던 페드로 데 라테스 하네킴Pedro de Rates Hanequim이라는 사람은 브라질에 여전히 지상낙원이 존재하며, 선악과가 자라고 있고, 아마존강과 샌프란시스코강이 낙원의 4대 강 중 두 강이라고 주장했다. 따라서 하느님께서 아담을 창조하신 곳은 아메리카였으며, 이집트에서 탈출한 유대인들에게 일어났던 것처럼 바다가 열림으로써 아담은 발을 물에 적시지 않고도 예루살렘으로 걸어갔다. 대홍수에 대해 말하자면, 홍수는 브라질에 도달하지 못했다. 네덜란드인이자 유대인이었던 하네킴은 이러한 주장을 이단 교리와 혼합했고, 어떤 음모에 연루되어 사형선고를 받고 화형에 처해졌다.[55] 지상의 낙원은 연기와 함께 사라졌을까?

지상낙원과 중세 지도제작법

누구나 예상할 수 있듯이, 중세 지도 제작자들은 수 세기 동안 세계지도에 지상낙원의 자리를 마련했다. 오랫동안 이러한 지도는 수도원 작업실에서 만들어졌고, 아우구스티누스·암브로시우스·세비야의 이시도루스의 지리학에 의문을 제기하는 사람은 아무도 없었다. 좀 더 넓게 보면, '우주론'과 '마파 문디Mappa mundi' |라틴어로 직물, 천+세계. 중세 유럽에서 널리 그려진 세계지도|에는 지상낙원이 여전히 저 멀리 어딘가에 존재한다는 일반적 신념이 반영되었다. 당시에 지상낙원이 존재한다는 것은 코끼리가 인도에 존재한다는 것만큼이나 확실해 보였다.[56] 산타렝 자작Visconde de Santarém(포르투갈. 1856년 사망)의 귀중한 지도 제작 백과사전 안에는 라틴어와 그리스어 범례가 표시된 9세기의 필사본이 들어 있는데, 그것은 코스마스 인디코플레우스테스Cosmas Indicopleustes|6세기 이집트 여행가|가 그린 세계지도를 재현한 것이다(지도 1 참조). 여기서 사람이 사는 지역은 직사각형으로 바다에 완전히 둘러싸여 있다. 그 너머 동쪽에는 또 다른 직사각형이 있는데 여기에 지상낙원이 있고, 여기서 네 개의 강이 흘러나와 바다 아래를 통과하여 사람이 사는 세계에 다시 나타난다.[57]

그런데 코스마스 인디코플레우스테스의 세계도는 후대의 많은 중세 지도와 비교할 때 독특한 점이 있다. 바로 지도 위쪽이 북쪽을 향하고 있다는 점이다. 이러한 점에서 코스마스는 북쪽 혹은 남쪽을 위쪽으로 배치하는 아랍의 방식을 채택한 것이다. 9~10세기 수도원 작업실에서 제작된 평면 지구도나 '세계도', 여러 가지 지도 등은 이와 달리 일반적으로 동쪽을 위쪽에 두었다. 기독교의 역사가 지리적 개념을 지배했던 것이다. 기독교 지도 제작자들은 지상낙원을 인간 역사에서는 출발점에, 지도 상에서는 맨 위에 놓았다. 같은 논리로 예루살렘이나 적어도 유대 지방을 지도의 한가운데에 배치했다. 신자들의 시선이 구원의 장소에 집중되어야 한다는 점을 고려한 것이다.

이러한 사고방식에 비추어 보면 '세계도'에 〈묵시록〉에 대한 주석이 붙어 있는 것도 이해된다. 이러한 주석 중 하나는 787년경 스페인에서 작성되어 오스마|스페인 북부|의 주교인 에우테루스에게 헌정되었다. 영국박물관|대영박물관|에는 이 주석의 사본 중 하나가 보관되어 있는데, 부르고스 주교구의 실로스 수도원에서 1109년에 제작된 것으로 추정된다. 여기에 방금 설명한 기독교 지리학을 잘 보여 주는 세계도가 포함되어 있다. 지도는 동쪽을 위로 하고, (직사각형) 대륙은 대양으로 둘러싸여 있다(지도 2). 그러나 코스마스 인디코플레우테스의 개념과 달리, 지상낙원은 대양 저편이 아니라 이쪽 편에 있다. 그림 상단의 커다란 장식이 눈길을 끄는데, 아담과 이브, 지혜의 나무, 뱀이 그려져 있다. 지상낙원은 코카서스|흑해와 카스피해 사이를 가리키는 '캅카스'의 영어 이름|, 아시리아, 페르시아, 칼데아, 인도 등의 이름 사이에 자리 잡

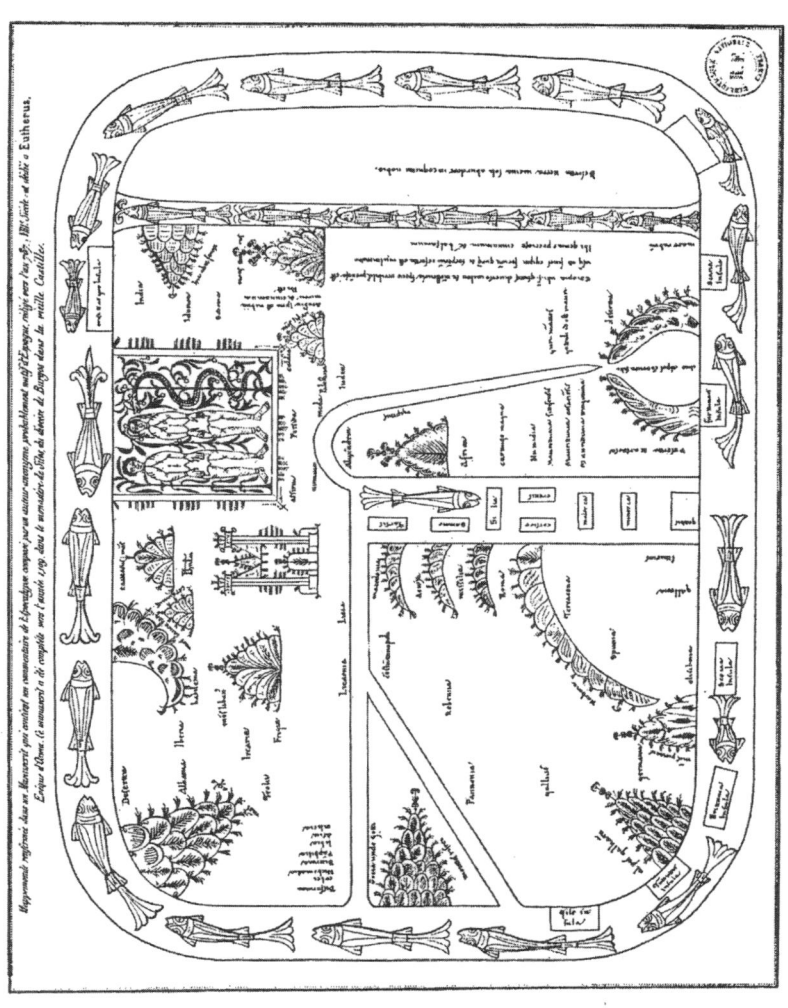

| 지도 2 | 1109년 제작된 〈묵시록〉 주석이 있는 세계지도는 동쪽을 위로 하고, 직사각형 대륙을 대양이 둘러싼 중세 기독교 지리학을 보여 준다. Vicomte de Santarém, *Atlas*, Paris, 1852, planche IV.

| 지도 3 | 마찬가지로 에우테루스 주교에게 헌정된 12세기 이 세계도 역시 지상낙원이 동쪽인 위쪽에 배치되어 있고, 중앙에 예루살렘이, 그림 아래에는 '산티아고 데 콤포스텔라Santiago de Compostela'가 쓰여 있다. Santarém, *Atlas*, Paris, 1852, planche XI.

고 있다. 유대 지방과 팔레스타인은 중앙에 있지만 알렉산드리아만큼 강조되지 않았다.[58] 반면에 왼쪽 아래에 있는 스페인이 특별히 강조되어 있다. 에우테루스에게 헌정된 〈묵시록〉 주석의 사본들 중에서 토리노에 보관되어 있는 사본은 12세기의 것으로(혹은 10세기의 것으로) 여겨지는데, 이 사본에도 '세계도'가 실려 있다(지도 3). 이 지도 역시 앞의 지도와 마찬가지로 인간의 거주지를 대양이 둘러싸고 있으며, 지상낙원은 동쪽인 위쪽에 배

치되어 있다. 맨 아래에는 산티아고 데 콤포스텔라(이 문서는 스페인어로 쓰여 있다)가 쓰여 있고, 한가운데에 예루살렘이 있다.[59]

12세기와 13세기에 제작된 다른 많은 '세계도'들도 우리의 관심을 끈다. 그중 하나는 "오늴프의 아들인 생 토메르의 랑베르"의 작품으로, 1120년경에 《꽃의 책Liber Floridus》을 장식하기 위한 것이었다. 이 작품의 필사본은 헨트(겐트), 헤이그, 파리에 있다. 이 지도가 우리에게 보여 주는 것은 주변이 온통 대양으로 둘러싸인 채 두 개의 큰 부분으로 나뉜 대지다. 둘 중 하나는 사람이 사는 북쪽 땅이고, 다른 하나는 사람이 살 수 없는 남쪽 땅이다. 지상낙원은 "맨 끝 인도India ultima" 바로 위에 있는 섬에 있다(지도 4).[60] 한편 브뤼셀에 보존된 《귀도의 책Liber Guidonis》(12세기)에 실린 지도에는 지상낙원이 명시적으로 언급되어 있지 않지만 동쪽, 즉 지도 상단에 피소Fiso, 기온, 티그리스, 유프라테스강이 등장한다. 사마리아, 유대 지방, 예루살렘 등이 그림의 중앙 부분을 차지하고 있다(지도 5).[61]

지상낙원에 대한 똑같은 언급이 위그 드 생빅토르의 《세계지도 설명Descriptio mappe mundi》(1128~1129)에도 있다.[62] 1130년경 마인츠 교구의 어느 참사위원이 작성하여 독일 황제 하인리히 5세에게 헌정한 지도(영국 캠브리지의 코퍼스 크리스티 칼리지)의 상단에는 갠지스강 하구 맞은편 섬에 지상낙원과 네 개의 강이 있다. 당연하게도 갈릴리와 예루살렘은 사람이 사는 세계의 중심에 있다(지도 6).[63]

| 지도 4 | 1120년경 《꽃의 책》을 장식한 세계지도는 사람이 사는 북쪽 땅과 사람이 살 수 없는 남쪽 땅으로 나뉘어 있다. Santarém, *Atlas*, Paris, 1852, planche XII, 4.

지상낙원에서 흘러나오는 네 줄기 강

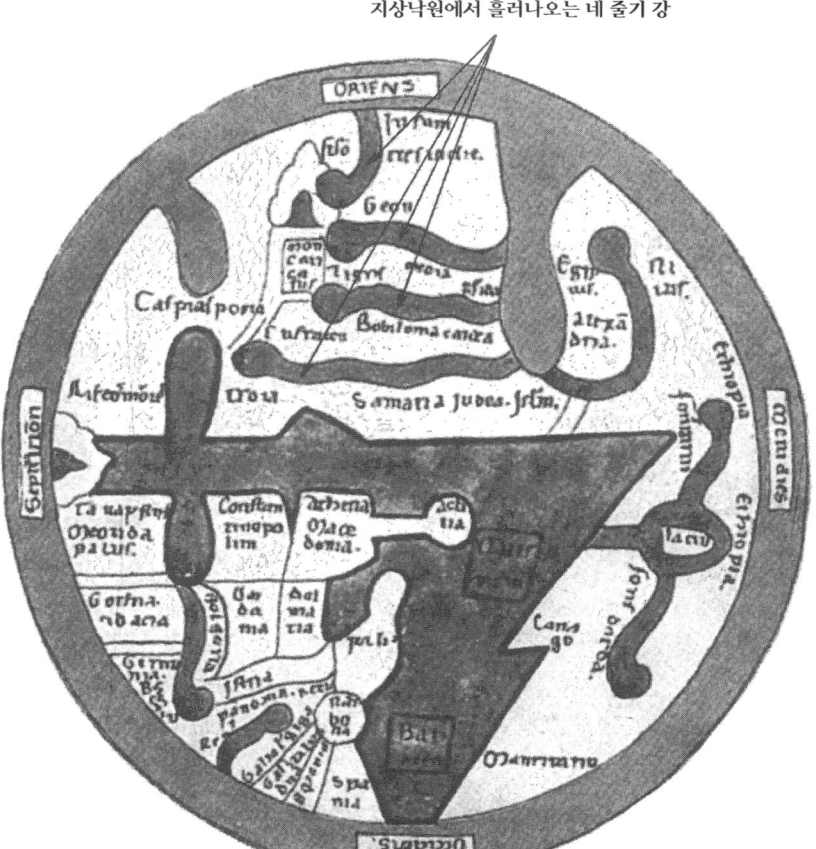

| 지도 5 | 12세기 《귀도의 책》에 실린 세계지도. 위쪽, 즉 동쪽에 피소, 기온, 티그리스, 유프라테스가 있다. Santarém, *Atlas*, Paris, 1852, planche VII, 3.

| 지도 6 | 12세기 위그 드 생빅토르의 《세계지도 설명》에 실린 세계도의 상단에는 지상낙원이, 중심에는 예루살렘이 있다. Santarém, *Atlas*, Paris, 1852, planche XIV.

엡스토르프|독일 북부 마을| 수도원의 〈세계도〉(약 1235년 제작, 제2차 세계대전 중 소실)와 헤리퍼드 대성당(약 1300년 제작)에 있는 〈세계도〉(지도 7)도 이러한 지도 제작 체계에 속했다. 전자의 지도에는 세계가 그리스도의 몸과 같은 모양으로 그려져 있으며, 머리가 전체를 지배하고 있다. 따라서 머리는 동쪽에 있고, 바로 옆에 지상낙원이 표현되어 있다. 구세주의 팔은 남쪽과 북쪽을 향하고 있다.[64]

홀딩엄의 리처드Richard de Haldingham가 양피지에 깃털 펜으로 그리고 채색하여 제작한 〈헤리퍼드 대성당 지도〉|'헤리퍼드 마파문디'|는 매우 큰 크기(2미터×1.60미터)이다. 발견 당시, 두 개의 문이 있는 수납장 안에 보관되어 있었다. 이 지도 역시 앞서 언급한 사람들과 똑같은 신학적 사고방식을 보여 준다. 지상낙원은 동쪽의 둥근 섬에 있는데, 최후의 심판자인 예수 그리스도 아래에, 그리고 사람들이 사는 세상 위에 있다. 전통이 된 네 개의 강은 뱀이 감고 있는 지혜의 나무의 뿌리에서 흘러나온다. 아담과 이브는 막 선악과를 따먹은 참이다. 에덴동산은 원형 벽으로 둘러싸여 있고, 그 성벽에는 요새화된 문이 하나 있지만 … 이 문은 닫혀 있다. 따라서 행운의 섬으로 들어갈 수는 없다. 그러나 행운의 섬은 여전히 존재한다(지도 7).[65]

제한된 목적 아래 해안선을 최대한 정확하게 그리려고 했던 해도의 발달에도 불구하고, 그리고 동방 여행에서 에덴동산을 보지 못했다는 마르코 폴로와 오도리코 다 포르데노네|오도릭|

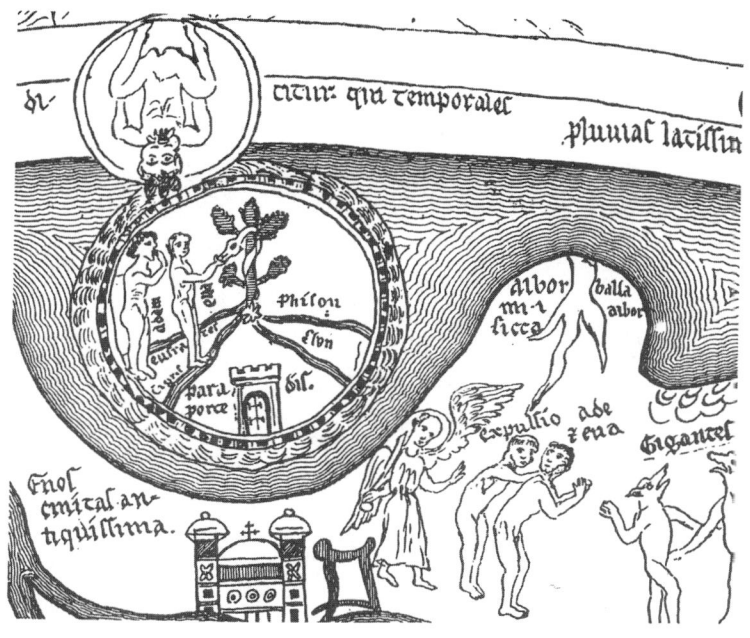

| 지도 7 | 1300년경 제작된 〈헤리퍼드 대성당 지도〉에서 아담과 이브는 막 선악과를 따먹은 참이고, 뱀이 감고 있는 지혜의 나무 뿌리에서 네 개의 강이 흘러나온다. Jomart, *Les monuments de la géographie*, Paris, 1854.

의 여행기가 이미 등장했음에도 불구하고, 14세기와 15세기의 세계도는 여전히 확고한 신념을 반영하고 있다. 라눌프 하이그덴의 《복합연대기》에 삽입된 많은 지도는 중세 말 세계도의 진정한 집대성이지만, 영국 베네딕투스회 문헌을 바탕으로 한 것이 분명하다. 이 지도에는 사람이 사는 세계가 바다로 둘러싸인 타원형 안쪽에 갇혀 있다. 하이그덴이 말했듯이, 지도의 맨 위에 위치한 지상낙원은 넓은 바다로 우리가 사는 대지와 분리

| 지도 8 | 14세기 라눌프 하이그덴의 《복합연대기》에 실린 세계지도에는 일반적으로 지상낙원에 해당하는 자리가 비어 있다. J. Lelewel, *Géographie du Moyen Age*, 1852, planche H.T.

되어 있지 않다. 단지, 대지의 가장 높은 지점에 있을 뿐이다. 예루살렘은 당연히 인간 거주지역의 중심에 있다.[66]

영국도서관British Library|대영도서관|에 소장된 다른 사본에 있는 하이그덴의 지도에는 일반적으로 지상낙원에 해당하는 곳이 비어 있다. 이처럼 비어 있는 것은 저자가 신성한 지리학에 의문을 제기해서가 아닌 것 같다. 맨 위의 사각형에서 강이 흘러나오는 것을 보면 더욱더 아닌 것 같다(지도 8). 단순히 지도가

완성되지 않은 것이 아닐까?[67] 어쨌든 아라스(프랑스 북부 도시) 시립도서관에 소장된 14세기의 도안 세계도와 생트주느비에브 도서관에 소장된 《샤를 5세 시대의 생드니 대연대기Grandes Chroniques de saint Denis du temps de Charles V》(1364~1372)에 삽입된 또 다른 지도가 여전히 전통적인 도식에 부합하는 것을 확인할 수 있다. 동쪽이 위쪽에 있고 그곳에 지상낙원이 있으며, 예루살렘이 중앙에 있다. 《생드니 연대기》의 〈세계도〉에는 에덴동산이 인간 거주지역 안쪽, 대지를 둘러싸고 있는 대양 앞쪽에 있다. 그곳은 화염의 벽으로 둘러싸여 있다(지도 9).[68]

먼 곳으로 자주 여행하고, 해상교통이 발달하고, 지도를 정확하게 제작하려는 의지가 더 강해졌음에도 불구하고, 15세기에 이르러서도 〈창세기〉 이야기가 지도 표현에 여전히 강한 영향을 미친 것은 놀라운 일이다. 15세기 초 포르투갈의 산타렝 자작이 출판한 〈세계도〉 하나가 바티칸 도서관에 있는데, 이 〈세계도〉는 아랍인들의 방식에 따라 남쪽을 지도의 맨 위에, 동쪽을 왼쪽에 배치했다. 그러나 이 지도에서도 잊지 않고 인도의 동쪽 끝에 "열락의 정원Hortus deliciarum"을 두었고, 이곳은 화염의 벽으로 둘러싸여 대지의 다른 지역과 분리되어 있다. 아담과 이브 사이에는 천사가 있다. 정원에서 흘러나온 강은 하나뿐인데, 그것은 갠지스강이다.[69]

이보다 조금 나중에 베네치아인 안드레아 비앙코Andrea Bianco가 제작한 유명한 지도(1436)는 지중해 지역에 대해서는

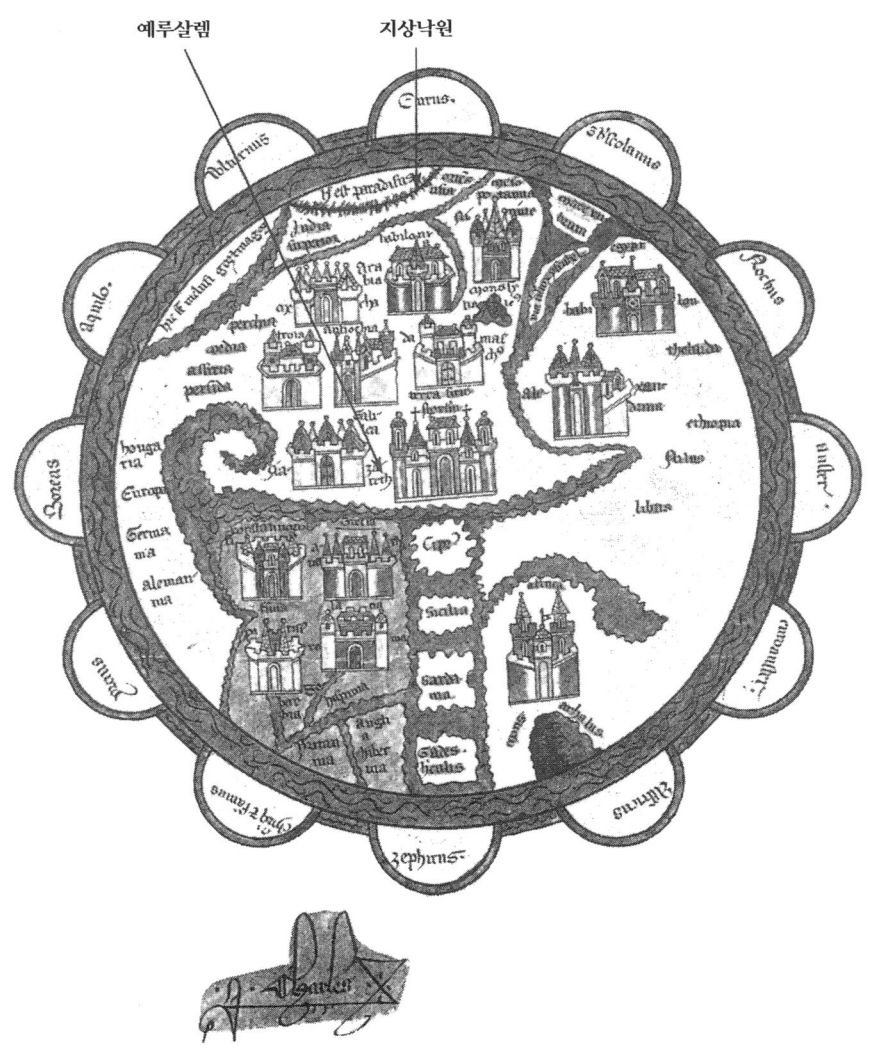

| 지도 9 | 《샤를 5세 시대의 생드니 대연대기》의 세계도에는 에덴동산이 인간 거주지 안쪽에 있고, 화염의 벽으로 둘러싸여 있다. Santarém, *Atlas*, Paris, 1852, planche XXII.

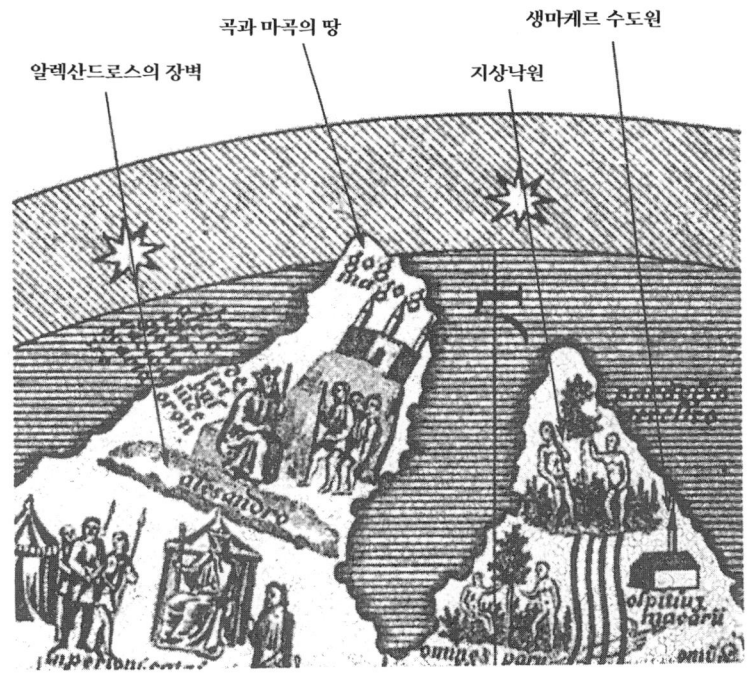

| 지도 10 | 15세기 안드레아 비앙코의 세계지도에서도 맨 위(동쪽)에 낙원이 있고, 여기서 네 개의 강이 흘러나오고, 강 옆에 '성 마카리우스의 숙소'가 있다. Santarém, *Atlas*, Paris, 1852, planche XXXXVIII.

상당히 정확하지만, 아프리카나 아시아에 관해서는 지금 보기에 이상해 보이는 여러 가지 것들을 포함하고 있다. 이 지도는 여전히 동쪽을 지도의 맨 위로 하여 이곳에 낙원을 배치했으며, 이곳에서 네 개의 강이 흘러나온다. 낙원에는 "성 마카리우스의 숙소"가 있는데, 이 숙소는 성 마카리우스|이집트 수도자 마카리오|가 지상낙원에 들어가려다 천사의 칼에 저지당한 장소에 있다(지도 10).[70]

15세기 지도 제작자 중에는 무라노|이탈리아 베네치아 인근 섬| 수도원의 카말돌리회 수도사였던 프라 마우로Fra Mauro가 매우 유명했다. 그가 1459년에 완성한 위대한 〈세계도〉|'프라 마우로 지도'|는 베네치아 당국의 요청을 받아 제작한 것이었다. 고대에 대한 해박한 지식을 갖춘 학자였던 프라 마우로는 아프리카 해안을 따라가고 있는 포르투갈의 항해에 대한 정보를 계속 수집했다. 그리고 유럽과 아프리카 전역을 묘사하는 데 많은 노력을 기울였다. 그는 〈세계도〉에서 남쪽을 맨 위에 배치함으로써 당시 지도 제작의 주류 관습에서 벗어났다. 그러나 "그는 동방의 광활함 속에서 길을 잃었다." 지상낙원에 관해서는 성 아우구스티누스와 베다의 의견을 별다른 의심 없이 받아들여서 에덴 동산을 사람이 사는 지역에서 제외했다.[71]

그럼에도 불구하고 프라 마우로의 〈세계도〉는 전통적인 지리적 사고방식에 의문을 제기한 지도에 속한다. 14세기 초 베네치아의 마리노 사누도Marino Sanudo|the Elder|가 위대한 저서 《십자가 신자들의 비밀의 책Liber secretorum fidelium crucis》을 위해 편찬한 지도에는 여전히 동쪽이 위를 향해 있고, 사람이 거주하는 세계는 바다로 둘러싸여 있으며 그 중심에 예루살렘이 있다. 그러나 이 지도에는 더 이상 지상낙원이 표현되어 있지 않았다. 종국적으로 인더스강이 되는 강에 '기혼Gihon'이라는 이름을 붙였을 뿐이다.[72] 1375년에서 1378년 사이에 제작된 거대한 〈카탈루냐 지도〉에도 지상낙원은 더 이상 포함되지 않았고,

북쪽을 맨 위에 두었다. 지중해와 서유럽 해안은 당시로서는 놀라울 정도로 정확하게 그려져 있다.

이보다 다소 늦은 시기인 1475년 뤼베크|독일|에서 인쇄된《수련 입문Rudimentum novitionum》은 여전히 맨 위에 동쪽을, 중앙에 예루살렘을 배치하여 세계를 표현했다. 맨 위에는 네 개의 강이 흐르는 지상낙원의 섬이 있는데, 에녹과 엘리야가 여전히 살고 있는 폐쇄된 정원으로 표현했다.[73] 익명의 제작자가 펴낸 《역사의 바다Mer des hystoires》도 판을 거듭할 때마다 이와 똑같은 세계도를 실었는데, 이 작품은 앞서 설명한 뤼베크 작품의 변형에 불과했지만 1491~1555년에 리옹과 파리에서 여러 차례 인쇄되었다(지도 11).[74]

지도 제작자들이 세계를 표현하는 방식을 점진적으로 바꾸게 된 데에는 세 가지 주요 요인이 있다. 그중 하나는 프톨레마이오스|고대 로마 시대에 활동한 그리스 학자|의《지리학》|기원후 150년경|의 재발견으로, 15세기 초에 라틴어로 번역되어 1470년경부터 인쇄된 이 책은 인쇄를 거듭할수록 더 많은 지도를 수록했다. 이 지도에는 더 이상 동쪽이 맨 위에 표시되지 않았고, 기독교 역사에 대한 언급도 없었다. 이제 세계는 중세 세계도에서 볼 수 있듯이 예루살렘이나 지중해를 중심으로 하는 장소의 위계질서를 구성하는 원칙에 따르지 않고 위도와 경도의 교차로 둘러싸이게 되었다.[75]

'부활한' 프톨레마이오스의 세속화 영향 외에도 두 가지 요

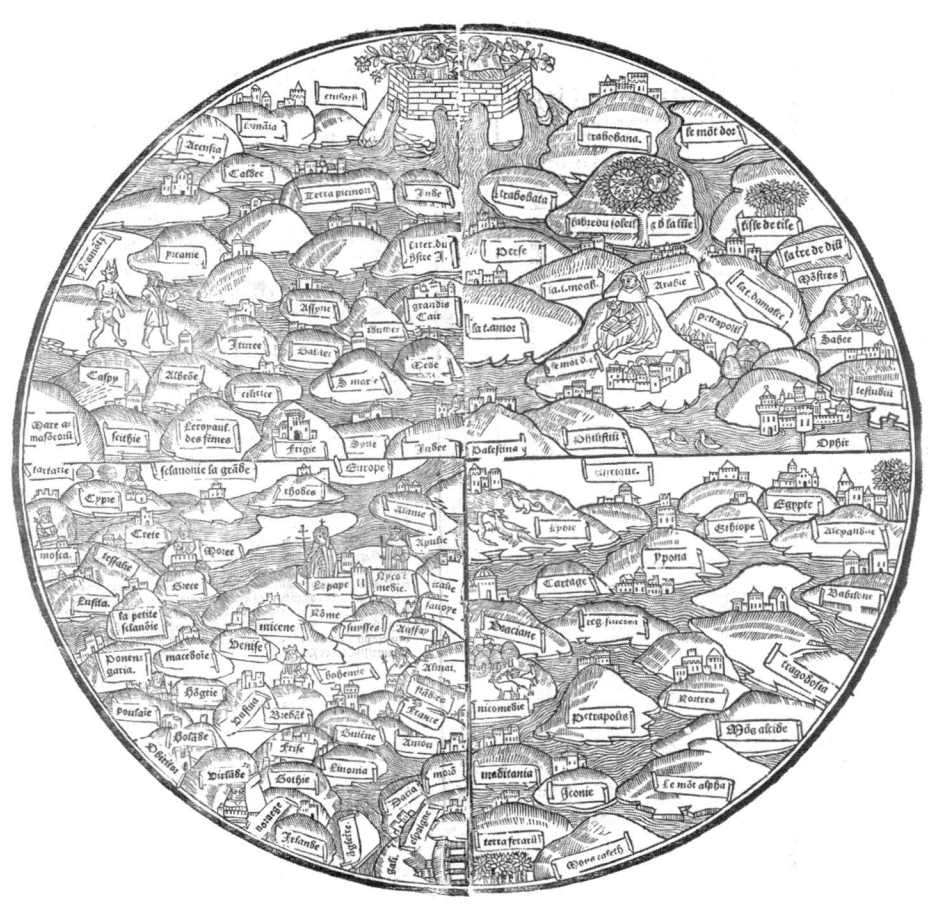

| 지도 11 | 15~16세기 《역사의 바다》에 실린 세계지도. 맨 위에 에녹과 엘리야가 사는 지상낙원이 있고, 중앙부에 교황이 사는 로마가 있다. R.-S. Shirley, *The Mapping of the World*, 1987, planche XXIII.

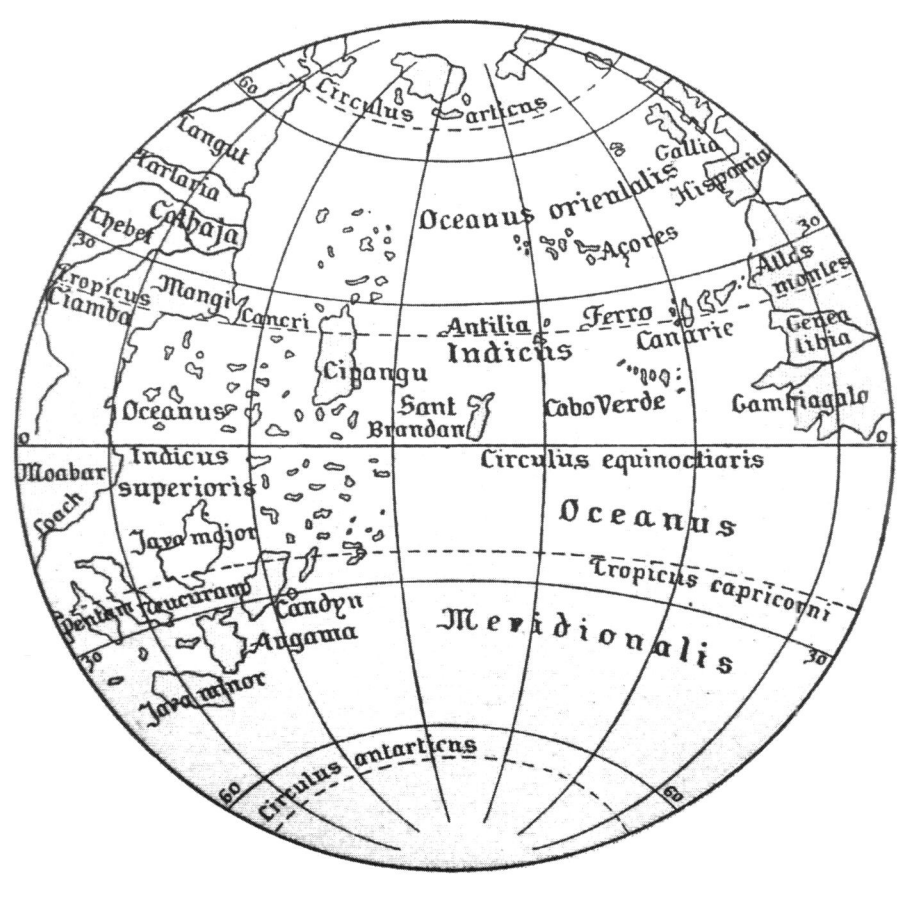

| 지도 12 | 1492년 제작된 마르틴 베하임의 '뉘른베르크 지구본'에는 지상낙원 대신 '성 브렌단 섬'이 중앙에 있다. J. Le Goff, *Le Moyen Age*, planche H.T.

인이 더 있었는데, 바로 해도海圖가 점점 더 정확해졌다는 것과 크리스토퍼 콜럼버스와 마젤란 이전의 많은 여행자들이 가져다준 풍부한 정보였다. 1489년까지 아프리카 해안을 따라 이동한 포르투갈의 항해를 고려했다고 하는 어느 지도는 북쪽을 맨 위에 두고, 예루살렘을 세계의 중심에 두지 않았을 뿐만 아니라 지상낙원에 대한 언급도 없었다.[76] 마르틴 베하임의 유명한 지구본(1492)에 대해 말하자면, 그는 유럽과 지팡구Zipangu|일본의 옛 별칭. 마르코 폴로의 《동방견문록》| 사이에 '성 브렌단 섬'이 있지만 지상낙원에 대한 언급은 생략했다(지도 11). 베하임은 주석에서 아시아에 관해서는 마르코 폴로와 "명예로운 학자이자 기사인 존 맨더빌"이 제공한 정보로 프톨레마이오스의 《지리학》을 보완했다고 확언했다. 앞서 살펴본 것처럼, 맨더빌은 동방에 대한 설명에서 지상낙원에 한 단락을 할애했다. 마르틴 베하임은 이 부분을 생략했는데, 이것은 지리적 발견과 관련된 사람들 사이에서 일어나고 있던 심성의 변화를 드러낸 것이다. 베하임도 포르투갈 선박을 타고 아프리카 해안을 여행한 경험이 있었다.

16세기 이후 지도와 세계도는 대부분 북쪽을 맨 위에 표시하고, 더 이상 지상낙원이 우리 땅 위, 동쪽 어딘가에 여전히 존재한다고 믿도록 만드는 일은 없어졌다(지도 12).[77]

제4장

사제 요한 왕국

Map: Mesopotamia and surrounding regions

거짓의 승리

　　이 지상에 아직 낙원이 있으나 인간의 원죄 때문에 접근할 수 없다는 믿음이 끈질기게 이어져 왔지만, 이와 더불어 이곳에 접근하는 것이 인간이 도달할 수 있는 범위 너머에 있지 않다는 신념도 오랫동안 지속되었다. 또한, 낙원에 가깝게 있기 때문에, 혹은 인간 세상에서 떨어져 있기 때문에, 또는 두 가지 이유 모두 때문에, 에덴동산의 매력과 특권을 그대로 유지하고 있는 축복받은 땅이 있다는 신념 또한 오랫동안 이어졌다. 이런 꿈의 왕국 중 가장 유명한 것이 사제 요한 왕국이다. 이 왕국에 얽힌 전설 | 사제왕 요한 Prester John | 은 12세기 초로 거슬러 올라가며 17세기까지도 살아남았다.

　　12세기 초부터 서방 기독교인들은 십자군을 통한 접촉 덕분에 흑인들의 땅에서 멀지 않은 지역을 통치하는 기독교 군주가 있다는 것을 알게 되었고, 그 군주가 에티오피아 황제일 것이라고 생각했다. '요한John'이라는 이름은 과거에 에티오피아 군주를 가리킨 장Zan이라는 프랑스어 단어를 변형시킨 것은 아닐까? 그리고 사제라는 성격은 이 왕이 즉위할 때 부여된 사제 서품에서 비롯된 것은 아닐까? 학자들은 그렇게 생각한다. 그러나 장Zan이라는 이름은 16세기 이후에나 나타나므로, 오늘날에는 다른 가설이 유력해지고 있으며 곧 이 문제를 다룰 것이다.[1]

　　12세기 후반부터는 이 왕국이 아시아에 있다는 설은 아프

177

리카설에 점차 자리를 내주었다. 여기에는 인도라는 단어에 포함된 지리상의 혼동이 작용했다. 인도는 종종 내內인도(갠지스강 이전)와 외外인도(갠지스강 건너), 그리고 맨 끝 인도India ultima 혹은 이집트 인도로 구분되었다. 아시아 기독교 왕국에 대한 믿음을 강화한 것은 두 가지 전설이었다. 하나는 성 토마스|토마, 도마|가 메디아인, 페르시아인, 파르티아인에게 복음을 전한 뒤 말라바르 해안|인도 남서부|과 코로만델 해안|인도 남동부|에 이르러 이들 지방에 기독교 공동체를 건설하고 이곳(마드라스)|지금 이름은 첸나이|에 묻혔다는 전설이다. 다른 하나는 동방박사 세 사람이 오리엔트의 전설의 땅에서 왔는데, 그 땅이 부유함, 인구, 동식물로 유명한 곳이었다는 전설이다. 그리하여 서양의 상상 세계 속에서 사제 요한은 지상낙원에 가까운 '아시아'의 어느 곳을 다스리는 기독교 왕이라는 모습을 갖게 되었다.

 기독교 공동체(네스토리우스파[2])는 실제 존재했다. 하나는 데칸고원 근처에 있었고, 다른 하나는 중앙아시아에서 중국 국경까지 뻗어 있는 지역에 흩어져 있었다. 이로 인해 서양에는 "요한이라는 총대주교"가 성 토마스의 묘소를 지키고 있다는 설이 오래전부터 퍼져있었고, 그 왕의 이름이 사제 요한이라고 알려짐으로써 전설이 구체화되었다. 실제로 1122년에 '인도 총대주교'가 교황을 방문했다는 작자 미상의 보고서가 나돌았다. 이 서한에 따르면, 총대주교는 자신이 살고 있는 도시를 묘사하여 칼릭스투스 2세의 교황청을 놀라게 했다. 그 도시의 중앙에 비손강이 흐른다. 비손강은 "낙원의 강 중 하나이며, 그곳에는 매우 맑은 물이 흐르고 있어 아주 귀중한 금과 지극히 희귀한 보석을 옮겨 온다. 그 덕분에 인도의 여러 지방은 아주 부유하다." 그곳에는 기독교도들만 산다. 왜냐하면 이단자나 이교도들이 진정한 기독교의 교의를 듣자마자 금세 개종하거나, 그렇지 않으면 그 자리에서 급사하기 때문이다. 호수로 둘러싸인 언덕 위, 마을을 둘러싼 성벽 근처에는 성 토마스에 바친 교회가 서 있다. 넘쳐흐르는 물 때문에 이 언덕에 접근하는 것은 불가능하지만, 성 토마스 축일 전후 8일 동안은 예외이다. 이때에는 호수가 말라붙어 순례자들이 왕래할 수 있다. 이 성소 중에서 가장 성스러운 곳에는 비손강이 날라 온 보석으로 장식되고 훌륭한 세공으로 만든 금은 성합聖盒[성체를 담는 상자]이 있다.³

 이 익명의 서한은 그 과장된 표현 때문에 실소가 나오지만, 적어도 틀림없는 한 가지 사실을 말하고 있다. 랭스의 생르미 수도원장이었던 오동Odon이 작성한 다른 편지에는 "인도의 대주교"가 비잔틴 사절단을 이끌고 1122년에 실제로 로마를 방문했다고 분명히 말하고 있기 때문이다. 마찬가지로 과장을 반복하는 이 편지에서, 오동은 성 토마스의 시신이 잠든 나라의 부유함과 보물에 대해 말하고 있다. 편지는 또 성소가 있는 언덕을 언급하는데, 이 언덕은 큰 강으로 둘러싸여 있고, 그 강이 1년에 한 번 말라 대주교와 신자들의 방문을 가능하게 한다. 이때 사도의 시신이 무덤에서 꺼내져서 대성당 안에 전시된다. 성인은 팔을 들고 손을 벌려 방문자의 공물을 받는다. 그런데 만약 사람들 틈에 이단자가 끼어들면 손을 닫고 제물을 거부한다.[4]

1차 십자군 |1096~1099| 이후 오리엔트에 정착한 서방 기독교인들은 이슬람 세계, 특히 페르시아 군주 앞에서 자신들의 처지가 얼마나 취약한지를 잘 알았다. 그래서 공격적인 이슬람 세력을 무력화시켜 줄, 심지어 뒤에서 공격해 줄 기독교인 왕, 그 왕이 조지아 왕이건 아르메니아의 왕이건, 아니 더 먼 '아시아'의 왕이건, 그 존재를 기대하게 하는 소식이나 정보는 무엇이든 기꺼이 받아들였다. 이러한 희망과 기대가 12세기에 유포된 '인도의 총대주교' 이야기와 결합하여 '사제 요한' 전설을 만들어 냈다.

1141년, 성지에서는 시리아와 메소포타미아 무슬림의 우두머리로 간주되던 페르시아 군주 산자르 |셀주크 왕조의 술탄 아흐마드 산자르| 가 중국에서 쫓겨난 후 아시아의 한구석에서 대제국을 형성하고 있던 카라 키타이 |거란의 요나라가 여진의 금나라에 망한 뒤 세운 서요 西遼| 수장에게 패배했다. |카트완 전투|

십자군이 지배하는 시리아의 주교였던 가발라(비블로스) |레바논 서부의 항구도시| 의 위그 Hugues de Gabala는 이 사건에 관해서 우리의 주의를 끄는 해석을 남겼다. 그의 증언은 독일 황제 콘라트 3세의 이복형제인 역사가 프라이징의 오토 Otto von Freising가 비테르보 |이탈리아| 에서 1145년 기록해 놓았다. 이 기록에 따르면, 왕이면서 동시에 사제인 네스토리우스파 기독교도인 "요한이라는 어떤 사람"이 동방박사의 후손으로서 "페르시아와 아

르메니아 너머 동쪽 끝"에 살고 있는데, 예루살렘 교회를 구하러 오기로 결정했다. 그는 메디아와 페르시아를 정복하고, 에크바탄을 점령했지만, 티그리스강을 건널 수 없었다고 한다.[5] 여기에 처음으로 '사제 요한'이라는 직위와 이름이 등장한다.

그러나 사제 요한이 있었던 곳이 아시아라는 주장이 나왔다고 해서 에티오피아에 있을 것이라는 주장이 중세 시대에 완전히 사라지지는 않았다. 그리하여 우리는 두 가지 기원이라는 난관에 직면하게 되는데, 최근 자클린 피렌Jacqueline Pirenne|프랑스 고고학자|은 중요한 저작을 통해 사제 요한 전설에 두 가지 기원, 즉 네스토리우스파 기원과 에티오피아 기원이 있다는 것을 보여 줌으로써 이 난관을 해결하려고 했다.[6] 그녀의 주장을 요약하면 다음과 같다.

이 주장의 첫 번째 요점은 사제 요한이라는 인물은 에티오피아에 있기 전에 네스토리우스파의 배경에서 처음 구상되었다는 것이다.[7] 이 이야기는 3세기 중엽에서 4세기 말 사이에 네스토리우스파의 본거지인 에데사|시리아 기독교의 중심지로 현재 튀르키예의 샨르우르파|에서 쓰인 성 토마스의 〈사도행전〉에 그 기원을 두고 있다.[8] 이 〈사도행전〉에는 인도의 사도 토마스가 동방박사 중 한 명인 군다포르Gundafor 왕의 목수가 되었다가, 또 다른 인도 왕인 마즈다이Mazdai 왕의 명령으로 처형당했다고 기록되어 있다. 그런데 마즈다이 왕에게는 토마스가 개종시킨 비잔Vizan이라는 이름의 아들이 있었고, 비잔이 사도의 시신을 왕가의

무덤에 묻었다. 토마스는 비잔의 동료인 시푸르Sifur도 개종시켰다. 그 후 비잔은 이름을 요한으로 바꾸고, 또 한 번의 전환이 일어나 왕의 아들 비잔 요한이 사제가 되고, 시푸르가 부사제副司祭가 되었다.

에데사, 중앙아시아, 코로만델 해안의 네스토리우스파 기독교인들 사이에서 '사제 요한'은 단순한 명예 칭호를 넘어, 어떤 기능을 의미했다. 즉, '성 토마스의 기독교인들'의 정신적·세속적 지도자로서 비잔 요한이 맡은 후계자의 직무를 지칭했다. 이는 네스토리우스파 기독교인들의 관점에서 보면, 이 칭호를 받을 권리가 여러 사람에게 있었다는 것을 의미한다.[9]

여전히 설명이 필요한 부분은, 네스토리우스파의 영역에서 그렇게나 멀리 떨어진 에티오피아에 사제 요한이 존재할 수 있었느냐는 것이다. 여기서 우리는 중세 사람들이 생각했던 세 개의 인도라는 지리적 단위를 상기할 필요가 있다. | 중세 유럽인들은 '인도'가 소인도, 대인도, 제3인도 이렇게 세 지역으로 이루어져 있다고 생각했다. 정확히 일치하지는 않으나, 소인도는 오늘날의 아프가니스탄과 파키스탄, 대인도는 인도, 그리고 제3인도는 에티오피아를 중심으로 한 동아프리카를 지칭한다. | 게다가 인도와 에티오피아는 해상교통으로 연결되어 있었기 때문에, 인도 사람들은 에티오피아 황제의 존재를 알 수 있었다. 따라서 인도의 네스토리우스파 사람들의 눈에는 그 황제들 중 한 명이 '사제 요한'이라는 이름에 걸맞은 인물로 보였을 것이라고 가정할 수 있다. 자클린 피렌에 따르면, 1170년부터 1173년까지 통치했고, 즉위

전에 사제 서품을 받았다고 전해지는 에티오피아 황제 임라 크리스토스Yimrha Cristos가 그 경우였다. 이 황제는 성스러움으로 명성이 자자했다.

게다가 십자군|1099년에 1차 십자군|이 예루살렘을 점령함으로써 에티오피아 사람들이 성지를 방문할 수 있게 되었다. 중요한 세부 사항이 있다. 임라 크리스토스가 속한 왕조의 수도는 로하Roha라는 이름으로 알려져 있는데, 이것은 에데사를 시리아어로 발음한 것이다. 에티오피아와 팔레스타인의 관계는 살라딘 1세가 예루살렘을 점령한 이후인 1189년에도 |이집트와 시리아의 술탄으로 아이유브 왕조를 세운 살라딘은 십자군을 번번이 격퇴하고 예루살렘 왕국을 함락시켜, 3차 십자군전쟁에서 잉글랜드의 리처드 1세와 맞붙는다.| 올리브산|예루살렘 동쪽에 있는 감람산| 위에 에티오피아인 거주지를 만든 것은 살라딘이었다. 지금까지 살펴본 정보를 종합하면, 아크레의 성 요한Saint-Jean-d'Acre 지역의 주교 자크 드 비트리Jacques de Vitry가 1217~1221년에 쓴 글에서 사제 요한 왕국을 아시아와 동부 아프리카에 동시에 위치시켰는데,[10] 당시에는 아프리카를 아시아의 일부로 여겼던 것으로 설명될 수 있다.

그러나 책이 출판되기 전에 부주의한 운전자의 과실로 사망한 자클린 피렌의 유작에서 가장 새로운 부분은 사제 요한의 편지에 관한 것이다. 독일의 석학 프리드리히 차른케Friedrich Zarncke는 1879년부터 1883년 사이에 출간한 기념비적인 대작에서, 사제 요한이 비잔티움 황제 마누엘 1세 콤네누스에게 보

낸 것으로 알려진 편지를 편찬했는데, 그것은 1165년경에 쓰인 것으로 보이는, 당시까지는 이 편지의 가장 오래된 판본이었다. 1170년 콘스탄티노플 |비잔티움→콘스탄티노플→이스탄불|에 파견된 마인츠 대주교 크리스티안이 프리드리히 '바르바로사'Friedrich Barbarossa|신성로마제국의 황제 '붉은 수염' 프리드리히 1세|가 읽을 수 있도록 이 편지를 라틴어로 번역한 것으로 보인다. 차른케는 이 '가짜 편지'의 작성자가 동방에 있던 서방 기독교 성직자일 것이라고 보았다. 그리고 이 라틴어 서신을 모델로 다른 서신들이 만들어져 각각 프랑스 왕과 교황, 황제에게 보내졌다고 생각했다. 차른케는 1백 가지에 가까운 라틴어 '번역' 필사본을 대조하여 이 편지의 첫 번째 판본을 확정하려고 노력했다.

그러나 후속 연구가 이어지며 차른케의 역사적 재구성 노력은 무위로 돌아갔다. 첫째, 계통이 다른 라틴어 사본이 발견되었다.[11] 둘째, 프랑스어 판본에 의존한 이 사본이 대주교 크리스티안이 번역했다고 하는 라틴어 판본에 의존하고 있음이 밝혀졌다.[12]

무엇보다도, 1888년부터 이 편지의 히브리어 판본들에 대한 관심이 집중되기 시작했다. 이 판본들은 1982년에 두 명의 연구자에 의해 세 권의 책으로 출판되었다.[13] 의심할 바 없이 이 판본들은 편지의 로망스어(프랑스어, 이탈리아어, 프로방스어) 판본에 매우 가깝다. 동시에, 로망스어 판본과는 구별되는 진정한 독자성을 보여 주기도 한다. 이를 바탕으로 자클린 피렌은 선행

연구를 뛰어넘는 가설을 만들어 냈다. 먼저, 그리스어에서 라틴어로 소위 번역되었다고 하는 하나의 원본 편지가 있어서 여기서 다양한 판본이 파생되어 나온 것이 아니라 애초에 네 개의 편지가 존재했다. 즉, 비잔티움 황제, 프랑스 왕, 신성로마제국 황제, 교황에게 각각 보낸 네 개의 편지. 둘째, 내용 분석에 따르면, 이 편지들은 각기 다른 특징이 있지만 한 사람이 쓴 것으로 보인다. 이 인물은 "교양 있는 유대인으로서, 유대인 공동체에 대한 정보를 얻고자 동쪽으로 여행한 것으로 보이는데, 이와 동시에 인도와의 무역이라든가 네스토리우스파에 대한 정보도 얻었을 것으로 보인다."[14] 편지의 히브리어 버전을 통해 편지 작성자가 《엘다드 르 다니트의 책 Livre d'Eldad le Danite》|9세기 유대인 무역업자이자 여행가. 그의 여행기는 유대인의 여러 공동체에 대한 이야기다.|을 잘 알고, 상당한 규모의 유대인 공동체가 있던 도시 사마르칸트의 주교를 알았음을 알 수 있다. 이 인물은 프로방스 출신으로 추정된다. 왜냐하면 프로방스어 단어가 히브리어에 섞여 있기 때문이다. 그는 교양 있는 유대인이었고, 기독교에 대해 관용적인 정신을 가지고 있었던 것으로 보인다.[15]

따라서 이 복잡한 문제와 관련된 현재의 논점은 다음과 같다. 이 네 개의 편지에는 단 한 명의 작성자가 있었을 것이다. 그는 원전을 히브리어로 썼지만, (혼자서 혹은 친구와 함께) 네 가지 번역본을 만들었을 것이다. 즉, 사제 요한이 프랑스 왕과 신성로마제국 황제를 위해서는 프랑스어로, 마누엘 콤네누스를 위해서는 라틴어로(그리고 "조악한 헬레니즘 문체"로), 그리고 교황을 위해서는 이탈리아어로 번역시킨 것처럼 보이도록 만들었을 것이다. 이 서한들은 내용 면에서 부분적으로 다르다. 이는 네 가지 편지가 각각 수신자에게 맞는 형태로 조정되었다는 사실을 보면 알 수 있다. 특히 라틴어판은 다른 세 편과 차이가 있다.

다른 세 편은 라틴어판에 비해 내용이 더 풍부하고, 어조도 더 진지하다. 따라서 이 세 편은 "마땅히 가져야 할 본래의 모습을 부각시킴으로써 은연중에 정치적·사회적 비판을 하는 것"[16]처럼 보인다. "이 시대에 유럽의 권력자들에 보낸 사제 요한의 편지는 대립, 야망, 배신, 골육상쟁, 전쟁, 학살, 민중의 불행으로 점철된 기독교 세계에서 벗어나기를 촉구하는 운동이었으며, 편지 자체가 진정한 기독교 왕국을 환기시킴으로써 은연중에 전복적인 성격이 있었다. 마인츠 대주교는 이를 '인도의 신기한 것들'을 서술한 대중적인 글로 바꾸어 놓았다. 그 당시 인도는 거만하고 반감을 불러일으키는 동방의 군주가 통치하는 왕국으로 여겨지고 있었다. 결국 '위조문서'를 만든 것은 이 대주교였다."[17]

그런데 이와 같은 배경 설명을 고려할 때 우리가 주목해야 할 점은, 마인츠 대주교의 라틴어판이 다른 세 편과 달리 엄청난 성공을 거두었다는 점이다. 중세에는 이 서신의 진위에 이의를 제기하는 사람은 아무도 없었다. 차른케는 93개 사본의 존재를 확인했다. 이 책은 대부분의 유럽 언어로 번역되었고, 중세의 정신세계에 깊고 지속적인 영향을 끼쳤다. 이 점은 지금 우리가 다루고 있는 주제에도 중요한 의미가 있다.

차른케가 재구성한 가장 오래된 라틴어 문서에는 다음과 같이 적혀 있다.[18] "나 사제 요한은 만왕萬王의 군주dominus dominantium이며, 부와 덕과 권력에서 온 세상의 왕들을 능가한다. 72명의 왕이 나에게 조공을 바친다. 나는 독실한 기독교 신자이며, 내 자비의 힘 아래 있는 불쌍한 신도들은 어디에 있든 내가 보호하고, 자선을 베풀어 구제한다. 〔…〕 나는 세 개의 인도를 관대함으로 다스린다. 나의 영토는 성 토마스가 잠들어 있는 외인도에서 바벨탑 근처의 바빌로니아 사막까지 뻗어 있다." 뒤이어 이 경이로운 나라에 사는 생물과 주민들이 열거된다. 코끼리, 낙타, 하마, 악어, 표범, 호랑이, 흰 사자와 붉은 사자, 백곰, 울지 않는 매미, 그리폰griffon(괴조), 야만인, 뿔 달린 인간, 반인반수(목신牧神), 난쟁이, 개인간cynocephale, 외눈 거인, '불사조라고 불리는 새'가 등장한다.

젖과 꿀이 흐르는 이 땅을 지상의 낙원에서 흘러오는 강이 가로지른다. 이 강은 에메랄드, 사파이어, 토파즈, 베릴|녹주석|, 자수정, 기타 보석들을 가져온다. 특히 후추를 많이 생산하는 숲이 있다. 이 숲은 올림포스산 기슭에 있다. 이 산에서 한줄기 물이 흘러나와 지상낙원 근처를 지나는데, 그 물의 향기가 모든 향신료에 향을 더한다. 만약 공복에 이 물을 세 번 마시면 더 이상 병에 걸리지 않고 마치 서른두 살인 듯 평생을 살 수 있다. 사

제 요한이 계속해서 말하기를 "내 땅의 장점 중 하나는 물이 없는 모래 바다이다. 그곳에서는 바다처럼 모래가 정말 움직이고 파도처럼 출렁거린다." 이 신기한 바다는 결코 가만히 있지 않는다. 인간은 그곳을 건널 수 없기 때문에 그 너머에 무엇이 있는지 아무도 모른다. 그러나 그 해안에서는 매우 맛있는 다양한 종류의 물고기가 있다.

좀 더 뒷부분에서 사제 요한은 이렇게 단언한다. "나는 모든 외국의 손님과 순례자들을 너그럽게 받아들인다. 내 땅에는 가난한 사람이 없다. 도둑질, 위선, 탐욕, 불화도 없다." 이곳에는 거짓말도 없다. "내 나라에는 어떤 악덕도 퍼지지 않는다." 전투에 임할 때는 금과 보석으로 장식된 열세 개의 큰 십자가를 앞세운다. 각 십자가 뒤에는 1만 명의 병사와 10만 명의 보병이 따른다. 이 사제 군주의 궁전은 썩지 않는 나무로 만든 천장과 들보로 덮여 있다. 건물의 꼭대기에는 두 개의 황금사과가 있고, 각각의 사과 위에는 수정이 올려져 있다. 이렇게 해서 금은 낮에 빛나고, 수정은 밤에 빛난다. 궁중 식사에 사용되는 식탁은 일부는 금으로, 다른 것들은 자수정으로 만들어져 있다. 식탁을 떠받치는 다리는 상아로 만들어졌다.

매일 3만 명이 궁전에서 점심을 먹는다. 그중에는 왕이 7명, 공작이 62명, 백작이 365명, 대주교가 12명, 주교가 20명, 그리고 '성 토마스 총대주교'가 포함된다. 이 궁전에 있는 왕의 방은 금과 보석으로 장식되어 있다. 향기로운 수지樹脂가 끊임없이

타오른다. 침대는 정절을 상징하는 사파이어로 만들어져 있다. "나에게는 매우 아름다운 아내들이 있다. 그러나 그들은 1년에 네 번만 내 곁에 올 뿐이고, 그것도 아이를 낳기 위해서만 온다. 그리고 다윗에 의해 밧세바가 신성하게 되었던 것처럼|이스라엘 왕국의 다윗 왕이 전쟁터에 나간 부하 장군 우리야의 아내 밧세바를 취해 결국 솔로몬을 낳았다.|, 그들은 나에 의해 신성하게 되어서 각자 자기 집으로 들어간다." 궁전의 지붕은 마치 하늘과 같다. 반짝이는 사파이어와 토파즈가 별처럼 흩뿌려져 있기 때문이다. 바닥은 석영으로 깔려 있다. 내벽을 따라 상단이 좁아지는 50개의 기둥이 솟아 있다. 그리고 원기둥은 각각 손잡이가 양쪽에 달린 항아리 모양의 큰 석류석을 받치고 있다. 궁전에는 창문이 없는데, 이는 이 보석들이 태양처럼 빛을 발하기 때문이다.

왕궁 앞에는 광장이 있는데, 이곳에서 사법 결투가 벌어진다. 한참 높은 곳에 거울이 있는데, 그곳에 가려면 보석으로 만든 125개의 계단을 올라야 한다. 거울은 신기한 건축물의 꼭대기에 있다. 그 건축물 아래에는 하나의 기둥과 받침대가 있고, 이 기둥 위에 또 다른 받침대가 있고 그 위에 두 개의 기둥이 있다. 위로 올라갈수록 4, 8, 16, 32, 64개의 원기둥이 되고, 그 이후부터는 다시 기둥의 수가 줄어든다. 이 거울은 왕국과 인접한 지방에서 일어나는 '우리에게 좋은 일과 나쁜 일' 모두를 볼 수 있게 한다. 이 거울을 1만 2천 명의 병사들이 밤낮을 가리지 않고 지킨다. 사제 요한의 편지는 다음과 같은 오만한 발언으로

마무리된다. "내 땅은 한쪽으로는 거의 4개월 동안 걸어야 하며, 다른 쪽으로는 아무도 알 수 없는 거리까지 뻗어 있다. 만약 하늘의 별과 바다의 모래를 셀 수 있는 사람이면 내 왕국과 내 힘의 크기를 가늠할 수 있을 것이다."

이 편지를 통해 12세기 서양 지식인들이 동양에 대해 품었던 상상의 세계를 재구성하는 것은 어렵지 않다. 서양 지식인들은 이슬람을 뒤에서 공격할 기독교 군대, 지상낙원에 가까운 광활한 왕국, 젊음의 샘, 넘쳐나는 후추와 보석, 무수한 기괴한 동물, '모래로 되어 있지만' 물고기가 많은 바다 등을 알 수 없는 이 먼 나라에 뒤섞어 놓았다. 사제 요한은 덕 이외에는 존재할 여지가 없는 제국에서 갑부Kroisos│갑부로 유명한 리디아의 왕 크로이소스│이면서 동시에 성인이다.

앞서 자크 드 비트리가 사제 요한 왕국의 위치에 대해 혼란스러웠다고 지적했다. 1217년 그는 다음과 같이 썼다. "얼마 전에 어느 상인이 나에게 전해 주기를, 사제 요한 왕국 주민들은 네스토리우스파를 버리고 야고보파가 되었다고 전해 주었다."[19] 이것은 분명 에티오피아의 단성론자들에 대한 언급임이 분명하다.│네스토리우스파는 예수 안에 신성과 인성이 분리되어 존재한다고 믿고, 야고보파는 두 가지가 구별되지만 연합된 단일성을 갖는다고 주장한다.│ 그러나 바로 그 자크 드 비트리가 1220년의 편지에서는 "인도 대부분의 지역에 사는 기독교인들은 네스토리우스파이며 사제 요한이라고 불리는 매우 강력한 왕의 신하"[20]라고 했다. 이번에는 아시아에 대해서만 언급했다. 사제 요한 왕국이 아시아에 있다는 설은 1221년 〈다윗의 보고서Relatio de Davide〉라는 문헌이 이집트 항구도시 다미에타에 전해지면서 바로 그 13세기 일사분기에 폭발적으로 증가했다. 이 '보고서'는 요한 왕의 후손으로 네스토리우스 교도인 다윗 왕이 이슬람교도들에게 여러 차례 승리를 거뒀다고 전했다. 이 보고서의 여러 축약판이 나오면서 이 다윗을 사제 요한의 아들로 만들기도 하고, 더 단순하게 다윗의 이름을 요한으로 바꾸기도 했다.

다윗의 것으로 여겨지는 승리는 사실 중국 침략을 완수한 칭기즈칸(1227년 사망)이 페르시아와 투르키스탄에서 이룬 정복을 반영한 것이었다. 1240~1241년에 몽골인들은 유럽의 중심부인 크라코ㅣ이탈리아 남부ㅣ와 헝가리까지 침략하여 진출했다. 고황과 서양의 군주들은 처음에는 두려움에 떨었지만, 그 이후에는 몽골과 우호적인 관계를 맺고 심지어 개종시키려고까지 했으며, 몽골을 이용해 이슬람을 뒤에서 공격하려는 평소와 다름없는 속셈도 품었다. 이를 위해 파견된 특사들은 사제 요한 왕국에 대해서도 조사해야 했다. 그러나 여기에 대해서는 그다지 흥미롭지 않은 정보가 퍼지기 시작했다.

7차 십자군(1248~1254)에 대한 이야기에서 역사가인 장 드 주앵빌은 "타타르인"ㅣ러시아와 동유럽 등지에 살던 튀르키예계ㅣ이 사제 요한에게 반란을 일으켜 그를 살해했다고 전했다.[21] 1253년 뱅상 드 보베는 《역사의 거울》에서 "사제 요한은 한때 인도의 황제이자 '타타르인'이 조공을 바치던 군주였다. 그러나 칭기즈칸 시대에 타타르인들이 반란을 일으켜 요한의 아들 다윗을 공격하여 그와 그의 가족을 죽였다. 딸 하나만 살아남았는데, 그 딸은 칭기즈칸의 아내가 되어 몇 명의 아들을 낳았다."고 단언했다.[22] 마지막으로 도미니코회 수도사 캉탱프레의 토마Thomas de Cantimpre(1263년 사망)는 프랑스의 루이 9세가 "타타르인의 왕"의 어머니가 기독교 신자임을 알게 되자 그 왕에게 사자를 보냈다고 한다.[23]

실제로 1245년 리옹 공의회는 프란체스코회 수도사 조반니 다 피안 델 카르피니Giovanni da Pian del Carpini를 몽골에 파견했고, 조반니는 1246~1247년까지 그곳에 머물렀다. 루이 9세는 1253~1254년 또 다른 프란체스코회 수도사 기욤 드 뤼브룩Guilaume de Rubrouck을 특사 임무를 맡겨 파견했다.

13세기와 14세기 초에 극동으로 가는 길에 올라 몽골제국을 방문했던 수많은 서양 여행가들, 특히 기욤 드 뤼브룩이라든가 1255~1295년에 몽골을 다녀온 폴로 가문의 사람들, 그리고 1290~1330년에 다녀온 오도리코 다 포르데노네 등 서양 여행가들은 사제 요한 왕국의 존재에 의문을 제기하지는 않았지만 그 신화를 축소해서 보았다. 기욤 드 뤼브룩은 카라코룸|1235~1267년 몽골제국의 수도|까지 갔다. 이르티시강과 오브강의 상류 유역인 나이만족의 땅에 도착한 그는 다음과 같이 말했다.

고지대 가운데 어느 평야에 한 명의 네스토리우스파 신도가 있었다. 그는 막강한 권력을 가진 사제로서 나이만이라는 족속을 다스리고 있었는데, 그 족속 역시 네스토리우스파 기독교인들이었다. 코이르Coir칸이 죽자 이 네스토리우스파 지도자는 스스로 왕을 자처했다. 신도들은 그를 요한 왕이라 부르며 왕에 대해 실제보다 열 배는 더 과장하여 이야기했다. 이 지방 출신 네스토리우스 신도들은 이런 식으로 아무것도 아닌 것을 가지고 엄청난 소문을 만들어 낸다. 나는 요한 왕의 평원 지대를 지나갔지만, 그를 아는 사람은 몇몇 네스토리우스파 신도들 외에는 아무도 없었다.[24]

"실제보다 열 배는 더 과장하여 이야기한다"는 소문에 대해서 어느 누구도 이보다 더 조심스럽고 의심스러울 수는 없다.

마르코 폴로는 사제 요한에 대해 두 가지 정보를 제공한다. 첫 번째 이야기에서 마르코 폴로는 사제 요한과 그의 신하 칭기즈칸의 싸움에 대한 이야기를 사실로 간주한다. 전투는 기독교 군주의 패배와 죽음, 그리고 정복당한 자의 딸과 승자의 결혼으로 마무리되었다.[25] 뒤이어 황허 만곡부 북쪽에 있는 "티엔떠天德라는 큰 지방"에 관해 설명하는 장에서 사제 요한 왕국에 대해 설명하는데, 여기서는 요한의 옛 위대함을 강조한다.

그곳에서 출발하면 티엔떠에 이르게 된다. 동쪽에 위치한

지방으로 많은 도시와 마을이 있다. 이 지방은 세상에 널리 알려진 위대한 왕, 라틴인들이 사제 요한이라고 이름 붙인 왕이 살고자 했던 지방 중 하나이다. 그러나 지금은 대칸의 것이다. 왜냐하면 사제 요한의 후손들이 모두 대칸의 노예가 되었기 때문이다. 중심 도시도 티엔떠라고 불린다. 그래도 이 지방의 왕은 사제 요한 가문의 사람으로서 여전히 사제 요한이라고 칭한다. 현재의 왕은 이 나라의 모든 기독교인 주민이 그렇듯이 기독교 사제이다. 그러나 그의 이름은 조르지이며, 주민 대다수는 기독교인이다. 그는 대칸을 위해 이 땅을 다스리는데, 사제 요한이 소유했던 모든 지역이 아니라 그중 일부만 다스리고 있다. 〔…〕. 이 지방에서는 청색 안료를 만들 수 있는 돌〔즉, 청금석lapis-lazuli〕이 생산되는데, 양도 많고 질도 뛰어나며 사람들이 그것을 능숙하게 가공할 줄 안다. 낙타 털로 짠 여러 가지 색의 질 좋은 캐믈릿|낙타 털로 만든 고급 모직물| 역시 이 지역의 특산품이다. 주민들의 생업은 목축과 농업이지만, 대규모 상업을 하기도 하고 약간의 수공업도 한다. 이곳은 대칸에 예속되어 있지만, 왕이 기독교인이기 때문에 지배권은 기독교인에게 있다.[26]

요컨대, 마르코 폴로가 확언했듯이, 극동의 땅에는 확실히 네스토리우스파로 볼 수 있는 기독교 지역이 존재하지만 몽골 군주의 통치 아래에 있다. 비교적 풍요로운 땅이긴 해도 낙원과는 거리가 멀다. 프리울리 출신의 프란체스코회 수도사 오도리코 다 포르데노네 역시 냉정함을 유지하며 다음과 같이 적고 있다. "나는 사제 요한의 땅에 왔다. 이곳은 펜테수아르Penthexoire 섬이라고 불린다. 이곳이 풍요로운 땅이고 고귀한 나라라고 하지만 그 소문은 백 분의 일도 진실이 아니다."[27] 오도리코는 이 땅을 일명 '프레스티카네prsticane'라고 불렀는데, 베이징에서 서쪽으로 50일 거리 떨어진 곳에 있다고 했다. 1289년 중국으로 파견되어 북경 주교가 된 조반니 다 몬테코르비노Giovanni da Montecorvino가 쓴 편지에도 사제 요한에 대한 이야기가 나온다. 그는 투르크족인 옹고트족의 족장 조르주 왕을 네스토리우스파에서 가톨릭 신앙으로 개종시켰는데, 스스로 "인도의 사제 요한이라 불리는 위대한 왕"[28]의 후손을 개종시켰다고 믿었다.

극동을 방문한 일부 서양인들의 상대적으로 신중한 진술에도 불구하고, 당시 서양에는 다양한 전설적 전승이 혼합된 이야기들이 널리 퍼져 있었다. 후자를 보여 주는 예로 14세기 말에 편찬된 가르멜회 수도사 힐데스하임의 요하네스Johannes von Hildesheim의 《세 왕의 업적De gestis trium regum》이 있다. 백 년 후까지도 큰 명성을 떨칠 정도로 성공한 이 작품에서, 사제 요한은 동방박사의 후계자로 묘사된다. 요한의 아들 다윗은 네스토리우스파의 편에 서서 "타타르인"에 대항하다가 패배하고 죽임을 당한다. 그러나 타타르인 족장은 꿈에 동방박사의 충고를 받아 사제 요한과 동맹을 맺고, 두 군주 중 한 명의 아들은 반드시 다른 쪽 군주의 딸을 아내로 삼게 되었다.[29]

14세기 프랑스에서도 〈사제 요한의 땅에서 온 소식〉이라는 글이 유포되었는데, 그 내용은 진위를 판별할 수 없는 1165년의 라틴어 편지와 큰 줄기가 일치한다. 사제 요한은 여기서 "이 세상에 있는 것 중 가장 고귀하고 존엄한 왕관, 그리고 금, 은, 보석"을 소유하고 있으며, "지극히 강대하고 선한 42명의 기독교인 왕"을 거느리고 있다고 말한다. 그의 나라에는 "이 세상에서 가장 아름답고 가장 견고한 대도시 오론데Orronde가 있다." "또한, 나처럼 많은 보물을 가진 기독교인 왕은 단 한 명도 없다는 것을 알아야 한다. (…) 마찬가지로, 나의 땅에는 생명의 나무가 있고 거기서 성유聖油가 나온다. (…) 이 나무는 지상낙원에서 하루 거리에 있으며 (…) 성유는 성 토마스 총대주교에게 가져가서 성스럽게 만든다. 이 성화된 성유로 우리 모두는 세례를 받는다."

사제 요한의 궁전은 다음과 같이 묘사된다. "내벽은 수정으로, 위쪽은 보석으로 덮여 있고, 안쪽은 하늘처럼 별이 흩뿌려져 있다. 바닥에는 수정이 깔려 있다. 그리고 이 궁전 안에는 창문도 문도 없다. 그 안에는 4,200개의 기둥이 있는데, 각 기둥은 금, 은, 기타 모든 종류의 보석으로 만들어져 있다." 사제 요한이 말하기를, 자신의 왕국에서는 가난한 사람들은 자선으로 지원받고, 자신의 땅에는 "빨강, 초록, 검정, 파랑색의 사자", "황소와 말을 둥지로 가지고 가는 그리폰이라고 불리는 새", "불의 색깔"을 가지고 "면도칼 같은 날카로운 날개"를 가진 새, 100살에 죽었다가 재 속에서 다시 살아나는 "세상에서 가장 아름다운 불사조Fenix" 등이 살고 있다고 말한다.

사제 요한은 이렇게 단언한다. "내 땅에는 빵, 포도주, 고기, 그리고 사람들이 먹을 수 있는 모든 것이 풍부하다. 〔…〕 또한, 선천적으로 독을 가진 동물은 단 한 마리도 들어올 수 없다." 후추는 씨를 뿌리지 않아도 자라고, 신기한 샘이 있어서 "공복에 이 물을 세 번 마시면 30년 동안 병에 걸리지 않을 것이다. 이 물을 마시면 세상에서 가장 좋은 음식과 향신료를 먹은 것 같은 기분이 들 것이다. 왜냐하면 이 물은 하느님과 성령의 은혜로 가득 차 있기 때문이다. 그리고 이 샘에서 목욕하는 사람은 비록 200살, 천 살이 되었더라도 서른 살의 모습으로 돌아갈 것이다." 사제 요한의 제국은 여기서 다시 한 번 최고의 덕이 지배하는 환상의 나라이자 전설의 지역으로 그려진다. 이곳에 "도둑"은 없다. "아무도 감히 음행의 죄를 범하려 하지 않는데, 이는 곧 불에 타거나 화형에 처해질 것이기 때문이다. 〔…〕 그다음으로 〔…〕 아무도 거짓말을 하지 않는다. 〔…〕 왜냐하면 죽거나 교수형에 처해지기 때문이다."[30] 이렇게 해서 요한 왕과 그의 제국은 권력과 덕을 갖추고 있다.

14세기에 고귀한 도시와 수많은 큰 섬을 가진 기독교 인도 왕국을 가장 환상적으로 묘사한 것은 《맨더빌 여행기》(30, 31, 32장)이다.[31] 맨더빌은 다음과 같이 썼다. "인도는 낙원에서 발원한 많은 강이 흐르기 때문에 많은 섬으로 이루어져 있다." 군주는 많은 왕과 섬, 그리고 여러 민족을 거느리고 있다. 이 땅은 풍요롭지만 대칸의 국토만큼 풍요롭지는 않다. 이 문서에서 유일한 유보적 문장인데, 이는 사제 요한의 섬이 가지고 있는 특성으로 설명된다. 요한의 섬은 접근하기 어렵다. 그 이유는 섬 주변 바다에 자성을 띤 바위가 산재하여 배를 구성하는 모든 철물을 끌어당겨 배를 부서지게 만들기 때문이다. 사제 요한 황제는 "항상 대칸의 딸을 아내로 삼고, 대칸은 사제 요한의 딸을 아내로 삼는다." 이처럼 두 군주는 세상에서 가장 강력한 군주였다.

사제 요한은 "62개 지방을 지배하고 있고, 각 지방에는 각각의 왕이 있으며, 이 왕들은 모두 그에게 예속되어 조공을 바친다." 그의 나라에는 신기한 것들도 많다. 그중 하나는 "물 한 방울 없는 모래 바다"이다. 그럼에도 이 바다에는 "큰 파도"가 일고, 다른 바다와 마찬가지로 맛있는 물고기가 있다. 그러나 어떤 배도 이 바다를 건널 수 없다. "바다 한가운데에 큰 산이 있고, 거기서 보석이 흐르는 큰 강이 있고, 그 강은 지상낙원이다."

강 너머 사막 쪽에 평원이 있고, 거기에는 아침에 싹을 틔우고 정오까지 자라는 나무가 있다. 이 나무는 열매를 맺지만 아무도 그것을 먹으려 하지 않는다. 왜냐하면 열매에는 마법이 걸려 있기 때문이다. 이 나무들은 오후가 되면 점점 작아지고, 해가 지면 다시 땅속으로 돌아간다. 사막에는 보기만 해도 무시무시한 뿔 달린 야만인들, 야생 개, 그리고 사막을 지나는 사람들과 대화하는 앵무새도 많이 살고 있다.

사제 요한은 전투를 위해 군대를 정렬할 때, 대열 앞에 군기를 세우지 않는다. 대신 순금과 보석으로 만든 열세 개의 십자가를 세운다. 각각의 십자가는 화려하게 장식된 마차에 안치되고, 이를 지키기 위해 만 명의 기병과 10만 명의 보병이 본대와 별도로 배치된다.

군주는 대부분 부세Busse에 거주하는데, 궁전은 우리가 할 수 있는 모든 상상을 초월할 정도로 호화롭다. 궁궐의 주요 문은 붉은 줄무늬이고, 문 가장자리는 상아로 되어 있다. 큰방과 침실 창문은 수정이다. 식탁은 어떤 것은 에메랄드, 어떤 것은 자수정, 다른 것은 황금이나 보석으로 치장되어 있다. 왕좌의 일곱 계단은 각각 줄무늬마노onyx, 수정, 녹색 벽옥碧玉jaspe, 자수정, 갈색 옥수玉髓sardoine, 홍색 옥수cornaline, 황옥黃玉chrysolite으로 만들어졌으며, 각각 순금, 보석, 동양 진주로 장식되어 있다. 침실 기둥도 순금으로 만들어졌으며, 붉은 보석이 박혀 있어 밤이 되면 찬란한 빛을 발산한다. 향료가 가득 담긴 크리스탈 용기에서는 향기로운 향이 퍼져 황제 주변의 탁한 기운을 몰아낸다. 그의 침대는 금과 사파이어로 만들어져 편안한 잠을 보장하고 사악한 기운을 쫓아낸다. 왜냐하면 그는 1년에 네 번만 아내와 동침하고, 그것도 아이를 낳기 위한 목적이다.

사제 요한은 항상 열두 명의 왕비를 거느리고 있다. 이 열두 왕비에게는 각각 72명의 공작과 370명의 백작이 수행한다. 또한, 궁중에는 12명의 대주교와 20명의 주교가 상주하며, "성 토마스 성당의 총대주교가 여기서는 교황과 같다. 대주교, 주교, 수도원장은 이 나라에서 모두 왕이다." 사제 요한 왕국은 넓이가 4개월 거리에, 길이는 측정할 수 없을 만큼 길다. 그 풍요로움은 헤아릴 수 없고, 그 엄청난 양의 보석에 대해 이야기하는 것도 불가능하다. 주민들 대부분은 신앙심이 깊고 도덕적인 사람들이다. 사제들은 그리스교회ㅣ동방정교회ㅣ 방식으로 미사를 집전하고 빵을 성화ㅣ축성하여 성체로 만듦ㅣ한다. 그들의 전례는 라틴 전례보다 간결하다. 그들은 성 토마스와 사도들의 가르침을 굳건히 지키고 있기 때문이다. "우리에게는 교황이 미사에 덧붙인 것이 몇 가지 있는데, 이것은 그들이 전혀 모르는 것들이다."[32]

 이상의 내용이 아시아 기독교 국가의 특징으로서, 그곳에는 신기한 창조물, 우주의 풍요로움, 기독교 신앙, 그리고 인척인 대칸과 어깨를 나란히 하는 강력한 군주가 함께 존재한다. 진위를 판별할 수 없는 1165년의 라틴어 편지에서 이야기된 주요 주제가 그 후 200년 동안 계속되면서 이 주제를 더욱 확장시킨 것을 다른 어떤 작품보다 잘 보여 주는 것이 맨더빌의 작품이다.

사제 요한 왕국 근처에 있는 아시아

 맨더빌이 사제 요한의 나라와 그 부속 지역에 대한

설명에 할애한 장에는 여러 섬에 대한 기록이 덧붙여져 있다. 이 섬들은 어떤 의미에서는 일반적으로 섬으로 그려지는 르네상스의 이상향을 말하고 있다. 실제로 브라진Bragine(또는 브라그메이Bragmey)이라는 섬에서는 섬 주민들이 "바르게" 살았고, 그들 중에는 살인자도 매춘부도 없었다고 한다. 그들은 매일 금식하고 성직자처럼 순결하다. 그로 인해 그들은 폭풍도, 뇌우도, 역병도, 굶주림도 알지 못한다. 그들에게는 모든 것이 공유물이며, 재산을 중시하지 않는다. 주민들은 대개 병이 아니라 늙어서 죽는다. 그들은 만물의 창조주인 신을 믿으며 숭배한다.[33]

각각 옥시드라테Oxidrate, 기노소페Gynosophe라는 이름의 다른 두 섬에도 "선한 믿음"을 가진 사람들이 나체 상태로 살고 있다. 그들은 기독교의 〈사도신경〉|기독교 교리를 요약한 신앙고백| 조항을 알지 못한다. 그러나 그들은 자연종교를 실천하기 때문에, 하느님은 그들을 사랑하고 축복을 내려 주신다. 구세주 탄생 4천 년 전에 그들은 육체화肉體化를 예고하는 예언자들을 알고 있었다. 그러나 그들은 육체화하신 하느님이 우리를 위해 고난을 당하시고 죽으셨다는 것을 알지 못한다.[34]

이처럼 사제 요한과 아시아의 경이로운 나라들에 대한 전설을 수집한 맨더빌은 당시 사람들이 상상할 수 있는 낙원의 모든 면모를 생생하게 재현했다. 여기에는 권력, 부, 음악, 향수, 젊음의 샘이 있고, 저기에는 절제, 재산 공유, 질병과 재앙으로부터의 해방이 있었다. 또한, 이쪽은 호화스러움, 저쪽은 순결한 나체, 그리고 어디든 정직한 삶의 태도가 있고, 비록 교리를 갖추지는 않았지만 마음속 깊이 살아 있는 종교가 있었다.

아시아의 낙원은 경건한 군주 사제 요한과 관련이 없으면 가끔 문제가 되기도 한다. "부유한 자", 좀 더 쉽게는 "산山 노인" 이야기는 맨더빌만 얘기한 것은 아니다.[35] 이 이야기는 오도리코와 마르코 폴로도 전한다. 그들의 이야기에 따르면, 노인은 하나의 산을 성벽으로 둘러싸고, 오도리코가 단언하듯 "찾을 수 있는 최고의 미녀들과 인간의 몸에 쾌락을 가져다줄 수 있는 모든 것을 그 노인이 그곳에 준비해 놓고 그 땅을 천국이라고 부른다."[36] 활기찬 젊은이들은 틀림없이 이런 낙원의 입장 희망자이다. 노인은 그들을 맞이해 모종의 즐거움을 맛보게 한다. 그런 다음 그들을 잠들게 한 뒤 낙원 밖으로 데리고 나가게 한다. 잠에서 깨어난 그들을 불러낸 노인은 이놈 저놈을 죽이지 않으면 "낙원"으로 돌아갈 수 없다고 말한다. 무서운 노인은 이렇게 자신에게 도움이 될 자객, 일명 "암살자Assassins"를 항상 주변에 배치하고 있다.

마르코 폴로 역시 1256년 몽골 칸이 전멸시킨 한 종파를 낭만적으로 그린 "암살자asesins" 우두머리에 대한 비슷한 이야기를 전한다. 오드리코에 비해 폴로는 노인의 정원, 그곳에 있는 네 개의 강(포도주, 우유, 꿀, 물이 나오는 강)과 황금으로 장식된 궁전을 묘사하는 데 더 집중한다.[37]

그곳에는 절세 미녀들이 살고 있었다. 그녀들은 그 누구보다 모든 악기를 잘 연주할 수 있고, 노래도 아름답게 불렀다. 분수 주변에서 멋지게 춤을 출 수 있을 뿐만 아니라, 남자를 상대로 상상할 수 있는 모든 애무 방법과 매력을 보여 주는 훈련을 받고 있었다. 그녀들의 임무는 그곳에 들어온 청년들에게 일탈과 쾌락을 주는 것이었다. 그곳에는 무수한 의복, 침구, 음식, 욕망을 자극하는 모든 것이 있었다.[38]

"산 노인"의 거짓 낙원은 히에로니무스 보스의 가짜 "지상의 쾌락"에 갇힌 "정원"을 보여 준다.

다시 한 번 말하지만, 정원이라는 주제는 처음에는 중동, 그 다음에는 서양에서 낙원이라는 꿈의 핵심이었다. 우선 물이 귀하고 풍경이 사막처럼 보일 수밖에 없는 나라에서 상상된 것이기 때문이다. 아랍인과 페르시아인들은 정원에 대해 진정한 열정이 있었다. 그것은 열매가 풍성하게 맺히고 맑고 깨끗한 물이 흐르는 현실의 정원을 떠올리게 하는가 하면,[39] 어떤 때에는 가상의 정원을 떠올리게 하는 《천일야화》를 보면 알 수 있다. 알라딘은 테라스를 내려가다가 본 적 없는 나무를 발견했다. 수정처럼 하얀 나무, 루비처럼 붉은 나무, 에메랄드처럼 초록색 나무, 터키석처럼 푸른 나무, 자수정 같은 보라색 나무 등이 그것이다.[40] 코란은 하느님을 경외하는 자들이 있는 저세상에는 가까운 곳에 있어 쉽게 채취할 수 있는 "정원과 포도밭", "맛있는 과일", "강이 흐르는" 에덴동산의 "매력적인 거주지" 등이 있을 것이라고 약속한다. "그들은 가시 없는 연꽃나무, 위에서 아래까지 열매가 가득 맺힌 바나나 나무, 흐르는 강물 옆으로 풍부한 열매가 열리는 나무들이 끝없이 펼쳐진 나무 그늘 아래에서 살 것이다."[41]

신기한 것들에 대한 관심과 환상적인 정원의 매력은 서양의 여행가와 연대기 작가들에게 아직 자연이 원초적인 풍요로움을 간직하고 있는 곳이 저 너머 어딘가에 존재할 것이라는 믿음을 주었다. 1323년경 기록을 남긴 요르다누스 카탈라 드 세베락Jourdain de Séverac은 세일란섬에 대해 거의 에덴동산을 떠올리게 하는 묘사를 하고 있다.[42] 맨더빌은 나무들이 "1년에 일곱 번" 열매를 맺는 이집트의 정원, 그리고 "낙원의 사과"[43]라고 불리는 맛있는 "사과"를 떠올리며 즐거워한다.

먼 나라—서양인의 경우에는 외국—에서는 어떤 일이든지 일어날 수 있으며, 이에 대해 여행자가 느끼는 놀라움은 자신이 목격하거나 다른 사람에게서 들은 놀라운 현상을 과장하기 마련이다. 마르코 폴로에 따르면, 마다가스카르는 엄청나게 부유하다. 그곳에는 상아, 백단, 비단, 황금 등이 풍부하고, 서식하는 동물의 종류도 매우 다양하다.[44] 그는 마다가스카르에는 가지 않았다. 그러나 대칸의 궁전으로 안내받았을 때, 그 궁전이 몽환적인 거주지처럼 느껴졌다.

방과 침실 벽 안쪽은 모두 은과 금으로 덮여 있다. 그 안에는 사자, 용을 비롯한 다양한 새와 짐승, 부인과 기사들의 아름다운 이야기, 그리고 다른 많은 것들, 전쟁 이야기 등이 훌륭하게 그려져 있다. 〔…〕 침실의 수는 4백 개에 달하며, 그 수는 상상을 초월한다. 〔…〕 외부에서 본 지붕은 진홍색, 녹색, 하늘색, 파란 공작색, 노란색 등 모든 색으로 칠해져 있었고, 칠이 잘 되어 있어서 수정처럼 반짝반짝 빛나며, 멀리서도 사방으로 빛나는 것이 보인다.[45]

클로드 카플러Claude Kappler는 이 부분을 인용하면서[46] 《천일야화》에서 중국 공주 바두르가 사는 신기한 궁전에 대한 묘사와 비교했는데, 이는 매우 그럴듯한 해석이다. 즉, "첫 번째 궁전은 수정 암석, 〔…〕 여섯 번째 궁전은 은, 일곱 번째 궁전은 거대한 금로 만들어졌다. 한 번도 들어 본 적 없는 호화로움으로 장식되어 있다."[47]

그러나 저 먼 이국은 불안한 것과 기괴한 것의 영역일 수도 있다. 최고의 것과 최악의 것이 공생하는, 모든 것이 과잉인 지역인 것이다. 맨더빌은 다음과 같이 말한다. "사제 요한의 땅과 섬과 사막을 넘어 동쪽으로 가면, 산과 큰 바위, 암흑의 나라 외에는 아무것도 없으며, 그곳에서는 밤이건 낮이건 아무것도 보이지 않는다고 지역 주민들은 증언한다. 이런 사막과 어둠이 해안을 따라 지상낙원까지 이어져 있다."[48]

또한 이미 보았듯이, 어떤 형태로든 사제 요한에 속해 있는 그 몽환적인 섬들 주변에는 이상한 나라가 존재한다. 그곳에는 "악마들이 가득하고 〔…〕 지옥의 입구라고 불리는" 4마일 길이의 "위험한 계곡"이 있다. 물론 이 "마법에 걸린" 계곡에는 금과 은이 풍부하지만, 무엇보다도 "보기만 해도 끔찍한" 악마의 상반신이 있는데, "〔…〕 그것은 금방이라도 인간을 잡아먹을 듯이 날카로운 눈빛으로 인간을 노려보고 있다. 그 눈은 빠르게 움직이고 불꽃처럼 빛나고 〔…〕 그리고 그 모습은 누구도 완전히 볼 수 없으며, 불길과 연기와 함께 어느 누구도 참을 수 없는 악취를 풍긴다."[49]

맨더빌과 그의 동료들은 이 협곡에 들어가기 전에 함께 있던 프란체스코회 수도사들에게 고해성사를 하고 성찬식을 받았다. 물론 우리는 이것이 상상의 여행이라는 것을 알고 있다. 그렇지만 성찬식은 "천 번도 넘게 공격을 받는" 어둠의 세계에서는 빼놓을 수 없는 필수품이다.

계곡에는 수많은 악마가 돌아다니고 우리의 다리 사이를 뛰어다니며 우리를 땅에 넘어뜨렸다. 그리고 우리는 천둥과 번개와 폭풍우에 맞서서 마치 쇠로 만든 회초리로 등을 맞는 듯했다. 또한 발밑에는 많은 시체들이 있었는데, 우리가 밟고 지나갈 때마다 울부짖었다. 정말 참고 듣기 어려웠다. 그래서 나는 확신했지만, 만약 미리 성찬식 Corpus Domini | 라틴어로 '주님의 몸' | 을

하지 않았더라면 우리도 이 계곡에 모두 남겨져 죽었을 것이라고 확신했다.

맨더빌과 그 동료들은 몇 번이나 얻어맞고 넘어져 "마치 죽은 것처럼 기절해 버렸고, 이처럼 기절한 상태에서 말로 형언할 수 없는 기적을 수도 없이 보았다."

맨더빌의 이야기는 꾸며 낸 것이라고 치더라도, 오도리코 역시 지옥의 계곡을 지났다고 한다. 그는 지옥이라는 단어로 표현하지는 않았지만, '보이지 않는 적들'에 의해 악기 소리가 스음으로 변하는 음악의 사막이라고 했다. 현지 사람들에 따르면 "그곳에 들어간 사람은 아무도 나올 수 없다"고 오도리코는 전한다.[50] 그럼에도 그는 그곳을 통과하여, 맨더빌과 마찬가지로 무수한 시체를 발견한다. 그리고 "돌로 만들어진 산 중턱에서 아주 무섭고 아주 못생긴 인간의 얼굴"을 본다. 오도리코는 공포에 질려서 죽는 줄 알고 이렇게 외쳤다. "말씀이 사람이 되었다."[51] 마침내 오도리코는 이 사막에서 "대량의 황금과 은"을 발견한다. 그러나 그는 그것을 손에 넣으려는 유혹에 넘어가지 않으려 한다. "나는 얼마를 주머니에 넣었지만 결국 아무것도 가져가지 않고 그곳을 떠났다."

이것은 도입부의 성격을 가진 이야기로서, 이러한 의례적 이야기는 당시 이국 여행기에서는 필수적이었다. 이 도입부 이야기가 여기서는 실제 경험과 결합되어 있다. 마르코 폴로는 롭l현

재 신장 위구르 자치구 지역|. 사막을 통과하면서 이 지역을 그런대로 상세히 묘사했지만, 그럼에도 신기한 것을 경험했다고 이야기한다. 즉, 사람들의 이름을 불러서 길을 잃게 만드는 목소리를 들었다는 것이다. 심지어 낮에도 "여러 가지 악기 소리, 특히 북소리를 들었다"[52]고 한다. 다른 여행자들도 중앙아시아에 소리를 내는 사막이 존재한다고 기록했다. 이러한 경험은 익숙한 풍경에서 멀리 떨어진 지역에서 서양인들이 놀란 정도에 따라 그 해석도 과장된다.

다소간의 신비를 품은 아시아, 지상낙원과 사제 요한의 왕국에 가까운 아시아에서는 실제로 신비로운 일이 일어나고 최고와 최악이 공존한다. 모든 것이 가능한 곳. 서양인에게 인도는 신기한 지역이었다. 그곳에서는 소인족이 학鶴과 싸우고, 거인족이 불사조와 싸운다. 개 얼굴을 한 인간도 있는데, 이들은 으르렁거리며 짖는다. 머리가 없지만 배에 눈이 있는 사람도 있고, 등을 대고 누워서 단 한 개의 큰 발로 햇빛을 막아 몸을 보호하는 사람도 있다.[53] 맨더빌에 따르면, 타프로바네(실론섬)에는 거대한 식인 개미가 "매우 신기하게도" 황금산을 지키고, "불순물과 순금을 가려내어 능숙하게 정련한다."[54] 피에르 다이의 서술에서는 이 개미가 불사조와 용으로 바뀐다.[55] 《자연사의 비밀Secret de l'hisoire naturalle》이라는 15세기 작품에서, 타프로바네는 "이 세상에서 가장 큰 달팽이가 자라고 […] 주민들은 그 고기를 먹고 산다. 그리고 이 나라 사람들은 이 달팽이의 살을 먹고 산다. 이 달팽이의 껍질이 너무나 커서 이 나라의 남자와 여자들이 이곳에 살 정도이며, 그렇기 때문에 다른 형태의 주택은 없다."[56]

아시아의 어느 구석에 매혹적이면서도 불안감을 일으키는 저주받은 족속인 곡Gog과 마곡족Magog이 산다고 해도 놀랄 일이 아니다.|천 년이 끝나면 사탄은 자기가 갇혔던 감옥에서 풀려 나와서 온 땅에 널려 있는 나라들, 곧 곡과 마곡을 찾아가 현혹시키고 그들을 불러모아 전쟁을 일으킬 것입니다.(묵, 20:7-8)| 이 족속은 사제 요한 왕국이 중세 지도에 등장하기도 전에 중세 최초의 지리서라고 할 수 있는 위그 드 생빅토르(12세기 전반)의《세계지도 설명》에 나온다.[57] 그들의 섬은 아시아 북쪽에 있는데 아마존족의 지역 맞은편이다.[58] 시간이 흐르면서 이 섬은 사제 요한 왕국과 떼려야 뗄 수 없는 것이 되었다. 그들이 사는 지역은 섬으로 나타나든 대륙으로 묘사되든 사제 요한 왕국과는 부정적인 짝을 이루게 되었다. 더 일반화해서 말하자면, 12~14세기 서양인들이 일반적으로 받아들인 아시아 지리학은 기독교 세계 너머에 이슬람 세계가 있고, 그곳 너머 매우 혼란한 곳에 아마존족의 땅, 곡과 마곡의 땅, 사제 요한 왕국이 있으며, 가장 먼 곳에 있는 높은 산꼭대기에 마침내 지상의 낙원이 있었다.

〈요한의 묵시록〉(묵, 20:7)에서 세상의 종말에 쇄도할 것이라고 하는 "불경한" 족속인 곡과 마곡족은 알렉산드로스 왕의 요청으로, 혹은 그의 행위로 높은 장벽 뒤에 갇혀 있다. 그들은 종종 황금소를 숭배했다는 이유로 이와 유사한 처벌을 받은 이스라엘의 10지파ㅣ야곱의 열두 아들이 12지파를 이루었으나, 솔로몬 왕 사후 북쪽의 10지파가 북이스라엘을, 남쪽의 유대와 베냐민 지파가 남유다 왕국을 세웠다. 10지파는 멸망 후 역사에서 사라졌다.ㅣ와 동일시되기도 했다.[59] 중세 시대에는 사제 요한이 곡과 마곡 족속이 갇혀 있는 땅을 떠나지 못하도록 파수꾼 역할을 한다는 믿음이 널리 퍼져 있었다. 마리노 사누도가 그린 세계지도(1320년경)에는 "곡과 마곡 족속의 성벽"으로 둘러싸인 장벽 뒤에 있는 반도에 "타타르인들"이 있는 것으로 표시되어 있고, 바로 근처에 '사제 요한의 하下 인도India inferior presbiteri Johannis'가 있다(지도 12).[60] 안드레아 비앙코의 세계도에는 곡과 마곡, 알렉산드로스산이 언급되어 있다(지도 13). 1447년 제노바의 〈세계도〉에는 갠지스강이 발원하는 산맥에 여러 개의 탑이 그려져 있는데, 이 탑들은 저주받은 족속이 갇혀 있는 자연의 벽을 열지 못하도록 사제 요한이 세운 것이라고 한다.[61]

옛날에는 이 족속들이 카스피해의 문 혹은 알렉산드로스 문 너머에 위치했다. 그래서 자크 드 비트리는 카스피 산맥ㅣ흑해와 카스피해 사이의 캅카스 산맥ㅣ을 그루지야ㅣ지금의 조지아ㅣ 지방에 있는 것으로 보고 "그곳은 갇힌 열 개 지파가 적그리스도ㅣ그리스도를 사칭하는 악의 화신ㅣ의 도래를 기다리는 곳"[62]이라고 했다. 그러나 마찬가지로 곡과 마곡의 존재를 믿었던 무슬림들은 사악한 족속이 사는 곳을 동쪽 끝에 두는 경향이 있었다. 서양인들이 그렇게 생각하게 된 데에는 아마도 이슬람의 영향이 있었을 것이다. 뱅

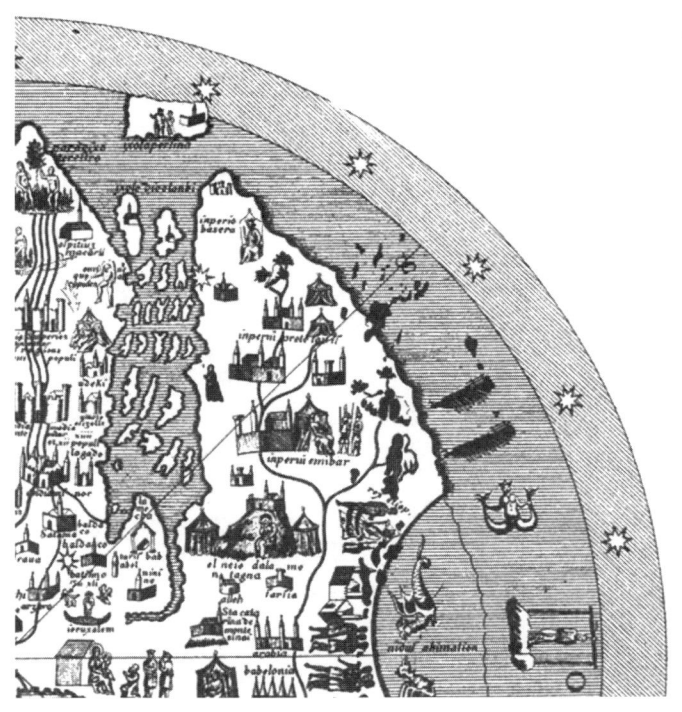

| 지도 13 | 15세기 안드레아 비앙코의 세계지도 세부. 곡과 마곡, 사제 요한 왕국이 그려져 있다.
Santarém, *Atlas*, Paris, 1852, planche XXXVIII.

상 드 보베는 1241년 몽골 침입 당시 서양인들이 느꼈던 공포를 반영하여, 시몽 드 생캉탱Simon de Saint-Quentin|1245년 교황 이노센트 4세가 몽골에 파견한 사절단의 일원|을 인용해 "샴"(칸)의 다양한 이름에 대해 다음과 같이 설명한다. "그의 이름 '퀴네Cuyné'와 '곡Gog'은 그들의 언어로는 같은 이름이다. 왜냐하면 여호와께서 선지자 에제키엘을 통해 곡과 마곡의 도래를 예고하셨고〔에제키엘서

211

38장, 39장) 그들의 손에 우리가 파멸과 황폐화를 맞게 될 것이라고 겁을 주었기 때문이다. 또한, 타타르인들은 스스로를 '몽골Mongoles' 혹은 '몽골Mongols'이라고 부른다. 이 '곡 샴Gog Cham'의 마음은 인류를 멸망시키기 위해 불타오르며, 마치 불태워 없애 버릴 준비가 되어 있는 뜨거운 용광로와 같다"⁶³고 했다. 이리하여 '타타르Tatar'는 (지옥과 관련된) '타타르Tartare'가 되었고, '몽골Mongol'은 '마곡Magog'이 되었다. 적그리스도를 기다리는 족속은 바로 극동에 살고 있었던 것이다.

아시아에서 아프리카로

중세 말기의 많은 '세계도'는 사제 요한의 왕국을 변함없이 아시아에 위치시키고 있는데, 특히 잘 알려진 것은 사누도의 〈세계도〉, 1447년 제노바의 〈세계도〉와 1492년에 제작된 마르틴 베하임의 유명한 지구본이 있다. 1475년 독일 뤼벡에서 출판된 《수련자 입문Rudimentum novitiorum》이나 1491년 리옹에서 출판된 작자 미상의 《역사의 바다》와 같은 대중적 작품도 비슷한 곳에 위치시켰다. 16세기 초에 고메스 데 산티스테반Gomez de Santisteban이 쓴 카스티야 이야기도 이러한 전설적 전통을 따르고 있는데, 이 이야기는 항해왕 엔히크Henrique의 형제인 포르투갈의 돈 페드로 왕자의 "세계의 일곱 지역" 여행에 대

한 것이다.⁶⁴

돈 페드로와 그의 동료들은 "지상낙원에서 흘러나오는 비손강"을 건너고, "카파도키아 마을의 위대한 무라드"에 경의를 표하고, 거인이 사는 나라를 방문하고, 인도로 들어간 다음, 마침내 사제 요한 왕국의 수도인 알베스Alves에 도착한다. 그곳은 "세계에서 가장 살기 좋고, 가장 고귀한 도시"다. 인구 90만 명의 이 도시는 성벽으로 둘러싸여 있을 뿐만 아니라, 요새화된 성벽 안쪽에는 거리와 같은 수인 600여 개의 내부 성벽이 있다. 그래서 이 거리에서 저 거리로 마음대로 이동할 수 없다. 그 대신에 수많은 지하도로가 존재한다. 이 구조는 무슬림의 포위를 무력화하고자 계획된 것이다.

사제 요한을 알현하려면 열세 명의 경비병에게 인사를 해야 한다. 그중 열두 명은 주교, 마지막 한 명은 대주교로 보인다. 식탁에서 사제 요한은 열네 명의 왕에게 둘러싸여 있고, 별도로 일곱 명의 왕이 시중을 든다. 왕의 식당은 매우 호화롭다. 벽은 파란색으로 되어 있고, 천장은 황금색 타일로 만들어져 있다. 바닥은 모두 보석으로, 식탁의 표면은 모두 다이아몬드로 장식되어 있다. 사제 요한이 식사하는 동안 그의 앞에는 항상 네 개의 항아리가 놓여 있다. 첫 번째 항아리에는 죽은 자의 머리, 두 번째 항아리에는 흙("너는 먼지라는 것을 잊지 말라"), 세 번째 항아리에는 연기("지옥을 조심하라"), 그리고 네 번째 항아리에는 티그리스와 유프라테스강 사이의 지역에서 가져온 과일이 있는

데 그 과일은 어떤 방식으로 잘라도 안에 십자가 모양이 있다.

사제 요한의 왕국에서는 사제들이 아내와 자식을 두고 있다. 그러나 일단 아내를 잃으면 재혼할 수 없으며, 이는 사제 아내의 경우도 마찬가지다. 사제들은 "가라, 너를 보내노라Ite missa est"라는 말로 미사를 시작하고, "고백합니다confiteor"라는 말로 미사를 끝낸다. 신자들은 2주마다 한 번씩 고해성사가 의무화되어 있다. 이곳의 성직자는 주군을 엄격하게 따르는데, 왜냐하면 그들은 일시적인 사례금만 받기 때문이다. 또한, 그들은 탈것이나 운반수단으로 동물을 사용할 수 없고, 금·은·구리·철로 만든 물건을 착용할 수 없다. 에디시아Edicia라고도 불리는 알베스 시에는 성 토마스의 시신이 있다. 사도 토마스가 주님의 옆구리를 만진 손과 팔은 마치 살아 있는 것처럼 생생하게 보인다. 성 토마스 축일 전날 오래전에 잘라 낸 포도나무 가지를 시신의 손에 놓으면, 거기서 덩굴과 포도송이가 자라나고 이를 가지고 왕의 미사용 포도주를 만든다. 사제 요한은 1년에 세 번만 미사를 집전한다. 성 토마스 축일, 성체성사 축일, 그리고 8월 15일이다.

돈 페드로의 여행기에는 왕자 일행이 사제 요한 왕국의 수도에 도달하기 전에 인도의 산속에서 "자연적으로 태어나지 않은 인종"인 폰스Ponces라는 종족을 발견했다고 한다. 이들은 "세상에서 가장 가톨릭에 충실한 기독교인들"이다. 그들은 다리가 하나밖에 없고, 그 다리를 절대로 구부리지 않는다. 발도 하나이다. 그리고 몸의 중앙에 생식기가 붙어 있다. 그 발은 말발굽처럼 생겼고, 길이와 폭 모두 손바닥 두 개 길이다.

돈 페드로 일행은 서양으로 돌아가기 전에 지상낙원에 가고 싶었다. 그러자 왕이 그들에게 길잡이와 낙타를 주었다. 일행은 사막 한가운데를 17일 동안이나 갔지만, 올바른 방향을 알려주는 길을 찾지 못했다. 마침내 일행은 산이 보이는 곳에 도착했다. 사제 요한의 부하는 더 이상 가지 않는 것이 좋겠다고 충고했다. 그래서 그들은 "지상낙원에서 흘러나오는 네 개의 강인 티그리스, 유프라테스, 기혼, 비손강을 향해 길을 잡았다. 티그리스강에는 올리브와 사이프러스 가지, 유프라테스강에는 종려나무와 은매화 나뭇가지, 기혼강에는 알로에라고 불리는 나뭇가지가 떠다니고, 비손강에는 앵무새가 둥지를 틀고 있다. 온 세상이 이 강들에서 물을 공급받고, 다른 모든 강들도 이 강들에서 유래한다"고 했다. 돈 페드로 일행은 이 탐험을 마치고 사제 요한 왕국으로 돌아와 그의 곁에서 30일을 더 머문 뒤 떠나게 해 달라고 청했다. 그러자 왕은 그들에게 금화 9천 개와 "서양 사람들에게 보내는" 편지 한 통을 주었다.[65]

여기까지가 16세기 초 사제 요한 전설에 투영된 아시아 이야기인데, 여기에는 라틴(가톨릭) 세계의 성직자에 대한 일종의 불신이 담겨 있다. 인도 기독교 왕국의 성직자는 독신 생활을 강요받지 않고, 재산을 갖지 않는다고 기록되어 있다. 사제 요한 전설에서 익숙한 요소가 이 환상 여행기에서도 발견된다. 즉, 이상한 종족과 물건, 생활 관습의 엄격함과 결부된 엄청난 풍요로움, 사제왕의 수도에 있는 성 토마스의 무덤, 왕국 주변에 존재하는 특이한 인종, 가까이 있지만 갈 수 없는 에덴동산 등이 그것이다. 에덴동산은 그곳에서 흘러나오는 강에 의해, 그리고 그 강 중 하나가 화려한 색채를 가지고 말을 할 줄 아는 낙원의 새인 앵무새의 둥지를 운반해 온다는 사실로 인해 그 존재가 입증된다. 이 문헌을 특별히 주목하는 이유는, 고메스 데 산티스테반의 이 작품이 16세기 초에 출판된 이래 110개 판본 이상 출판되었고, 그중 59개 판본이 카스티야어로 출판되었기 때문이다.

그러나 중세 말과 16세기 초, 전설 속 기독교 왕국은 종종 아프리카에 있는 것으로 여겨졌다. 아프리카 소재설은 단 한 번도 완전히 포기된 적이 없었고, 결과적으로 여러 가지 요인으로 인해 다시 지지를 얻게 되었다. 다시 한 번 기억해 보자면, 당시의 지리학은 종종 '제3의 인도'를 아프리카에 위치시켰는데, 여기에는 아비시니아ㅣ에티오피아의 옛 이름으로, 그 일대 지역ㅣ와 에티오피아가 포함되었고, 때로는 떨어져 있기도 하고 합쳐져 있기도 했다. 다른 한편, 십자군의 공격이 14세기부터 쇠퇴하기 시작하면서 이집트의 이슬람 지도자들은 더 이상 서구 기독교와 아프리카 기독교가 동맹을 맺지 않을까 두려워하지 않게 되었다. 그리하여 그들은 가톨릭 사절단이 아비시니아와 누비아ㅣ아프리카 동북부 지역ㅣ로 가는 것을 막지 않았다.[66]

1323년경 세베락의 요르다누스ㅣ주르댕ㅣ는 《신기한 것에 관한 서술Mirabilia descripta》에서 "제3의 인도" 주민들은 "당신들이 말하는 사제 요한이라는 에티오피아 황제"에 대해 말했다고 썼다.[67] 1328년 이집트를 방문한 아일랜드 프란체스코회 수도사는 70일 동안 나일강을 항해한 끝에 "사제 요한이 거주하는 상上인도"에 도착했다.[68] 이듬해 교황 요한 22세는 아비시니아의 군주에게 편지를 보내면서, 누비아의 수도 동골라Dongola에 임시 주교를 임명했다. 1338년부터 1353년까지 동방에 파견된 교황 특사였던 조반니 마리뇰리는 돌아와서 "기온"[기온강]이 에티오피아 땅을 둘러싸고 있는데, "그곳에는 흑인들이 살고 있고 그곳을 사제 요한의 땅이라고 부른다"고 말했다.[69] 1350년경, 어떤 스페인 출신 프란체스코회 수도사가 쓴《모든 왕국에 대한 지식의 책Libro del conoscimiento de todo los regnos》에서는 사제 요한을 "누비아와 에티오피아의 총대주교"라고 했다. 15세기에는 아비시니아 대사들이 여러 차례 서방, 특히 베니스, 로마, 아라곤 왕의 궁정을 방문했다.

그리하여 사제 요한 왕국이 아프리카에 있다는 생각은 지도 제작에 반영되었지만, 지도 제작자에 따라 상상력에 편차가 있었다. 프랑스의 샤를 5세가 1375~1378년에 당대 최고의 명성을 누렸던 카탈루냐의 천문학자에게 의뢰해서 만든 유명한 지도책은 6개의 판으로 이루어져 있는데, 그중 하나에 "누비아의 기독교인은 에티오피아 황제의 통치하에 있는데 에티오피아는 사제 요한의 나라이다"라고 표시되어 있다.[70] 베네치아인 안드레아 비앙코의 세계도(1430)는 "사제 요한 왕국"을 아프리카의 동

| 지도 14 | 프라 마우로의 세계지도 세부. 아프리카의 아비시니아(에티오피아) 지역에 사제 요한 왕국이 넓게 자리하고 있다. Istituto poligafico dello Stato, Rome, 1854, carte X.

쪽 끝에 위치시켰는데, 이 아프리카는 극도로 동쪽으로 뻗어 "중앙아시아" 및 "상아시아"와 평행해 있다. 다만, 섬들이 산재한 만에 의해 아시아와 분리되어 있다(지도 13).[71] 베네치아의 다른 지도인 프라 마우로Fra Mauro 지도(1459)는 아비시니아 지역에 있는 사제 요한 왕국에 아프리카의 넓은 지역을 할당했다(지도 14). 지도의 설명문에 따르면, 이 왕국의 군주는 "120여 개의 왕국"을 거느리고 있으며, "그의 권세는 그 누구도 따를 수 없을 정도로 강대하다"고 되어 있다. 그 권력의 증거는, 그가 전투에 나갈 때 백만 명의 군인과 함께 나가는데, 이 사람들은 악어 가죽을 두르는 것 외에는 벌거벗은 채로 전장에 나간다.[72]

1452년에 제작된 〈전 세계Orbis terrarum〉는 바티칸 박물관에 소장되어 있는데 금속판에 새겨져 있고 에나멜이 칠해져 있다. 이 지도는 아랍식으로 남쪽을 위로, 북쪽을 아래로 하고 있으며, "사제 요한의 영토이자 기독교 국가인 누비아가 이집트 사막 남쪽에" 자리 잡고 있는데, 이 왕국은 "가데스(=지브롤터) 해협과 황금의 강(세네갈 혹은 니제르)"에 이른다고 되어 있다(지도 15).[73]

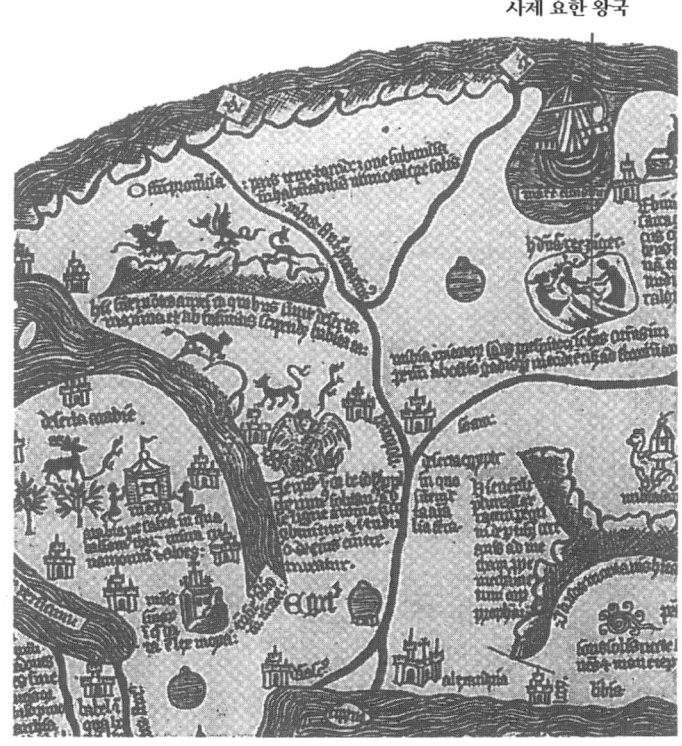

| 지도 15 | 1452년 제작된 지도 〈전 세계〉 세부. 아랍식으로 남쪽이 위에 있고, 북쪽이 아래에 있다. 사제 요한 왕국은 이집트 사막 남쪽에 있다. Santarém, *Atlas*, Paris, 1852, planche XXXV.

목록을 나열하자면 끝이 없지만, 마지막으로 비스케이만의 항해사이자 콜럼버스의 두 번째 항해에 동행했던 후안 데 라 코사Juan de la Cosa가 1500년에 그린 〈세계도〉를 보자. 이 지도는 사제 요한 왕국의 영역을 북쪽으로는 이집트, 서쪽과 남쪽으로는 에티오피아, 동쪽으로는 나일강으로 둘러싸인 지역으로 그리고 있다.[74] 이 지도는 특히 다음과 같은 대조적 묘사가 눈길을 끈다. 아프리카 연안의 북부와 서부는 놀랍도록 정확하게 표시되어 있는데, 이는 포르투갈인의 항해가 서쪽 연안에 집중되었던 것을 감안하면 당연하다. 이에 반해 대륙 내부와 관련된 지명은 어쩔 수 없이 공상적인 성격을 띠는데, 예를 들어 에티오피아는 터무니없이 서쪽으로 뻗어 있으며, '바빌로니아'는 나일강과 홍해 사이에 있다. 주교관을 쓴 모습으로 묘사된 사제 요한은 항상 얼마간 신비한 나라를 통치하는 모습이다(지도 16).

그럼에도 서서히 서유럽 기독교인들과 아프리카 기독교 왕국들 사이에 관계가 맺어졌다. 15세기에 여러 명의 이탈리아 선교사들이 이곳을 방문했다. 1482년에는 프란치스코 수도회 사절단이 네구스족의 환영을 받았다. 예루살렘 수도회 소속의 에티오피아 사람들이 1441년 피렌체 공의회에 참석하기도 했다. 이들이 제공한 자국 정보가 1459년 프라 마우로의 〈세계도〉에 반영되었다. 특히 포르투갈인들은 사제 요한과 접촉하려는 시도를 거듭했는데, 사제 요한 왕국이 아프리카에 있다는 설이 이베리아 반도의 궁정 및 궁정 정보 제공자들에 의해 점점 더 확

사제 요한 왕국　　　　바빌론 왕국

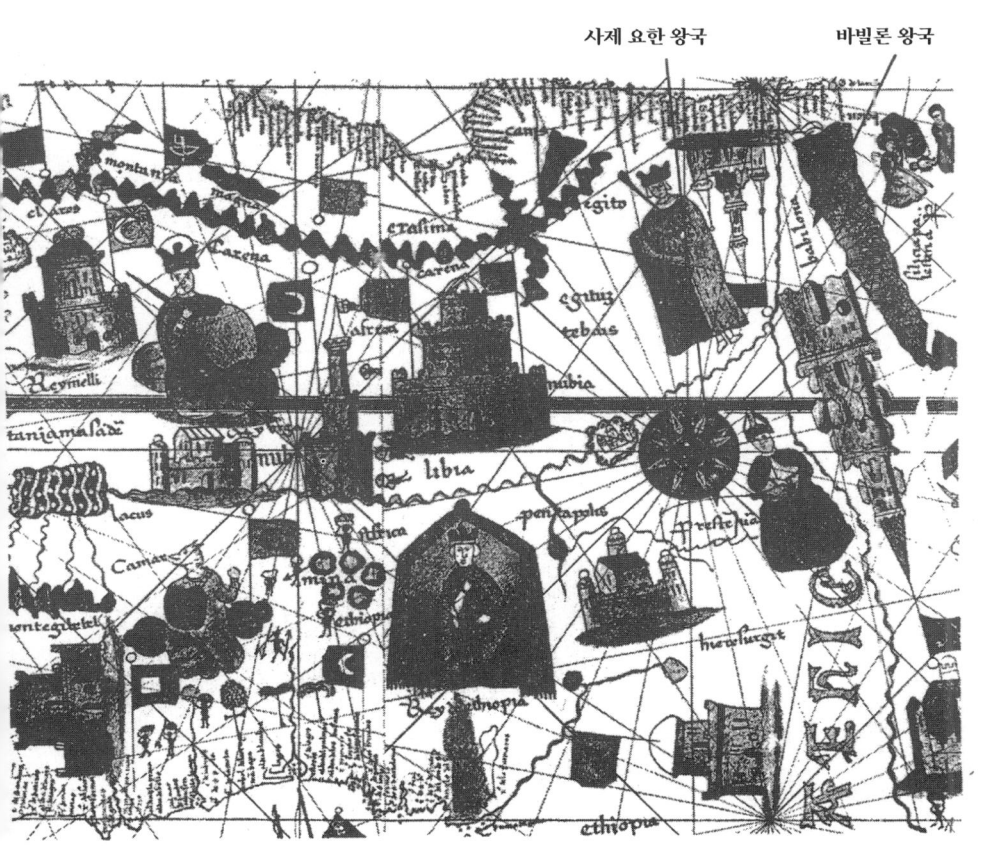

| 지도 16 | 후안 데 라 코사가 1500년에 그린 세계도는 사제 요한 왕국을 이집트와 에티오피아 사이에 위치시켰다. 주교관을 쓴 사제 요한이 보인다. Santarém, *Atlas*, Paris, 1852, planche LV.

산되었기 때문이다.[75] 최근 가설에 따르면, 한편으로 포르투갈의 왕자인 항해왕 엔히크가 에티오피아에 관심이 있었고, 다른 한편으로 사제 요한 전설이 크레티앵 드 트루아Chrétien de Troyes|원탁의 기사 이야기를 쓴 12세기 프랑스 시인|의 시에 나오는 성배 주제와 결합하여 만들어 낸 혼합된 이야기가 이 둘, 즉 엔히크의 관심과 혼합 이야기 사이에 연관성이 있다는 주장도 있다. 이러한 주제를 담은 몇몇 이야기에서 사제 요한은 파르지팔|아서 왕 전설에 나오는 원탁의 기사 퍼시발|의 조카로 설정되어 성당기사단|템플 기사단|과 함께 성배 수호 임무를 맡게 된다. 성당기사단 재판 (1285~1314)|프랑스 필리프 4세는 왕권 강화와 경제적 목적으로 교황 클레멘스 5세를 압박하여 3천여 명의 기사단원을 체포하고 화형시켰다.| 이후, 기사단은 포르투갈에서 '그리스도 수도회Ordre du Christ'라는 이름으로 살아남는데, 그 우두머리가 항해왕 엔히크이다. 만일 사제 요한 왕국을 발견한다면 엔히크는 영원한 신전과 다시 관계를 맺을 수 있었을 것이다. 이는 자클린 피렌이 사제 요한에 대해 쓴 책에서 받아들인 가설인데, 우리는 여기서 이 가설을 편견 없이 다루어야 한다.

    1487년 리스본 궁정은 어떤 대가를 치르더라도 사제 요한을 만나겠다며 여행가 두 명을 아프리카로 파견했다. 그중 한 명인 코빌한Covilhan은 실제로 그 땅에 이르렀다. 하지만 그 후 네구스 왕국|에티오피아 소재|을 떠나라는 허가를 받지 못했다. 1520~1527년에 포르투갈 대사가 아비시니아를 방문했는데,

그 임무에 대해서는 동행한 사제 프란시스코 알바레즈Francisco Álvarez에 의해 전해졌다. 그의 저서 《인도의 사제 요한Ho Preste Joam das Indias》(1540)은 혼동을 일으킬 수 있는 단어인 '인도'를 사용했지만, 네구스 왕국을 잘 묘사하고 있다.[76] 1535년 할라르Harar에서 온 이슬람교도들이 아비시니아에 침입했을 때, 아비시니아 왕은 포르투갈에 도움을 청했다. 양국 간 연락이 느렸기 때문에 포르투갈의 구원군(병사 450명)이 작전을 벌인 것은 1542년이었다. 그래도 포르투갈군은 사제 요한을 간신히 구해냈다. 그 후 사제 요한 왕국은 신화에서 거의 벗어났다.

그렇지만 완전히 탈신화화된 것은 아니다. 도미니코회 수도사 루이스 데 우레타Luis de Urreta의 저서 《인도의 사제 요한이라 불리는 황제의 나라, 에티오피아의 역사Historia... de la Etiopia, monarchia del Emperador llamdo Preste Juan de las Indias》(발렌시아, 1600년)는 아마라산을 난공불락의 요새가 된 사제 요한의 낙원 같은 산으로 묘사하고 있기 때문이다. 더욱이 에티오피아어의 '아마라Amara'는 '낙원'을 의미한다고 말한다.[77]

사제 요한을 둘러싼 꿈의 구름이 좀처럼 걷히지 않았지만, 근대 초기에 사제 요한 왕국은 급속도로 그 동화적 성격을 잃어 갔고 환상의 장소에서 멀어지기 시작했다. 이 점에 관해서는 게라르두스 메르카토르Gerardus Mercator|네덜란드 지리학자|의 《지도Atlas》(1569년 초판)의 한 구획에 라틴어로 쓰인 매우 간결한 주석이 시사하는 바가 크다. 여기에는 11세기 말부터 네스토리우스

파 사제가 동방에 제국을 건설했다고 기록되어 있다. 그의 이름은 사제 요한으로 알려져 있다. 그가 죽은 후 그의 동생이 그 뒤를 이어 같은 칭호를 썼으나, 얼마 지나지 않아 1187년 피지배인 몽골인 또는 타타르인들의 반란으로 멸망당했다. 그 후 사제 요한은 몽골인에게 조공을 바쳤다. "지금까지 아시아에서 군림했다고 여겨진 사제 요한에 대한 진실은 이상과 같으며, 오늘날에도 여전히 아프리카에서 사제 지암Pretres Giam이라고 불리는 인물과는 전혀 다른 사람이다."[78]

제5장

다른 꿈의 나라

낙원 섬

16세기에는 탐험 항해의 영향으로 지상낙원이 여전히 존재할 것이라는 믿음을 중심으로 한 지리학이 빠르게 프기되었는데, 이러한 시대적 경향의 지표가 바로 메르카토르|메르카토르 도법을 창안한 16세기 네덜란드 지리학자|의 과학적 신중함이다. 그러나 포기는 쉽지 않았다. 왜냐하면 항상 불가능한 것을 추구하고 항상 추구해 왔던 경향이 인간의 영혼 속 깊은 곳에 있기 때문이다.

이러한 맥락에서 긴 중세 시대는 우리에게 변증법적 모순의 대표적인 사례를 제공한다. 한편으로는 지상에 있던 에덴동산에 접근할 수 없게 되었지만, 다른 한편으로는 잃어버린 낙원 중에서 남아 있으면 하는 잔여물을 보존하고 있는 행복의 땅이 여전히 존재하며 대담한 사람이라면 그곳에 접근할 수 있다는 모순이다. 1338년부터 1353년까지 동방을 여행한 피렌체의 수도사 조반니 마리뇰리는 실론|스리랑카|을 지나다가 "아담의 봉우리"를 발견했는데, 그는 이곳이 지상낙원과 아주 가까워서 구름이 시야를 가리지 않았다면 정상에서 낙원을 볼 수 있었을 것이라고 했다. 그런데 어느 날 아침, 해가 뜨기 직전에 그는 천국을 잠시 엿볼 수 있었다. 그것은 마치 타오르는 불꽃처럼 밝았다. 게다가 원주민들은 에덴동산의 물이 네 개의 강으로 갈라지기 전의 물소리를 들을 수 있었다고 그에게 말했다.[1]

지상낙원은 실론에서는 가까이에 있지만 도달할 수 없는 곳이다. 실론을 방문한 최초의 서양 여행자들은 실론을 에덴동산과 같은 나라로 묘사했다. 1323년경 《신기한 것에 관한 서술》을 쓴 세베락의 요르다누스는 이곳에서 온갖 빛깔의 새를 발견했다. 어떤 새는 "완전히 눈처럼 하얗고, 어떤 새는 주홍색 천처럼 붉고, 어떤 새는 풀처럼 초록색이며, 또 어떤 새는 형용할 수 없을 정도로 다양하고 아름다운 색을 띠고 있다. 검은색을 제외한 모든 색의 앵무새가 있다. … 사실 이 새들은 천국에서 온 생명체처럼 보인다." 요르다누스의 눈에 실론은 특별한 세계였다. 그곳에는 기적의 연못이 있는데, 어떤 금속이든 이 연못에 담그면 금으로 변한다. 연못 한가운데에 있는 나무의 잎을 상처에 문지르면 상처가 빨리 낫는다. 실론의 동물과 식물은 다른 곳보다 더 큰데, 날개 달린 고양이가 있는가 하면, 남자 다섯 명을 덮을 수 있을 만큼 큰 나뭇잎이 있다.[2]

단테도 지상낙원에 섬의 특징을 부여했고, 수많은 중세 여행 이야기, 특히 맨더빌의 작품에서도 사제 요한 왕국은 섬에 위치해 있다. 맨더빌에 따르면, 신비로운 인도는 "지상낙원에서 흘러나오는 큰 강 때문에 만들어진 수많은 섬으로 구성되어 있다."[3]

이쯤 해서 다시 클로드 카플러의 적절한 의견을 살펴보자. "상상 세계에서 유독 선호하는 곳이 있다면 섬이다." 닫힌 세계를 상징하는 육지와 달리, 섬은 "본질적으로 일반적으로 통용되는 법칙을 벗어난 신기한 것들이 존재하는 곳이다. … 고대 그리스 시대부터 섬은 인간과 신의 눈부신 모험을 위한 장소로 선호되었다." "중세 여행자들이 인도양에서 수많은 섬을 발견했을 때 이 신화를 다시 한번 활용하게 된 것"[4]은 놀라운 일이 아니다. 켈트족의 전설 역시 미지의 섬에 큰 애착을 보인다.

맨더빌은 섬과 신비를 연결하려는 이러한 경향을 가장 잘 보여 주는 사람이다. 다시 카플러를 인용해 보자. "만약 맨더빌이 세계도를 그렸다면 섬이 흩어져 있는 바다 한가운데에 육지가 작은 자리를 차지하는 모습이었을 것이다. 동방에 관련된 내용이 시작되자마자 각 장마다 섬을 묘사하고 또 다른 섬을 묘사하는 '에피소드'를 담고 있다."[5] 멀리 떨어져 있으면 과장되고, 고립되어 있으면 보존된다. 그래서 훗날 토머스 모어의 《유토피아》를 비롯한 많은 '유토피아'가 섬에 위치하게 된다.

중세 초기의 지도제작법은 이러한 점에서 일종의 여행기라고 할 수 있다. 거기에는 미지와 신비의 세계와 동의어인 섬이 가득하고, 고리 모양의 바다가 거주지역을 둘러싸고 있다. 좀 더 새로운 기법으로 만들어진 지도책과 세계도에도 여전히 섬이 많이 등장한다. 샤를 5세를 위해 1375~1378년에 제작된 〈카탈루냐 지도〉는 전설에 근거하여 다음과 같이 설명한다. "인도 바다에는 7,548개의 섬이 있는데, 거기에는 금과 은, 향신료와 보석뿐만 아니라 금과 은 등 놀라운 것들이 풍부하여 여기에서 자세히 나열할 수 없을 정도이다." 실제로 이 지도에는 섬이 4개만 표시되어 있다. 실론, 누도룸섬Insula nudorum(벌거벗은 자들의 섬), 케이남, 트라포바나(수마트라). 트라포바나섬에 대해서는 지도에 이렇게 설명되어 있다. "매년 두 번의 여름과 두 번의 겨울이 있다. 나무와 풀은 매년 두 번 꽃을 피운다. … 이 섬에는 금, 은, 보석이 풍부하다."[6] 크리스토퍼 콜럼버스의 항해 직전에 제작된 마르틴 베하임의 지구본은 당연하게도 대서양과 태평양을 하나의 바다로 표시했다. 이 지구본에는 아시아의 가장자리를 따라 수많은 섬이 그려져 있는데, 그중 가장 큰 섬은 마르코 폴로가 말한 지팡구, 곧 일본이다.

중세 상상 세계의 환상적인 곳 가운데 행운의 섬Iles Fortunées과 성 브렌단Saint Brendan 섬은 특별히 언급할 만하다. 앞서 살펴보았듯이 행운의 섬은 호메로스, 헤시오도스, 플루타르코스의 작품에 기초한 그리스 로마의 시적 전통과 결부돼 있다.[7] 이 전통에 따르면 거대한 아틀라스 산맥 너머에 매혹적인 정원과 항상 온화한 기후와 향기로운 바람이 부는 섬이 있고, 그곳 사람들은 노동할 필요가 없다. 기독교 시대에는 세비야의 이시도루스가 본인이 속한 지리 체계 속에 행운의 섬을 넣음으로써 이러한 믿음에 새로운 운명을 부여했고, 이것은 이후 서양 문화에 지속적인 영향을 미쳤다. 확실히 이시도루스는 이 행운의 섬들이 지상낙원과 혼동되지 않기를 바랐다. 무엇보다 지상낙원이 동양에 계속 존재한다고 확신했다. 그리고 이렇게 구분한 다음에는 행운의 섬의 실체를 확신했다.

'행운의 섬'이라는 이름은 모든 종류의 재화를 생산한다는 것, 섬들이 거의 천복의 상태를 누린다는 것, 그리고 축복받은 풍요로움을 누린다는 것을 의미한다.

이러한 본질적 특징에 따라 이 섬에는 귀중한 나무의 열매가 생산된다. 그리고 산비탈에는 포도나무가 자생한다. 땅에는 풀 대신에 곡식과 채소가 주로 재배된다. 이리하여 이교도들의 오해가 생겨났고, 토양의 비옥함 때문에 이 섬이 천국이라고 믿었던 세속 시인들의 노래가 생겨났다. 실제로 이 섬들은 모리타니아 왼쪽 바다에 있으며, 해가 지는 곳에 가깝고 바다로 분리되어 있다.[8]

이시도루스의 설명은 이후 세기에도 이어지며 반복되었다. 대표적으로는 13세기 틸베리의 게르바시우스가 지은 《황제의 여가》,[9] 14세기 바르톨로메우스 앙글리쿠스의 《사물의 속성에 관하여》,[10] 15세기의 피에르 다이의 《세계의 형상》 등이 있다. 피에르 다이의 저서에는 다음과 같은 내용이 있다.

'행운의 섬'은 그 이름에 모든 부가 거기 있음을 의미한다. 낙원이 이들 섬 안에 있다고 믿게 만든 것은 이러한 토지의 비옥함이다.

[…] 이들 섬 어디에도 새가 많이 살고, 야자수, 호두나무, 소나무가 우거져 있다. 그곳에는 꿀이 풍부하다. 숲은 동물들로

가득하고 강은 물고기들로 넘친다. 이들 섬은 대양 중 모리타니의 왼편, 남쪽과 서쪽 사이에 있다. 이 섬들은 각각 바다로 격리되어 있다.[11]

이 설명은 더욱 확산되었다. 세비야의 이시도루스가 말한 행운의 섬은 켈트문학에 등장하는 아발론섬과 동일시되었다. 웨일스 주교 몬머스의 제프리Geoffroy of Monmouth(1154년 사망)는 아서왕 전설의 출처이기도 한 저서 《브리튼 왕들의 역사Historia Regum Britanniae》에서 아서왕이 말년에 상처를 치유하러 아발론섬으로 들어갔다고 했다.[12] 그 후 제프리는 《멀린의 생애Vita Merlini》에서 이시도루스와 그 후계자들에게서 행운의 섬의 세부적 묘사를 빌려 와서 "행운의 섬이라고 불리는 과일의 섬Insula pomorum que fortunata vocatur"을 묘사했다.[13] '과일의 섬'은 켈트문학에서 '사과섬'으로 불리는 아발론섬의 다른 이름이 되었고, 제프리는 이를 기독교화된 그리스-로마 전통 속 행운의 섬과 같은 것으로 보았다.[14]

지도에도 행운의 섬을 위한 장소가 마련되었다. 12세기에 제작된 어떤 〈세계도〉에는 에우테르스에게 바쳐진 〈요한의 묵시록〉 주해 사본이 실려 있는데,[15] 여기서 "행운의 섬"이 육지를 둘러싼 대양의 서쪽에 있다고 언급되어 있다(지도 17). 위그 드 생빅토르의 《세계지도 설명》(12세기 전반)은 육지를 고리 모양의 바다가 둘러싼 고전적인 방식으로 그려졌지만, 6개의 '행운의 섬

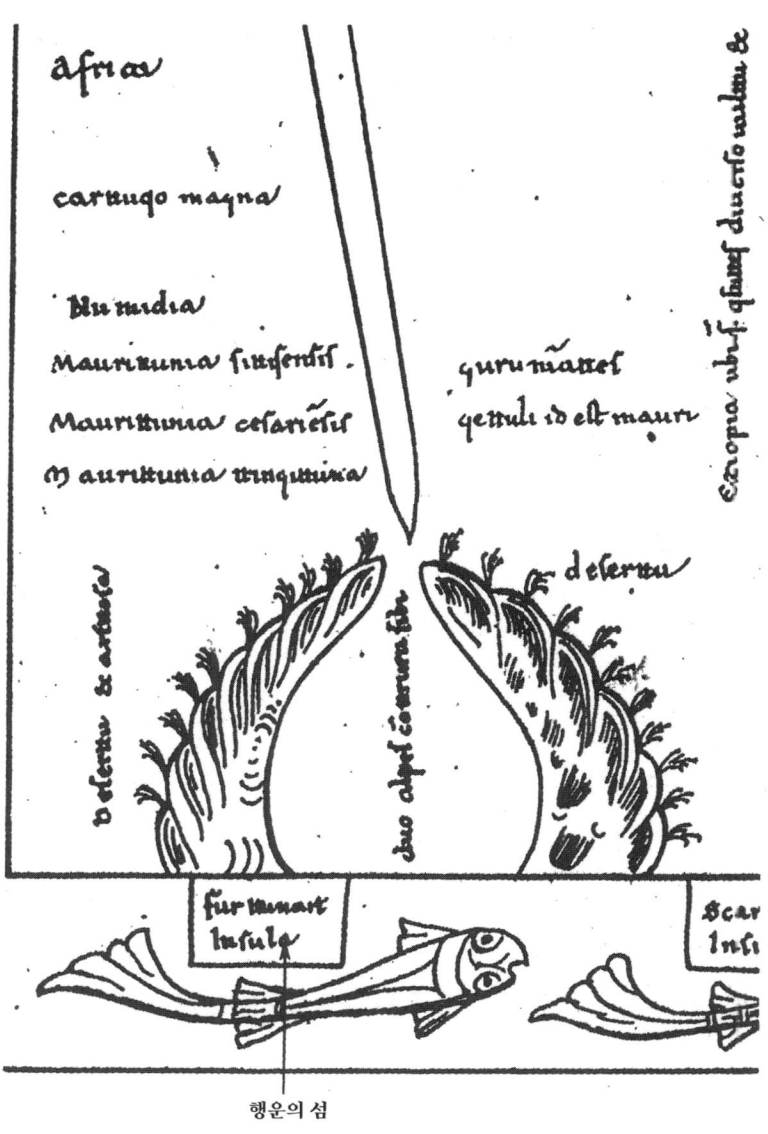

| 지도 17 | 오스마(부르고스 교구) 주교 에우테루스에게 헌정된 〈묵시록〉 주석이 달린 세계도에 있는 '행운의 섬' 세부. 육지를 둘러싼 대양의 서쪽에 있다. Santarém, *Atlas*, Paris, 1852, planche XII.

Fortunate Insule'을 '아틀라스' 산 앞바다, 즉 북아프리카의 서쪽에 두었다.[16] 〈헤리퍼드 대성당 지도〉[17] 및 하이그덴의 《복합연대기》(1360년경)를 바탕으로 한 일군의 세계도들도 '행운의 섬'을 지도에 실었다. 라눌프 하이그덴의 주석에는 이렇게 쓰여 있다. "행운의 섬은 낙원과 같고, 나무들은 140피트(45미터)이다." 그리고 이시도루스의 《어원》 제14장을 참조하라고 한다(지도 18).[18] 베네치아의 프란체스코와 도메니코 피치가니 형제가 제작한 큰 지도는 1362~1367년에 만들어졌는데, 이 지도에도 모로코의 서쪽과 카나리아섬 북쪽에 있는 "행운이라 불리는 섬들Ysole dicte Fortunate"에 대한 기술이 담겨 있다.[19] 그러나 뭐니 뭐니 해도 샤를 5세의 명령으로 제작된 〈카탈루냐 지도〉에 이르러, 성이시도루스의 《어원》을 대폭 인용하고 증폭시켜 행운의 섬에 대한 주석이 최고조에 이르렀다. 카나리아섬과 란세라노섬(테네리페Tenerife)을 포함한 일련의 섬들 서쪽에는 다음과 같은 전설이 쓰여 있다.

> 행운의 섬은 왼쪽의 큰 바다에 위치하여 서쪽의 경계에 접해 있지만 바다에서 멀지 않다. 이시도루스는 그 책 제15권(실제로는 제14권)에서 이 섬에 대해 이렇게 말했다. 이들 섬은 행운의 섬으로 불린다. 왜냐하면 거기에는 온갖 물품, 보리, 과일, 나무 등이 풍부하기 때문이다. 이교도들은 온난한 기후와 비옥한 땅 때문에 그곳에 낙원이 있다고 상상한다. 이시도루스는 그곳

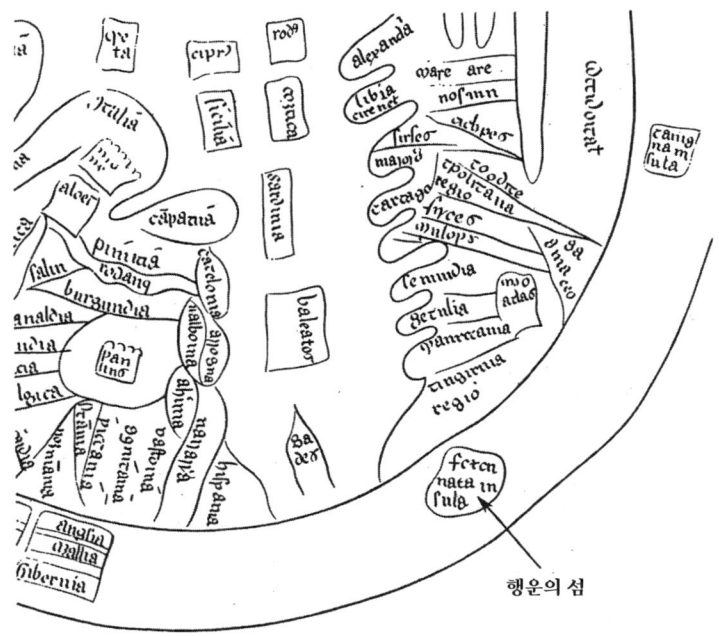

| 지도 18 | 라눌프 하이그덴의 《복합연대기》에 실린 세계지도 세부 '행운의 섬'. 낙원과 같고, 나무들의 키가 45미터에 이른다고 되어 있다. Santarém, *Atlas*, Paris, 1852, planche XII.

의 나무들은 적어도 140피트까지 자라고, 많은 열매를 맺으며, 가지에는 많은 새가 살고 있다고 한다. 그곳에는 젖과 꿀이 많은데, 카프리아Capria섬에는 염소가 많이 서식하기 때문에 특히 많다. 카나리아섬은 크고 힘센 개가 많이 서식하기 때문에 그렇게 불린다. 지리학의 대가인 플리니우스는 행운의 섬들 중 어느 섬에서는 씨를 뿌리거나 심지 않아도 모든 과일뿐만 아니라 땅에서 나는 모든 것이 자란다고 한다. 그리고 산꼭대기에는 항상

잎과 열매로 덮인 매우 향기로운 나무가 있다. 주민들은 1년 중 일부 기간에 그 나무의 열매를 먹는다. 그리고 풀을 자르지 않고 수확한다. 그래서 인도의 이교도들은 죽은 후 영혼이 이 섬으로 가서 이 과일의 향기를 맡으며 영원히 살 수 있다고 믿는다. 그들은 이곳이 그들의 천국이라고 믿지만 사실 그것은 우화일 뿐이다.[20]

따라서 14세기 후반의 가장 정교한 지도 중 하나가 세비야의 이시도루스에 근거하여 서쪽에 "모든 물품이 풍부한" 낙원 같은 섬이 있다고 계속 가르치고 있다. 이들 섬에는 지상낙원을 구성하는 대부분의 요소가 있다. 즉, 온화한 기후, 영원한 봄, 맛있고 향기로운 과일 등이 그것이다.

다음 세기가 되자 유럽인들은 이베리아 반도와 모로코 앞바다에 위치한 대서양 열도의 존재를 알게 되었다. 포르투갈인들은 1418년에서 1430년 사이에는 마데이라 제도, 1432년에서 1457년 사이에는 아조레스 제도(14세기에 이미 이탈리아인들이 탐험했던 곳)에 정착했다. 카나리아 제도는 이미 카르타고인들에게 알려져 있었고 수 세기 동안 전설적인 섬이었으며, 앞서 보았듯이, 행운의 섬과 혼동되고 있었는데, 1402년 장 드 베탕쿠르Jean de Béthencourt|프랑스 탐험가|가 방문했고, 3년 후에는 식민자들이 카스티야에 충성을 바치는 조건으로 이곳에 정착했다. 현실 세계는 점차 더 명확해졌다.

하지만 낙원 같은 섬이나 군도에 대한 꿈은 질긴 생명력을 유지했다. 중세 시대는 물론이고 그 이후까지도 다른 지역에 있는 것으로 간주되거나 다른 이름으로 표현되었다. 앞서 살펴본 것처럼 〈카탈루냐 지도〉에는 행운의 섬에 대해 많은 내용이 담겨 있는데, 여기에 더하여 아일랜드에 대해 다음과 같이 설명하는 또 다른 부분이 있다.

> 이베르니아Hibernia에는 경이로운 곳이라고 생각할 만한 많은 섬이 있다. 그중에는 인간이 죽지 않는 작은 섬이 있는데, 인간이 죽을 만큼 늙으면 섬 밖으로 내보낸다. 이 섬에는 뱀, 개구리, 독거미, 독이 있는 동물 등은 살지 않는다. 그 땅은 독이 있는 동물이 살기에는 적합하지 않다. 이 섬에는 호수가 있고 그 안에 섬도 있다. 또한, 다른 나무가 열매를 맺듯이 새를 낳는 나무가 있다. 또 다른 섬에서는 여성들이 출산하지 않는다. 출산 때가 되면 관습에 따라 섬 밖으로 내보낸다.[21]

거의 100년 후, 이탈리아 앙코나의 그라치오소 베닌카사 Grazioso Benincasa는 1467년 지도에서 아일랜드 서쪽에 만을 표시하고 여기에 367개의 섬을 채워 넣으며 다음과 같은 문구를 적었다. "행복의 호수 위에 거룩하고 복된 섬이라고 불리는 367개의 섬이 있다(Lacus fortunatus, ubi sunt insule que dicuntur insule sancte beate CCCLXVII)." 이리하여 행운의 섬의 위치는 북유럽으

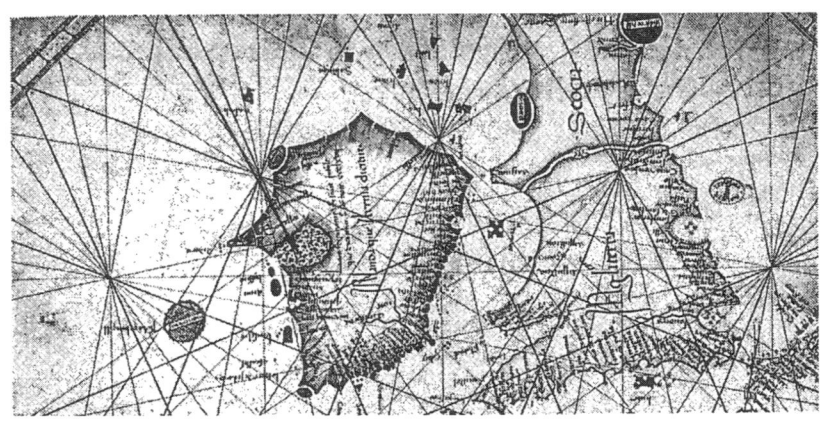

| 지도 19 | 그라치오소 베닌카사의 항해용 세계지도 세부. 아일랜드 서쪽에 만을 표시하고 여기에 367개의 "거룩하고 복된 섬"을 채워 넣었다.

로 옮겨졌다(지도 19).[22]

이러한 위치 변경은 성 브렌단의 항해 이야기의 확산과 관련이 있을 것이다. 성 브렌단Saint Brendan은 아일랜드 클론퍼트의 수도원장이었다가 6세기 말에 사망한 주교로, 그는 영국에 수도원을 설립하고 스코틀랜드로 항해를 떠났는데 그 항해가 전설의 소재가 되었다. 이 전설은 가장 유명한 중세 모험소설 중 하나인 《성 브렌단의 항해Navigation de saint Brendan》에서 형태를 갖추게 되었다. 성 브렌단의 항해는 트누그달의 환시나 맨더빌의 전설적인 여행만큼 잘 알려지게 되었다. 이 이야기는 성 브렌단과 동료들이 각각 "쾌락의 평원", "행복의 땅", "축복받은 자들의 땅"으로 알려진 섬들 사이를 항해하는 내용이다. 1200

년경 앵글로노르만어로 작성된 시에서 세 번째 "축복받은 자들의 땅"은 이시도루스가 만든 모델에 따라 묘사된다. 이 섬은 주민들이 온갖 종류의 행복을 누리며 배고픔이나 갈증, 추위나 더위, 질병이나 고통을 모르는 축복받은 땅으로 묘사된다.[23] 《성 브렌단의 항해》는 최소 80개의 판본이 있는데, 이로 미루어 볼 때 널리 확산된 이야기였음이 분명하다.[24]

당연히 지도 제작자들은 성 브렌단 섬을 위한 공간을 만들었다. 그러나 대부분의 경우, 북쪽에 있던 낙원을 더 남쪽으로 옮긴 것이었다. 따라서 〈헤리퍼드 대성당 지도〉에는 행운의 섬과 성 브렌단 섬을 묶어서 아프리카 앞바다에 위치시키고, "6개의 행운의 섬은 브렌단 섬이다(Fortunate Insulae sex sunt, insule Brandani)"라는 설명이 붙어 있다.[25] 같은 맥락에서 피치가니 형제의 아름다운 지도 역시 카나리아섬 북쪽에 검은 다이아몬드 모양의 섬을 집어넣고 다소 신비로운 설명을 적어 놓았다. "행복이라고 불리는 섬(Isole dicte fortunate)"이라고 적혀 있고, 그 아래 "6개의 [ponzelle=뜻을 알 수 없는 단어] 브렌단 섬(Sey isole ponzelle(?) Brandani)"이라고 되어 있다. 브렌단 주교의 모습이 그려져 있고 이 섬들 옆에, 아니 완전히 섞여서, 행운의 섬이 있다(지도 20). 뉘른베르크에 보관되어 있는, 지름 50.7센티미터에 달하는 마르틴 베하임의 지구본은 "세계 발견의 역사에서 가장 중요한 기념물"이라는 표현이 붙어 있는데, 여기에도 성 브렌단 섬이 잊지 않고 표시되어 있다. 여기에서는 적도 근처, 카보

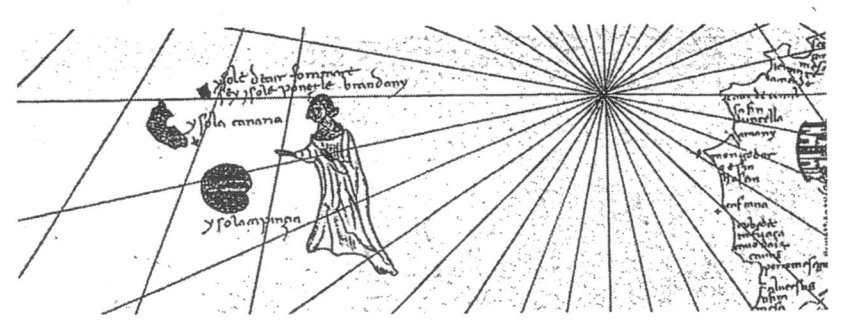

| 지도 20 | 피치가니 형제의 항해도 세부. 카나리아섬 북쪽에 "행복이라 불리는 섬"을 표시하고, 브렌단 섬과 주교의 모습을 그려 넣었다. Jomart, *Les Monuments de la géographie*, Paris, 1854.

베르데|아프리카 서쪽 끝 베르데곶|와 미래의 일본인 지팡구의 중간에 자리 잡고 있다. 16세기에도 성 브렌단 섬은 여러 지도에 등장하는데, 1587년 네덜란드의 위대한 여행가 얀 반 린스호텐Jan van Linschoten의 지도에서도 그 이름을 볼 수 있다.[26] 1526년부터 1721년까지 해군 탐험대가 성 브렌단과 그의 동료들이 도달했다고 추정되는 '약속의 땅'을 찾아 카나리아 제도를 떠난 것이 네 차례나 된다.[27]

게다가 때로는 성 브렌단 섬과 또 다른 신화 속 장소인 브라질Brasil, 또는 브라실Bracile, 또는 브라시르Bracir섬 사이에 연결 고리가 만들어지기도 했다. 오랫동안 '브라질'이라는 단어는 붉은 염료를 생산하는 식물에서 유래한 말로 믿어졌지만, 사실은 '행운의 섬'을 뜻하는 아일랜드 단어인 '히 브레사일Hy Bressail', 또는 '오 브라질O Brazil'에서 유래한 것이다.²⁸ 이에 근거하여, 그라치오소 베닌카사의 지도를 비롯한 몇몇 지도에서 브라질 섬과 성 브렌단 섬을 연결한 것이다. 두 섬 모두 켈트 신화에 뿌리를 두고 있다. 19세기 아일랜드의 시인 제럴드 그리핀Gerald Griffin은 오 브라질 섬을 "축복받은 자들의 섬"이라고 불렀다. 제임스 조이스James Joyce도 《피네간의 경야Finnegans Wake》(3장)에서 신비의 브라질 섬과 성 브렌단 섬을 연결했다.

'브라질' 섬이 처음 모습을 드러낸 것은 1325년 혹은 1330년의 〈카탈루냐 지도〉에서였다.²⁹ 그 후 피치가니 형제의 지도, 1375~1378년 카탈루냐 대지도, 1436년 안드레아 비앙코의 지도 등에서도 볼 수 있는데, 모두 스페인 서쪽에 위치한다.

16세기 후반부터 오브라질은 포르투갈의 페드루 알바르스 카브랄Pedro Álvares Cabral이 발견한 땅을 가리키는 경우가 점점 많아졌다. 그러나 1568년 이전에 만들어진 포르투갈인 페르낭 바즈 두라도Fernão Vaz Dourado의 지도에는 오늘날의 브라질인 "오브라실리Hobrasili"와 아일랜드 남서쪽에 위치한 신비한 섬의 이름인 "오브라실Obrasill"이 모두 표시되어 있다.³⁰ 1486년 여름, 두 척의 배가 "브라질 섬이라고 불리는 섬을 찾기 위해" 브리스톨을 떠났다. 영국 최고의 항해사 중 한 명이 일행을 이끌었다. 두 달간의 공허한 탐색 끝에 이들은 조수에 떠내려가 아일랜드 연안으로 되돌아왔다.³¹ 그럼에도 1853년 핀들레이Findlay가 그린 영국 지도에는 "하이 브라질 록스High Brazil Rocks"라는 이름

의 섬이 여전히 표시되어 있다.³²

여기에 더하여 성 브렌단 섬을 '일곱 도시' 전설과 결합시키기도 한다. 이번에는 무어인 지배하의 스페인을 피해 과감하게 대서양을 항해한 일곱 주교가 주역이다. 그들은 마지막으로 섬 하나를 발견하고 그곳에 일곱 개의 마을을 세웠다. 이 이야기는 항해왕 엔히크의 측근들 사이에서 더욱 신빙성이 높아졌는데, 그 이유는 한 선장이 자신이 실제로 그 섬을 발견했다고 왕자에게 말하면서부터였다.³³ 그 결과, 이 섬은 성 브렌단 섬이나 '브라질' 섬이 그랬듯이 탐험가들의 흥미를 끌게 되었다. 16세기에 주교들이 등장하는 상상의 섬은 '시볼라Cibola의 일곱 도시' 나라로 탈바꿈했다. 그리고 1530~1540년에 스페인 모험가와 군사 지도자들은 훗날 미국이 되는 지역의 내륙에서 이 '시볼라의 일곱 도시' 나라를 헛되이 찾아 헤맸다. 그들은 적어도 그랜드캐니언을 발견했고(1540), 강을 거슬러 올라가 캔자스 대평원과 바다를 따라 오리건 해안까지 도달했다.³⁴

정복자들은 '시볼라의 일곱 도시'가 있는 지역에서 금과 각종 재물이 솟아난다고 믿었다. 사람들은 도달할 수 있는 '엘도라도' |대항해 시대에 남아메리카에 존재한다고 믿었던 황금의 땅|의 꿈에 대한 확증을 성경에서 찾았다. 실제로 성경은 솔로몬 왕과 티루스의 왕이 홍해를 건너 오피르 |오빌|에서 금, 상아, 보석, 귀중한 나무를 가져왔다고 말한다. 따라서 중세 지도에서 '오피르Ophir'를 발견해도 놀라운 일은 아니다. 그중 하나는 성 히에로니무스 작

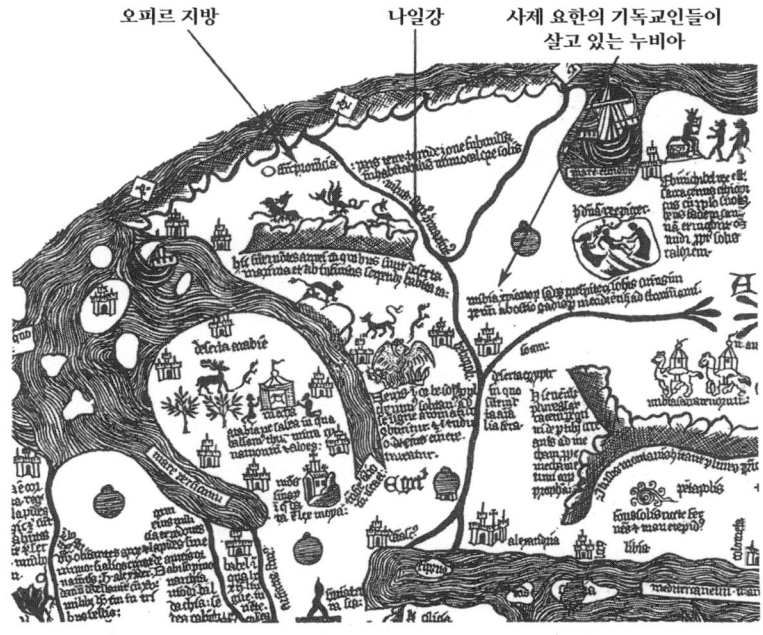

| 지도 21 | 1452년 세계지도〈전 세계〉(세부)에서 성경에 나오는 오피르(오빌)는 나일강과 사제 요한 왕국인 누비아 동쪽에 있다. Santarém, *Atlas*, Paris, 1852, planche XXXV.

품집의 사본에 첨부된 지도인데, 여기서는 인더스강 하구 좌안에 오피르가 위치해 있다.[35] 1452년에 새겨진 세계도는 예전에는 보르자 데 벨레트리 박물관에 있다가 현재는 바티칸 박물관에 소장되어 있는데, 남쪽을 위로 하고 있다. 이 지도에서 오피르는 아프리카의 나일강과 사제 요한 왕국인 누비아 동쪽에 위치해 있다(지도 21).[36] 《수련자 입문》(뤼벡, 1475), 혹은 《역사의 바다》(리옹, 1491)로 알려진 익명의 책에서 오피르는 홍해 연안에 있

243

| 지도 22 | 익명의 책 《역사의 바다》(세부)에서 오피르는 홍해 연안에 있는 아라비아의 요새 도시로 묘사되어 있다. R.S. Shirley, *The Mapping of the World*, 1987, planche XXIII.

는 아라비아의 요새 도시로 묘사되어 있다(지도 22).[37] 그러나 크리스토퍼 콜럼버스가 두 번째 항해(쿠바와 자메이카)에서 돌아와 무거운 금목걸이를 한 원주민을 데리고 왔을 때, 그는 교황에게 솔로몬의 오피르를 발견했다고 말했다. 그가 말하기를, "이 섬은 타르시스, 세티아, 오피르, 파즈, 지팡구와 같은 섬이며 우리는 에스파뇰라라고 부른다."[38]

오피르의 존재에 대한 믿음은 1526년 베네치아인 세바스티

아노 카보토Sebastiano Caboto가 아메리카 대륙을 여행한 이유도 설명해 준다. 영국 궁정에서 스페인 궁정으로 옮긴 항해사 카보토는 카를 5세|신성로마제국 황제이자 스페인의 카를로스 1세|의 특명을 받아 서쪽으로 항해했다. 항해의 임무는 "몰루카, 타르시스, 오피르, 지팡구, 카타이Cathay|15~17세기 대항해 시대에 유럽이 중국을 부르던 표현|를 발견하고 금, 은, 보석, 진주, 의약품, 향신료, 비단, 수놓은 비단 직물 및 기타 귀중한 물건을 배에 가득 채워서 되돌아오라는 것이었다."³⁹ 이때 탐험대의 기함이 브라질 연안에서 암초에 충돌하는 사고가 발생했다. 카보토는 계획을 변경하여 라플라타강을 거쳐 파라나, 마지막으로 파라과이에 도달했다. 그곳에서 은으로 가득 찬 땅에 대해 들었는데, 몇 년 후 그곳이 잉카의 페루로 밝혀졌다.

그러나 16세기 유럽인들이 아메리카 엘도라도를 위치시킨 곳은 좀 더 북쪽과 동쪽으로, 이는 사제 요한 왕국 또는 성경에는 없는 새로운 오피르를 '신세계'에 옮겨 놓은 것이었다. 1520~1530년대에 남미를 탐험하기 시작한 스페인 사람들은 보고타|지금의 콜롬비아 수도| 근처에 있는 신성한 과타비타 호수에서 오랫동안 행해져 온 원주민 의례에 대해 들었다. 연중 특정 날짜가 되면 그 지역의 왕이 자신의 몸에 송진을 바른 다음 금가루 속을 구른다. 그렇게 금빛으로 눈부시게 빛나는 왕은 카누에 올라 금, 에메랄드, 기타 귀금속으로 만든 제물을 호수 한가운데에 던지고 호수에 몸을 담그고 목욕을 한다. 호숫가

에 모인 군중은 박수를 치며 노래하고 춤을 춘다.[40] 1531년에서 1617년 사이에 아우크스부르크 은행가 가문인 벨저 가문이 파견한 독일인들은 '엘도라도', 즉 황금 왕의 나라를 열심히 찾아다녔다. 이 나라의 위치는 사제 요한 왕국처럼 수년에 걸쳐 이 지역에서 저 지역으로 옮겨졌다. 벨저 가문의 경우, 현재의 콜롬비아에서 오리노코강과 기아나로 이동했다.

황금의 나라를 찾는 것은 두 가지 환상의 만남이라는 흥미로운 사례를 제공한다. 1539~1549년경 한 무리의 투피남바족 |브라질 토착 부족|이 페르남부쿠 지역에서 "위대한 조상의 땅", "사랑받는 나라", "불멸과 영원한 안식의 땅"으로 이주했다.[41] 지상 낙원을 향한 이 행진은 페루로 이어졌고, 그곳에서 스페인 사람들을 만난 그들은 황금으로 가득 찬 도시에 대한 놀라운 이야기를 들려주었다. 이에 근거하여 1560년 페드로 데 우르수아Pedro de Ursua와 로페 데 아기레Lope de Aguirre가 감행한 탐험은 페드로가 로페에게 암살당함으로써 비극적으로 끝났지만, 적어도 오리노코강 입구에 접근하는 더 나은 경로를 알려 주는 성과를 남겼다.

독일 사람들에 이어 스페인 사람들도 실패하기는 했지만, 그럼에도 이들의 힘든 고난은 접근하기 어려운 지역을 발견하고 횡단할 수 있도록 만들었다. 이들의 실패 이후 영국인 월터 롤리가 세 차례(1595, 1596, 1617) 오리노코를 탐험하면서 '엘도라도'에 도달하려고 했으나, 이 꿈의 나라를 발견하지 못하고 런

던탑에서 처형당했다(1618).

오피르에 있다는 재물은 홍해 항구를 통해 솔로몬에게 전달된 것이었다. 그러므로 포르투갈인들이 오래전에 예루살렘 왕에게 귀중한 물품을 보냈던 나라를 찾기 위해 아프리카를 돌아서 홍해 건너편으로 간 것은 당연한 일이었다. 포르투갈인들은 소팔라ㅣ지금의 모잠비크 중부 항구도시ㅣ에 정착한 다음, 잠베지강 남쪽의 신비한 제국을 통치하는 원주민 통치자 모노모타파 Monomotapa("광산의 제왕")에 대해 알게 되었다. 이 반투족 군주의 권력과 부는 사제 요한과 '엘도라도'의 그것에 비견될 만한 것으로 보였다.⁴² 소팔라의 경우처럼 모노모타파에 대한 소문은 어느 정도 진실이었다. 솔로몬 시대 훨씬 이후 시기이기는 하지만, 아랍 상인들은 그의 나라를 여행하고 소팔라를 통해 상아와 금을 가져왔다. 1871년부터 진행된 발굴 작업에서 로디지아(오늘날 짐바브웨)의 잠베지강과 림포포강 사이에서 13세기와 14세기까지 거슬러 올라가는 "위대한 짐바브웨"의 장대한 유적들이 발견되었다. 사제 요한 왕국이나 '엘도라도'처럼, 모노모타파 왕국도 성경의 오피르와 동일시되고 신기루와 같은 새로운 전설의 땅이 되었다.

1530년부터 1540년에 걸쳐 포르투갈인들은 잠베지강을 거슬러 올라가 모노모타파의 나라와 상아를 중심으로 금, 진주, 향신료 등을 어느 정도 거래했다. 뒤이어 1560년에 예수회 일행이 이 나라의 수도로 갔다. 여기에 '파로Faro'라는 언덕에 있었는데, 수도사들은 파로를 오피르의 변형으로 여겼다. 모노모타파의 군주는 처음에는 선교사들을 환영하고 세례를 받았다. 그러나 그 후 선교사 일행의 우두머리를 목 졸라 죽이고 조상의 종교로 돌아갔다. 1557년부터 1578년까지 통치했던 포르투갈 국왕 세바스티앙 1세는 금욕주의자이자 신비주의자로서 십자군을 꿈꾸었지만 모로코의 알카세르키비르에서 벌어진 끔찍한 전투에서 죽은 인물이다. 그는 예수회의 선교 실패에 대해 복수하고, 잠베지강 이남에 멕시코·페루에 있는 스페인 영토에 필적하는 규모와 부를 자랑하는 광대한 포르투갈 영토를 건설하고자 했다. 그 역시 모노모타파의 나라가 성경에 나오는 오피르라고 믿었다. 1569년, 1천 명이 넘는 병사로 구성된 파견대가 리스본을 떠나 동아프리카로 향했다. 그 후 몇 년에 걸친 두 차례의 원정 과정에서 이 군대는 열병 및 원주민과의 전투로 전멸했다. 포르투갈인들이 기대했던 금광을 발견하지 못했음은 물론이다.

그럼에도 불구하고, 모노모타파 왕국은 오랫동안 서양 사람들의 상상력을 계속 자극했다. 1871년 독일의 지질학자 칼 마우흐Carl Mauch는 위대한 짐바브웨에 도착했다. "솔로몬 왕의 광산"|1885년 발표되는 H. 라이더 해거드의 모험소설 제목|에 대한 믿음을 입증하려는 의도였다. 몇 년 후 세실 로즈Cecil Rhodes|남아프리카에서 다이아몬드와 금광 사업으로 큰돈을 번 영국 사업가|가 이를 이용했다. 1896년 '로디지아 고대 유적 회사Rhodesia Ancient Ruins Ltd'라는 이름의 회사가 설립되었다. 이 회사는 표면적으로는 고대 유적 발굴을 내

세웠지만, 실제로는 금 채굴이 목적이었다. 이 회사는 금을 발견하기는 했지만 미미한 양이었다. 1902년 로디지아 회사는 활동을 중단했다.[43] 로디지아 남부에는 분명히 많은 양의 금이 있었지만, 그것은 좀 더 서쪽 멀리에 있었다.

아메리카와 파라다이스

14세기부터 17세기까지 서양에서 낙원의 땅을 찾으려는 시도가 탐험 여행을 부추기는 중요한 자극제였다는 것은 오래전부터 강조되어 왔다. 에덴동산에 대한 향수, 크리스토퍼 콜럼버스와 선교사들이 품었던 종말이 가까웠다는 확신, 새로운 땅에 종교를 전파하려는 의지, 금과 보석 및 기타 희귀한 상품을 찾고자 하는 열망 등 이 모든 것이 결합되어 여행가, 종교인, 선원, 정복자들을 먼 지평선으로 이끌었다. 그리고 그들은 문화를 공유하고, 그러한 문화를 통해 꿈이 전달되었다. 이러한 문화와 꿈이 있었으므로, 적어도 초기 단계에는 '이상한' 나라들 속에서 그들 눈에 천국의 특징으로 보이는 것들을 발견해 냈다. 이러한 천국의 특징은 고대부터 서양인들의 상상력을 자극한 것이었다.

명백히, 크리스토퍼 콜럼버스는 새로운 인도가 지상낙원에

가깝다는 생각에 사로잡혀 있었다. 아이티의 아름다움에 깊은 감명을 받은 그는 하늘에 닿을 듯 높고 잎이 지지 않는 온갖 종류의 나무로 뒤덮여 있는 이 섬이야말로 전 세계에서 유일한 섬이라고 믿었다.[44] 그는 또 다른 섬, 에르모소 곶Cabo Ermoso|스페인어로 '아름아운 곶'. 1492년 첫 항해에서 도착한 바하마 제도 인근으로 추정|의 풍경에 대해서도 이렇게 썼다. "이 곶에 도착했을 때, 육지에서 꽃과 나무의 향기롭고 달콤한 향기가 불어왔고, 그 향기는 그 어느 때보다 기분 좋았다."[45]

콜럼버스만 놀란 것은 아니다. 르네상스 시대의 많은 이베리아 반도 탐험 기록가들은 "신세계"를 묘사하기 위해 1,500년 전부터 무수히 복사되고 인용되고 읽혀 온, 황금시대를 연상시키는 오비디우스의 용어를 그대로 사용했다.[46] 1499년부터 1502년까지 수리남과 브라질 해안을 답사한 이탈리아의 아메리고 베스푸치Amerigo Vespucci는 로렌초 메디치에게 보낸 편지에서, 낙원 이야기에 공통적으로 등장하는 온갖 표현을 사용해 남미의 자연을 묘사했다. "잎이 지지 않고, 달콤하고 향기로운 향기를 내뿜으며, 맛있고 몸에 좋은 과일을 맺는 무수히 많은 나무들, 달콤한 향기를 풍기는 신기한 꽃들로 가득한 짙은 풀밭, 말로 형언할 수 없는 깃털, 색깔, 울음소리를 가진 수많은 종류의 새들. 그 땅은 이러한 것들로 가득 차 있다." 베스푸치는 이렇게 덧붙인다. "나 자신이 지상낙원 가까운 곳에 있다고 생각했다."[47]

아메리고 베스푸치의 이 편지는 16세기 초에 《신세계Mundus

Novus》라는 제목으로 수많은 개정판을 낳았지만, 개정판들의 진위는 의심스럽다. 여기서 피렌체 탐험가의 묘사는 모두 최대한 부풀려졌다. 예를 들면 다음과 같다. "만약 지상낙원이 지구상의 어느 곳에 존재한다면, 이 지역에서 그리 멀지 않을 것이라고 나는 생각하는데, 여기서 말하는 사람은 베스푸치이다."[48]

아메리카 대륙 최초의 역사가이자 후에 스페인에 살았던 이탈리아 출신 인문주의자 피에트로 마르티레 당기에라Pietro Martire d'Anghiera도 카라마이라Caramaira(현재의 베네수엘라)에 사람들이 살고 있는 "천국과 같은 땅"에 대해 이렇게 말한다. "이곳은 식물이 무성하고 비옥하며, 겨울의 혹독한 추위도 여름의 무더위도 없다." 또한 카리브해와 관련하여, "우리 동포들은 천국일지도 모르는 수많은 섬과 천국과 같은 수많은 지역을 발견했다."[49] 이러한 찬사에 답하기라도 하듯, 16세기 말 프란시스코 에르난데스Francisco Hernández | 펠리페 2세의 명으로 멕시코의 자연 자원을 연구한 박물학자 겸 궁정 의사 | 는 "신에스파냐"에서는 "대지가 모든 것을 자연적으로 만들어 낸다"고 했는데, 이것은 "땅이 모든 것을 주었다"는 오비디우스의 말을 되풀이한 것으로[50] 황금시대를 표현한 것이다. 이러한 찬사가 담긴 자료를 더 찾아보는 것은 어렵지 않다. 여기서는 어느 영국인이 1554년 브라질에 대해 쓴 의견만을 소개하고자 한다.

그곳을 다녀온 사람들은 입을 모아 말한다. 세상에서 가장 아늑하고 푸르른 들판, 온갖 종류의 나무와 과일로 뒤덮인 쾌적한 산, 가장 아름다운 계곡, 수많은 종류의 물고기가 넘쳐나는 맛있는 물이 흐르는 강, 항상 푸르고 열매가 무성한 나무가 울창하게 들어선 숲이 그곳에 있다고 말이다. 금, 은 및 다른 금속들, 각종 향신료, 맛과 촉감 및 건강에 좋은 효과까지 있는 과일 등 이런 것들이 너무나도 많으며, 지금까지 이곳만큼 많은 곳이 있다고는 상상할 수 없을 정도이다. 결론적으로 지상의 낙원은 적도나 그 근처에만 존재할 수 있다고 생각된다. 이 세상에서 단 하나뿐인 완벽한 장소가 그곳에 있다.[51]

탐험 여행은 오래된 관념, 즉 적도에서 바다가 끓어오르고 적도 이남에는 사람이 살 수 없다는 생각을 뒤집었을 뿐만 아니라, 적도와 열대지방에 대한 진심 어린 찬사를 불러일으켰다. 아메리카 대륙에 영국 식민지를 건설하려 했던 월터 롤리는 저서 《세계사》에서 적도 아래 또는 그 부근에 위치한 지역은 낮 동안에는 동풍이 햇빛을 식혀 주기 때문에 폭염이라는 것을 경험하지 않는다고 했다. 뿐만 아니라, 1년 내내 밤의 길이가 일정하고 항상 쾌적하기 때문에 "이보다 더 좋고 안정된 기후를 가진 곳은 세계 어디에도 없다"[52]고 썼다.

아리스토텔레스는 이 지역의 태양열이 너무 강하다고 했지만, 포르투갈 선교사들은 17세기의 어느 수도사가 썼듯이 "태양열의 강도는 바다에서 불어오는 시원한 바람과 땅의 습도로 조절되고, 이것들이 땅 전체를 덮고 있는 숲의 시원함과 결합하여 주민들의 삶을 쾌적하게 만든다"[53]고 주장했다. 브라질의 또 다른 수도사 루이 페레이라Rui Pereira는 1560년 포르투갈에 보낸 편지에서 이렇게 썼다. "지상에 천국이 있다면 지금 브라질에 있다고 말하고 싶다. … 지상낙원에서 살고 싶은 사람은 브라질에서 살 수밖에 없다."[54] 고대 시인들과 세비야의 이시도루스가 꿈꾸었던 무더위와 혹한이 없는 땅이 바로 브라질이었다.

유럽인들이 아메리카에서 발견한 과일도 그들에게는 천국의 것처럼 보였다. 17세기 스페인 국왕의 고문이자 "새로운 인도" 역사가였던 안토니오 데 레온 피넬로Antonio de Leon Pinelo가 보기에, 만일 선악과 나무의 열매가 있다면 그것은 마라쿠자일 것이다. 그 향과 맛이 이브의 식욕을 자극하고, 신비한 꽃은 구세주 수난의 표시를 분명히 드러낸다. 이로부터 "수난의 열매fruit de la Passion"(패션프루트)[55]라는 기독교적 이름이 붙여졌다. 어떤 사람들은 1555년 장 드 레리Jean de Léry가 브라질에서 발견한 아나나ananas(파인애플)의 특별한 효과를 찬양하기도 했다. 1702년 카푸친회|아시시의 프란치스코가 제정한 규칙의 엄격한 준수를 내세운 개혁 수도회| 수도사 안토니오 두 로사리오Antonio do Rosario는 브라질의 과일에 관한 책을 출판했는데, 그는 수난의 열매보다 파인애플을 상위에 두고 신비로운 의미를 부여했다. 이 경건한 프란치스코 수도사에 따르면, 아나나(파인애플)는 과라니어로 "안나나스키투르Anna nascitur", 즉 "신의 어머니가 안나에게서 태어났

다"는 의미라는 것이다.[56] 이미 16세기 말에 한 피렌체 사람이 파인애플을 "현존하는 최고의 과일"이라고 규정하기도 했다.[57]

여기에 더하여 남아메리카에는 에메랄드가 풍부한 것으로 여겨졌는데, 이것 역시 적어도 초기에는 남아메리카를 낙원 신화에 포함시키는 데 기여했다. 중세의 에덴동산 우화와 환상에서 에메랄드는 영생의 상징으로서 아주 중요했기 때문이다.[58] 또한 신대륙에서 수많은 앵무새가 발견된 것도 비슷한 효과를 가져왔다. 앵무새는 전통적인 낙원 전설이 그리는 상상 세계에서 특별한 지위를 차지했다. 원죄 이후 모든 동물이 말을 하지 못하게 되었지만, 앵무새만이 인간과 비슷한 능력을 유지했다. 게다가 앵무새는 오래 살기 때문에 지상낙원을 알고 있을지도 모른다.[59] 16세기와 17세기에도 앵무새는 여전히 "천국의 새"였다. 루벤스Peter Paul Rubens는 티치아노의 작품 〈원죄〉를 모사할 때 나뭇가지에 앉아 있는 앵무새를 그려 넣었다(프라도 미술관). 루벤스나 얀 브뤼헐Jan Brueghel이 그린 것으로 추정되는 낙원을 주제로 한 또 다른 그림(헤이그 왕립 박물관)에는 앵무새와 오리가 가득한 에덴동산이 그려져 있다.[60]

기후, 풍부한 물, 희귀한 과일, 보석, 지상낙원에서 온 새 등 여러 가지 면에서 찬사를 받은 열대 아메리카는 유럽인들에게 죄악 이전의 땅의 요소를 간직한 축복의 땅으로 보였다. 그 결과 아메리칸 원주민, 특히 브라질 원주민이 유럽 주민보다 더 오래 산다는 믿음이 널리 퍼져 있었다.[61] 이번에도 다시 낙원과 관련된 오래된 주제가 등장했다. 즉, 성경이 증명하는 고대 족장들의 장수는 많은 사람들에게 원죄 이전의 우리 조상들이 누렸던 불멸을 대신하는 것으로 여겨졌다. 사제 요한은 500살까지 살았다고 하지 않는가? 아서왕 시대의 '행운의 섬들'도 주민들에게 장수를 가져다주는 특권을 부여했다.[62] 피에르 다이는 타프로바네[스리랑카섬]를 지상낙원이 있을 법한 섬으로 묘사했는데, 이 섬 주민들에 대해 이렇게 말했다. "그들의 수명은 연약한 인간의 평균을 뛰어넘는데, 만약 백 살에 죽는 사람이 있다면 그는 너무 일찍 죽은 것으로 간주될 것이다."[63] 크리스토퍼 콜럼버스가 서재에 가지고 있던 피에르 다이의 《세계의 형상》이 위대한 탐험 항해에 자극을 준 작품 중 하나였다는 것을 으리는 안다. 위 문장 옆에 콜럼버스는 이렇게 썼다. "그들의 수명은 길다(Etas istorum est prolixa)."

아메리고 베스푸치가 1502년에 쓴 편지는 브라질에서는 활기찬 노인들이 130살(1년이 13개월인 음력으로 1,700개월)까지 살았다는 전설에 더 큰 신빙성을 부여했다.[64] 베스푸치의 편지를 더욱 부풀린 《신세계Mundus Novus》는 130세에서 150세로 늘리고, 원주민에 대해 다음과 같이 말했다. "그들은 거의 아프지 않으며, 만약 병에 걸리면 특정 식물의 뿌리로 스스로 치료한다. … 이곳의 공기는 온화하고 건강하며 전염병을 옮기지 않는다. 폭력으로 죽지 않는 한, 원주민들은 오래 산다. 나는 이것이 남풍, 특히 우리가 에우루스Eurus[동(남)풍의 신]라고 부르는 낟

풍이 계속 불기 때문이라고 생각한다."⁶⁵ 따라서 습한 바람과 건강 사이에 연관성이 있다는 것이 저자에 의해 분명히 확인된 셈이다. 그런데 여기서 '신세계'라는 제목의 이 가짜 편지가 광범위하게 유포되었다는 사실을 상기해 보자. 1515년까지 독일어판은 적어도 10판 이상 발행되었다.⁶⁶

1519년에 시작된 페르디난드 마젤란의 세계 일주 항해에 동행하고 이에 대한 보고서를 쓴 피가페타Antonio Pigafetta는 브라질 원주민들이 125세에서 140세까지 산다고 기록했다.⁶⁷ 1536년 이탈리아어로 출판된 그의 글은 G. B. 라무시오Ramusio의 《항해와 여행Navigationi et Viaggi》(전3권, 베네치아, 1554~1565)에 수록되어 재출판되면서 널리 읽혔다. 1557년부터 1558년까지 브라질에서 12개월을 보낸 프랑스의 장 드 레리는 이 지역 인디언들이 보통 100세에서 120세에 이른다고 주장하여 앞선 저자들보다 조금 더 온건한 태도를 취했다. 그는 또한 "투오피남바우족 Toüopinambaoults"이 유럽인보다 더 강하고 튼튼하며 질병에 덜 걸리며, 그들 중에는 미친 사람이나 기형아가 없는데, 이는 공기의 질과 기후로 설명할 수 있다고 주장했다. 왜냐하면 이곳에는 극한의 추위가 없고 숲, 풀, 초원이 항상 푸르기 때문이다.⁶⁸

최초의 유럽인들이 잘못 생각했던 이러한 장수는 많은 경우에 원시인 옹호에 이용되었고, 그 자체가 "선량한 야만인" 신화의 원천이 되었다. 아메리칸 원주민이 오래 사는 것은 아담과 이브의 "순결한 상태"를 일부 간직하고 있기 때문이라는 것이

다. 사실 식민지 개척자나 선교사들이 아메리칸 원주민에 대한 이러한 낙관적인 시각에 동의한 적은 없다. 그러나 여러 저명한 사상가들이 이 시각을 옹호했다. 그 선두에 선 사람이 바르톨로메 데 라스 카사스Bartolomé de Las Casas|스페인 태생의 도미니크회 성직자|였다(그의 《인도의 역사Historia de las Indias》는 원고로 유포되다가 1875년에야 출판되었다).

이 겸손한 사람들, 하느님은 그들이 악의나 간교함을 갖지 않도록 창조하셨기 때문에, 그들은 매우 순종적이며 그들의 타고난 주인과 그들이 섬기는 기독교인들에게 충실하다. 그들은 매우 복종적이고 인내심이 강하며 평화롭고 덕이 있다. 그들 사이에는 다투거나 분개하거나 징징거리거나 보복하는 일이 없다. 게다가 그들의 몸은 왕족보다 더 섬세하여 일하다가 쉽게 지치거나 지쳐서 죽는다. 그들은 재산도 없고 욕망도 없다. 분명 이 사람들은 참된 신을 숭배하기만 한다면 가장 큰 축복을 받을 수 있을 것이다.[69]

그의 관점을 이어받은 이가 종교개혁가 장 드 레리였다. 1578년 출간된 〈남극 땅에서의 항해 이야기〉에는 이렇게 적혀 있다.✥

✥ 〔옮긴이〕장 드 레리는 《브라질 땅, 즉 아메리카로 알려진 지역에서의 여행 이야

우리는 저 진흙탕, 아니 오히려 저 악취를 풍기는 샘에서 어떤 방법으로도 벗어날 수 없다. 저 샘에서 우리의 뼈를 부식시키고, 골수를 빨아먹고, 체력을 소모시키고 정신을 피폐하게 하는 무수한 강물이 흘러나온다. 요컨대 우리는 수명이 다하기 전에 독극물에 중독되어 죽게 되는 것이다. 그러나 그들은 불신, 그로부터 파생되는 탐욕, 소송이나 다툼, 시기와 야망 같은 것들에 시달리지 않으며, 더군다나 이런 것들에 지배당하거나 정념에 사로잡히지 않는다.[70]

장 드 레리는 몽테뉴Michel Eyquem de Montaigne에게 영감을 주었다. 몽테뉴는 《수상록Les Essais》의 '식인종' 장에서 기후의 온화함과 브라질 사람들의 타고난 수명과 건강함을 명백히 연관시키며, 그들에겐 방어적인 전쟁밖에 없다고 덧붙였다. 이 유명한 텍스트의 가장 의미심장한 문장을 상기해 보자(《수상록》 1장 31).

이 종족은 (…) 아직도 본래의 순진함에 매우 가까운 것 같다. (…) (그들에게는) 어떤 종류의 거래도 없고, 문자에 의한 지식도 없고, 숫자에 의한 과학도 없다. 행정관이나 통치자라는

기)《L'Histoire d'un voyage faict en la terre du Brésil, autrement dite Amérique》에서 특히 '남극 프랑스', 지금의 리우데자네이루에서 보낸 시간을 상세히 묘사했다.

단어도 없고, 봉사하는 관습도, 빈부의 차별도 없다. 계약, 상속, 분배도 없다. 여가만이 있고 힘든 노동은 없다. 평등함만이 있고 혈연에 의한 존대는 없다. 의복도 없고, 농업도 없고, 금속도 없고, 포도주나 밀도 쓸모가 없다. 〔…〕 거짓말, 배신, 비방, 탐욕, 시기, 비방, 용서를 의미하는 단어는 들어 본 적도 없다. 〔…〕

덧붙여서, 그들은 그 나라의 매우 쾌적하고 온화한 지역에 살고 있다. 내가 목격자들에게서 들은 바에 따르면, 그곳에서 병든 사람의 모습을 보는 것은 극히 드문 일이다. 그들은 병들어 떨거나, 이가 없거나, 허리가 굽은 사람을 본 적이 없다고 단언했다.

따라서 몽테뉴는 이 종족의 "순수함"에 감탄할 수밖에 없었고, "나는 왜 그들이 더 일찍 알려지지 않았는지, 즉 우리보다 그들을 더 잘 판단할 수 있는 사람이 있었던 시대에 알려지지 않았는지, 가끔씩 슬퍼진다"고 말할 정도였다.[71] 몽테뉴에게 아메리카 발견은 너무 늦게 일어난 일이었다. 이미 타락한 유럽 문명에 더 이상 도덕적 이익을 줄 수 없고, 유럽 문명은 지구의 마지막 남은 낙원을 파괴할 수밖에 없었다.

그러나 16세기 말과 17세기 초에 앵글로색슨족이 정착하기 시작한 북아메리카는 이러한 비관적인 예상을 뒤엎는 듯했다. 적대적인 영국을 떠난 종교적 반체제 인사들에게 북아메리카는 축복받은 무해한 땅, 심지어 인류 역사가 새롭게 시작될 수

있는 별천지로 보였다. 뉴잉글랜드는 때때로 "에덴동산"과 같다고 묘사되었는데, 그곳에서는 자고새가 너무 뚱뚱해서 날지 못하고 칠면조는 양만큼 컸다.[72] 조지 올숍George Alsop|영국 작가|은 메릴랜드를 새로운 "지상낙원"으로 표현했다. 나무, 식물, 과일, 꽃이 "원초적인 아담 시대의 상황을 상형문자로 보여 주는 것"[73]처럼 보였기 때문이다. 또 다른 사람은 팔레스타인과 같은 위도에 위치한다는 이유로 조지아에서 "미래의 에덴"을 발견했다고 믿었다.[74] 북아메리카는 새로운 에덴이었다. 이러한 확신 및 낙원과의 동일시는 미국 역사에, 그리고 국경을 서쪽으로 밀어내는 데 적잖은 역할을 했다고 할 수 있다.[75]

제6장

향수 鄕愁

황금시대와 '행운의 섬'에 대한 슬픈 시선

다음 장에서 살펴보겠지만, 16세기와 17세기에는 지상낙원이 여전히 존재한다는 믿음, 즉 행복의 오아시스가 금지되어 있지만 그래도 세상의 끝 어딘가에 보존되어 있다는 믿음이 점차 사라진다. 이 두 세기 동안 많은 사람들이 황금시대, 행운의 섬, 젊음의 샘, 목가적인 전원, 풍요의 땅을 꿈꿨고, 그 꿈이 이 시기보다 더 간절했던 적은 없었다. 서양 역사상 정원에 이렇게 많은 공간이 할애되고 이렇게 각광받은 적도 없었다. 지리학은 지구에 대해 더 잘 알게 되었거나, 최소한 잘못된 지식이 줄어들었지만, 이것이 받아들여지기 위해서는 과거의 환상을 대체할 것이 필요했다. 그리하여 지상낙원과 그 변종이라는 주제는 '꿈'과 '르네상스의 우울'로 옮겨 가게 된다. 이 주제에 대해서는 이미 이전 저술에서 강조한 바 있다.[1]

15세기부터 이탈리아인들이 먼저, 그리고 그 이후에는 다른 서양인이 위대한 예술과 상상력을 동원해 영원히 젊은 주민들이 사랑만을 생각하는 신화 속 낙원을 떠올렸다. 폴리치아노 Angelo Poliziano|피렌체 고전학자이자 시인|에 따르면, 키프로스 북쪽에 있는 비너스의 저택은 "영원한 정원으로서, 그곳에서는 항상 봄이면서 봄의 환희로 금발의 곱슬머리가 바람에 날리고 천 개의 꽃으로 화환을 엮는다."(Stances pour le tournoi, 1475) 신화로 회

귀하는 것은 대체로 황금시대를 꿈꾸는 방식이었다. 젊고 매력적인 누드가 눈을 즐겁게 하고, 결코 시들지 않는 상상의 땅을 재현할 기회를 신화가 제공했다.

'기독교적 기적'이 남아 있는 환상적 서사시에서도 시인들은 인위적인 낙원을 소개했는데, 물론 이러한 낙원은 악마의 하수인이 만든 작품이기 때문에 무너질 운명이지만, 책에서 가장 성공적인 부분을 구성하게 되었고 책의 성공을 보장했다. 예를 들어, 아리오스토Ludovico Ariosto의 《광란의 오를란도Orlando furioso》(1558)에서 마녀 알치나의 궁전은 "다른 모든 궁전보다 호화롭기 때문에", 금발 마녀의 모습은 "어떤 화가도 상상할 수 없는 가장 완벽한 모습"이다. 영화 〈대원정군(예루살렘의 해방) La Gerusalemme liberata〉에 등장하는 아르미다ㅣ다마스쿠스의 공주ㅣ의 기쁨의 정원은 짐작할 수 있듯이 "행운의 섬"에 있다. 그곳에서 유혹녀 아르미다는 수정처럼 맑은 물과 영원히 꽃과 열매를 맺는 나무를 탄생시켰다. 이를 배경으로 ㅣ십자군 기사ㅣ 르노는 시간을 초월하여 아르미다의 키스를 마음껏 즐긴다.

아르카디아Arcadiaㅣ고대 그리스와 로마에서 낙원으로 그려진 그리스 남부 지역ㅣ 역시 르네상스 시대의 도피처 중 하나였는데, 서양에서 목가적 장르가 새롭고 지속적인 운명을 얻었기 때문이다. 이 장르는 보카치오의 《아메토Ameto》를 비롯하여, 특히 인문주의자 테오크리토스의 《전원시Idylles》와 베르길리우스의 《목가Bucolica》를 부활시킴으로써 시작되었다. 이때부터 수 세기 동안 교양 있는 대중은 쾌적하고 조화로운 자연환경 속에서 목가적인 사랑과 양치기들과의 유희에 매료되었다. 산나자로Jacopo Sannazzaro가 사랑의 아픔을 위로하도록 양치기 신체로를 보낸 곳은 펠로폰네소스 반도의 금욕적인 지역이 아니라 "지극히 아름다운" 나무가 있는 초록빛 시골 아르카디아였다. 산문과 운문이 혼합된 소설인 산나자로의 《아르카디아Arcadia》(1502)는 이탈리아 목가소설 중 최고 작품인데, 그 흐름을 이어받은 작품들이 뒤이어 등장했다. 몬테마요르Jorge de Montemayor의 《디아나Diana》(1559), 타소Torquato Tasso의 《아민타Aminta》(1573), 세르반테스Miguel de Cervantes Saavedra의 《갈라테아La Galatea》(1585), 과리니Giovanni Battista Guarin의 《충실한 목자Il Pastor Fido》, 오노레 뒤페Honoré d'Urfé의 《아스트레L'Astrée》(1607~1627) 등이 그것이다. 이 전원소설들이 표현한 것은 겨울이 없는 온화한 자연, 그리고 시간과 공간에서 벗어나 있는 아르카디아에서의 영원한 젊음이었다. 이것은 사람들이 독서나 연극 공연을 보면서 실제로 존재하는 것처럼 믿었던 황금시대에 대한 끈질긴 열망이었다. 그러나 폴리치아노는 《마상시합의 노래Stanze per la giostra》에서 키프로스 섬이 내려다보이는 "기쁨의 산" 위에 있는 비너스의 집에는 "어떤 인간도 들어갈 수 없다"고 경고했다.

확실히 르네상스는 황금기를 재발견했다고 주장했고, 그 증거로 루첼라이Bernardo Rucellai, 피치노Marsilio Ficino, 후텐Ulrich von Hutten, 라블레François Rabelais 등의 열광적이면서 유명한, 그러나 단발적인 감탄사를 들 수 있다.

게다가 여기에 정치적 선전이 섞이기도 하여, '위대한 로렌초' |로렌초 데 메디치|, 레오 10세, 앙리 2세, 앙리 4세, 엘리자베스 여왕 등의 군주를 기리는 축제와 이를 위해 승리의 마차가 만들어지기도 했다.² 물론 그 재현 상태는 의심스러웠지만 이러한 축제와 마차는 열거한 군주들과 더불어 황금시대가 부활했음을 믿게 만들려고 했다. 사람들이 설득당했을까?

어쨌든 황금시대에 대한 회한이 르네상스 시대의 특징 중 하나가 되었다. 이 회한의 감정은 고대부터 시작되었고 중세에도 빠지지 않았다. 중세에는 다양한 "도덕화된 오비디우스" 판본이 교양 있는 사람들에게 알려졌다. 《장미 이야기Roman de la Rose》|로마 시인 오비디우스의 《사랑의 기술Ars Amatoria》을 모태로, 13세기 기욤 드 로리스에 이어 40년 후 장 드 묑이 완성|의 제2부 앞부분은 지금은 사라진 그 행복했던 시대를 설득력 있고 유혹적으로 상기시킨다.

> 그때 땅은 쟁기질되지 않았지만,
> 하느님이 준비하신 대로,
> 각자가 자신의 삶을 유지할 수 있는 것을
> 스스로 공급했다. (…)
> 그리고 공기가 가라앉고
> 날씨가 부드럽고 청명하며,
> 바람은 미약하고 쾌적했다.

영원한 봄처럼 […]
탐욕과 약탈이 없고,
사랑의 유희를 즐기는 사랑하는 사람들은
서로 포옹하고 키스했다.
숲속의 푸른 나무는
가지로 만든 천막과 커튼을 펼쳐
햇빛을 가리고 있다.³

우리는 르네상스 시대를 너무도 쉽게 희망과 기쁨의 시대라고 생각하지만, 황금시대와 환상의 나라에 대한 회한은 르네상스 시대에 새로운 차원을 맞이했다. 1377년 피렌체 서기장 콜르치오 살루타티Coluccio Salutati는 레오나르도 브루니Leonardo Bruni에게 보낸 편지에서 인간이 자연의 은혜만으로 만족하던 신화적 시대를 찬양한다. "오, 행복한 시대여, 아 진정한 황금시대여, 고통이나 걱정 없이, 무엇보다도 남아도는 것 없이 자연적으로 생산된 열매로 사람들을 먹여 살린 시대여." 그때는 포도주와 고기에 짓눌리지 않은 영혼이 열등한 육체에 대한 생각에서 천상의 영역에 대한 생각으로 쉽게 올라갈 수 있었다.⁴

제바스티안 브란트Sebastian Brant의 《바보들의 배Das Narrenschiff》(1494)는 "평화가 가득하여 세계를 지배하던 먼 옛날"을 슬프게 떠올린다.⁵ 에라스뮈스Desiderius Erasmus는 《우신예찬Stultitiae Laus》(1511)에서 "어떤 (지적) 규율도 부과되지 않은 천진난만

한 황금시대 사람들은 그저 자연이 행하고 자연이 권하는 대로 살았다."고 말한다. 그러나 황금기의 순수성은 "조금씩 사라져 갔다."[6] 마로Clément Marot|르네상스기 프랑스 시인|는 1525년에 〈고대의 사랑L'Adolescence clémentine〉을 노래한 시를 바치며, "옛 좋은 시대에는 사랑이 지배했다. (…) 그러나 이제 사랑은 지배하지 않는다"[7]라고 독자들을 설득하려고 했다. 박학다식하고 유머 있는 프란체스코회 수도사 안토니오 데 게바라Antonio de Guevara는 저서 《군주의 시계Reloj de principes》(1529)에서 이렇게 상기시켰다. "첫 번째 시대이자 황금의 세계"에서는 "모두가 평화롭게 살았다. 각자가 자기 땅을 돌보았다. 각자 자신의 나무를 심고 밀을 뿌렸다. 각자 자기 열매를 수확하고 포도나무를 가지치기했다. (…) 모두 남에게 해를 끼치거나 충돌하지 않고 살았다."[8]

사라져 버린 시대에 대한 또 하나의 슬픈 탄식은 '돈키호테' |1605년, 1615년|의 것이다. 그것은 '너의 것'과 '나의 것'이 없었던 시절을, 그리고 자연이 관대하게 누구에게나 필요한 것을 주었던 시절을 그리워하는 것이다. "그 성스러운 시대에 그 누구도 자신의 일상 필수품을 얻기 위해 다른 수고를 할 필요도 없이 손을 들어 튼튼한 떡갈나무에서 그것을 가져오면 된다. 나무는 그 달콤하고 맛있는 열매를 자유롭게 따먹으라고 사람들을 끌어당기는 듯이 보인다. (…) 그때는 모든 것이 평화, 우애, 화합이었다. (…) (자연)은 강요하지 않고 곳곳에서 비옥하고 넓은 품으

로 데리고 있던 아이들을 배불리 먹이고 영양을 공급하고 즐겁게 해 주었다."⁹ 같은 맥락에서 스페인의 "황금 세기"를 대표하는 시인 중 한 명인 로페 데 베가Lope de Vega(1635년 사망)도 죽기 전날 〈황금시대El Siglo de oro〉라는 시를 썼다. 이 시는 슬픔으로 가득 차 있다. 과거에 자연은 화장이나 매춘 따위로 그 아름다움이 변하지 않는 아름다운 소녀와 같았다. 오늘날 황금시대를 돌아보면 우리 시대가 얼마나 배신, 거짓, 실망으로 가득 차 있는지 엿볼 수 있다.¹⁰

황금시대에 대한 아쉬움과 밀접한 관련이 있는 것이 '유토피아'라는 다른 세계로의 도피다. 유토피아는 15세기의 공백기를 거쳐 16세기에 다시 번성하기 시작했다. 우리는 토머스 모어Thomas More가 《유토피아Utopia》(1516)를 내세워 이 장르를 부활시킨 진정한 의도가 무엇인지 생각해 볼 필요가 있다. 《유토피아》의 프랑스어 번역본(1559)에 〈서문〉을 쓴 시인 바르텔레미 아노Barthélemy Aneau는 "신중한 영국의 대법관은 새로운 유토피아 섬에 대한 가상의 이야기를 통해 도덕적 공화국과 완벽한 정치를 그리려 했다. 그 정치는 너무도 완벽하여 과거에도, 현재에도, 미래에도 우연히 일어날 수 없는 것이다."¹¹라고 했다. 실제로 이것이 에라스뮈스의 친구 | 모어와 에라스뮈스는 친구 사이였다. | 의 생각이었던 것 같다.

어쨌든 《유토피아》¹²는 자신들의 시대를 "지나간 시절"과 "목가적인 다른 곳"과 대조시키며 슬픈 시선으로 바라보는 동시에 향수를 강화하는 방대한 국제 문학의 일부였다. 모어가 상상한 지구 저편의 섬은 54개의 도시가 "모두 광대하고 웅장하며", 농부들이 "많은 병아리를 기르고", 정원이 "더 이상 화려하거나 더 좋은 맛을 볼 수 없을 정도로 아름답고", "삶의 유지와 즐거움에 필요한 모든 재화가 풍성하게" 생산되는 곳이다. 더 일반적으로, 르네상스 시대에 크게 번성하여 일반명사가 되어 버린 수많은 "유토피아"는 엘리트의 열망과 일상적인 현실 사이에 존재하는 고통스러운 간극을 보여 준다. 유토피아들은 일종의 피난처를 제공했다.[13]

같은 맥락에서 앙리 2세 치하에서 종교적 갈등 | 앙리 2세는 재위 기간(1547~1559)에 가톨릭을 옹호하고 개신교를 탄압했고, 이는 결국 위그노 전쟁(1562~1598)으로 이어졌다. | 이 위험할 정도로 고조되는 것을 목격한 롱사르Pierre de Ronsard는 친구 마크 앙투안 뮈레Marc-Antoine Muret에게 "행운의 섬"으로 함께 이주하자고 했다. 물론 학교에서의 연습에 불과했다! | 두 사람은 파리의 콜레주 코케레에서 함께 수학했다. | 두 사람 모두 구대륙을 떠나지 않았다. "불쌍한 유럽"과 "사방에서 기독교인의 피가 흐르는" "끔찍한 화성"을 잠시 잊기 위한 우울한 꿈이었을 뿐이다. 롱사르는 이 "행운의 섬들"에서 이렇게 말했다.

나무가 새싹만큼이나 많은 열매로
노랗게 변한다고 말하는 것은 거짓말이 아니다.

그리고 언제나 어김없이
들판에는 무수히 많은 꽃들이 알록달록 수를 놓고
북풍으로부터 자유롭고, 높은 바위에는
샘이 있어 항상 우유가 졸졸 흐른다.[14]

이 행복의 땅에서는 "탐욕이 들판을 둘러싸지 않고", 늑대가 소를 겁주지 않는다. "우르릉거리는 번개"도 없고, "머리카락을 길게 늘어뜨린" 혜성도 없다. "아내가 품에서 죽는 것을 보고/남편은 슬퍼하지 않는다."

그곳에는 황금으로 타락한 정의도,
청동에 새겨진 슬픈 법도
원로원 의원도 비열한 시민도
이 들판의 평안을 방해하지 않는다.[15]

이 고립된 "외딴 곳", 즉 보존되어 있는 지상낙원에 모든 것이 모여 있다. 즉, 자연의 아름다움과 비옥함, 폭풍과 혜성의 부재, 평화, 정의, 평등, 그리고 우리가 경험하는 것이나 롱사르가 자신의 시대에 있다고 말한 것과는 정반대 것이 그곳에 있었다.
에덴이라는 "아름다운 장소locus amoenus"에 대한 이러한 우울과 향수는 정원 안에 낙원의 요소들을 재현하려는 시도를 이해하는 데 도움이 된다.

닫힌 정원

성경의 지상낙원은 에덴의 땅을 향해 열려 있다면, 서양 중세의 이상적인 정원은 무엇보다 '닫힌 정원hortus conclusus'이었다. 이러한 폐쇄는 아주 오래전부터 내려오는 〈아가서〉 번역본(4장 12절)에 근거하고 있다. "나의 누이, 나의 신부는 울타리 두른 동산이요, 봉해 둔 샘이로다." 아담과 이브의 '낙원'에서의 추방(창세기, 3:24)도 같은 방향으로 상상을 밀어붙였다. 하느님께서는 이렇게 아담을 쫓아내신 다음 에덴동산의 "동쪽에 거룹들Cherubim|천사|을 세우시고 돌아가는 불칼을 장치하여 생명나무에 이르는 길목을 지키게 하셨다." 이렇게 된 이상, 만약 지상에 평화와 행복의 장소가 마련된다면 그것은 이 불행하고 죄 많은 세계에서 격리된 것일 수밖에 없다. 라바누스 마우루스|9세기 동프랑크 대주교|는 이렇게 가르쳤다. "교회는 낙원이다. 왜냐하면 〈아가서〉에 '닫힌 동산, 나의 누이여(hortus conclusus, soror mea)'라고 되어 있기 때문이다."[16] 알자스 지방의 생트오딜 수녀원장 헤라데 드 란츠베르크(1195년 사망)는 신참 수녀들을 위해 쓴 유명한 영성 선집 《기쁨의 정원》에서 지상낙원의 여러 가지 의미를 설명했다. 그녀에 따르면, 지상낙원은 기독교인의 영혼, 순수한 양심, 순결, 수도원 생활, 회랑, 복음서의 네 강줄기가 적셔 주는 교회, 마지막으로 하늘의 예루살렘을 차례로 또는 동시에 의미한다.[17]

이 목록에서 특히 주목할 것은, 헤라데가 지상낙원과 수도원을 연결한 점이다. 사실 수도원에는 정원이 필요했다. 특히 약용식물 재배에 필요했다. 수도원은 정원을 곧바로 명상의 장소로 만들고, 그곳을 회랑의 아케이드로 둘러쌌다. 시토회는 정사각형 울타리를 선호했다. 그 네 변은 낙원의 네 강, 네 명의 복음서 저자, 네 가지 중추적 덕목을 동시에 가리켰다. 성 베르나르|초기 시토회를 통한 베네딕토회 개혁을 이끈 클레르보의 베르나르(도)|는 이렇게 썼다. "참으로 수도원은 낙원이다. 계율이라는 성벽으로 보호되는 곳이다. 그 안에는 귀중한 부가 넘쳐흐를 정도로 풍요롭다."[18] 성 베르나르는 이와 같이 하나의 찬사 속에, 그리고 하나의 수도원 이미지 속에 수도원 회랑과 정원을 결합시켰다. 실저로 많은 수도원 정원의 중심에는 우물이 있는데, 이는 실용적 용도만이 아니라 상징적인 것이기도 했다. 수도사들에게 우둘이란 "에덴에서 강 하나가 흘러나와 그 동산을 적신 다음 네 줄기로 갈라졌다"(창세기, 2:10)[19]를 연상시키기 때문이다.

이렇듯 역사의 상류로의 회귀는 동시에 미래에 도달해야 할 목표를 가리켰다. "네 개의 정사각형 구획과 중앙 분수가 있는 수도원 정원은 이미 우주 질서의 한 모델을 제시했고, 주석가들은 정원이란 수도사들이 묵상을 통해 도달할 수 있는 낙원의 도형으로 읽으려고 했다."[20] 주교 기욤 뒤랑Guillaume Durand(1296년 사망)은 저서 《전례 해설서Rationale divinorum officiorum》에서 "나무와 허브가 심어진 (수도원) 정원은 수많은 덕을 나타낸다.

맑은 물이 솟아나는 우물, 그것은 이 지상에서의 갈증을 해소하고 내세에서는 뜨거운 불을 끄게 해 줄 은혜의 풍요로움을 나타낸다."[21]

'닫힌 정원'이 중세 후기의 문학과 도상학에서 크게 유행한 것, 그것도 성속聖俗 양면에서 모두 유행한 것은 틀림없이 수도원 정원이 매개체 역할을 했을 것이다. 15세기 중반 익명 작가의 신비극 〈구세주의 부활La Résurrection du Sauveur〉을 상연할 때, 제작자에게는 다음과 같은 지침이 주어졌다.

> 그리고 아름다운 지상낙원이 나타나야 한다. 그것은 가장 훌륭하고 영광스러운 것으로서, 모든 꽃, 나무, 과일, 그리고 다른 모든 즐거움이 가능하고 제공되는 곳으로서, 그 한가운데 다른 모든 것보다 훌륭한 생명의 나무가 있는 곳이다. […]
>
> 그리고 이 낙원은 종이로 만들어져야 하며, 그 가운데에는 나뭇가지가 있는데 하나는 꽃이 피고 다른 하나는 체리, 배, 사과, 무화과, 건포도 및 인공적으로 만든 것과 같은 다양한 종류의 과일, 그리고 5월의 푸른 나뭇가지와 장미꽃으로 가득 차 있어야 한다. 장미와 다른 꽃들은 성벽의 총안 위로 솟아오르고 신선한 상태를 유지할 수 있도록 방금 꺾어서 물이 가득한 화병에 신선하게 넣어 두어야 한다.

같은 신비극의 또 다른 사본은 낙원에 "자두, 독일 배, 오렌지, 석류, 로즈마리 및 마조람"을 더하고 "네 줄기로 갈라져 나오는 샘물"[22]을 잊지 말라고 한다.

성벽의 총안銃眼|성벽에 뚫어 놓은 총구멍|에 대한 언급은 논리적으로 낙원이 벽으로 둘러싸인 '닫힌 정원'이었음을 암시한다.

이 점에서 "오랭(라인강 상류지방)의 거장"이라고 불리는 익명의 화가가 1430년경에 그린 〈낙원의 정원Jardinet du Paradis〉(현재 프랑크푸르트에 있음)은 매우 시사적이다. 꽃이 만발한 정원을 총안이 있는 벽이 둘러싸고 있다. 이 정원 속 인물은 언뜻 보기에 귀족과 영주인 것처럼 보인다. 하지만 다시 보면 등장인물을 특정할 수 있다. 성모는 책을 읽고 있고, 아기 예수는 성 세실리아의 키타라|고대 그리스 현악기|를 가지고 놀고 있으며, 성 미카엘은 성 조지 및 다른 성 기사들과 대화를 나누고 있다. 이 지상낙원은 마리아의 순결을 상징한다.[23] 다른 흥미로운 예시로는 플라비우스 요세푸스Flavius Josephus의 《유대 고대사Antiquitates Iudaicae》(파리, 국립도서관, 프랑스어 필사본 247)를 위해 그린 장 푸케Jean Fouquet의 삽화로서 표지에 복제되어 있다.[24] 이 삽화는 지상낙원에서의 아담과 이브의 결혼을 묘사하고 있다. 이 지상낙원은 요새화된 벽과 물로 둘러싸여 있지만, 네 곳에 구멍이 있어 생명의 샘에서 흘러나오는 네 개의 강이 빠져나갈 수 있다. 이 '닫힌 정원'에는 잎과 열매를 맺는 나무가 자란다. 사자, 양, 사슴, 토끼 등 다양한 동물들이 나란히 풀을 뜯고 있다. 전능하신 분의 외투는 겉은 빨갛고 속은 파랗게 되어 있어 자애로운

성모 마리아의 외투와 같은데, 그것은 벌거벗고 순결한 우리의 첫 부모를 감싸는 듯하다. 이브는 아름다운 금발 머리를 늘어뜨리고 있다. 천사, 새, 햇빛이 창조와 사랑을 기념하는 이 축제에 동참한다. 파란색, 빨간색, 금색, 초록색 등 밝은 색상이 빛과 행복의 분위기를 연출한다. 우리가 언제나 행운의 섬을 꿈꿀 수 있듯이, 이 닫힌 낙원은 시간이나 공간과는 관계 없이 기적처럼 나타났을 것이다.

플라비우스 요세푸스의 《유대 고대사》는 세상의 시작과 함께, 즉 6일간의 창조로 시작된다. 그래서 이 작품의 중세 말기 필사본은 종종 아담과 이브의 이야기를 묘사한 채색 삽화로 장식되었다. 예를 들어, 프랑스 아르스날 도서관에 소장된 15세기 프랑스어 필사본(5,082번 3쪽)에는 이브가 그려져 있는데, 그곳에 있는 지상낙원에는 생명의 샘과 선악을 알게 하는 나무가 있고, 원추형 망루와 층층이 쌓인 박공 구조를 포함한 건물들로 둘러싸여 있다. 즉, 지상낙원은 여전히 벽으로 둘러싸인 정원의 형태를 띠고 있다.[25]

지상낙원이 닫힌 정원이라는 생각은 "낙원의 작은 정원"이란 표현에서 알 수 있듯이 마리아의 상징체계와 순결성을 환기시키는 방향으로 옮겨 갔다. 수도사 시인들이 말하듯이, "그리스도께서 마리아에게 이슬처럼 내려오셨기 때문에" 마리아는 "벽으로 둘러싸인 정원"[26]이라고 했다. 이에 대한 근거는 성 히에로니무스ㅣ예로니모, 제롬ㅣ로서, 그는 "'닫힌 정원'은 〔…〕 어머니이

자 동정녀인 마리아를 닮았다"[27]고 썼다. 이로부터 닫힌 정원 한가운데서 신성한 아이를 안고 있거나 아들을 앞에 두고 경배하는 마리아를 표현한 작품들이 많이 나왔다. 미렐라 레비 당코나Mirella Levi d'Ancona는 이탈리아 르네상스 예술의 정원과 꽃의 상징성을 정리했는데, 그에 따르면 마리아의 '닫힌 정원'을 그린 작품이 15~16세기 이탈리아 반도에서 11개나 된다고 한다.

파리 국립도서관에 소장된 15세기 《왕실 찬가집Livre des chants royaux》(프랑스어 필사본 145번)에는 성모 마리아가 아기 예수를 안고 서서 그녀를 둘러싼 직사각형 정원을 내려다보는 모습이 그려져 있다. 담장 밖에는 두 손을 모은 채 무릎을 꿇은 인물(기증자)이 마리아에게 다음과 같은 찬양을 올린다. "진리의 월계수가 자란 닫힌 정원."[28] 이러한 유형의 도상은 성모에게 바치는 기도를 이미지로써 바치는 것이다.

'닫힌 정원'은 수태고지Annunciation를 나타내는 여러 작품에서 배경으로도 사용되었다. 특히 좋은 예가 1514년 베로나의 산 피에트로 마르티레 교회에 그려진 팔코네토G. M. Falconetto의 프레스코화이다. 성모 마리아는 총안이 있는 벽으로 닫힌 공간의 중앙에 앉아 있다. 순결을 상징하는 유니콘이 마리아의 무릎 위에 한 발을 얹고 있다. 벽 외부 한쪽에는 메시지를 전하는 천사가 있고, 다른 편에는 무릎을 꿇은 전사가 있는데, 그 옆에는 "양털 위에 비가 내리듯 내려왔다"는 글귀가 적혀 있다. 이 프레스코화에는 배경을 이루는 동물, 탑 및 고풍스러운 건물 등이

다소 과하게 그려져 있다. 그러나 적어도 우리에게는 이 사례가 마리아의 닫힌 정원이라는 주제가 매우 세련되게 표현된 종착점으로 보인다. 벽에는 "닫힌 정원Ortus conclusus"이라는 문구가 새겨져 있고, 그 옆에는 "황금의 문Porta aurea"이라는 문구가 새겨진 커다란 르네상스식 문이 있다. 정원에 있는 마리아의 왼쪽에는 자연스럽게 생명의 샘이 배치되어 있는데, 이것은 매우 선호된 기법이다.[29]

지상낙원은 꽃이 피어 있을 뿐 시들지 않기 때문에 마리아의 상징은 꽃으로 표현되었다. 사람들은 꽃들 덕분에 그곳을 바라보기만 해도 원죄의 시간에서 은총의 시간으로 넘어갈 수 있었다. 페르세뉴 수도원장 아당Adam de Perseigne은 성모를 기리는 성가곡에서 이렇게 외쳤다. "성모님, 당신은 시들지 않는 순결의 백합이 하얗게 피고, 침범하기 어려운 겸손의 제비꽃이 향기를 발하며, 끝없는 자비의 장미가 붉게 물드는 닫힌 정원입니다."[30]

14세기부터 자연이 본격적으로 서양 회화에 등장한 결과, 낙원의 식물 역시 예술 작품에서 그 수가 늘어났다. 그것을 보는 사람들, 적어도 그중에서 가장 교양 있는 사람들이 이해할 수 있는 코드화된 언어를 준수하면서 증가했다. 예를 들어, 악의 식물인 사과와 오이는 그리스도 수난의 상징인 포도나무와 체리에 대립하는 것으로 등장했다. '헤스페리데스 정원'l그리스 신화에 나오는 세상 서쪽 끝에 있는 헤라의 과수원으로, 불멸의 황금사과 나무가 있고 헤스페리데스라는 이름의 님프들이 이를 지킨다.」의 오렌지 나무는 기독교화되면서 겨울에도 잎이 지지 않고 열매를 맺기 때문에 지상낙원의 나무가 되었다.[31] 마찬가지로 오비디우스가 황금시대와 연관시킨 딸기(《변신 이야기》 1장 4절)는 새로운 기록에서는 에덴동산의 행복을 의미했다.[32] 신들의 꽃인 카네이션은 세속의 사랑을 나타내는 꽃이었는데 마리아의 꽃 그룹에 속하게 되었다. 또한, 봄의 대명사인 데이지꽃은 종교화에서 그리스도의 순결을 상징한다.

장미는 방금 다루었던 백합꽃, 제비꽃과 함께 특히 마리아와 관련이 깊었다. 장미는 낙원의 꽃 중 하나이기도 했다. 성 암브로시우스는 지상낙원에서는 장미가 가시 없이 자란다고 주장했다.[33] 같은 맥락에서 12세기 찬송가에서는 원죄에서 벗어난 마리아를 향해 다음과 같이 노래했다. "가시가 없는 장미여, 그대는 어머니가 되었네."[34] 이로부터 마리아를 장미꽃의 중앙에 묘사하는 도상이 생겨났다. 대표적으로 스테파노 다 베로나 Stefano da Verona(1438년 사망)가 그린 〈장미 정원의 성모 Madonna del Roseto〉(베로나 소재 카스텔베키오성 소장)를 들 수 있는데, 여기에서 마리아는 장미, 새, 천사 등이 있는 낙원에 앉아 있다. 〈장미 정원의 성모 Muttergottes in der Rosenlaube〉(슈테판 로흐너 작, 1450년, 쾰른 발라프-리하르츠 박물관 소장), 그리고 숀가우어 Martin Schongauer의 걸작 〈장미 덤불 속의 성모 La Vierge au Buisson de Roses〉(1473, 콜마르 생 마르탱 교회 소장)도 빼놓을 수 없는 대표작이다. 이 작품에서 마리아는 아기 예수를 품에 안은 채 두 천사에게 왕관을 받고 있다. 빨간 드레스와 망토를 입은 마리아의 얼굴은 묵상을 표현한다. 그녀 뒤에는 커다란 붉은 꽃이 달린 장미 덤불 격자가 있다. 나뭇가지에는 새들이 쉬고 있다. 신앙심이 있는 관람자는 이 감동적인 이미지에서 두 가지 교훈을 얻을 수 있다. 죄 없는 여인 마리아는 지상낙원에 살 자격이 있었을 것이다. 그러나 그녀의 붉은 옷과 장미의 색은 그녀가 부드럽게 안고 있는 아이에게 닥칠 잔인한 죽음을 예고한다.

기독교적 관점에서 볼 때, 닫힌 정원은 죄악에 빠진 현세의 추악함으로부터 보호받는 행복의 장소로서 일종의 피난처로 여겨졌다. 그 피난처에서는 닫힌 정원이 번잡한 도시 생활에서 벗어나 여가를 누리려는 인문주의적 열망과 연결되었다. 페트라르카Francesco Petrarca(1304~1374)는 최초의 인문주의 정원사라고 할 수 있다. 그는 퐁텐드보클뤼즈Fontaine-de-Vaucluse|'보클뤼즈의 샘'. 프랑스 남동부 지역으로 보클뤼즈는 라틴어로 '닫힌 계곡'이다.|에 머물면서 키케로가 《법률론De Legibus》에서 연상시킨 섬이자 정원을 모방하여 "알프스 너머의 헬리콘산|그리스 신화에서 뮤즈들이 살던 성스러운 산|"에 그것을 만들려고 했다. 페트라르카는 "소리를 내는 개울" 근처에서 뮤즈의 영감을 얻었다. 그는 프로방스 영지에서 "숨어 있는 샘에서 갑자기 시냇물이 시끄럽게 솟아나는 곳"에 제단을 세우고 "위대한 사상을 떠올릴 수 있었다."[35]

고대의 기억과 기독교적 영감을 결합시킨 전형적인 '닫힌 정원'은 에라스뮈스가 《종교적 향연convivium religiosum》(1522)에서 상상한 정원이다.[36] 이 정원의 주인인 에우세비우스 [성 에우세비오] 는 "사람들이 연기로 가득 찬 도시를 매력적으로 여긴다는 사실에 놀랐다"고 말한다. 손님 중 한 명인 티모테우스 ['신을 공경하는 자'] 가 이에 반박하며, 소크라테스가 "시골보다 도시를 더 좋아했다"고 말한다. "왜냐하면 도시에는 배울 것이 있지만, 시골에는 나무와 정원, 샘과 강이 있어 눈을 즐겁게 할 뿐 [...] 아무것도 가르쳐 주지 않기 때문"이다. 에우세비우스는 이렇게 답한다. "자연은 벙어리가 아니라, 주의를 기울여 가르침을 받아들이는 마음이 있는 사람에게는 많은 것을 말하고 가르쳐 준다. 봄에 그토록 은혜로운 자연의 얼굴은 창조주 하느님이 선한 만큼 지혜롭다는 것을 보여 주는 것이 아니라면 무엇을 말하는 것이겠는가?" 따라서 시골은 영혼이 자신을 발견하는 "격리된 장소"이자 영혼의 피난처이다.

더 구체적으로, 에우세비우스는 손님을 "마을 외곽"으로 초대한다. 그곳에 "그다지 넓지는 않지만 잘 가꾸어진 작은 땅"을 소유하고 있기 때문이다. 그 땅은 두 개의 정원으로 나뉘어 있다. 한쪽 정원은 꽃과 잎으로 장식되어 있고, "생명을 얻으려면 계명을 지켜라", "회개하고 회심하라" 등 라틴어·그리스어·히브리어로 수많은 성경 말씀이 새겨져 있다. 일행은 예수상 앞을 지나게 되는데, 그 근처에는 "건강에 매우 좋은 물이 나오는 작은 샘이 있다. [...] 샘이라는 이미지는 독특한 것으로서, 이 샘에서 나는 하늘의 음료는 시련에 짓눌린 모든 사람을 소생시킨다." 그런 다음 에우세비우스는 손님들을 "좀 더 세련된" 두 번째 정원으로 초대하는데, 이 정원은 집의 벽으로 둘러싸여 있다. 여기서 일행은 수도원의 "닫힌 정원"을 발견한다. "여기에는 향기로운 식물들만 자란다." "모든 식물들 사이에 미소 짓는 듯한 매력적인 시냇물이 흐르고 더위를 피할 수 있는 시원한 피난처가 약속되어 있다." 이 시냇물은 정원을 대칭으로 둘로 나누고 "양쪽의 식물들은 마치 거울에 비친 것처럼 서로 똑같다." 결과적으로 로테르담의 인문주의자(에라스뮈스)는 "유유자적한 삶otium", 즉 지식인에게 어울리는 정신 집중과 명상의 삶에 어울리는 닫힌 정원을 꿈꾸며 중세 수도원의 회랑으로 둘러싸인 녹지 공간이라는 틀과 기능을 빌린 것이다.

기독교의 맥락에서 '피난처'인 정원은 세상의 번잡함, 불행, 죄악에서 멀리 떨어져 있는 것으로서 베르나르 팔리시Bernard Palissy | 프랑스 공학자이자 도예가 | 가 《진정한 처방Receepte veritable》(1563)에서 상상한 정원이기도 하다. 이 저작에는 무엇보다도 "한때 보았던 것 중 가장 유용한 발명품이자 가장 편안한 정원의 구상"[37]이 포함되어 있다.

팔리시는 이 정원이 "지상낙원을 제외하고는 하늘 아래 존재한 적이 없는 가장 아름다운 정원"이 될 것이라고 확신한다.[38] 그리고 이것은 "사람들에게 〔…〕 모든 직업이나 방탕한 향락이나 부정한 거래를 버리고 땅을 경작하는 일에서 즐거움을 찾을 기회를 줄 것이다."³⁹ 그는 계속하여 말한다. "나는 이 위험하고 악한 날들 속에서 스스로 물러나 내 정원을 만들고 싶다. 이것은 인간의 부정과 악의를 피해 완전히 자유롭게 신을 섬기기 위함이다."⁴⁰ 이 책을 쓰던 시절에 베르나르 팔리시는 신교도로서 종교전쟁 초기의 살아 있는 증인이었다. 그는 《진정한 처방》에서 질문 상대에게 이렇게 선언한다. "나는 이 소란 속에서 인간의 끔찍한 무절제를 실제로 목격했다. 만약 당신이 그것을 목격했다면, 인간의 악의에 휘둘려 타락하게 될까 봐 두려워 벌벌 떨었을 것이고 당신의 머리카락이 모두 빠졌을 것이다."⁴¹

"시골풍 도자기"의 창안자였던 팔리시는 당연하게도 그의 "피난처"인 정원에 "닫힌 정원" 구상을 적용한다. 정원의 "직사각형"은 북풍과 서풍이 부는 쪽을 산과 바위로 "닫게" 하고,⁴² 나머지 두 쪽에는 낮은 벽이 만들어지게 한다. 네모난 정원 자체가 "사등분"되어 각 꼭지점에 정자가 설치된다. 그리고 또 하나의 정자가 가운데에 세워지는데, 그 가운데에 "주변에 포플라 나무가 심어진 작은 섬"이 있다.⁴³ 베르나르 팔리시는 이렇게 수도원의 정원 형태를 찾아냈고, 더 나아가 에라스뮈스의 권고를 받아들여 이 "지혜"의 장소에 〈시편〉이나 《지혜서書 Livre de la Sagesse》|가톨릭교회와 일부 정교회에 등장하는 책|에서 인용한 격언을 새겨 넣었다.⁴⁴

닫힌 정원에서
열린 정원으로

생통주ㅣ과거 프랑스 서부 지방ㅣ 출신 예술가인 베르나르 팔리시의 구상에도 불구하고, 르네상스 정원은 비기독교적 기원, 특히 동양에서 영향을 받았으며, 다양한 영향이 융합되면서 정원에 대한 관심이 높아졌다. 이슬람의 정원과 궁전은 그리스-로마 문명을 통해 페르시아의 '낙원' 전통을 받아들였다. 페르시아의 낙원은 성벽에 둘러싸여 있었다. 그 성벽은 사막에서 불어오는 바람을 막아 주는 방어막으로, 왕국 안에서 번성하는 온갖 종류의 나무, 식물, 동물 등을 그 안에 보호했다. "공원의 높은 성벽으로 보호받으며, 왕은 왕국 전체의 동식물을 자신의 지배 아래 두었고, 길들여지고 포획된 이 거대한 자연은 왕이 다산과 생명의 수호자로서 탁월한 역할을 맡고 있음을 상징했다."[45] 그러나 다른 한편으로 사막에 사는 무슬림들의 최고의 꿈은, 코란이 가르치듯이 사후 세계를 과수원으로 상상하는 것이었다. 그래서 《무함마드의 사다리Livre de l'Echelle Mahomet》ㅣ이슬람 예언자 무함마드의 여정과 승천을 기록한 책ㅣ에는 예언자 무함마드가 천사 가브리엘의 인도를 받아 하늘과 지하 세계를 여행하는 이야기가 담겨 있는데, 여기서 무함마드는 일곱 개의 연속된 "낙원"을 보고, 그 수가 "과수원"의 숫자와 같다는 것을 가르쳐 준다. 신의 거처인 일곱 번째 천국 역시 벽으로 둘러싸인 과수원으로 묘사된다. 그곳은 분수와 과일이 가득한 나무가 있고, 악기 연주와 그곳에 사는 처녀들의 달콤한 노래가 들리는 곳으로 묘사된다.[46]

바그다드와 다마스쿠스에서 그라나다에 이르기까지, 무슬림 통치자들은 《천일야화》에 묘사된 것처럼 웅장한 과수원을 만들었다. 이 책의 작가들은 샤를마뉴가 서양을 통치하던 시절|768~814|에 바그다드의 하룬 알 라시드|《천일야화》의 주인공이자 실제 압바스 왕조의 칼리프(786~809)|의 정원을 열정적이고 명백히 과장되게 묘사했다. 원형 연못 한가운데에는 은으로 만든 나무가 있었는데, 그 가지에 자동으로 지저귀고 움직이는 기계식 새가 앉아 있었다. 일부 새들은 금으로, 다른 새들은 은으로, 나뭇가지와 잔가지들은 금으로 장식되었다.[47] 이 정원의 모형은 콘스탄티노플로 옮겨졌다. 무슬림들은 정원에 대한 취향을 시칠리아와 안달루시아에도 가져갔다. 그리고 동방과 시칠리아 정원에서 물을 독창적으로 사용하는 것은 십자군에게 깊은 인상을 남겼다. 십자군 중 한 명인 로베르 다르투아Robert d'Artois는 1270년 팔레르모를 지나면서 마을 주변의 과수원에 감탄하여 귀국 후 피카르디의 에댕에 공원을 만들었는데, 나중에 부르고뉴 공작이 관리하면서 몇 세기 동안 서양의 유일한 무슬림식 정원으로 남아 있었다. 이 공원에는 그때까지 이곳에 알려지지 않았던 자동인형과 물을 이용한 다양한 기구가 있었다.[48]

동방의 사례에 힘입어, 사방이 둘러싸인 사랑의 정원이라

는 주제는 이미 12세기 문학에 등장했다. 《테베 이야기Roman de Thèbes》|오이디푸스의 쌍둥이 아들 신화를 재해석한 프랑스 최고最古 소설|는 "사방이 두꺼운 벽으로 둘러싸인" "정원"에 대해 언급한다.[49] 《플루아르와 블랑슈플로르Floire et Blancheflor》|사라센 왕자와 기독교도 하녀가 사랑을 나누는 중세 시대 로맨스|에는 다음과 같이 적혀 있다.

> 과수원은 아름답고 크며
> 이 세상에 이것을 이길 수 있는 것은 없다.
> 사방은 벽으로 닫혀 있다. […]
> 다른 한편 내가 보기에는
> 낙원의 강이 흘러, […]
> 과수원을 둘러싸고 있어서,
> 어떤 것도 그 안으로 들어갈 수 없다.
> 날아서 넘어갈 수 있는 것이 아니라면.[50]

크레티앙 드 트루아Chrétien de Troyes|아서왕 전설을 발전시킨 기사도 문학의 창시자|의 소설 《클리제스Cligès》에서 두 연인은 "높은 담으로 둘러싸인"[51] 과수원에서 몇 달 동안 행복한 시간을 보낸다. 이런 경향은 12세기 말까지 이어져, 앙드레 르 샤플랭André Le Chapelain의 《사랑에 대하여De amore》에도 "사랑의 왕"의 원형 정원이 등장한다. 그곳은 여러 종류의 향기로운 과일나무로 둘러싸인 매혹적인 장소로, 중앙에는 맑은 물이 흐르는 샘이 있

고, 다른 나무보다 키가 큰 웅장한 나무가 원형 정원 전체에 그늘을 드리우고 가지로 보호한다. 이곳 날씨는 항상 온화하다. 지상낙원은 재구성되었지만 세속화되었다. '매혹Amoenitas'이라고 불리는 이곳은 '습기Humiditas'와 '건조Siccitas'라는 반대되는 성질로 된 영토로 둘러싸여 있다.⁵²

사랑의 정원, 아, 얼마나 다가가기 어려운가! 중세 시대에 사랑의 정원으로 가장 유명한 것은 기욤 드 로리스Guillaume de Loris(1225~1230경)가 《장미 이야기Roman de la rose》[꿈속에서 장미를 얻으려는 주인공의 여정을 담았다.]의 첫 부분에서 말한 것으로, "벽은 높았고 완벽하게 재단된 돌로 만들어졌다"라는 문구에 이어서 다음과 같이 이어진다.

그 벽은 울타리를 대신하여
정원을 둘러싸고 막고 있다.
그래서 어떤 양치기도 들어간 적이 없다.
이 과수원은 매우 아름다운 곳에 위치해 있다:
사다리나 계단으로 나를 안으로 인도해 주었다면,
나는 매우 감사했을 것이다.
이 정원이 주는
기쁨과 즐거움을
아무도 경험하지 못했을 것이라고 나는 믿는다.
이곳은 새가 살기에

조금도 초라하지 않다.
나무가 이렇게 풍성하고
노래하는 새들로 가득 찬 곳은 없었다.[53]

여기서 흥미로운 점이 있다. 이야기에서 청년에게 정원의 문을 열어주는 "한가Oyseuse"라는 사람은 "쾌락"이라는 자가 "알렉산드리아에서 나무를 가져왔다"[54]고 알려준다. 여기에 동방의 영향이 있다는 데에는 의심의 여지가 없다.

중세 말에 나머지 세계와 분리된 사랑의 정원은 도상과 문학의 고전적인 주제였다. 14세기 아비뇽 근처의 소르그에는 이러한 틀 속의 사랑의 정원이 프레스코화로 그려져 있다. 프루아사르Jean Froissart의 "젊음의 숲"은 "사과처럼 둥글고 정자처럼"[55] 그려졌다. 《사랑에 빠진 마음의 책Le Livre du Cuer d'Amours espris》|15세기 앙주의 르네 공작이 쓴 알레고리 소설|의 부록에도 사랑의 섬에 "사이프러스와 알로에 나무로 만든 높은 울타리로 둘러싸인 아름다운 정원"이 있다.[56] 프란체스코 콜론나Francesco Colonna의 《폴리필루스의 꿈Hypnerotomachia Poliphili》(1467년 완성)에서 키테라섬은 꿈과 행복의 장소로서 요정들이 "주인 쿠피도에게 경의를 표하는" 밀폐된 공간으로 묘사된다. 1546년 프랑스어 번역본에는 다음과 같이 적혀 있다.

이 장소는 너무 아름답고 쾌적하고 유쾌해서 가장 웅변적인 사람들조차 그것을 묘사하려고 한다면 적절한 단어, 표상, 색조 등을 찾을 수 없을 것이다. […] 왜냐하면 그곳은 온갖 즐거움의 목표와 궁극적 목적을 위해 만들어진 정원, 과수원, 작은 숲 등으로 구성된 행복한 위로와 즐거움의 진정한 피난처였기 때문이다. […]

    기후는 불규칙하고 변화무쌍한 날씨, 또는 해로운 바람, 겨위, 서리, 안개 등의 위험에 노출되지 않으며, 항상 만발하고 건강하며 영원히 지속되고 자연이 선물할 수 있는 모든 재화를 생산한다. […]

    그 위치는 바위, 진흙, 자갈이 없는 맑은 물로 둘러싸여 바다 한가운데이다. […] 섬을 빙 둘러서 아름다운 사이프러스 나무가 세 걸음 간격으로 심겨 있고, 그 아래에는 울창하고 조밀한 몰약나무가 한 걸음 반 높이로 울타리를 이루고 있다. 이 울타리 안에는 사이프러스 나무 줄기가 울타리에서 뻗어나와 있는데 가지 끝까지의 길이가 한 걸음 반 정도 된다. 이 울타리는 섬 전체를 둘러싸는 역할을 하며, 적절한 장소에 출입구가 만들어져 있다. 그러나 울타리는 매우 두꺼운 잎으로 이루어져 있어서 틈새로 안을 들여다볼 수 없다. 또한 벽처럼 수직으로 서 있으며, 매일 정성껏 손질하는 정원사가 있는 것으로 보인다.[57]

이 발췌문을 읽다 보면 "둘러싸인", "벽", "닫힌", "울타리" 그리고 다시 "벽" 등의 단어가 강조된 것을 알 수 있다. 말하자던

이 낙원 같은 섬은 시간과 공간의 바깥에 있다. 기후는 황금시대와 마찬가지로 고르고 온화하다. 꽃과 과일이 풍성하게 자라고, 저자가 뒷부분에서 말하는 바에 따르면, 모든 나무는 "열매를 맺으며 [...] 높이와 크기와 너비가 같다. 더욱이 항상 푸르고 열매가 가득하여 계절의 변화를 모른다. 왜냐하면 하나를 따자마자 곧바로 다음 열매를 딸 수 있을 정도로 커지기 때문이다."[58]

지상낙원은 베네치아 성직자의 이 에로틱한 꿈에서 새로운 의미를 갖게 되었다. 그러나 그것은 이교적인 것이 되어 16세기의 '유토피아'처럼 바다 한가운데에 완전히 고립되어 있다. 젊은 영웅의 그다음 여정은 서로 맞물려 있는 일련의 정원을 지나 비너스의 정원에 이르는 것이다. 이 정원에서 마침내 폴리필루스는 폴리아와 키스한다. 이 마지막 피난처의 "비밀스러운" 성격은 격자무늬로 강조된다. "닫힌 정원"이 궁정풍으로 세속화된 끝에 마침내 프란체스코 콜론나가 상상력을 발휘한 이 고대풍 작품으로 나타난 것이다.

르네상스는 닫힌 정원과 완전히 단절하지는 않았다. 폴리필루스가 초기의 방황 끝에 바로 그 닫힌 정원에 도달했다는 것이 그 증거이다. 실제로 만들어진 정원으로는 만토바의 테Te 궁전 정원, 아펜니노 산맥 경사면의 파비아에 있는 몬탈토Montalto 정원, 그리고 무엇보다도 1540년 메디치가의 코시모 1세를 위해 설계된 피렌체 근처의 카스텔로 정원 등이 있다. 이 정원의 주요 구성 요소는 정사각형 정원, 정원을 둘러싼 낮은 돌담, 그리고 중앙에 마련된 비너스에게 헌정된 원형 분수 등이다. 이 중앙 정원의 각 면을 두 개의 작은 정원이 둘러싸고 있는데, 이 작은 정원 역시 닫힌 정원이며, 맨 끝에는 레몬 과수원으로 연결되는 통로가 있다.

여기에 다른 예가 추가될 수 있다. 게다가 중세 이후에 지어진 많은 정원에는 광대한 건축물들 가운데 '닫힌 정원'이 포함되어 있어서 연인이나 철학자들이 그곳에서 만날 수도 있었다. 이것은 어디까지나 극단적인 사례이다. 브라만테Donato d'Aguolo Bramante가 율리우스 2세를 위해 설계한 웅장한 벨베데레의 코르틸레Cortile(닫힌 공간)는 두 개의 긴 회랑이 벨베데레 별장과 바티칸 궁전을 연결하기 때문에 여전히 닫힌 공간이다. 다만, 휴양지와 정원의 매력이 교황의 화려함과 고대 조각상 배치로 상쇄되었다. 브라만테는 지형과 건물을 언덕의 경사면에 맞게 조정하여 마치 건축물이 대지에서 나오는 것처럼 보이도록 하고 테라스, 계단, 극장 무대로 코르틸레|안마당|를 꾸몄다. 이 밀폐된 정원의 크기도 특이하다.

이 지역에서 르네상스의 위대한 혁신은 개방형 정원으로, 레온 바티스타 알베르티Leon Battista Alberti가 저서 《건축론De re aedificatoria》(1452)에서 이 이론을 정립했다. 당시로서는 새로운 그의 아이디어는 집과 정원을 하나의 전체로 다루어야 하며, 건축가가 리모델링한 녹지 공간은 주변 경관과 조화를 이루며 주변 경관을 향해 개방되어야 한다는 것이었다.[59] 브라만테의 작

품은 부분적으로는 이 이론에 부합했다. 로마에서 '황금궁전'의 발견|르네상스 시대에 네로 황제의 도무스 아우레아Domus Aurea가 발굴되었다.|, 티볼리의 '하드리아누스 별장'에 대한 새로운 관심, 고대의 유행 등은 곧 확대되어 건축가와 수리 기술자가 자연을 다듬어서 시골에 진정한 궁전을 만들게 되었다.

그것이 닫힌 정원이든 열린 정원이든, 과연 당시 사람들은 르네상스 정원 안에 '황금시대'와 지상낙원을 꿈꾸었을까? 어느 정도는 그렇다! "황금시대 신화는 로렌초 메디치(일 마니피코)를 위한 포조 아 카야노의 별장과 코지모를 위한 카스텔로 궁전의 건축을 촉진했다."[60] 가르다 호수 지역을 방문한 만테냐 Andrea Mantegna|르네상스기 궁정화가|는 "나무가 우거진 정원을 발견하고, 그것이 낙원과 매우 흡사하며, 가장 매력적인 여신이 있다는 증거로 출현한 듯하다"[61]고 했다. 당시 '기쁨'이라는 단어가 정원이나 정원의 일부를 가리키는 경우, 오랜 의미론적 전통에 따라 지상낙원과 닫힌 정원이 동의어처럼 사용되었음을 기억해야 한다. 페라라 근처의 벨리구아르도와 벨피오레,[62] 나폴리의 포조레알레, 티볼리의 빌라 데스테[63] 등을 화제로 삼을 때 사람들은 그 '기쁨'에 대해 말한 것이다. 누군가는 1525년 햄프턴 코트 |런던 템스강 상류에 있는 잉글랜드 궁전|에 대해 "지상의 주거지라기보다는 낙원처럼 보였다"[64]고 했고, 정원에 있을 때에는 "화단이 낙원"이라고 했다. 그러나 다른 한편으로는, 르네상스와 그 다음 세기의 웅장한 유럽 정원이 "에덴동산의 재구성을 불가능하게

했다"[65]는 점도 강조되어야 한다.

이 웅장한 정원들은 세 가지 요소로 특징지어진다. 우선 '보스코bosco'|이탈리아어로 '숲'|, 즉 주변 경관과 연결되는 숲이 우거진 조경, 두 번째로 폭포, 운하 및 분수를 이용한 물의 활용, 마지막으로 넓은 원근법을 이용한 공간 배치가 그것이다. 티볼리, 바냐이아, 그리고 조금 뒷 시기의 보로메아 제도의 유명한 빌라는 그 대표적인 사례 중 일부에 불과하지만, 이 구상의 정신을 잘 드러낸다. 연출과 환상 효과도 추구한다. 놀라움과 경이로움을 불러일으키기 위해 인공적인 요소(자동 기계장치)나 자연의 모방품(동굴)이 더해졌다. 풍경은 예술에 종속되었고, 기술이 자연보다 우선시되었다. 정원은 연극의 무대, 심지어 화려함과 상황을 연출하는 배경이 되었다.

몽테뉴는 이탈리아 여행에 대한 기록에서 16세기 프란체스코 1세 메디치를 위해 설계된 프라톨리노 대저택을 다음과 같이 묘사했다.[66] "그곳으로 이어지는 중앙 도로의 폭은 15미터였다. 이곳은 놀라운 분수와 자동 기계인형으로 가득했다." 지금은 사라진 이 정원에 대해 현존하는 최고의 전문가인 루이지 장게리Luigi Zangheri[67]는 프라톨리노를 다음과 같이 평가했다. "이것은 완전히 새로운 유기체로서 대형 빌라, 신기한 실제 보석상자, 과거의 영광과 현재의 경이로움을 위해 구상된 공원이자 정원으로 구성되었다. 프라톨리노의 독창성은 그것이 '신기한 것mirabilia'을 모아 놓은 유일한 박물관인 동시에 진정한 야외의 작은 서재이며 동굴과 분수의 생명이 요동치는 거대하고 불규칙한 미로라는 점이다."

올림포스산을 모방한 배경에는 주피터, 비너스, 아폴로, 아스클레피오스를 본뜬 조각상이 서 있고, 작은 극장 속 자동 기계인형이 움직이며 일상생활 속 장면(철물공, 제분공 등)과 반쯤 신이 된 인간들의 이야기(나르키소스)를 공연했다. 프라톨리노의 인공 동굴에는 현존하는 모든 종류의 금속과 은을 채굴하는 광산과 채굴 방법이 재현되어 있었다.

이 동굴은 "산호와 다른 귀한 보석들"로 가득 차 있었고, 그 주변은 "수천 가지 꽃으로 장식되어" 있으며, 큰 새장에는 "수많은 새들"이 가득하고, 어항에는 "크고 다양한 물고기들"이 살고, 숲속에는 "많은 토끼, 염소, 산토끼들"이 뛰어다녔다. 물은 수 킬로미터 떨어진 샘에서 끌어와 "여름의 더위 속에서도 봄의 쾌적함과 부드러움"을 즐길 수 있었다.[68]

16세기 및 17세기 정원은 "복잡한 개념적 체계"이자 암호화된 체계[69]로 정의될 수 있으며, 여기서 자연은 "부정되거나", 심지어 "인위적이고 파편화되"[70]었다. 중세 수도원의 정원이 영혼을 신에게 인도하는 것이었다면, 르네상스의 정원은 소유자의 덕을 찬양하는 것이었다. 게다가 정교한 도구를 많이 사용함으로써 에덴동산은 단순하다는 관념과 결별했다. 17세기 중반, 극작가 제임스 셜리James Shirley(1666년 사망)는 튤립이 너무 비싸다면서, 지나치게 잘 꾸며진 정원에 대해 다음과 같이 불평했다.

"내 눈에는 아름답지 않다/비록 인간의 기술이/과거의 낙원을 다시 한 번 가득 채울 수 있는/자연을 단번에 사들일 수 있다 해도."[71]

이렇게 인공 낙원을 재창조한 것은 진정한 천국이 사라졌기 때문이었다. 16세기 이탈리아 비테르보 근처의 바냐이아에 있는 빌라 란테에서 이루어진 선택에 대해 이와 같은 해석이 적용될 수 있다. 오비디우스에 따르면, 황금시대에 꿀이 흘러나왔다는 녹색 참나무와 같은 황금시대에 포도주 강이 흘러나왔다는 바쿠스의 샘은 '농경시'에서 볼 수 있듯이 '더 행복한 시대'를 상징했다. 이 시기 이후 이 행복한 시대에 대비되는 것이 주피터의 시대로서, 이 시대를 상징하는 것은 이탈리아식 정원이었다. 이 정원에서는 인간의 기술이 자연을 이겨 낸다. 바냐이아 정원의 구성은 시선이 끝나는 바로 그곳에 정확하게 대홍수의 샘을 배치함으로써 황금시대의 드라마틱한 종말을 보여 준다.[72] 르네상스 이후 유럽 정원에 자주 등장하는 미로라든가 보마르초에 있는 '신성한 숲Bosco Sacro'(1552)|혹은 '괴물들의 공원'|에서처럼 괴물 조각상이 인도하는 길을 따라가는 통과의례 길은 방문자들에게 원죄 이후 인간의 여정이 어렵고, 반항적인 자연을 통제하기 위해 많은 노력이 필요함을 상기시켰다.

르네상스의 특징인 '닫힌 정원'에서 열린 정원으로의 전환은 르네상스의 특징으로서, 아담과 이브 이야기의 표현에도 나타난다. 이미 후고 판 데르 구스Hugo van der Goes(비엔나 소장 〈원죄〉), 히에로니무스 보스Hieronymus Bosch(프라도 소장 〈세속적 쾌락의 정원〉), 앙리 메트 드 블레Herri met de Bles(암스테르담 국립미술관 소장 〈지상낙원〉) 등의 작품에서는 낙원의 나무가 넓은 풍경 속에 통합되어 있다. 이러한 경향은 이후 더욱 강화되었다. 루카스 크라나흐Lucas Cranach는 1530년경 〈지상낙원〉(빈 미술관 소장)을 그리면서 에덴동산을 들판 쪽으로 넓게 펼쳐지는 것으로 표현했다.

'닫힌 정원'의 분해는 1550년경 〈창세기〉 앞부분을 형상화한 브뤼셀의 아름다운 태피스트리에 이르러 완성되었다. 이 작품은 현재 피렌체의 아카데미아 미술관에 소장되어 있다. 동물의 이름 부여, 원죄의 다양한 단계, 우리 첫 조상의 추방은 광활한 공간 속에서 펼쳐지는데, 그곳에는 나무, 언덕, 많은 꽃, 잎사귀, 새들, 그리고 수많은 다른 동물종의 대표자들이 있다.[73] 그 다음 세기에 루벤스와 얀 브뤼헐은 모두 〈지상낙원의 아담과 이브〉(라 에, 마우리츠하위스)라는 작품을 제작하며 동일한 방식을 채택했다. 이 방식은 이후 가장 자주 사용되는 규범이 되었다. 이 주제를 다룬 이자크 반 오스텐Isaak van Oosten(1661년 사망)(렌, 렌 미술관)의 작품이나 18세기 예술가가 아나카프리의 산 미켈레 교회 바닥에 독특한 주제와 색상으로 지상낙원을 표현한 작품에서도 이를 확인할 수 있다.[74]

꽃과 샘

　　　　에덴동산의 울타리가 사라지면서, 꽃이 서양인의 감성과 예술에서 점차 중요한 위치를 차지하기 시작했다. 다양한 영향이 결합되어 꽃의 지위 상승을 이끌었다. 중세 수도원의 정원문화, 동양 정원의 영향, 장미나 카네이션 같은 꽃에 이교도의 상징성을 부여한 고대로의 회귀 등이다. 여기에 더하여 중세 후반부터 서양 문명의 특징이 된 세부 사항에 대한 관심, 회화 구성 속에 현실 풍경의 도입(예를 들어, 제네바 미술관에 있는 콘라트 비츠의 〈기적의 고기잡이〉), 식물에 대한 관심(알브레히트 뒤러나 요리스 회프나겔의 수채화 여러 점, 레오나르도 다빈치의 습작, 기괴한 고대를 연상시키는 조반니 다 우디네의 장식품이 이를 드러낸다) 등이 나타났다.

　이러한 요인들이 결합되면서, 15세기부터 서양에서 식물학과 원예에 대한 관심이 급속히 커져 성스러운 분야와 세속적인 분야 모두로 확산되었다. 이를 증명하는 예로 얀 반 에이크Jan van Eyck의 〈신비로운 어린 양의 경배〉(헨트의 생바봉 성당)에 등장하는 낙원의 초원 속에 있는 약 50종의 식물, 15세기 후반과 16세기 초 프랑스에서 인기를 끌었던 '천 개의 꽃mille-fleurs' 태피스트리, 그리고 《폴리필루스의 꿈》의 저자가 상상한 폐허가 된 로마 원형극장 안에 있는 꽃의 정원 등이 있다. 저자인 프란체스코 콜론나에 따르면, 이 원형극장의 계단에는 시클라멘, 수레국화, 장미, 수선화가 자란다. 중앙에는 장미, 미르터ㅣ은매화ㅣ, 다듬어진 사이프러스 나무로 그늘진 회랑과 오솔길이 있으며, 매발톱꽃, 백합, 스톡ㅣ비단향꽃무ㅣ, 은방울꽃, 카네이션, 제비꽃, 빈카꽃, 금잔화, 글라디올러스가 함께 자란다.[75]

피에르 드 롱사르는 금잔화, 소나무, 호랑가시나무에 대한 시를 썼다. 영국에서는 튜더 시대에 상업용 묘목장이 처음 등장했다.[76] 1546년 영국 왕실 정원사는 빨간 장미 나무를 3천 그루 이상 구매했다.[77] 16세기에는 프랑스에 튤립, 히아신스, 아네모네, 크로커스가 들어왔다.[78] 꽃이 만발한 정원을 확산시킨 중심지는 처음에는 이탈리아, 스페인, 그리고 남부 프랑스였다. 그러나 1580년 이후 스페인령 네덜란드와 네덜란드 공화국Provinces-Unies이 이 분야에서 선두를 차지했다. 이때부터 튤립이 이 지역 문화 생활에서 중요한 위치를 차지하게 되었다.[79]

동시에 식물원이 탄생했다. 가장 오래된 식물원은 1533년 베네치아 근처에 설립되었다. 이어 파두아(1545), 피사(1546), 볼로냐(1568), 파리(1576), 레이던(1577), 라이프치히(1580), 몽펠리에(1598)에 식물원이 만들어졌다. 식물원을 통해 잃어버린 낙원을 되찾을 수 있을 것이라고 기대했던 것일까? 사람들은 그렇게 믿은 듯하다. 키스 토머스Keith Thomas는 17~18세기 영국의 정원 관련 서적을 인용했는데, 그 제목은 《다시 발견된 낙원》, 《회복된 낙원》, 《대지의 낙원》 등이었다. 1783년 프랑스 박물학자 피에르-조제프 부쇼Pierre-Joseph Buchoz는 식물학 책을 출판했는데, 그 제목은《에덴동산, 트리아농의 여왕 정원에 재현된 지상낙원, 또는 남반구와 북반구에 서식하는 희귀 식물 집대성》이었다.[80]

그러나 이 책에서 다루는 중심 주제와 관련하여, 유럽 근대 초기의 특징은 황금시대나 지상낙원이라는 과거의 두 환상 세계가 종종 혼동되면서 그 세계로 되돌아갈 수 없다는 마음 아픈 감정이 있었다는 점을 상기해 보자. 16세기와 17세기에는 "코카인의 땅", "청춘의 샘", 다소 우스꽝스러운 "불가능한 곳 impossibilia", 그리고 "뒤집힌 세계"[81](예를 들어 "광란의 축제"에서)와 같은 주제들이 서로 연결되어 확산했다는 점은 의미심장하다. 이 뒤집힌 세계들은 분명히 웃음을 자아내거나 미소를 짓게 하거나 적어도 꿈을 꾸게 했다. 하지만 역사학자로서는 이런 것들이 강조되었다면 그냥 지나칠 수 없다. 이러한 것들은 강력한 집단적 환상을 표현하기 때문이다. 이러한 애매함을 보여 주는 사례가 있다. 암스테르담의 국립미술관에 소장된 뤼카스 판 레이던Lucas van Leyden의 그림은 때로는 "코카인의 땅"을, 때로는 "황금시대"를 연상시키는 것으로 보인다.[82]

이 당시 '청춘의 샘' 전설에 부여된 지위는 특별히 주목할 만하다. 이 전설은 중세 시대에도 이미 존재했으며, 사제 요한의 왕국 안에 있다거나 방랑 기사들이 세계를 떠돌며 찾는 대상으로 묘사되었다. 14세기에는 청춘의 샘이《포벨 이야기Roman de Fauvel》(프랑스국립도서관)|왕실과 사회의 부패와 위선을 비판한 풍자시집|의 필사본 세밀화를 장식했으며, 상자나 함函을 장식하는 상아

장식판에 등장했다. 15세기 이후 이 주제는 더욱 널리 확산되었다. 부르고뉴 공작의 도서관(파리 프티팔레)에 소장된 《알렉산로스 대왕의 역사l'Histoire du roi Alexandre》라는 필사본에는 낙원의 정원 중앙에 분수가 있다. 이 분수를 사자와 불사조(그리핀)가 지키고 있으며, 분수에서 흘러나오는 물로 채워진 연못에서 사람들이 젊음과 건강을 되찾는다. 이 장면을 설명하는 설명문은 이렇다. "알렉산드로스가 젊음의 분수를 발견한 방법."

이 전설은 우화적이고 기독교적인 방식으로 해석될 수 있었다. 즉, 청춘의 샘물은 영적 재생의 상징적인 방식을 의미할 수 있었다. 그러나 르네상스의 영향으로 에로티시즘이 이 행복과 젊음의 샘물을 묘사하는 작품에서 주요 요소로 부상했다. 예를 들어, 피에몬테의 만타성에 있는 자코모 자케리오Giacomo Jaquerio의 프레스코화(15세기 전반)에서도 이를 확인할 수 있다. 샘에서 젊은 남녀가 껴안고 있고, 그들 위에는 사랑의 신이 화살을 쏘고 있다.

이후 상자의 장식판, 판화, 콜마르의 벽걸이 자수화, 제발트 베함Sebald Beham의 목판화, 다양한 회화작품에 청춘의 샘이라는 주제를 다룬 수많은 작품이 등장했다. 그중에서도 1546년 루카스 크라나흐 2세가 헌정한 작품(베를린, 국립박물관)이 대표적이다. 그의 아버지는 1530년에 〈황금시대〉를 그렸으며, 이 작품은 현재 오슬로 박물관에 소장되어 있다. 병자, 노인, 장애인들이 짐수레, 손수레, 들것, 심지어 사람 등에 엎혀서 기적의 샘가로 옮겨진다. 거기서 사람들은 옷을 벗고 샘물에 들어가고, 치유된 그들은 젊고 행복한 상태가 되어 춤과 연회, 사랑을 할 준비가 된다. 왼쪽, 즉 노년 쪽은 산악지대의 불안정한 풍경이며, 오른쪽, 즉 청춘 쪽은 부드럽고 환대하는 자연의 모습이다.[83]

16세기에는 1513년 "꽃핀 부활절 Pâques fleuries"(종려주일의 일요일)에 플로리다를 발견한 폰세 데 레온Ponce de León|미국 본토에 도착한 첫 유럽인|이 인디오들의 안내를 받으며 그곳에서 신비로운 청춘의 샘을 찾고 발견했다는 이야기가 사람들의 이목을 끌었다. 피에트로 마르티레 당기에라는 스페인에서 "모든 민중"이 이 소식을 "진실"로 믿었으며, "덕과 부로 민중들 사이에서 돋보이는 많은 사람들"도 마찬가지였다고 기록했다. 이것은 노인들에게 젊음을 되찾아 준다는, 아메리카에 있는 요단강인 셈이었다. 그러나 피에트로 본인은 자연에 그런 힘이 있다는 데 동의하지 않는다고 밝혔다. "나는 신이 인간 마음의 깊이를 탐구하거나 무에서 유를 창조하는 것만큼이나 예외적인 특권을 자신에게만 남겨 두셨다고 믿는다"고 그는 단언했다. 그가 보기에, '청춘의 샘'은 메데아가 시아버지 아이손을 젊게 만든 신화✣나

✣ 〔옮긴이〕 황금 양모피 획득에 성공한 아이손이 아버지에게 수명을 보태 주고 싶다고 울며 말하자, 남편의 효성에 감동한 메데아가 아이손의 목을 따서 늙은 피를 뽑아낸 다음 자신이 만든 영액을 채워 넣어 40년 전의 모습으로 되돌렸다. 오비디우스, 《변신 이야기》 7권

에리트레아의 시빌이 식물로 변한 것✢과 같은 신화였다. 아메리카 정복을 기록한 또 다른 연대기 작가 페르난데스 데 오비에도Fernández de Oviedo는 청춘의 샘을 발견하려는 계획을 기독교인의 것으로 보는 것은 어리석다고 주장했다.[84]

청춘의 샘은 프라도 박물관에 소장된 히에로니무스 보스의 삼면화 〈세속적 쾌락의 정원De tuin der lusten〉에 두 번 등장한다. 왼쪽 패널은 지상낙원, 즉 엄밀히 말해 '기쁨의 정원'을 묘사하며, 창조주가 아담과 이브에게 생명을 부여하고 있다. 그 뒤로 기이한 형태의 분홍색 분수가 고요한 파란 물의 연못에 물을 내뿜고 있다. 이 부분도 보스 특유의 유머러스한 아이디어와 특이한 세부를 포함하고 있지만, 주된 인상은 고요한 시골의 평화로움이다. 흰색의 기린과 코끼리가 분수 양쪽에 있다. 다른 동물들도 두려움 없이 연못에서 물을 마시고 있다.

그러나 원죄 이후 에덴동산은 사라졌거나 금지되었다. 따라서 이 지상의 거짓 즐거움을 경계해야 한다! 삼면화의 가운데 부분은 지상의 거짓 즐거움을 다룬 부분으로, 여기에 다시 한 번 청춘의 샘이 등장한다. 흰 피부와 검은 피부의 아름다운 여인들이 그곳에서 유희하고 있다. 맛있는 과일, 꽃, 페르시아 세밀화를 연상시킬 정도로 정교하고 섬세한 색상들은 매혹적인

✢ 〔옮긴이〕 에리트레아 지역에 아폴론을 섬기는 '시빌'(무녀)이 있었다. 시빌이었던 다프네는 아폴론의 구애를 피해 월계수로 변했다.

분위기를 자아낸다. 불안한, 심지어 음란한 요소의 침입은 이것이 가짜 천국임을 나타낸다. 유리관을 통해서 이상한 얼굴이 쥐를 바라보고 있고, 그 위에 있는 수정구슬 안에서는 두 연인이 애무 중이다. 그 왼쪽에 있는 거대한 올빼미는 사탄의 서이며, 그 오른쪽에는 뒤집힌 남자가 이미 심연으로 빠져들고 있다.[85] 작품 해석의 마무리로서 삼면화의 오른쪽 그림은 논리적 귀결로서, 끝없는 형벌의 지옥에서 악이 승리하는 것을 보여 준다.

오랫동안 통찰력 있는 사람들은 사람을 홀리는 정원의 함정을 경고해 왔다. 앙투안 드 라살Antoine de La Sale(1460년경 사망)의 《시빌 여왕의 낙원La Paradis de la reine Sibylle》에서, 통칭 메시노라고 불리는 젊은 영웅 게리노는 수많은 모험 끝에 요정 알신의 궁전에 도착한다. "그는 식사를 마치고, 낙원처럼 보이는 정원으로 안내되었는데, 그곳에는 인간의 언어로 이름 붙일 수 있는 모든 과일이 있다. 그때 그는 모든 것이 속임수임을 깨달았다. 왜냐하면 그곳에는 계절에 맞지 않는 과일이 많았기 때문이다."[86] 이는 당시에 "악마의 속임수"라고 불렸던 것이다.

기교파 궁정시인 옥타비앙 드 생젤레Octavien de Saint-Gelais는 앙굴렘 주교로 재직하다 1502년에 사망한 인물인데, 저서 《명예의 거처Séjour d'Honneur》에서 같은 교훈을 전한다. 이야기의 주인공인 배우는 "모든 즐거움과 기쁨으로 가득한" 섬에 도착한다. 그곳에는 특히 "기쁨의 장소"와 "아름다운 과수원"이 있으며, 나무와 화초가 사계절 내내 꽃을 피우고, 귀부인과 처녀들이 음악에 맞춰 춤을 춘다. 모험의 주인공은 처음에는 "온갖 음란한 행위에 빠져든다." 그러나 다행히도 신의 은총이 그를 구원하고, 계시가 이 "거짓 희망의 섬"을 떠나라고 명령한다. 왜냐하면 이 지상 세계는 단지 "비참한 골짜기"[87]에 불과하기 때문이다.

에드먼드 스펜서Edmund Spenser는 "시간의 잔해"에 대한 시에서 한 시대의 우울을 다음과 같이 표현했다.

> 그때 나는 기쁨의 낙원을 보았네,
> 달콤한 꽃과 가장 세련된 즐거움으로 가득 찬,
> 이 땅에서 더 나은 것을 상상할 수 없는 곳 […]
> 그러나, 오, 짧은 즐거움이란 긴 고통을 대가로 치르나니!
> 이제 내가 이 정원이 완전히 파괴된 것을 보았으니
> 앞으로
> 지상의 행복을 즐기고 헛된 즐거움 속에서 기쁨을 찾을 수 있
>   겠는가?
> 그 정원이 있던 곳에는 눈길이 닿는 곳마다 빈 공간뿐이다.
> 과거에 이 아름다움을 바라보았던 나,
> 이제는 눈물을 참을 수 없다.[88]

해석자들은 다음과 같이 확신했다. "기쁨의 정원"은 정말로

사라졌다. 그러나 우리에게는 그곳을 찾아야 할 권리가 있고, 심지어 그것은 의무이기도 하다.

제7장

새로운 학문과 지상낙원

MESOPOTAMIA
Singaras Mons
Seleucia
Ctesiphon
Tigris
SYRIÆ
PARS
Sabe
D
E
PALU
DES
CHAL
DÆA
Ragua
AMOR
DACIA
ARA
BIA

문화의 중심에 있는
지상낙원

지상낙원에 대한 '순진한' 믿음은 중세 특유의 것이었고, 르네상스의 지적 진보에 도전을 받았다고 생각할 수도 있지 않을까? 뒤러Albrecht Dürer, 앙리 메트 드 블레,[1] 미켈란젤로, 이후 시대 사람인 루벤스[2]가 아담과 이브를 자연 속에서 순결한 나체로 표현했을 때, 그리고 보베의 거대한 스테인드글라스를 만든 사람들,[3] 지금은 루앙의 비외마르셰 교회로 옮겨진 스테인드글라스 창문을 만든 사람들, 그 외의 많은 사람들 역시 그렇게 표현했을 때, 그들 모두는 단지 예술적 표현을 위해 아름다운 전설을 불러온 것일까? 당연히 아니다! 반대로 이 예술가들은 아담과 이브가 불복종의 죄를 저지르기 이전에 실제로 존재했다고 모두가 확신했던 황금시대를 저마다의 상상력과 재능을 이용해 되살리려 했던 것이다. 더욱이 근대 초에는 지상낙원에 대한 주장과 추측이 그 어느 때보다 활발했던 시기다.

많은 사례 중 한 가지를 들자면 다음과 같다. 왕의 침실 시종이었던 앙투안 뒤 베르디에Antoine Du Verdier(1602년 사망)는 저서 《교훈집Les Diverses leçons》에서 다음과 같이 명확히 가르쳐 준다. "에덴은 태초에 하느님이 기쁨의 정원을 지으신 장소의 고유명사임이 분명하다. [...] 이 정원은 샘과 강이 물을 공급했는데, 그 물이 네 개의 큰 강으로 나누어졌다." 천국과 낙원을 혼동하는 사람들에게 뒤 베르디에는 이렇게 말한다.

> 천국과 낙원 사이에는 큰 차이점과 다양성이 있다. 천국은 하늘의 창공 위에 있는 반면, 낙원은 지상의 창공 아래에 있다. (…) 천국의 환희는 하느님의 모습과 그곳에서 행복한 천사들과 함께 누리는 영원한 행복에서 비롯되고, 낙원의 기쁨은 쾌적하고 탐스러운 나무들과 그 나무에 물을 주는 크고 아름다운 시냇물에 있다. 천국은 어떤 눈으로도 볼 수 없고 어떤 귀로도 들을 수 없다. (…) 그러나 낙원은 아담과 이브의 육안으로 볼 수 있었다. 안타깝도다! 그곳(낙원)에 사는 사람은 없다.[4]

16, 17세기에 지상낙원은 학문에 귀중한 소재를 제공하고 수많은 위대한 시적 작품들에도 영감을 주었는데, 지상낙원이 당시 최고 지식인들의 관심사에서 어떤 위치를 차지했는지는 오늘날의 우리가 정확히 알기 어렵다. 윌리엄스 A. Williams는 르네상스 시대에 영국에서 작성된 '모세 5경 Pentateuque' | 모세가 저술했다고 여겨지는 〈창세기〉, 〈출애굽기〉, 〈레위기〉, 〈민수기〉, 〈신명기〉의 다섯 경전 | 주석 연구에서, 〈창세기〉를 대상으로 한 주석서는 라틴어로 39개, 영어로 6개이며, 5경 전체를 대상으로 한 것은 13개의 주석서가 있는데, 이는 성경 전체 주석서는 제외한 숫자라고 했다.[5] 1540년부터 1700년까지 지상낙원을 소재로 라틴어 또는 유럽 나라의 언어로 작성된 작품은 적어도 155개에 이른다.[6] 뒤 바르타스

Du Bartas의 《창조의 주週Les Semaines》(초판, 1601), 그로티우스Hugo Grotius의 《아담의 추방Adamus exul》(마찬가지로 1601), 폰델Joost van den Vondel의 《추방된 아담Adam in ballingschap》(1664), 밀턴의 《실낙원》(1667) 등은 과거의 커다란 빙산 중에서 오늘날 우리 눈에 잘 띄는 작품들에 불과하다. 그 당시 이 주제는 가톨릭교도와 개신교도 모두에게 본질적인 것으로 간주되었으므로 방대한 지적 저작물이 생산되었다. 따라서 이 많은 작품 중에서 선택해야 할 필요가 있다.

당시 교회 사람들의 관심이 그 어느 때보다 지상낙원에 집중되었던 것은 당연한 일이었다. 왜냐하면 아담과 이브의 죄는 그들이 죄로 인해 잃을 때까지 누렸던 "대가 없는 선물"과 목가적 상태를 끊임없이 떠올리게 만들었기 때문이다. 개신교 종교개혁가 대부분(츠빙글리는 예외)은 '의인義認'에 관한 트리엔트[트렌트] 공의회(제5차 회의)의 결정에 동의했을 것이다.|스위스 종교개혁을 이끈 울리히 츠빙글리는 교회 전통을 중시한 루터와 달리 가톨릭교회와 아예 단절하고자 했다.| 이 결정으로 인해 첫 번째 인간이 범죄를 저지른 후에 "거룩함과 의로움을 한꺼번에 잃었음"이 확인되었다. 그리하여 아담은 "신의 진노와 분노, 그리고 신이 예전부터 경고했던 죽음을 받아들이게 되었다. 그리고 죽음을 받아들이게 됨으로써 이때부터 죽음에 대한 권한을 행사하는 자, 즉 악마의 포로가 되었다." 반면에 공의회는 루터나 칼뱅에 반대하여, 자유의지가 원죄로 인해 "소멸"된 것이 아니라 "약화되고 악으로 빠지기 쉬

어졌을 뿐"이라고 했다.

원죄 개념이 당시 서구문화의 중심이었기 때문에[7] 논리적으로 보면 지상낙원도 중심적인 위치를 차지해야 했다. 원죄와 지상낙원은 신학적으로나 역사적으로 분리될 수 없는 것이었다. 1세대 종교개혁가들은 이처럼 본질적인 주제를 피할 수도 없었고, 피하려고 하지도 않았다. 루터Martin Luther는 《창세기 주석 Kommentare zum Buch Genesis》[8]에서, 칼뱅Jean Calvin은 1553년 제네바에서 출판된 《모세 1서, 창세기에 대한 주석Commentaires sur le premier livre de Moyse, dit Génèse》에서 이 주제를 특별히 다루었다. 이 주석들을 통해 두 사람은 개신교 세계 내에서 하나의 전통을 확립했다.

1568년 비숍 성경ㅣ영국국교회 캔터베리 대주교가 주도하여 여러 주교들이 번역에 참여한 영어 성경 번역본ㅣ에는 칼뱅의 주석이 요약되어 있으며, 이 주석은 10년 후 영어로도 번역되었다. 지상낙원은 당시 피할 수 없는 신학적 주제로, 주석가들과 히브리어 연구자들은 여기에 자신들의 학식을 적용했다. 16세기 개신교계에서는 반삼위일체론의 미겔 세르베트Miguel Servetㅣ미카엘 세르베투스ㅣ가 《기독교의 회복Christianismi Restitutio》(1553)에서, 취리히에서 츠빙글리의 후계자였던 불링거Heinrich Bullinger가 《가장 오래된 신앙과 진정한 종교Antiquissima fides et vera religio》(1544)에서 이 점에 대해 논의했다. 종교개혁가로 변신한 피렌체의 피에트로 마르티레 베르밀리Pietro Martire Vermigli는 1569년 취리히에서 《모세 1서에 대

하여 In Primum librum Mosis》를 출판하여 비교적 많은 독자를 얻었다. 비슷한 지적을 한 다른 이탈리아인으로는 피에트로 마르티레의 제자인 잔키우스(지롤라모 잔치Girolamo Zanchi)(1590년 사망)를 들 수 있는데, 그도 마찬가지로 종교개혁가가 되어 팔츠 선제후령으로 피신한 사람이다.|신성로마제국의 팔츠 선제후 오토 하인리히는 루터교로 개종하고 종교개혁을 지원했다.| 그의 논문 〈6일간 이루어진 신의 창조〉(1613)는 2단으로 된 2절판 크기의 책에서 864단 이상을 〈창세기〉 1장 주석에 할애했다. 잔키우스의 제자였던 독일 칼뱅주의자 다비드 파레우스David Pareus(Wängler)가 1609년에 출판한 《창세기 주석 In Denesim commentarius》은 17세기 내내 개신교계에서 권위를 인정받은 주석서였다.[9]

밀턴의 《실낙원》의 전거를 철저히 연구한 조셉 던컨Joseph Duncan은, 밀턴과 당시의 많은 종교인들이 네덜란드의 히브리어 학자인 프란시스쿠스 유니우스Franciscus Junius(Franz Du Jon)의 《창세기 수업 Praelectiones in Genesim》(1582)의 영향을 크게 받았다고 말한다.[10] 17세기에 각광받은 유니우스는 1579년 장인인 유대인 개종자 트레멜리우스Tremellius와 함께 프랑크푸르트에서 라틴어 성경 번역본을 출판했는데, 이후 그의 주석을 개신교 작가들이 널리 사용하게 되었다.

17세기 프랑스 개혁파 신학자와 주석가들 중에서, 지상낙원과 이를 연상시키는 〈창세기〉 내용에 특별히 주목한 사람 중에서는 앙드레 리베André Rivet(1572~1651)라는 이름을 주목할 필요가 있다. 투아르 지역의 목사였던 그는 전국 공의회 의원을 다섯 차례 역임했으며, 레이던대학과 브레다대학의 교수였고, 열렬한 논쟁가이자 엄격주의자였다. 그는 4절판 책에서 916쪽에 달하는 방대한 분량을 〈창세기〉에 대한 《논의Exercitationes》(1633년 출판)에 할애했다. 또 다른 프랑스 개혁 신학자이자 전 유럽에서 유명한 학자로서 스웨덴의 크리스티나 여왕과 서신을 주고받는 사이였던 사뮈엘 보샤르Samuel Bochart(1599~1667)[11]는 "유혹하는 뱀과 지상낙원"[12]이라는 문제를 자기 나름의 관점에서, 그리고 역사적 관점에서 다루었다. 프랑스 신교도 사이에서는 이 문제가 다음 세기 초에도 관심사였다. 그 증거로는 1705년 암스테르담에서 출간된 자크 바나쥬Jacques Basnage의 《구약과 신약의 역사Histoire du Vieux et du Nouveau Testament》를 들 수 있는데, 이 책의 처음 몇 페이지가 에덴동산의 "환경"에 관한 내용이었다. 스위스에서는 제네바 신학자 조반니 디오다티Giovanni Diodati(1579~1649)를 들 수 있는데, 그는 루카에서 망명한 신교도 가문 출신으로서 성경을 이탈리아어로 번역한 사람이다. 여기서 우리의 관심을 끄는 것은 그의 주석서인 《성경에 대한 경건한 학문적 주석Pious and Learned Annotations upon the Holy Bible(Annotationes in Biblia)》(1644)으로, 이 책은 국제적인 독자층을 확보했다. 이 주석서는 17세기 동안 세 차례 영어로 번역되었고, 존 밀턴도 1639년 제네바의 이 유명한 칼뱅주의자를 방문한 적이 있다.

지상낙원에 우선순위를 둔 작품의 종류와 양을 가장 잘 파악할 수 있는 곳은 아마도 영국일 것이다. 우리의 눈길을 끄는 첫 작품은 1613년에 출판된 새뮤얼 퍼처스의 《순례자Purchas His Pilgrimage》이다. 캔터베리의 참사회원이었던 퍼처스는 셰익스피어의 《템페스트The Tempest》에 영감을 주기도 하고, 영국 지리학자 해클뤼트Richard Hakluyt의 위대한 작품인 《주요 항해The Principal Navigations》를 계속 출판하기도 했다. 퍼처스의 책 제목은 《모든 시대와 장소에서의 … 세계와 종교 순례》이다. 이 책에서 저자는 지상낙원의 위치에 대해 자세히 설명한다. 두 번째 작품은 서머싯에서 교구 목사가 된 전 가톨릭 신자 존 살케드John Salked의 《낙원에 관한 논문A Treatise of Paradise》(1617)이다. 그의 책은 영국에서 쓰인 에덴동산에 관한 가장 완전한 책으로 볼 수 있다. 이러한 이유로 이 책에서도 여러 번 다시 언급할 것이다. 세 번째는 마마듀크 카버Marmaduke Carver의 《지상낙원에 대한 담론A discourse of the terrestrial paradise》(1666)인데, 그는 요크 백작령의 교구 목사로서, 〈창세기〉 본문의 역사적 진실성을 옹호하고 지상낙원의 "가장 유력한" 장소를 표시하기 위해 이 책을 썼다. 출판 당시 저자는 이미 26년 전부터 원고를 쓰기 시작했다고 말했다.

이러한 신학 논저와 더불어 동양학자, 여행가, 지리학자의 작품이 있었다. 예를 들어, 존 홉킨슨John Hopkinson은 22년 동안 동양의 여러 언어를 가르쳤는데, 그가 죽은 뒤 1593년에 《낙원

개요Synopsis paradisi》라는 책이 출판되었다. 여기서 홉킨슨은 에덴동산이 메소포타미아에 있다는 것을 증명하려고 했다. 월터 롤리(1618년 사망)는 홉킨슨의 《 … 개요》를 잘 알았고, 그를 "우리 홉킨스"라고 친숙하게 불렀다. 참수형을 받은 탓에 미완성으로 남게 된 롤리의 《세계사》는 죄를 짓기 전의 인간 상태에 대한 설명과 지상낙원의 위치에 대한 논의로 시작된다. 너대니얼 카펜터Nathanael Carpenter의 《지리학 개설Geography Delineated Forth》(1625)은 더 전문적인 작품으로서 영어로 된 최초의 이론 지리학 책이다. 이 책에서 저자는 아리스토텔레스와 프톨레마이오스의 지리학이 메르카토르와 오르텔리우스의 지리학과 어긋나지 않게 하려고 했다.

지리학은 인쇄 성경에도 등장했다. 지도가 포함된 최초의 성경은 1525년에 나왔다. 취리히판은 루터의 구약성경 번역본 일부와 함께 수록했다.[13] 뒤이어 지도에 그려진 주제 중 하나는 명백히 지상낙원이었다. 지상낙원은 1483년 쾰른에서 인쇄된 성경에 이미 등장했다. 이 성경에서는 동심원상으로 늘어선 세 개의 띠가 있고, 각각의 띠는 물고기들이 있는 원형 바다, 태양과 별들이 있는 창공, 성인들이 가득 찬 천국을 나타내며, 그 중앙에 이브의 탄생이 그려져 있다. 그러나 〈창세기〉 주석에 지도를 포함시킨 것은 칼뱅이 최초이다. 이 지도에서는 모세가 상기시킨 낙원이 셀레우키아와 바빌론 동쪽 "아빌라의 땅"에 있음을 볼 수 있다. 칼뱅의 지도는 그 후 16세기 말까지 12개 판본의 성경에 실렸다. 이러한 전통은 오랫동안 지속되었고, 지도가 없는 가톨릭 성경 대신에 신교 독자들은 지리학적 표시에 근거하여 창조주가 지상낙원으로 마련해 둔 장소를 눈으로 확인할 수 있었다.

지상낙원에 대한 이러한 강조는 르네상스 시대와 고전주의 시대의 가톨릭 신자들에게서도 찾아볼 수 있다. 신학적 관심, 과거보다 더 깊어진 동양 언어에 대한 지식, 그리고 점점 더 커지는 지리적 호기심 등이 이때부터 결합되어, 전문가들은 지상낙원의 위치와 시대를 더 정확하게 규정할 수 있었다. 가톨릭 쪽에도 거론될 수 있는 사람이 많다. 중요한 것은 17세기 후반과 18세기에 출간된 전문서적 중에서 궁극적으로 가장 많이 인용된 저작을 밝히는 것이다. 그러나 자주 인용되는 작품이 그렇게 많지는 않다. 일부 저자는 명성이나 진술의 독창성 때문에 더 많은 관심을 끌었다.

에네아 실비오 피콜로미니Enea Silvio Piccolomini(1464년 사망)는 첫 번째 범주에 속한다. 교황 비오 2세로 알려진 그는 시, 역사, 지리에 관한 작품을 쓴 인문주의자이다. 그의 생애는 핀투리치오Pintricchio가 시에나 대성당 도서관에 그린 그림에 남아 있다. 1477년에 출판된 비오 2세의 저서 《전 세계 사건의 역사Historia rerum ubique gestaram》는 야심 찬 제목이 붙어 있지만 지상낙원에 대한 몇 가지 설명을 덧붙인 것에 불과하다. 그런데도 17세기 말까지 재판이 인쇄되었다.[14] 비오 2세로부터 75년 후, 콜레주

루아얄Collège Royal에서 '외국어', 즉 히브리어와 아랍어를 가르쳤던 동양학자 기욤 포스텔Guillaume Postel은 완전히 다른 스타일로, 그러나 마찬가지로 지리적 선입견 아래 지상낙원을 북극 또는 그 근처로 설정함으로써 사람들을 놀라게 했다.[15] 몇 년 후 라틴어, 그리스어, 히브리어에 능통했던 브라반트 출신의 의사 장 베칸Jean Becan('고로피우스 베카누스'로 더 잘 알려져 있음)은 《안트베르펜의 기원Origines Antwerpianae》(1569)에서 지상낙원에 있는 아담이 플랑드르어를 사용했다는 것을 입증하려 했다.[16]

후대의 저술가들은 더 고전적인 기법으로 쓰인 작품을 더 자주 언급했다. 그 대표작으로 1539년에 출판된 카예탄Thomas Cajetan 추기경의 《모세 5경 주해Commentarii in quinque Mosaicos libros》를 들 수 있는데, 전체 538쪽에 이른다. 도미니코회 수도사로 수도회 총회장이었던 그는, 교황 레오 10세의 특사로서 독일로 건너가 루터를 로마가톨릭으로 복귀시키는 임무를 맡았다. 그러나 결국 실패로 끝난 그 임무와 토마스 아퀴나스의 《신학대전》에 대한 주석이 그를 국제적으로 유명하게 만들었다.[17] 17세기에 지상낙원에 대해 글을 쓴 전문가들이 꽤 자주 참조했던 책은 《진정한 히브리어로 된 구약의 이해Recognitio Veteris Testamenti ad hebraicam veritatem》(베네치아, 1529)와 《모세 5경 주석 Commentaria in Mósi Pentateuchum》이다. 앞의 책은 크레타섬의 주교이자 트리엔트 공의회 교황 특사였던 이탈리아인 아우구스티누스 스테우쿠스 에우구비누스Augustinus Steuchus Eugubinus

가 쓴 것이고,[18] 뒤의 책은 마찬가지로 트리엔트 공의회에 참석했던 포르투갈인 제로니모 올레아스트로Jerónimo Oleastro가 1556년 리스본에서 출판한 것이다. 에우구비누스의 작품은 8절판 782쪽에 달하고, 올레아스트로의 작품은 650쪽에 달한다. 에우구비누스와 올레아스트로는 갠지스강과 나일강이 지상낙원에서 나온 두 강이라는 중세적 믿음을 받아들이지 않도록 만들었다. 여기에 유대 학자이자 신학자인 프랑수아 바타블François Vatable이 《오경 주석Annotaiones in Pentateuchum》(1545)을 저술함으로써 합류했다. 바타블은 프랑수아 1세가 임명한 최초의 6명의 '왕립 교수단' 중 한 명으로, 이 교수단이 나중에 콜레주 드 프랑스가 된다.[19]

16세기 후반과 17세기 초반, 즉 대항종교개혁의 황금기에는 가톨릭 쪽에서 〈창세기〉에 대한 주석이 많이 나왔는데, 주로 예수회 작가들이 이 분야에서 두드러진 활약을 보였다. 예수회에 소속된 사람으로는 스페인 사람 페레리우스Pererius(Pereira)를 들 수 있다. 그는 4권으로 구성된 《창세기의 주석과 논쟁 Commentariorum et disputationum in Genesim》을 1590년대에 리옹에서 출간했는데, 이 책은 이 주제에 대한 훌륭한 참고문헌이 되었다. 《쾌락의 낙원De paradiso voluptatis》(1605)의 저자인 플랑드르인 말루엔다Tomás Maluenda도 있었다. 벨라르미노Robert Bellarmino 추기경도 들 수 있는데, 그가 남긴 여러 작품들 중에는 "첫 인간에 대한 은총"과 하느님에 의해 그 첫 인간이 자리 잡은 낙원에 대한 글이 있다(1617~1620).[20] 밀턴의 《실낙원》이 출판되기 전에 11회나 출판된 《모세 5경 주석Commentaria in Pentateuchum Moysis》(1616)(대형 판형으로 1,100쪽 분량)을 쓴 리에주 출신의 플랑드르인 코넬리우스 아 라피데Cornelius a Lapide도 있으며, 마지막으로 당대 가장 저명한 예수회 작가로 전집이 약 30권에 이르는 프란시스코 수아레스Francisco Suárez(1617년 사망)도 있었다. 그는 "창세기의 6일과 6일 동안의 노동 그리고 나머지 7일째의 휴식"에 대해 서술하는 장에서, 잊지 않고 지상낙원과 관련된 문제를 다루었다.

17세기 후반에도, 그리고 18세기 내내 예수회는 지상낙원이라는 주제를 계속 다루었다. 예를 들어, 니콜라 아브람Nicolas Abram의 《네 강과 지상낙원의 위치에 대한 논의Diatriba de quatuor fluviis et loco paradisi》(1635)와 아르두앵Père Hardouin 신부의 《지상낙원의 위치에 대한 새로운 고찰 혹은 지상낙원에 있는 여러 강의 위치에 관련된 플리니우스와 모세의 일치Nouveau traité sur la situation du Paradis terrestre ou conformité de Pline avec Moïse, par rapport à la position des fleuves du paradis terrestre》(1716)에서도 이 주제가 다루어졌고, 베뤼에Isaac-Joseph Berruyer 신부는 《신의 백성의 역사Histoire du peuple de Dieu》(1728)에서 다시 한 번 에덴동산의 위치를 명확히 설명했다.

예수회 바깥의 작가들도 점점 더 종교지리학에 관심을 기울이고 있었다. 프란체스코 수도회 원시회칙파 수도사 외젠 로제

Eugène Roger는 《성지La Terre sainte》(1646)를 썼다. 이 책은 대중서로서 지상낙원에 대한 이야기를 "문자 그대로 받아들이고 이해해야 한다"고 주장했는데, 이는 그전에 출간된 1백여 편의 작품에서도 했던 주장이다. 수도회 참사위원 피에르 클레망Pierre Clément은 1651년 랑그르에서 같은 주제를 다룬 《성스러운 호기심Sainctes curiositez》을 출간했다. 특히 라 퐁텐Jean de La Fontaine이 "유명한 서신"을 헌정한 피에르 다니엘 위에Pierre-Daniel Huet가 아브랑슈의 주교로 임명되기 직전에 쓴 《지상낙원의 위치에 관한 논고Traité de la Situation du Paradis terrestre》(1691)가 유명하다. 이 작품은 오랜 세월 동안 권위를 인정받았다. 이 책을 국왕에게 소개한 것은 보쉬에Jacques-Bénigne Bossuet|가톨릭 신학자|였다.[21] 그로부터 몇 년 후 베네딕트회 수도사 칼메Augustin Calmet는 지상낙원에 대한 문제를 재검토하는 《구약과 신약의 모든 성경에 대한 주석Commentaire littéral sur tous les livres de l'Ancien et du Nouveau Testament》(1706)을 출간했다.

여기서 조셉 던컨에 이어[22] 시칠리아 사제 아고스티노 인베제스Agostino Inveges의 《지상낙원의 신성한 역사와 지극히 거룩한 무죄의 상태Historia sacra paradisi terrestris et sanctissimi innocentiae status》(1649)를 특히 주목할 필요가 있다. 이 논문은 로마나 파리에서 찾아볼 수 없는 것으로 보아, 널리 배포되지 않은 것 같다(팔레르모에 주문한 마이크로필름으로 겨우 읽었다). 이 책은 앞서 언급한 성공회 교도 존 살케드의 《낙원에 관한 논문》의 가톨릭판이다.

두 책 모두 지상낙원과 그 주민들에 대해 상상할 수 있는 모든 문제를 다루고 있으며, 이 주제에 관해 이전에 만들어진 방대한 문헌을 충실히 참조한다. 따라서 이 책은 울창한 숲에서 귀중한 길잡이가 될 것이다.

방법과 쟁점

이토록 많은 학자들이 지상낙원에 대해 글을 썼기 때문에 관련 문헌의 수는 말 그대로 "무한하며", 따라서 "낙원은 정원이라기보다는 미로라고 불려도 이상하지 않다"[23]고 인베제스는 말한다. 그렇다면 이 기원에 대한 이야기를 조명하기 위해 그토록 오랜 세월에 걸쳐 많은 노력을 기울인 이유는 무엇인가? 월터 롤리와 성공회 목사 마마듀크 카버는 다음과 같이 대답한다. "우리 모두는 최초의 부모가 어디에 살았는지를 알고 싶어 하는 열망을 마음속 깊은 곳에 가지고 있다"[24]고 대답한다. 그러나 가장 흔한 대답은 16~17세기에 대부분의 가톨릭과 개신교가 동의했던 대답으로, 이것이 중요한 종교적 문제라는 것이다.

프란시스코 수아레스는 이 점에 관해 매우 분명하다. "지상낙원을 아는 것은 신앙에 중요하며, 원죄 이전의 인류가 어떤 지위를 가졌는지를 다루는 데 필수적이다."[25] 그러면서 에덴동산의 위치와 관련하여 다음과 같이 덧붙인다. "나는 이 문제가 서로 관련성이 없는 것들의 일부가 아니라 신앙 자체이거나 그것에 매우 가까운 것이라고 생각한다."[26] 월터 롤리도 이 점에서 수아레스에 동의한다. "낙원의 장소를 찾으려는 근면한 호기심과 낙원에 대한 지식이 거의 쓸모가 없거나 헛된 것이라고 하면서 반대할 수도 있다. 이에 대해 나는 성경에는 우리를 가르치기 위해 기록되지 않은 것은 아무것도 없다고 답할 것이다."[27]

마티아스 베크Matthias Beck는 예나대학ㅣ지금의 독일 프리드리히 실러 예나 대학교ㅣ 개신교 신학부가 1676년 심사한 〈에덴, 오피르, 타르시스의 위치〉라는 논문에서, 신이 모세의 무덤에 대해 한 것과는 달리 우리에게 에덴동산의 위치를 숨기려 하지 않았다고 주장했다. 오히려 신의 계획은 우리에게 지상낙원의 존재를 알려 주는 것이며, 이는 "우리의 불순종을 기억하게 하려는 것이다. 그래서 신은 모세를 통해 말하게 하고, 인류의 한탄스러운 잘못으로 인해 불행한 장소가 된 그 동산을 주의 깊고 정확하게 우리 눈앞에 보여 준 것이다."[28] 존 살케도도 《낙원에 관한 논문》에서 같은 견해와 논리를 표현했다. 그는 "원죄 이전에 우리가 있었던 장소의 완전한 탁월성"을 생각해야만, 그토록 선하시고 자비로우신 신이 인류에게 영원토록 오래 지속될 형벌을 내렸다는 것을 이해할 수 있다고 설명한다.[29]

그러므로 과거 신교와 구교 학자 모두 받아들인 논점이 갖는 중요성을 강조할 필요가 있다. 즉, 원죄의 엄청난 크기와 그에 따른 형벌의 가혹함은 아담과 이브가 처음에 누렸던 목가적인 상황을 기준으로 삼을 때에만 이해할 수 있고 믿을 수 있는 것이 된다. 일반적으로 받아들여지는 지상낙원의 이미지에서 비롯된 것은 비관적 인간론과 일종의 속죄 관념이었다.

따라서 이 중요한 문제를 모든 지적 자원을 동원해 최대한 주의 깊게 다루어야 했다. 르네상스 시대와 그 뒤를 이은 고전주의 시대는 당시의 지식을 총동원하여 원래의 낙원을 밝히고자 했다. 그 접근 방식은 '다학제적'인 것으로서, 당시 더욱 진전된 고대언어, 특히 히브리어, 그리고 인문주의 문화로 고양된 역사학, 대항해 시대의 결과로 새로워진 지리학 등 당시 전문가들이 동원할 수 있는 모든 정보를 결합시키는 것이었다.

이렇게 인류의 초기사를 결정적으로 밝히고자 엄밀하고 전문적으로 인용된 참고 문헌과 더불어 최신 지식을 축적한 결과, 200년 이상에 걸쳐 에덴동산에 대해 수천, 수만 쪽의 책이 집필되었다. 많은 〈창세기〉 주석가들은 성경의 "원래 의미와 문자 그대로의 의미를 견고하고 간결하며 체계적이고 명확하게 전달하고자 했던" 코르넬리우스 아 라피데의 표현을 자신의 것으로 받아들일 수 있었다.[30]

따라서 우리는 지상낙원을 '역사적' 대상으로 삼은 많은 연구의 '합리성'과 '과학성'에 대해 말할 수 있다. 그들은 분명히 호교론護教論|교리를 방어하는 이론|의 의도가 있었다. 그러나 이 '실증적' 신학은 가장 신뢰할 수 있는 성경 해석학 및 지리학과 역

사학의 가장 최신 성과들을 통합하려 했다. 모세의 문장은 분명히 계시에 따른 것이다. 따라서 그것에 대한 유일하면서도 유효한 접근법은 엄격하게 한 단어 한 단어 분석하고, 모세가 언제 어디서 기록했는지를 정확하게 밝혀서 그 진정한 의미를 찾는 것이다.

월터 롤리는 《세계사》 서두에서 사람들이 "지리학을 고려하지 않고, 동쪽인지 서쪽인지 돌아보지도 않고, 모세가 어디에서 글을 썼는지를 고려하지 않고" 지상낙원에 대해 말한다고 공격했다. 모세가 글을 쓴 곳에서 에덴동산으로 가는 방향을 가리켰으므로, 롤리는 이 점에서 "전적으로 정확하다." 롤리는 또한 "히브리어를 모르면서" 이 문제를 다루는 사람들, 그리고 너무 확신에 차서 "한 장소를 다른 장소와 혼동하는"[31] 사람들을 비판한다. 같은 맥락에서 마마듀크 카버는 "성경에 관한 지리학의 도움 없이는 (모든 올바른 해석의 기초가 되는) 원문의 직접적이고 문자 그대로의 의미를 대체로 끌어낼 수 없고, 역사를 밝힐 수도 없으며, 그 자체로 명백하게 발생하는 질문들을 논의할 수 없다"[32]고 주장했다. 17세기 말, 피에르 다니엘 위에는 지상낙원을 정확하게 찾아내는 자신의 방법이 엄격할 것이라고 독자들에게 주의를 주며 다음과 같이 말했다. "흥미 없는 독서, 까다로운 조사, 지겨운 인용, 그리고 약간의 그리스어와 히브리어를 익혀라. 이렇게 난해한 주제는 이런 도움을 받아야만 빛을 발할 수 있다."[33]

역설적으로 보일지 모르지만, 우리가 나열할 세부 사항들은 놀라울 정도로 고지식한데 이 세부 사항은 중세와는 다른 정신을 보여 준다. 전설을 배제하고, 환상에 근거한 위치 선정을 그만두고, 창조 기간에 대한 정확한 시간 순서를 확립하고, 최초로 죄를 저지른 순간을 확실하게 정하는 것이 중요했다. 이러한 거대한 야망은 오늘날 우리를 웃음 짓게 만든다. 어쨌든 이 거대함은 당대 최고의 지성들이 왜 그토록 진지하게 이 피곤한 작업에 헌신했는지를 설명해 준다.

첫째, 사실주의에 대한 관심에서 그들은 필론, 오리게네스, 에프렘이 한때 제공했던 지상낙원에 대한 우화적인 해석을 가장 강력하게 거부했다. 르네상스 시대 사람들에게 〈창세기〉의 내용은 실제로 일어난 이야기를 전하는 완전히 신뢰할 수 있는 문서였다. 이런 점에서 인문주의 학문은 세비야의 이시도루스와 성 토마스 아퀴나스의 전통을 확인하고 강화했다. 물론 17세기에 몇몇 영국의 "독립교회파"와 "신성모독론자"는 〈창세기〉 이야기의 우화적 성격을 주장하기도 했다. 그러나 당시의 과학은 객관성에 대한 관심으로 모세 5경 전체를 문자 그대로 받아들여야 한다고 분명하게 선언했다.

이 점에서 마르틴 루터는 명백하다. "오리게네스는 낙원이 천국이고, 나무가 천사이며, 강이 지혜라고 생각했다. 이러한 경박함은 아마도 시인의 공상에 적합한 것이며 신학자에게는 합당하지 않다. 오리게네스는 모세가 역사, 그것도 오래전 사건의 역사를 쓰고 있다는 것을 알지 못했다."³⁴ 이에 못지않게 칼뱅도 단호하게 선언한다. "오리게네스나 그와 비슷한 부류의 사람들이 말하는 우화적 비유는 완전히 거부되어야 한다. 왜냐하면 사탄은 사악한 속임수로 교회에 그것을 도입하여 성경의 교리를 모호하고 진실하지 않게 만들려고 노력했기 때문이다."³⁵ 동양학자 존 홉킨슨은 "악마의 속삭임"에 이끌린 필론이 낙원의 "지상"적 성격을 부정할 수 있다고 생각했다고 공격한다. 그리고 "문맥 자체로 보면, 지상에 존재했다고 명확히 결론 내릴 수 있다"³⁶고 말한다. 월터 롤리는 저서 《세계사》에서 홉킨슨의 이 문장을 인용하며 이렇게 덧붙였다. "나는 학식 있는 사람들이 (특히 필론과 오리게네스를 염두에 두고) 이렇게 심하게 그리고 이토록 맹목적으로 잘못을 저질렀다는 것에 크게 놀랐다."³⁷

존 살케드는 지상낙원이 "물리적으로 실재하는 장소"임을 증명하기 위해 수많은 권위자들(성 아우구스티누스, 성 바실레이오스, 에피파니우스, 세비야의 이시도루스 등)을 동원했다. 그리그 성 요한네스 크리소스토모스의 설교를 인용하여 "모세는 낙원과 그 강, 나무, 과일 및 그와 관련된 모든 것을 매우 명확하게 묘사했기 때문에, 일부 사람들이 낙원에 대한 구체적이고 생생한 묘사를 숨기지 않고 멋진 우화와 떠도는 환상을 제시하더라도, 단순하고 무지한 사람들조차 그것에 속지 않을 것"³⁸이라고 말한다. 마마듀크 카버는 일부 사람들이 "이 내용 대신에 자신들이 믿는 신비주의적이고 비유적인 낙원을 집어넣었다"³⁹고 한

탄했다. 마지막으로, 이러한 개신교 작가들의 마지막 사례는 자크 바나주Jacques Basnage(1723년 사망)로, 그는 모세가 그의 "역사"에서 말한 설명을 "정확하게 따르라"[40]고 조언했다.

당시 가톨릭의 공식 입장은 개신교 측과 정확히 같았다. 이에 대한 증거로 로마 측의 중요한 권위자 프란시스코 수아레스의 다음과 같은 진술을 보자. "〔에덴동산에 관한〕 문제이자 신앙에 대한 거의 유일한 문제는 낙원이 실제로 지상에 있었는지, 즉 지상에 만들어진 것인지, 따라서 〈창세기〉에 나오는 모든 말을 문자 그대로, 우리의 귀가 듣는 대로, 또는 반대로 형이상학적이고 신비한 의미로 받아들여야하는지 살펴보는 것"이라고 썼다. 수아레스는 필론과 오리게네스의 오류를 상기시키고, 성 암브로시우스의 의견에 이의를 제기한 다음에 공식 견해를 표명했다. "가톨릭 교리는 신이 태초에 만든 낙원은 지상의 장소였으며, 그 창조에 대해 말한 모든 것은 문자 그대로 이해되어야 한다는 것이다. 이 주장은 신앙에 근거하며, 성경으로 입증된 것이다."[41]

수아레스도 그리스와 라틴 교부들을 우화의 지지자들과 대비시키며, 특히 성 히에로니무스와 성 토마스 아퀴나스를 언급했다. 17세기 중반 시칠리아의 학자 인베제스는 이 문제를 다루면서 "이레네우스, 테르툴리아누스, 에피파니우스, 아우구스티누스, 히에로니무스" 등을 소환한다. 시에나의 식스투스, 페레이라, 벨라르미네, 말루엔다 등 동시대인이 우화론자들을 침묵시키고 그들의 "명백한 오류", 즉 "이단설"을 드러나게 한 것도 바로 소환된 사람들의 저작에 근거한 것이었다. 그 정죄의 "이유"는 "모세가 낙원에는 나무가 심어져 있고, 그 나무에는 보기에 아름답고 먹기에 탐스러운 열매가 맺히며, 강물이 그곳을 적셨다. 이브는 지혜의 열매를 보고 만지고 맛보았다. 이 말은 비유가 아니라 사실"이라고 했기 때문이다.[42]

중세적 신념의 점진적 포기

〈창세기〉에 대한 엄밀한 연구 덕분에 르네상스와 고전주의 시대의 과학은 지상낙원의 위치에 대한 중세의 순진한 생각을 버리게 된다. 우선, 어떻게 달만큼이나 높은 하늘에 위치할 수 있는가라는 의문이다. 《뉘른베르크 연대기 Liber Chronicarum》(1492) | 성경을 기반으로 한 백과사전적 유럽 연대기 | 는 시작 부분의 한 장을 "낙원과 그곳의 네 강"에 할애했다. 그리고 가경자 베다의 주장에 근거했지만 근거는 없는 주장, 즉 기쁨의 정원이 "접근할 수 없는 높은 곳", 즉 "에테르의 상부 지역"에 있다는 생각을 지지하지는 않아도 여전히 진술했다. 거기에서 떨어지는 물은 지상에 닿을 때 엄청나게 큰 소리를 내기 때문에 이 폭포 근처에 사는 사람들은 청력을 잃을 정도이다. 어쨌든 이 물은

"네 개의 강을 만드는데" 갠지스강인 비손강, 나일강인 기혼강이 여기에 포함된다.[43] 이러한 담론은 곧 개신교와 가톨릭 양쪽에서 반계몽주의로 비난받게 된다.

칼뱅에게 "정원은 어떤 사람들이 꿈꾸었듯이, 공중에 있는 것이 아니라 지상에 있었다."[44] 존 홉킨슨과 월터 롤리도 동의한다. 지상낙원이 "달의 궤도에 있는 아주 높은 산에 있어서" 손에 닿지 않는 곳에 있다고 말하는 사람들에게, 홉킨슨은 프톨레마이오스의 계산에 기반하여 다음과 같이 대답한다. 프톨레마이오스에 따르면, 지구와 달의 거리는 32만 7,381영국마일이다. 지상낙원이 하늘의 이 높이에 도달하려면 그 바닥면적이 지구의 전체 표면을 덮어야 한다. 또, 태양 빛을 차단해야 한다.[45] 존 살케드와 마마듀크 카버도 같은 의견이고, 페레이라, 벨라민, 수아레스도 이 견해를 함께했다.

프란시스코 수아레스는 지상낙원을 달에 가깝게 위치시키는 주장은 성 바실레이오스의 '헥사메론'|카이사레아에서 행한 아홉 번의 〈창세기〉 설교|에도 없고, 가경자 베다의 〈창세기〉 주석에서도 찾을 수 없다고 길게 설명한다. 그러나 다마스쿠스의 요한네스의 글, 성 바실레이오스의 《낙원에 대하여 De paradiso》(오늘날에는 그가 쓴 것이 아니라는 것이 알려져 있지만), 루퍼트의 글, 모세 바르 세파스의 글에서 이렇게 해석될 여지를 찾을 수 있다. 그러한 교리가 야기하는 문제점을 어떻게 못 본 척할 수 있겠는가? 그처럼 높은 장소는 "태양, 별, 불의 원소에 가깝기 때

문에 하늘의 운동으로 인해 일어나는 공기의 끊임없는 진동으로 인해 인간이 거주하기에 유익하지도 적합하지도 않았을 것이다."[46] 17세기 중반에 외젠 로제는 하늘 한가운데에 지상낙원이 있다는 오래된 가설을 친절하게 언급했다. "달의 오목한 곳에 지상낙원을 위치시키는 사람들의 가벼운 의견에는 귀를 기울이지 않겠다. 지상낙원이라고 하면서도 천상의 것들 가운데에 있다고 하는 것은 전혀 사실로 보이지 않기 때문이다."[47]

낙원의 지리와 관련하여 중세에 알려지고 후대의 일부 저자들이 채택한 또 다른 해결책은 지상낙원을 지상 전체와 동일시하는 것으로서, 이것은 주로 위그 드 생빅토르의 《창세기 주석Annotationes in Genesim》(2장)에 근거했다.[48] 그러나 이러한 해설은 16~17세기 대부분의 창세기 주석가들에 의해 거부되었다. 다만, 개신교 인문주의자 바디안Joachim Vadian은 이를 다시 받아들였다. 그는 〈창세기〉(1:28-29)에서 신이 인간에게 "온 땅에 퍼져서 땅을 정복하여라"고 명하고 "온 땅 위에서 낟알을 내는 풀"을 주었다는 것을 상기시킨다. 〈창세기〉의 이 부분은 온 땅이 아담과 그 후손의 정원이며, 낙원의 샘(또는 강)은 바다로 이해될 수 있다는 것이다.[49]

스위스의 바디안보다 더한 사람은 플랑드르인 고로피우스|'고로피우스 베카누스'|로서, 그는 "지상 세계가 곧 낙원이라는, 당시로서는 가장 발전된 이론"[50]을 제시했다. 그의 《안트베르펜의 기원》에는 다음과 같은 내용이 있다. "낙원, 즉 기쁨의 정원

은 대지 전체이며, 인간에게 피로함을 주지 않으면서 음식을 제공하는데, 이 음식은 영원한 만족감을 준다. 이 땅을 적시는 샘은 대양이며, 세계 사방을 흐르는 강의 원천이다." 고로피우스는 엘리시온 들판과 황금시대라는 고대의 표현을 상기시킨다. 그러면서 아담과 이브가 "어느 장소에서 쫓겨난 것이 아니라 축복받은 자연에서 쫓겨난 것"이었으며, 축복받은 자연은 고단한 노동을 하지 않아도 모든 필요를 충족시킬 수 있는 곳이었다고 말한다. 아담과 이브의 사는 곳이 바뀐 것은 그들의 사는 조건이 바뀐 것이다. "신의 저주 이전에 온 세상이 낙원이었음을 긍정하지 않을 이유가 없다"고 고로피우스는 결론지었다. "신이 낙원을 '동쪽'에 두었다는 관용적 문구는 인간이 창조된 곳이 바로 이 세계의 일부였다는 것을 의미한다. 즉, 신은 아담을 어딘가에 살게 해야 했지만, 이것이 온 세상이 낙원이 아니었다는 것을 의미하지는 않는다."[51]

고로피우스와 마찬가지로 스페인 예수회 수도사 후안 데 피네다Juan de Pineda도 지상낙원을 온 세상과 동일시하는 견해를 옹호했는데, 나름대로 일리가 있었다. 원죄가 없었다면 죄 없는 인류가 계속 늘어났을 것이다. 그들이 어떻게 좁은 정원 공간에 들어갈 수 있겠는가? 그곳에 거처를 마련한 특권층과 생명나무 열매를 얻고자 그곳에 와야 하는 이류 지역에서 선택된 주민들 사이에 구별이 있었을까? 또, 그곳에서 2, 3천 마일 떨어진 곳에 사는 사람들이 식량을 얻기 위해 아무런 어려움 없이 올 수

있었을까?⁵²

　페레이라, 롤리, 수아레스는 이 논리에 대응하여 우선 〈창세기〉 본문 자체를 따른다. 아담은 온 세상이 아닌 동산에서 추방되었고, 그 입구에 케루빔 천사가 배치되어 그가 들어가는 것을 금지했다. 수아레스에 따르면, 지상낙원은 "적어도 꽤 큰 왕국 정도의 크기"였을 것이다. 인류는 그곳에서 편안했을 것이다. 여기에는 두 가지 이유가 있다. ⓐ 죄가 지배할 때에는 선택받은 자의 수가 배척당한 자의 수보다 훨씬 적다. 그러나 은혜가 지배할 때에는 선택받은 자만 있었을 것이므로 그 수가 상당히 제한되었을 것이다. ⓑ 선택받은 자들은 지상낙원에서 일정 기간을 보내면 정기적으로 하늘의 영광으로 옮겨졌을 것이다. 그리하여 새로운 세대를 위한 공간이 생겼을 것이다. 이것은 성공회 교도 살케드의 견해이기도 하다.⁵³ 따라서 15세기와 17세기의 대다수 학자들은 지상낙원이 "특별한 지역"이었다는 결론을 내렸다. 이 견해는 칼뱅, 스테우쿠스 에우구비누스, 제로니모 올레아스트로, 월터 롤리, 수아레스, 조반니 디오다티 등의 저서에서 찾아볼 수 있다.⁵⁴ 아주 짧은 목록이지만 개신고와 가톨릭이 혼재되어 있음을 알 수 있다.

　마지막으로, 에프렘과 코스마스 인디코플레우스테스 등 일부 중세 작가들은 바다로 둘러싸인 거주지역이 대양으로 둘러싸여 있고, 그 너머에 지상낙원이 있었을 것이라고 상상했다. 이러한 지리 개념은 16~17세기에 비과학적인 것으로 거부당했다. 독일 개신교도 파레우스는 이를 "바다 건너 유토피아",[55] 롤리는 "어리석은 견해"[56]로 표현했다. 페레이라와 벨라민은 이러한 지리 개념이 왜 "개연성이 없고", "가능성이 전혀 없는지"를 설명했다. "우리 시대에 스페인과 포르투갈인들의 배가 전 대양을 횡단하여 지구를 일주했지만,"[57] 그들은 "지구가 바다로 둘러싸여 있다는 것도, 바다 너머에 다른 땅이 있다는 것도 발견하지 못했다"[58]고 지적했다. 게다가 "우리보다 훨씬 더 넓은 땅이 태초부터 현재까지 사람이 살지 않은 채 비어 있다"고 누가 믿을 수 있겠는가?[59] 당시의 지리적 발견과 분별력을 가진 덕분에 이 낡은 설명은 거부되었다.

과거에 지상낙원이 달 근처에 있다거나 거주지역과 바다가 구분되어 있는 대륙에 있다고 생각했을 때, 사람들은 낙원이 여전히 존재하고, 접근은 불가능하지만 보존되어 있을 것이라고 상상할 수 있었다. 또한, 중세 지도 제작자들은 잊지 않고 아시아 깊은 곳 어딘가에 지상낙원을 위치시켰다. 르네상스와 그 이후의 시대에는 이 문제를 놓고 격렬하게 논쟁했다. 이는 놀라운 일이기는 하지만, 뿌리 깊은 신앙으로 설명될 수 있다. 몇몇 저명한 지식인들은 이 점에서 전통적인 교리를 계속 유지했다. 그중에는 개신교도 프란시스쿠스 유니우스가 있었다.

나는 지상낙원이 일시적일 뿐이며 아담이 죽은 후 또는 대홍수로 인해 몇 년 후에 파괴되었다는 많은 사람들의 의견에 깊은 인상을 받지 못했다. 이런 것을 모세는 어디에서도 말하지 않았고, 성경의 어떤 증언으로도 확인되지 않는다. 지상낙원은 그것이 없어짐으로써 신의 진노를 나타내는 것만큼이나 그것이 존속함으로써 신의 영광을 나타내는 것으로 생각된다.[60]

그러나 유니우스는 개신교의 〈창세기〉 주석가들 중에서 오히려 예외이며, 일반적으로는 낙원의 지속에 대해 중세의 믿음을 고수한 것은 가톨릭 작가들로, 당시에 이러한 믿음은 종종 "교황주의자의 오류"로 묘사되었다. 예수회 수도사인 말루엔다, 벨라르미노, 수아레스는 이 오래된 교리를 확고히 고수하며 "기쁨의 정원은 대홍수의 물속에서 사라지지 않고 우리 시대에도 여전히 존재한다"[61]고 단언한다(말루엔다). 벨라르미노의 입장은 중요하다. 지상낙원의 아름다움과 매력의 흔적이 남아 있지 않다고 주장하는 몇몇 가톨릭 작가들을 언급한 후, 그는 다음과 같이 말한다. "여러 가지 이유로 이러한 생각은 입증되지 않은 것 같은데, 그것은 새로운 생각이고 교부들이나 스콜라 학자들의 일반적인 견해에 반하는 것이기 때문이다."[62]

찬반양론을 길게 설명하는 수아레스의 추론에서도 전통의 무게는 매우 큰 비중을 차지한다. "권위 있는 저자들은" 더 이상 존재하지 않는다고 했다. 왜냐하면 가장 높은 산을 15큐빗이나 능가하는 대홍수의 물로 파괴되었기 때문이다. 그리고 아무도 그것을 발견하지 못했다고 생각한다. 그러나 수아레스에게는 반대 의견이 "더 사실적으로" 보인다. 유스티니아누스, 아타나시우스, 아우구스티누스, 히에로니무스, 그리고 세비야의 이시도루스 등 과거의 인물들, 그리고 오늘날에는 벨라르미노 등은 "낙원은 창조된 그대로 즐거움과 아름다움을 그대로 간직한 채 여전히 존재한다"고 주장한다. 엘리야와 에녹이 그곳에 있을 가능성이 높다. 성경은 그 파괴에 대해 아무 말도 하지 않지만 반대로 그것을 보존하려는 신성한 의도를 말한다. 마지막으로, 신이 지상낙원을 파괴하고 싶었다면 대홍수까지 기다릴 이유가 있겠는가? 신은 원죄 직후에 그것을 파괴하거나 생명나무를 뿌리 뽑을 수 있었다. 그런데 신은 오히려 천사에게 그것을 지키게 했다. "따라서 성경의 가르침에 따르면, 가장 믿을 만한 견해는 지상낙원이 여전히 존재한다는 것이다."[63]

개신교 쪽은 당연히 전통에서 훨씬 자유로웠다. 루터는 이 질문에 대해 "역사"에 충실했다. "내가 이것을 강조하는 것은 무분별한 독자가 사실에서 벗어나 교부들의 권위에 현혹되지 않기 위해서다…"[64] 그러나 역사는 우리에게 낙원에 대한 환상을 포기하고 땅에 발을 디디라고 권유한다.

대상이 더 이상 존재하지 않는 순간 논쟁은 무의미해진다. 모세는 죄와 홍수 이전에 일어난 일들을 이야기한다. 반면에 우리는 죄와 홍수 이후의 일들에 대해서만 있는 그대로 말할 수 있다. [⋯] 원죄의 대가인 시간과 징벌은 모든 것을 집어삼킨다.

따라서 인간과 짐승을 포함하여 온 세상이 홍수로 파괴되었고 유명한 정원도 같은 운명을 겪고 멸망했다. […] 그래서 홍수 이후 지금에 와서 낙원에 대해 말해야 한다면, 그것은 한때 존재했지만 더 이상 존재하지 않는 역사상 낙원에 대해서이다.[65]

이 명료함과 방법론은 강조될 가치가 있다. 이 분야에 대한 루터의 혁신적인 의지는 다른 많은 분야와 마찬가지로 당시의 전통적 관념과 극명하게 대비되었기 때문이다. 심지어 그는 "원죄와 대홍수 이후 더 이상 어디에도 존재하지 않는 것"[66]을 어떻게 해서든 조사하려는 사람들의 호기심을 무의미한 것으로 간주했다. 이 부정적이고 냉소적인 입장은 뒤 바르타스가 《제2주 Deuximem Semaine》에 다시 취했다. 시인은 이렇게 충고한다.

> 호기심이 많은 자여, 찾지 마시오,
> 신이 자신의 손으로 만든 저 화단이 어느 곳에 있는지,
> 라토나의 뿔 근처의 산 위에 있는지,
> 적도 아래에 있는지, 바빌론 근처에 있는지,
> 찬란한 동쪽에 있는지. 겸손하고 만족하라.
> 그 동산, 신이 인간을 왕으로 만드신 그 동산은
> 아름다운 땅이었다. […]
> 그러나 얼른, 부디 상상력을 펼쳐보라,
> 물결이 자연을 삼켰다고,

이곳의 아름다움도 응징을 피하지는 못했으니,
처음으로 신의 거룩한 법이 파괴하는 것을 보았다.
식물 대부분을 뿌리 뽑고
가장 향기로운 꽃의 영혼을 질식시켰음을 생각하라.[67]

지상낙원이 파괴되었다는 확신은 개신교의 〈창세기〉 주석가들 사이에서는 거의 일반적이었다. 예를 들어, 디오다티는 네 갈래로 갈라진 에덴동산의 강을 더 이상 찾을 수 없다고 경고했다. "그 이후 얼마나 많은 변화가 있었는지를 고려하면, 이것은 놀라운 일이 아니다. 처음에는 홍수 때문에, 그다음에는 강들의 진로와 이름을 바꾼 지진 때문에."[68] 자신의 시대와 나라에서 이 질문에 대한 가장 일반적인 견해를 모아 요약한 살케드는 "가장 가능성이 높아 보이는 것은 아담이 창조된 낙원은 더 이상 발견할 수 없으며 대홍수로 파괴되었다는 것이다."[69]

말루엔다, 벨라르미노, 수아레스의 권위에도 불구하고, 점점 더 많은 가톨릭 주석가들이 반대편인 개신교의 입장에 동참했다. 1531년에 이미 이탈리아 크레타섬의 한 교구 주교였던 스테우쿠스 에우구비누스는 다음과 같이 선언했다. "〔에덴동산의〕 매우 훌륭한 나무들은 넘쳐나는 물에 뿌리 뽑혔고, 달콤한 약초를 키우던〔낙원의〕 대지 자체는 매우 빠른 회오리바람으로 파괴되었다고 생각한다. 이렇게 기쁨의 정원은 폐허가 되었다. 그것은 인간의 시야에서 사라졌고 홍수 이후에는 그 흔적이 남지 않았다."⁷⁰ 반세기 후, 일반적으로 개신교도들이 찬양으로 인용하는 페레이라Benito Pereira도 같은 주장을 취한다. "낙원이 발견되지 않았고 발견될 수 없다면, 가장 가능성이 높은 이유는 그것이 홍수로 멸망했다는 것이다. 온 세상을 범람하고 그 정상을 덮은 홍수로 인해 낙원의 아름다움, 매력 및 즐거움이 완전히 파괴되어 사라졌다."⁷¹

코넬리우스 아 라피데도 같은 논리를 펼치지만 조금 더 조심스럽다. "낙원의 감미로움이 여전히 존재하느냐고 묻는다면, 나는 이렇게 답할 것이다. 그곳은 존재한다. 감미로움은 단정할 수 없다." 그는 낙원이 첫날부터 홍수 때까지 기쁨으로 지속되었지만, "1년 내내" 땅을 뒤덮은 물로 인해 "황폐해지고 침해되고 파괴되었다"는 의견을 "가장 가능성 있는 것"으로 여겼다.⁷²

17세기 중반, 이 문제에 대한 논쟁을 요약하면서 인베제스는 먼저 말루엔다의 입장(기쁨의 동산은 여전히 존재한다)을 상기시킨 다음, "전문가들 대부분이 이를 부정하고 있으며" 자신도 인정하기 "어려운" 것으로 생각한다고 했다.⁷³

이리하여 1천 년 동안 지속된 믿음과 완전히 단절되었다. 17세기 말의 가장 일반적인 견해는 지상낙원이 "역사적 실재"로서 분명히 존재했지만, 지구상에서 사라졌다는 것이었다.

제8장

지상낙원의 위치에 대한 연구

(16~18세기)

환상적인 장소의
포기

루터와 뒤 바르타스는 "오늘날 이 (에덴)동산이 어디에 있었고 어떤 모습이었을지 묻는 것은 쓸데없는 일"이라고 했지만, 많은 "호기심 많은" 사람들이 "하느님의 손으로 직접 지으신 이 땅이 어느 곳에 있는지"² 찾는 것을 막지는 못했다. 대부분의 〈창세기〉 주석가들은 칼뱅과 마찬가지로 "우리의 영원한 유산이 (…) 하늘에 있다 하더라도 (…), 우리는 이 땅에 발을 딛고 있어야 한다"고 믿었다. 그것은 "인간이 살면서 사용하도록 하느님이 마련해 준 거처에 대해 생각해 보기 위해서"이다.³

수아레스는 많은 신학자들과 주석가들의 대변인으로서 지상낙원에 대한 지식은 "원죄 이전의 인간의 모습에 대해 성경이 우리에게 말하는 모든 것"⁴을 이해하기 위해 "필요하다"고 주장했다. 따라서 기쁨의 동산의 위치에 대한 열정적인 연구는 정당하고 바람직한 것이었다. 게다가 그것은 가능하기도 했다. 롤리가 썼듯이, "대홍수와 다른 역사적 사건으로 에덴동산이 평범한 밭과 목초지로 변했기 때문에 낙원 자체를 찾을 수는 없을지라도, 그 장소는 여전히 장소로서 존재하고 강은 그대로 남아 있다."⁵

조셉 던컨은 16세기와 17세기에는 "지상낙원의 위치를 찾는 것이 낙원에 관한 다른 어떤 문제보다 (전문가들의) 관심을 끌었다"⁶고 적절하게 지적했다. 이 주제에 관해 당시의 과학은 필톤과 오리게네스의 우화적 해석이나, 달 근처 또는 원형 외해外海 너머에 낙원이 있다는 중세의 환상적인 위치 선정에 빠져드는 데 그치지 않았다. 오래된 지리적 가설이나 다시 조망을 받는 가설, 또는 최신 가설들이 성경의 내용이나 대항해 시대의 탐험에서 얻게 된 새로운 지식과 모순되지 않는지 비판적으로 검토했다.

따라서 우리도 잠시 '적도' 가설을 검토해야 한다. 테르툴리아누스가 제시한 이 가설을[7] 성 토마스 아퀴나스는 《신학대전》에서 조심스럽지만 다음과 같이 언급했다. "낙원은 적도 아래이건 아니면 다른 곳이건 매우 온화한 곳에 위치한다고 생각해야 한다."[8] 반면 생 보나벤투라와 뒤랑 드 생푸르생Durandus of Saint-Pourçain(1334년 사망)은 좀 더 단호한 입장을 취한다. 성 보나벤투라는 지상낙원에서는 "공기가 깨끗하기 때문에 더위가 완화되고 적도와 가깝기 때문에 계절의 길이가 같다"[9]고 주장한다. 실제로 그가 보기에 '낙원'은 동방에 위치하고, 적도에 인접하여 남쪽으로 약간 기울어져 있다. 뒤랑 드 생푸르생[10]은 피에르 롱바르의 문장에 대한 《문장 주석Commentaires des sentences》에서, 조반니 다 제노바는 《카톨리콘Catholicon》(1288년 완성)[11]의 '낙원' 항목에서 이 견해를 지지했는데, 이는 인도나 실론 같은 아시아의 열대 지역이 중세 서양인들의 상상력을 얼마나 사로잡았는지 보여 준다.

이와는 대조적으로 로저 베이컨Roger Bacon(1292년 사망)은 적도 지역이 "온화한 기후"라는 사실은 인정하지만, "매우 온화한 기후"라고는 생각하지 않았다. "그러므로 (지상)낙원이 이곳에서 발견되어야 한다는 것은 확실하지 않다."[12] 다음으로 피에르 다이는 《세계의 형상》에서 토론과 망설임 끝에 로저 베이컨의 의견에 동조하며, "적도 아래의 기후가 절대적으로 온화한 것은 아니라는 결론을 내린다. 따라서 가장 온화한 환경을 가져야 하는 지상낙원이 그곳에 있는 것으로 보이지 않는다"[13]고 결론지었다.

비오 2세의 《전 세계 사건의 역사》 역시 마찬가지로 인간의 적도 거주 가능성에 "의문"을 제기한다.[14] 반대로 피에르 다이와 비오 2세의 열렬한 독자이자 추종자였던 크리스토퍼 콜럼버스는 이 주제에 대해 두 사람과 다른 견해를 가졌다는 점은 시사적이다. 방금 인용한 비오 2세의 구절에 대해 콜럼버스는 다음과 같이 주석을 달았다. "남쪽에서는 포르투갈인들이, 북쪽에서는 이 지역을 항해한 영국인과 스웨덴인들이 그 반증을 보여주었다."[15] 좀 더 뒤에서 크리스토퍼 콜럼버스는 여전히 비오 2세를 언급하면서 다음과 같이 말했다. "에라토스테네스는 적도 아래 기후가 매우 온화하다고 말했고, 아비세나도 그렇게 말했다. (…) 포르투갈 국왕 폐하의 미나 요새는 적도선 아래에 수직으로 위치해 있다. 우리는 그 사실을 확인했다."[16] 크리스토퍼 콜럼버스에게는 적도 지역이 거주 가능하다는 것이 경험으로 증명되었다. 그렇기 때문에 파리아만으로의 통행이 금지되어 있지만 그럼에도 지상낙원으로 가는 길이라고 믿었다.

크리스토퍼 콜럼버스가 제안한 위치를 확신하지는 못했

더라도 적어도 감명을 받은 16세기 역사가들의 인상적인 목록을 작성할 수 있다.[17] 그중에는 프란시스코 로페스 데 고마라Francisco López de Gómara(《인도 전체 역사Historia General de las Indias》, 1552),[18] 안토니오 데 에레라Antonio de Herrera(《외해의 섬에서 카스티야인이 이룬 업적의 역사Historia General de los Hechos de los Castellanos en las Islas y Tierra Firme del Mar Océano》, 1601~1615),[19] 사제 요제프 데 아코스타José de Acosta(《인도의 자연과 풍속의 역사Historia natural y moral de las Indias》, 1590)[20]가 포함되어 있다.

포르투갈의 유대인 개종자의 후손 안토니오 데 레온 피넬로Antonio de Leon Pinelo는 좀 더 단호한데, 1645~1650년에 쓴 대작에서 지상낙원에서 흘러나오는 네 개의 강이 리오 데라플라타, 아마존, 오리노코, 막달레나강이라는 것을 증명했다. 그에 따르면, 지상낙원은 남미의 중심부에 있었다.[21] 피넬로의 책은 20세기가 되어서야 처음으로 출판되었다. 아마도 《예수회 연대기Crônica da Companhia de Jesus do Estado do Brasil》(1663)를 쓴 시망 데 바스콘셀로스Simão de Vasconcelos도 지상낙원을 남미, 더 정확하게는 브라질에 위치시켰는데, 책을 쓸 당시에는 피넬로의 책을 몰랐을 것으로 보인다.

지상낙원의 적도 위치설이 상당한 발전을 이룬 것은 월터 롤리의 《세계사》에서다. 롤리는 적도 아래 지역에는 사람이 살 수 없다고 가정하는 것이 과거에는 합리적이었으나, 실제로는 정반대의 견해를 취한 테르툴리아누스와 아비세나의 주장이 옳았다고 지적했다. 이제 우리는 대항해 시대의 발견을 통해 지상낙원이 누리는 자연, 아름다움, 즐거움이 있는 장소가 지구상에 있다면, 이전에는 사람이 살 수 없고 불타 버린 지역에서 그 장소를 찾아야 한다는 것을 알게 되었다. 바로 열대 지방이나 적도에 가까운 지역이다. 낮의 더위는 산들바람으로 순해지고 밤은 시원하다. "이보다 더 좋고 고른 기온을 가진 지역은 세계 어디에도 없다."[22]

조금 후에 지리학자 너대니얼 카펜터는 적도 지역에 대한 고대인들의 생각에 반대했던 테르툴리아누스, 보나벤투라, 뒤랑드 생푸르생 등이 옳았음을 확인했다. 적도 지역은 "쾌적하고 거주하기에 적합하다. 일부 사람들이 생각한 것처럼 적도 바로 아래 장소가 태양에 타 버리지 않는 것은 사실이다. 반대로 최근의 항해자들은 그 장소가 대체로 매우 쾌적하고 비옥하다는 것을 증명했다."[23]

롤리와 카펜터의 동시대 인물인 수아레스는 똑같은 질문("낙원이 적도에 있었을까?")을 던지고, 앞의 두 사람과 마찬가지로 "경험"(여기서 이 단어는 근대 세계를 나타내는 단어였다)이 문제의 조건을 변화시켰다면서 다음과 같이 말했다. "고대인들이 살 수 없다고 생각했던 열대 지방은 실제로는 (물이 풍부하고 바람이 많이 불어서) 온화하고 거주하기에 매우 적합하다는 것이 경험으로 증명되었다."[24] 롤리, 카펜터, 수아레스뿐만 아니라 이 시대의 많은 〈창세기〉 주석가들도 사라진 정원이 근동이나 증동에 있다고 했다. 그럼에도 불구하고, 지상낙원의 위치를 결정하는 문제가 제기되고 '적도' 가설이 부활하여 열대 아메리카를 의미하는 '아메리카' 가설로 확장된 것은 역사적 사실로 간주되어야 한다.

적도 가설은 아메리카 대륙을 새로운 지역으로 설정함으로써 신뢰도를 회복했고, 이러한 회복은 신세계 안에 엘도라도나 오피르와 같은 상상의 왕국을 찾아 나서도록 자극했다. 그러나 16~17세기에 〈창세기〉에 대한 가장 진지한 주석가들은 대항해시대의 여행으로 인해 다시 현실화된, 이 매혹적인 가설을 거부했다. 에덴동산을 동쪽에 위치시키고 티그리스강과 유프라테스강을 언급한 성경을 문자 그대로 해석해야 했기 때문이다. 그러므로 카펜터가 다음과 같이 말했을 때 그것은 이러한 주석가들의 의견을 표명한 것이다. "성경에 언급된 낙원의 강이 그곳에서 발견되지 않았기 때문에 낙원의 위치를 (적도로) 삼는 것은 있을 수 없는 일이다."[25]

반면에 도미니코회 수도사 루이스 데 우레타는 뒤늦게 17세기에서야 지상낙원의 위치와 관련해 적도설 중에서도 아프리카설 쪽으로 기울었다. 우리는 이미 앞서 "저 먼 곳에 있는 위대한 에티오피아와 사제 요한이라고 불리는 황제의 군주국가"[26]라는 과장된 표현을 언급한 바 있다. 사제 요한 왕국과 지상낙원 사이에는 집단적 신앙이 형성되어 있다는 고대의 지리적 관계를 고려하여, 우레타는 사제 요한 왕국이 아프리카에 있기 때문에 지상낙원도 그곳에 있다고 생각하기에 이르렀다. 그는 아마라산이 에덴동산을 품을 만한 적도의 장소라고 여기고 이 주제를 조심스럽게 정식화했다. 그러면서도 이 위치 설정의 타당성을 넌지시 제시한다. 우레타는 에티오피아에서 '아마라 amara'라는 단어가 '낙원'을 의미한다고 설명한다. 실제로 이 이름을 가진 산은 고도가 높아 지구의 다른 지역과 분리된 진정한 '기쁨의 정원'이라는 것이다. 그 정원은 꽃이 만발하고, 과일나무로 가득 차 있고, 쾌적한 강이 흐르는 행복의 장소이다.

우레타는 주장을 이어 간다. "이 산이 창조 6일 중 셋째 날 동방에 창조된 지상낙원이며, 아담과 이브가 있었고 아담이 죄를 짓지 않았다면 인류가 살았을 곳임을 증명하려는 것은 나의 의도가 아니며, 증명할 생각도 없다. 다만, 나는 이 산의 커다란 특권적 지위를 찬양하고, 거룩한 교회 박사들이 지상낙원을 다룰 때 우리의 첫 조상이 있었던 기쁨의 동산에 부여한 많은 특징을 그곳에서도 볼 수 있다는 것을 보여 주고 싶을 뿐이다." 그리고 우레타는 에덴동산을 적도에 위치시키는 전통이 있음을 상기시키며, 아마라산이 바로 이 위도에 위치해 있다고 지적한다. 이곳은 낮과 밤이 같고, 겨울이 혹독하지 않고 여름이 덥지 않다. 1년 내내 온화한 기온은 "쾌적하고 꽃이 만발한 영원한 봄과 같다." 1년에 세 번 나무가 열매를 맺는 아마라산에서 지상낙원의 모든 특징을 찾아볼 수 있다. 태양이 남회귀선 쪽으로 이동하면 나무의 남쪽 가지에 달린 열매가 익고, 반대편 회귀선

쪽으로 가면 북쪽 가지의 열매가 익는다. 태양이 적도 위에 있을 때는 가운데 가지의 열매가 익는다. 즉, 자연이 생산을 멈추지 않는다. "결국 우리는 이 산이 풍요로움과 즐거움을 주고 있으므로 이 산을 낙원이라고 부를 수 있을 것으로 결론 내릴 수 있다."[27] 그러나 이 결론 뒤에도 신중한 물음표가 붙어 있다.

17세기에 우레타의 책은 특히 영국에서 아마라산에 대한 논쟁을 불러일으켰다. 새뮤얼 퍼처스는 《순례자》에서 이 산에 대해 자세히 설명했는데, 우레타의 묘사를 문자 그대로 옮긴 부분도 보인다. 그는 우레타보다 더 단호하게 "많은 사람들이 이곳을 우리 첫 조상의 낙원으로 착각하고 있다"[28]고 덧붙였다. 헤일린Peter Heylyn은 퍼처스에 근거하여 《우주론Cosmographie》(1652)에서 아마라산에 대해 묘사하지만 이곳을 지상낙원으로 인정하는 것은 거부했다.[29] 밀턴은 에덴동산이 "아시리아"에 있다고 하면서도, 아마도 헤일린의 영향 탓인지 《실낙원》에 아마라의 위치를 마련했다. 그러나 밀턴이 아프리카 깊은 곳에 특별한 장소가 존재한다고 믿었다는 것은 흥미롭다.

아비시니아의 왕들이 아이들을 키우는 아마르산을 어떤 사람들은 진정한 낙원으로 여긴다.
이 산은 에티오피아 적도 아래, 나일강 발원지 근처에 있다,
이 산은 빛나는 바위로 둘러싸여 있는데,
오르는 데 하루 종일 걸린다.

이 산은 아시리아의 동산에서 멀리 떨어져 있는데,
이곳에서 악마는 새롭고 기이한 온갖 종류의 생명체들과
온갖 쾌락을 아무런 즐거움도 없이 보고 있다.

(IV권, 280-287행)

    밀턴은 지상낙원의 적도 위치설을 마지못해 거부하면서 당시의 권위 있는 전문가들의 의견에 동의했다. 결국 이 전문가들은 근동이나 중동을 선택했는데, 적도 지역에서만 볼 수 있는 자연조건을 지상낙원이 누렸다고 믿었다. 그래서 인류 최초의 거주지가 북극 근처였을 것이라는 기욤 포스텔의 모험적인 주장은 참고 자료로만 인용되었을 뿐 별다른 논의 없이 폐기되었다. 포스텔은 고트족의 언어가 인류 최초의 언어였으며, 추위·노동·고난을 잘 견디는 스키타이인들이 잃어버린 낙원의 주민이 가졌던 신체적 특성을 다른 사람들보다 더 잘 간직하고 있다고 믿었다.[30]

    16세기와 17세기에 걸쳐 지상낙원의 위치를 두고 근본적으로 세 지역이 경쟁했고, 최고의 〈창세기〉 주석가들은 각각 다른 지역을 받아들였다. 아르메니아, 메소포타미아, 성지가 그곳이다. 이 주석가들은 거의 만장일치로 불가타 성경의 "태초에 a principio"를 "동쪽으로 ab Oriente"로 바꿔야 한다고 생각했다. 즉, "신이 태초에 기쁨의 낙원을 두었으니(plantaverat autem Deus paradisum voluptatis a principio)"를 "신이 동방에 정원을 두었으니(plantavit Deus hortum ab Oriente)"(창세기, 2:8)로 바꾸어야 한다는 것이다.³¹ 70인역 성경과 그리스 교부들이 이 구절에 부여한 의미도 바로 이것이었다. 니사의 그레고리우스는 동쪽을 향한 기도의 의미를 이러한 지리적 측면에서 설명했다. "우리가 동쪽을 향하는 것은 우리의 첫 번째 고향, 우리가 떨어진 낙원이 동쪽에 있었기 때문이다."³² 이리하여 미국이나 아프리카에 지상낙원이 있다는 설은 제거되었다. 마찬가지로, 르네상스와 고전주의 시대에는 수아레스와 같은 뒤늦은 동조자가 있었음에도 불구하고,³³ 비손강과 갠지스강, 기혼강과 나일강을 동일시하는 중세적 사고방식, 즉 지상낙원에서 발원한 물이 지하를 순환한다는 가설을 가능하게 하는 사고방식은 점차 포기되었다.

아르메니아, 바빌로니아 또는 팔레스타인?

아르메니아

일단 이처럼 제외하고 나면, 저자들은 아르메니아와 메소포타미아 사이에서 주저하거나, 적어도 코카서스(캅카스) 산맥 기슭에서 페르시아만, 나아가 "행복한 아라비아"에 이르는 지역 내에서 더 정확한 위치를 설정하지 않게 된다.³⁴ 페레이라에 따르면, "성경에서 단순히 '동방의 땅'이라고 부르는 지역은 페르시아만 주변 지역인 페르시아, 아르메니아, 아라비아,

그리고 메소포타미아를 가리킨다."[35] 코르넬리우스 아 라피데도 거의 같은 의견이었다. "(지상)낙원은 메소포타미아와 아르데니아 쪽에 있었던 것 같다."[36]

반면 마마듀크 카버는 《지상낙원에 대한 담론》에서 에덴동산이 아르메니아에 있었다는 사실을 입증하기 위해 풍부한 학식을 동원한다. 히브리어, 그리스어, 라틴어로 된 텍스트를 모으고, 당시의 지리적 지식을 바탕으로 (신의 가호로) "낙원의 강의 샘"을 찾아낸다.[37] 카버는 티그리스강의 발원지는 타우루스산맥 남쪽 경사면에 있다고 말한다. 원래는 하나의 강이었는데, "지리학자들이 소파네Sophane라고 부르는" 에덴동산을 통과하여 흘렀다. 이 지역에는 지상낙원이 있었고, 현재 그 자리에는 플리니우스가 언급한 아질산亞窒酸 호수가 있다.[38] 그런 다음 티그리스강은 네 개로 갈라져 유프라테스, 비손, 기혼강이 생긴다. 지금의 눈으로 보면 카버의 지리학은 허황되게 보인다. 그러나 카버는 위대한 지도 제작자 아브라함 오르텔리우스가 지상의 낙원을 정확히 이 지점에 위치시켰다는 점을 지적하며 큰 단족감을 느낀다.[39]

18세기 초, 상당한 영향력을 행사했던 베네딕트회 수도사 돔 칼메Dom Calmet도 "기쁨의 정원"의 위치에 대해 의문을 품었다. 그는 말하기를, "성경에서 지상낙원의 위치만큼 저자들의 감정을 분열시킨 의문은 아마도 없을 것"[40]이라고 했다. 그 역시 이 문제에 천착했다. "지상낙원이 티그리스강, 유프라테스강, 파스강, 아라크스강의 발원지 사이인 아르메니아에 있다는 것을 보여 준다. 우리는 모세가 중앙 아라비아에서 〈창세기〉를 썼을 것으로 생각한다. 모세는 이 지방과 연관지어 장소의 위치를 말했을 것이다."[41] 지상낙원 자체가 아르메니아에 있었다면, 에덴 지방은 더 광범위하여 "메소포타미아, 소펜, 아디아벤(북아시리아), 아르메니아 일부, 그리고 콜키드 일부를 포함할 것이다."[42]

메소포타미아

16, 17세기 메소포타미아 학파에는 당대의 뛰어난 인물들이 있었는데, 특히 개신교 쪽에 많았다. 칼뱅은 그중 한 명으로서, 이 설을 지지하며 큰 힘을 실어 주었다. 그의 추론은 이 문제에 관한 한 르네상스 시대를 특징짓는 새로운 '과학적' 접근법의 모범이라고 할 수 있다. 종교개혁가로서 루터와 의견을 달리한 칼뱅은 "낙원의 위치는 동방과 유대 지방 사이에 있다"고 일단 정한 뒤, "이 문제를 더 확실하게 탐구할 수 있다"[43]고 여겼다. 그다음 문제는 동산에 물을 공급하고 네 갈래로 갈라졌던 강이 어떤 강인지 확인하는 것이다. 유프라테스와 티그리스강에 대해서는 "모두가 동의한다."[44] 그러나 "부지런한 작가이자 세심한 주의를 기울여 사물을 파악하는"[45] 사람인 스트라본Strabon은 "이 강들이 바빌로니아 땅에서 합쳐진 다음, 각각 나뉘어 따로따로 자체의 길을 따라 홍해로 흘러 들어간다"[46]는 것을 보여 주었다.

앞에서 언급했듯이, 칼뱅은 《모세 1서, 창세기에 대한 주석》
에 지도를 첨부했다(지도 23). 이 지도에 따르면, 셀레우키아와 바

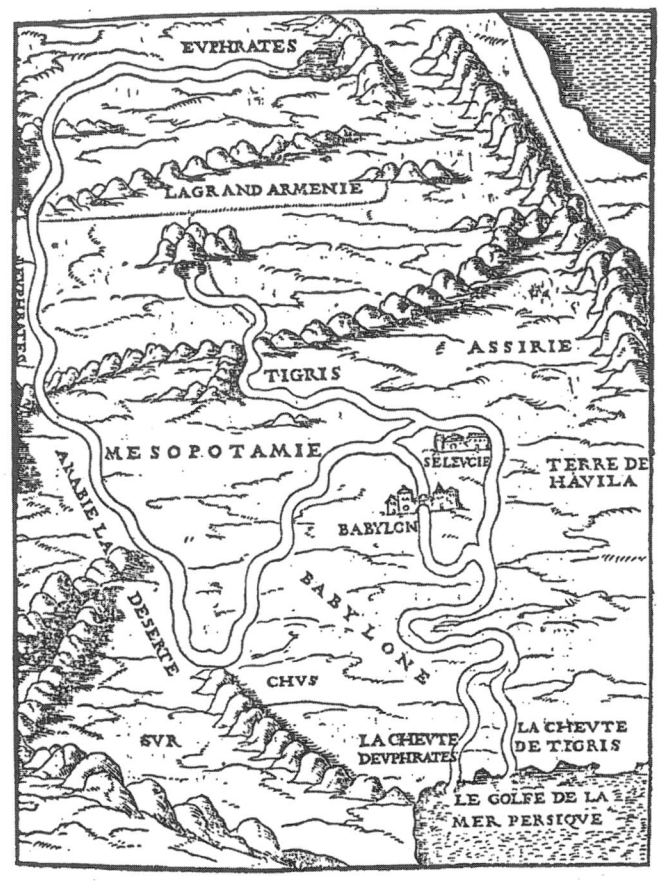

| 지도 23 | 칼뱅의 《모세 1서, 창세기에 대한 주석》 지도에 표시된 에덴동산의 위치. 티그리스와 유드라테스강이 완전히 합류하는 지점 위쪽이 지상낙원으로 추정되는 위치다. Catherine Delano-Smith and Elizabeth Morley Ingram, *Maps in Bibles, 1500-1600: An Illustrated Catalogue*, Droz, Genève, 1991, t. 16.

빌론 북쪽에서 티그리스강과 유프라테스강이 연결되고 두 도시의 남쪽에서 완전히 합류한다. 하나가 된 강은 페르시아만 근처에서 다시 둘로 나뉜다. 유프라테스강 하류는 기혼강이 되고, 티그리스강 하류는 비손강이 된다. 〈창세기〉와 일치하도록 쿠시(또는 쿠스) 땅은 기혼 강 서쪽에, 하일라 땅은 비손강 동쪽에 위치하게 된다.

아담은 "바빌론과 셀레우키아 근처에 살았을까, 아니면 더 상류에 살았을까?" 칼뱅에 따르면 그것은 문제가 아니다. "〔에덴 동산이〕 물로 적셔지는 곳이기면 하면 충분하"기 때문이다. "하늘 아래 아름다움, 풍성한 열매, 비옥함, 즐거움 및 여러 가지 신의 선물이 뛰어난 지역이 있다면, 지역에 관해 글을 쓰는 사람들은 그 지역을 다른 모든 지역보다 더 칭찬할 것이다. 바로 그러한 이유로 모세가 낙원을 찬양할 때 사용한 찬사들이 이 땅과 관련이 있다고 할 수 있다. 따라서 에덴 지역이 앞서 언급한 나라에 있었을 가능성이 높다."[47]

칼뱅의 《모세 1서, 창세기에 대한 주석》에 수록된 지도는 그의 영어 번역본뿐만 아니라 《주교 성경》에도 수록되어 널리 배포되었다는 사실을 상기할 필요가 있다.[48] 그러나 《모세 1서, 창세기에 대한 주석》 책 자체와 마찬가지로 이 지도에는 문제가 있었다. 티그리스강과 유프라테스강이 완전히 합류하는 지점이 지상낙원으로 추정되는 위치의 남쪽에 있었기 때문이다. 그래서 칼뱅의 《모세 1서, 창세기에 대한 주석》의 네덜란드어 번역본에 삽입된 지도는 프랑스어로 된 고유 지명을 그대로 남겨 둔 채, 지리학이 아니라 논리에 따라 원래의 지도를 수정했다. 이 지도에는 티그리스강과 유프라테스강의 합류점이 단 하나이며, 칼뱅이 그린 섬은 더 이상 존재하지 않는다(지도 24).[49] 도

| 지도 24 | 칼뱅의 《모세 1서, 창세기에 대한 주석》의 네덜란드어 번역본에 삽입된 지도. *The Map Collector*, 1984, n° 29. 여기서는 티그리스와 유프라테스의 합류점이 단 하나이며, 섬은 더 이상 존재하지 않는다.

르드레흐트 주교회의(1619)의 명령에 따라 작성된 성경 《주석집 Annotations》은 성경에 두 개의 "에덴", 즉 시리아에 있는 에덴과 칼데아에 있는 에덴이 언급되어 있음을 인정하면서도 지상낙원이 있었던 곳은 칼뱅과 마찬가지로 칼데아라고 했다.[50] 이것은 칼뱅주의 국가에서는 거의 공식적인 교리가 되었다.

개신교에서 이 주제에 대한 위대한 권위자로 여겨진 프란시스쿠스 유니우스도 다마스쿠스 근처에 있는 시리아의 에덴과 칼데아의 에덴이라는 두 에덴으로 구분했다. 지상낙원이 있다고 간주되어야 할 장소는 칼데아라는 것이다. "모든 역사가들은 티그리스강과 유프라테스강이 흐르는 바빌로니아 땅이 동방 전체뿐만 아니라 지구 전체에서 가장 쾌적하고 비옥하다는 데 동의한다."[51] 존 홉킨슨도 이 견해에 동의한다. 그리고 에덴동산은 바빌로니아 전체가 아니라 일부 저자들이 '아우라니티스'라고 부르는 바빌로니아 북부를 포함한다는 점을 명확히 했다. 홉킨슨의 저서에서 이 위치 설정과 관련하여 첨부된 지도를 보면, 행복의 동산은 티그리스강과 비손강으로 둘러싸인 섬에 위치하며, 기혼강과 유프라테스강은 서쪽으로 치우쳐 있다(지도 25).[52]

홉킨슨을 존경했던 월터 롤리도 같은 결론에 도달하고 지리학적 고찰을 거쳐 결론을 더 강화했다. 메소포타미아는 적도에서 35도, 북극에서 55도 떨어져 있어서 최상의 조건을 갖추고 있다. 이 땅에서는 훌륭한 포도주, 과일, 기름 및 다양한 품질의 곡물이 풍부하게 생산된다. 이 땅의 토양과 기후의 질이 좋다

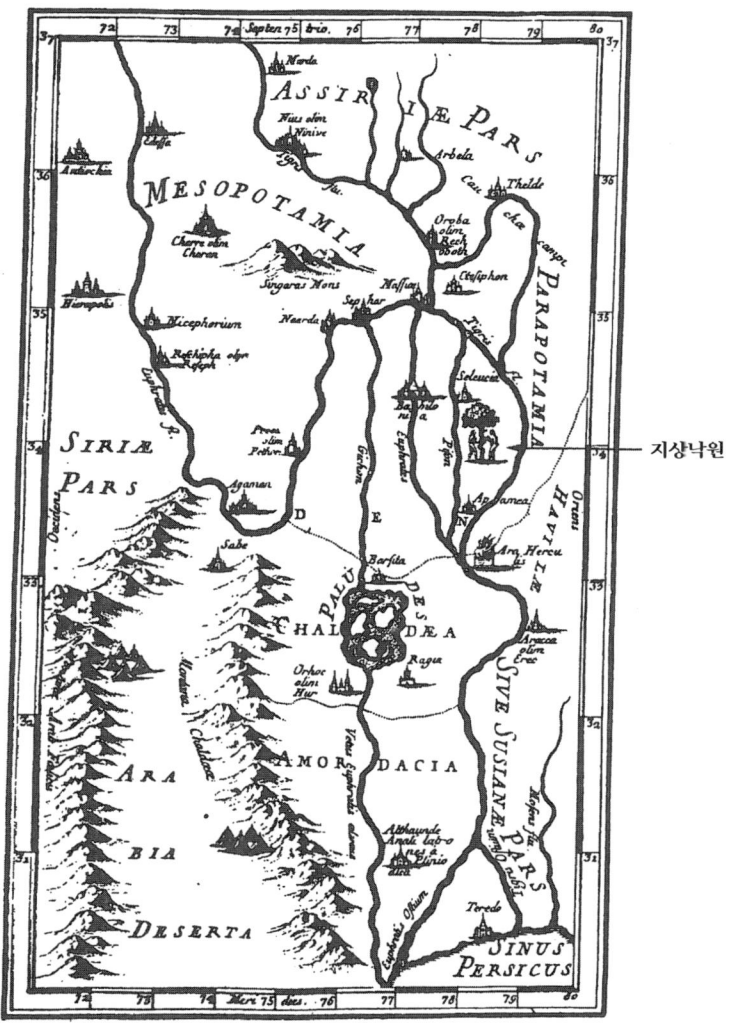

| 지도 25 | 존 홉킨슨의 《낙원 개요》(1593)에 실린 '메소포타미아의 낙원'. '행복의 동산'은 티그리스 강과 비손강으로 둘러싸인 섬에 있다. J. Duncan, *Milton's Earthly Paradise*, Univ. of Minnesota Press, 1972, planche IV.

는 것을 단적으로 보여 주는 것은 무엇보다도 자연산 대추야자 나무가 많다는 점이다. 대추야자는 봄과 여름이 똑같이 계속되는 동인도와 서인도에서 발견된다. 그러나 다른 한편으로 동인도와 서인도는 "위험한 천둥과 번개, 끔찍하고 빈번한 지진, 심각한 질병, 독을 가진 수많은 동물과 곤충 그리고 그 외 여러 가지 불편"에 시달린다. 따라서 메소포타미아와 인도를 비교할 수는 없다.[53]

지리학자이자 왕당파 풍자작가 피터 헤일린은 《소우주: 큰 세계에 대한 작은 설명Microcosmos: a Little Description of the Great World》의 한 장을 "아시리아, 메소포타미아, 칼데아"에 할애했다. 여기서 그는 지상낙원의 지리학을 재조명하고, 중세 시대에 일반적이었던 환상적 해석과 위치 선정을 뒤흔드는 계기를 마련했다. 네 개의 강에서 기본 덕목의 비유를 찾아내는 것은 타당하지 않다. 지상낙원을 달의 궤도에 둔다거나 네 개의 강이 거기서 내려와 바다 밑으로 흐른다는 주장은 "너무 교만한(허황된) 주장이어서 반박할 가치조차 없다." 적도설은 성경이 제시한 세부 사항과 맞지 않다. 지상낙원이 지상 전체를 차지했다고 주장하는 것은 "바보스러운 것"이다. 아담과 이브는 그곳에서 쫓겨난 후 어디로 갔을까? 비손강은 갠지스강일 수도 없고, 기혼강이 나일강일 수도 없다. 둘 다 모세가 언급한 지방에서 너무 멀리 떨어져 있다.[54] 사실 기혼강은 유프라테스강의 서쪽 지류이고, 비손강은 티그리스강의 남쪽 지류이다. 따라서 에덴

동산은 메소포타미아에 있었다.[55]

독일 칼뱅주의자 다비드 파레우스도 몇 가지 의문을 제기하지만, 같은 맥락에서 의견을 제시한다. 그는 강이 네 갈래로 갈라지는 것이 "낙원 앞인지, 안쪽인지, 아니면 바깥쪽인지"[56]를 정할 수 없다고 지적한다. 그러나 에덴동산이 "유프라테스 강변 또는 그 근처에"[57] 있었다는 것은 확실하다고 말한다. 마찬가지로 앙드레 리베는 "에덴 지방은 바빌로니아의 일부이고, 바빌로니아는 메소포타미아의 일부"[58]라고 한다. 리베의 조카이자 17세기 가장 뛰어난 개혁파 유대 학자인 사뮈엘 보샤르(1667년 사망)는 명쾌하게 이렇게 말한다. "요컨대 나는 지상낙원이 칼뱅이 정한 곳과 같은 장소에 있다고 생각한다."[59] 조반니 디오다티는 이런 위치 설정이 "가능하다"고 생각한다. "내가 가능하다고 말한 것은 이 세상이 겪은 대격변으로 인해 확실하다고 말할 수 없기 때문이다." 그러나 이러한 유보 조건을 붙이기만 한다면 메소포타미아가 〈창세기〉가 말하는 "과수원 혹은 기쁨의 동산"이었다는 것은 확실하다고 볼 수 있다.[60]

마지막으로 자크 바나주는, 비록 이 열거가 완전하다기보다는 의미 있다고 해야 하지만, 주저하지 않았다. 그는 "〔지상낙원은〕 고대 니네베의 조금 아래, 아랍인의 강가에 위치해 있었다. 그곳에서 모세가 명명한 네 개의 강을 선명하게 발견할 수 있다. 그곳에서 유프라테스강과 테그리스강이 합류한다. 이후 두 개의 큰 물줄기로 나뉘어 흐른다. 물은 물줄기를 따라 한참을 흐르다가 결국 페르시아만으로 흘러 들어간다. 그래서 이곳에는 하나의 강과 네 개의 강이 있다고 할 수 있다."[61] 모세는 글을 쓸 때 아라비아 또는 유대에 있었고, 그곳에서 자신의 동쪽에 위치한 지상낙원을 가리킨 것이다.[62]

앞서 말했듯이, 밀턴은 에덴동산을 아시리아에 두었다.[63] 그로티우스가 《아담의 추방》에서 선택한 장소이기도 하다. 비극 앞에 나오는 "논증"에서 그는 분명히 이렇게 말한다. "무대는 에덴, 동산이 있던 바빌로니아 지방, 유프라테스 강변이다."[64] 실제로 이 작품의 1,000~1,005행은 다음과 같다. "플라타너스 나무 아래, 아담은 푸른 월계수를 머리에 감고, 다정한 아내와 함께 알몸으로 아시리아 강가에 앉아 있다. 아담은 아름다운 선율로 신의 놀라운 업적을 찬양하고 있으며, 그 선율은 신성한 새처럼 날아오른다."[65]

가톨릭 주석가들 중 점점 더 많은 사람들이 이러한 낙원의 지리학에 동조했다. 그중 한 명이 1513년 리옹에서 구약성경에 관한 저서를 출간한 이탈리아의 주교 스테우쿠스 에우구비누스였다. 그는 칼뱅보다 훨씬 앞서 에덴동산을 메소포타미아에 두었다. 그의 이러한 "확신"에는 몇 가지 이유가 있었다. 첫째, 낙원에서 발원하는 네 개의 강이 있는 곳이 바로 메소포타미아이다. 둘째, 이 땅은 매우 쾌적하다. 마지막으로 "낙원"이라는 단어가 페르시아어라는 점이다.[66] 인류가 확산되기 시작한 곳은 바로 칼데아였다.[67] 제로니모 올레아스트로의 《모세 5경 주석》(1556)도 같은 견해를 표명했다. 올레아스트로는 중세적 신앙에서 벗어나 다음과 같이 썼다. "〔지상낙원의 위치에 대해서〕 의견이 분분하지만, 나는 … 그것이 칼데아에서 멀지 않다고 생각한다." 그리고 더 나아가 "낙원은 칼데아 또는 그 근처라는 것이 확실해 보인다. 왜냐하면 낙원의 네 개 강 중 하나인 유프라테스강이 칼데아를 흐르기 때문이다."[68]라고 했다. 올레아스트로는 본론에 이어 기혼강, 비손강을 나일강, 갠지스강과 동일시하는 전통적 해석에 강한 의구심을 표명했다.[69]

17세기 중반 시칠리아 사제 아고스티노 인베제스는 이 주제에 대한 논쟁의 논점들을 살펴보면서, 1530년 왕립 대학에 임명된 첫 번째 교수단에 속했던 유대 학자 프랑수아 바타블을 칼데아설 지지자에 포함시켰다.[70] 물론 인베제스가 아르메니아설 지지자와 칼데아설 지지자를 항상 구분한 것은 아니다. 인베제스는 스테우쿠스, 에우구비누스, 올레아스트로, 페레이라, 말도나트Juan Maldonado 등을 열거한 후, 전문가들의 의견이 크게 둘로 나뉘며 둘 다 믿을 만하다고 확신에 차서 말한다. "한쪽은 〔에덴동산〕을 세계의 동쪽, 즉 인도의 어딘가에 둔다. 다른 쪽은 낙원을 팔레스타인의 동쪽, 즉 메소포타미아에 둔다. 첫 번째 의견은 오래전부터 있었던 것이고, 두 번째 의견은 최근 저자들 사이에서 더 인기가 있다. 〔…〕 만약 독자가 나에게 의견을 묻는다면, 가장 가능성이 높은 것은 〔지상〕낙원이 팔레스타인의 동쪽, 메소포타미아에 있다는 설이라고 말하고 싶다."[71]

이렇게 볼 때, 왕세자의 가정교사이자 프랑스 학술원 회원인 주교 피에르 다니엘 위에가 1691년에 출판한 《지상낙원의 위치에 관한 논고》는 이 논쟁에 새로운 본질적 요소를 더하지 못했음은 명백하다. 그러나 위에는 지상낙원의 위치에 대해 오랜 세월 동안 제기되어 온 다양한 의견을 제시하고, 이를 책의 서두에서 유머스럽게 상기시키면서 이 수수께끼에 환상과 불확실성을 없애는 과학적 해답을 제시하고자 했다.

> 사람들은 (지상낙원을) 셋째 하늘, 넷째 하늘, 달의 하늘, 달 자체, 달의 하늘에 가까운 산, 공중의 중간 지역, 지구 밖, 땅, 땅 아래, 인간이 알 수 없는 숨겨진 장소에 두었다. 북극 아래 둔 사람들도 있고 (…) 많은 사람들은 (…) 갠지스 강변이나 실론섬에 두기도 했으며, 심지어 에덴이라는 이름이 인도라는 단어에서 파생되었다고도 했다. (…) 어떤 사람들은 미국, 다른 사람들은 적도 아래 아프리카, 또 다른 사람들은 적도 동쪽, 다른 사람들은 나일강이 솟아났다고 생각되는 달의 산에 두었다. 대부분은 아시아, 일부는 아르메니아, 일부는 메소포타미아나 아시리아, 페르시아, 바빌로니아, 아라비아, 시리아, 팔레스타인에 두었다. 심지어 우리 유럽에 명예를 돌리고 싶었던 사람들도 있었는데, 이러한 불합리함의 극치는 에덴과 이름이 일치한다는 이유로 아르투아 지방의 도시인 에뎅Hesdin[프랑스어 발음이 에덴과 같음]에 낙원이 있었다고 주장한 사람도 있었다는 것이다.[72]

독자들을 이 미로에서 벗어나게 해 주겠다며 위에가 제시한 위치는 결국 칼뱅이 제시한 것과 유사했고, 이는 결국 칼뱅에 대한 찬사였다. "이 연구에 참여한 모든 사람 중에서 내가 주장하는 견해에 가장 근접한 사람은 《모세 1서, 창세기에 대한 주석》의 칼뱅 이외에는 아무도 없다."[73]

정확하고 결정적인 작업을 하고 싶었던 피에르 다니엘 위에는 가용한 모든 지식을 총동원하여 모세의 설명에 부합하는 "유일한" 위치를 제시하고, 성경 본문의 진정한 의미를 찾고자 했다. 그는 다음과 같은 것을 계속해서 입증한다. "에덴은 장소의 고유명사이다",[74] 에덴과 낙원은 "두 개의 다른 장소이다(부분과 전체가 다르다는 의미로 이해됨)",[75] "낙원은 에덴동산의 동쪽을 차지하고 있었다",[76] 마지막으로 "동산의 대부분은 티그리스의 동쪽 강변에 있었다."[77] 에덴 땅 자체가 "그 후 바빌로니아라고 불리는 넓은 지역의 대부분을 차지하고 있었다."[78]

사실 위에는 모세가 쓴 것에 대해 "주의력 부족으로 인해 오해할 수 있다"고 썼는데, 이것은 현재 이라크의 강변 지리학에 맞지 않다. 분명히 "낙원의 큰 강에서 갈라진 네 개의 강 중에서 북쪽에 있는 것은 유프라테스강과 티그리스강이다. 남쪽에는 페르시아만으로 빠지기 전에 티그리스강과 유프라테스강의 공통 수로를 두 개의 지류로 갈라 놓는다"[79]고 했다. 위에는 칼뱅과 마찬가지로 기혼강을 서쪽에, 비손강을 동쪽에 둠으로써 마지막으로 분리했다. 그리고 칼뱅과 마찬가지로 이 분리 지점의 바로 상류에 지상낙원을 위치시켰다. 위에의 논문이 출판되고 며칠 후, 보쉬에가 위에에게 편지를 보냈다. "토요일 저녁에 이곳에 도착했고, 바로 다음 날 아침 영광스럽게도 왕에게 당신의 지상낙원을 바쳤소. 전하께서는 흡족하게 그것을 받아 보시고 내게 그 주제에 대해 설명해 달라고 하셨소."[80] 위에의 《논고》는 즉시 라틴어와 영어로 번역되었다.

성지

피에르 다니엘 위에는 에덴동산의 위치 논쟁이 끝나기를 바랐다. 그러나 그의 희망은 좌절되었다. 16세기 초에 이미 제기되었던 또 다른 주장, 즉 지상낙원을 시리아-팔레스타인에 위치시키는 설이 등장했고, 이 설이 이후에 어느 정도 호응을 얻었기 때문이다.

이는 미겔 세르베트가 《기독교의 회복》(1553)에서 이미 표명했던 견해이다. "에덴은 시리아의 쾌적한 장소였다. 〔…〕 지상낙원은 약속의 땅에 있었다." 인간은 아담의 죄 이후로 그 특권을 잃었다. 그러나—매우 중세적인 개념인데—그리스도는 "거주할 수 있는 땅 한가운데서" 태어났다. "사방에서 쉽게 접근할 수 있고 모든 바다가 통하는 곳"[81]은 이곳을 제외하면 이 세상 어디에도 없다. 이 장소는 1575년 제네바의 목사이자 교수였던 칼뱅주의 신학자이자 유대 학자인 마티외 베로알드Mathieu Béroalde(또는 베루)에 의해 다시 주목받았다. 베로알드에게 '동쪽, 에덴'이라는 말은 가나안 동쪽 지방을 가리키는 말이었다. 그는 티그리스강과 유프라테스강을 동쪽으로 이동시키고, 시리아의 일반적인 경계를 북쪽과 동쪽으로 이동시킴으로써 동쪽을 시리아와 동일시했다.[82]

17세기 중반 이삭 드 라 페레르Issac de La Peyrère에게서도 이와 동일한 지리학이 나타난다. 그의 《아담 이전 인류Prae-Adamitae》(1655)는 네덜란드 공화국Provinces-Unies에서 출판되어 큰 논란을 불러일으켰다. 보르도 출신의 이 개신교도의 혁명적인 주장은 아담이 유대인의 조상일 뿐 전 인류의 조상이 아니라는 것이었다. 인류 단일 기원설에 대한 이러한 정면 공격은 격렬한 반발을 일으켰다. 그의 책이 출판된 후 반세기 동안 약 20개의 반박문이 등장했다. 저자는 체포되어 본인의 주장을 철회해야 했고, 그의 작품은 사형 집행관의 손에 불태워졌다.[83] 여기서 중요한 것은, 라 페레르가 〈로마서〉에 근거하여 그리스도를 아담에 비유하고 지상낙원을 "약속의 땅"에 세우면서 그 중심을 요르단 지역이라고 했다는 점이다.[84] 거의 같은 시기에 다른 두 명의 개신교 작가인 스위스인 하이데거Heidegger와 실레지아인 헤르비누스Herbinus는 지상낙원이 확실히 갈릴리어 있었다고 했다. 그들은 또한 아담이 골고다 언덕에 묻혔다는 중세의 오래된 믿음을 다시 끄집어냈다.[85]

가톨릭 쪽에서도 몇몇 작가들, 특히 예수회 회원들은 지상낙원을 "약속의 땅"과 동일시했다. 1635년 예수회 수도사였던 니콜라 아브람 신부는 《농경시 Georgica》|베르길리우스|에 대한 주석을 출판했는데, 다른 사람들과 마찬가지로 "네 강과 낙원의 위치"에 대해 설명했다. |《네 강과 지상낙원의 위치에 대한 논의》(1635)| 여기서 아브람은 요르단이 "낙원의 강이 요구하는 조건"을 충족시켰다고 확신한다. 요르단강의 물이 대지의 품으로 사라졌다가 다시 다른 강들의 근원이 되어 부활한다는 것인데, 이것은 고대 지리적 신념의 부활이다. 아브람 신부에게 낙원은 티베리아스 호수, 소돔, 사해를 포함한 영토로 구성되었다. 홍수 이후에도, 소돔이 벌을 받기 전에도 이 지역은 "매우 쾌적하고 비옥하며 온화하여 사계절 내내 열매를 맺는 곳"[86]이었다. 원시회칙파 수도사 외젠 로제 Eugène Roger는 《성지 La Terre sainte》

그로부터 10년 후, 프란체스코 수도회 원시회칙파 수도사 외젠 로제도 같은 의견을 내놓았다. 그의 대중서 《성지》(1646)는 답을 암시하는 질문을 제기한다. "성지나 약속의 땅보다 지상낙원과 더 밀접한 관련이 있는 곳이 지상에 있는가? 〔…〕 그곳은 지중해 끝에 있고 접근하기 어려운 산들로 둘러싸여 있지 않은가? 즉, 북쪽은 레바논 산맥, 동쪽은 아라비아 산맥, 남쪽은 이두메아 산맥으로 둘러싸여 있지 않은가? 위도 30도에서 34도 사이에 있는 이 지역보다 더 온화한 기후가 있을까? 예루살렘이 지구상에서 가장 높은 곳이라고 주장하는 학자들이 많지 않은가?" 로제는 논의를 진행시키면서 "(대홍수로 인해) 강들의 이름과 지명이 바뀌었고", "하느님께서 우리 조상 아담을 창조하신 곳이 아마센 들판이었다는 것은 모두가 동의하는 사실이며, 그 들판은 예루살렘에서 7리외 떨어진 헤브론 근처에 있다"고 설명한다. 그러면서 다음과 같은 설득력 있는 질문을 던진다. "이 축복의 땅이 여전히 처음의 아름다움을 간직하고 있다면, 영원한 아버지가 자신의 아들에게 이것을 주기를 거부했을까? 아니다, 절대 그렇지 않았을 것이다. 이런 가정은 태어날 다들에게 가장 중요한 나라를 주지 않을 수 없는 부성애를 모욕하지 않고서는 진전시킬 수 없는 가정이다."[87]

18세기에 두 명의 프랑스 예수회 수도사도 팔레스타인 위치설에 찬성하는 입장을 취했다. 가장 잘 알려진 사람은 캉페르에서 태어나 1729년 파리에서 사망한 장 아르두앵 신부이다. 역설을 좋아했던 그는 헤로데 |헤롯| 가 아테네 사람이고, 예수와 사도들이 라틴어로 설교했다고 주장했다. 그는 〈창세기〉의 지리와 관련하여 모세와 플리니우스 |고대 로마의 박물학자이자 정치가| 를 쉽게 양립시켰다. 플리니우스 전문가이기도 한 그는 플리니우스의 《박물지 Naturalis Historia》를 1686년 번역 출간하여 호평을 받았다.[88] 1716년에 완성된 작품 |〈지상낙원의 위치에 대한 새로운 고찰 혹은 지상낙원에 있는 여러 강의 위치에 관련된 플리니우스와 모세의 일치〉| 에서 아르두앵은 피에르 다니엘 위에에 대한 응답으로 "(낙원의) 강은 요르단강이며, 기쁨의 장소는 티베리아스 호수 주변의 온 나라"[89]라

고 했다. 더 읽어 보자. "이 낙원은 요르단 근처의 갈릴리에 있으며, 지도가 엔논Ennon이라고 기록한 장소, 또는 적어도 그 근처에 위치했다고 확실히 결론을 내릴 수 있을 것 같다. (…) 그것은 요르단강 양안을 차지했다."[90] "우리가 주의를 기울이면 모세 5경 전체에서 모세의 의도는 하느님이 그들의 첫 조상들을 옛 거주지로 다시 불러서 고향으로 돌아가도록 설득하는 데 있었음을 알 수 있다."[91]

베뤼에의 《신의 백성의 역사》(1728)는 아르두앵의 《지리학과 역사 논문Traitez geographiques et historiques》과 같은 결론에 도달한다. "인간이 창조되기 3일 전, 창조 3일째부터 이미 인간에게 준비된 그 기쁨의 장소를 찾는다면, 메시아 시대까지 하느님의 백성의 상속물이자 소유로 정의된 팔레스타인 땅 이외에는 결코 없다."[92] 베뤼에가 보기에, 신성한 지리학은 원죄 이전에는 다음과 같았다.

> 팔레스타인의 북쪽에는 세계에서 가장 아름답고 가장 좋은 물이 넘쳐흐르는 샘이 솟아나고 있었다. 그 물은 주변 평야를 굽이굽이 흐르며 그 땅을 비옥하게 만들기에 충분했고, 마침내 게네사르라고 불리는 큰 호수를 형성했다. (…) 여기에서 물이 다시 평야를 통과하여 요르단강을 형성했다. 이 아름다운 강은 다양한 우회로를 통해 온 땅에 물을 공급하고 '대홍수' 때까지 내리지 않던 비를 대신했다. 이 강의 영양분 가득한 일정한 양

의 수증기는 동쪽으로는 유프라테스강까지, 서쪽으로는 유대인들이 큰 바다라고 부르는 지중해까지 펼쳐진 양안의 들판을 이 세상에서 가장 아름답고 가장 깨끗하고 가장 풍요로운 나라로 만들었다. 그래서 그곳은 에덴 또는 기쁨의 땅이라는 이름이 붙었다."[93]

젠네사렛|게네사렛| 호수에서 흘러나온 강물은 이 땅을 몇 마일 흘러간 후 "기쁨의 동산으로 들어가서 그곳을 적셨다."[94] "주께서 첫 사람을 창조하자마자 직접 데리고 가서 그곳을 경작하고 지키라고 한 곳이 바로 이 행복의 나라, 그 중심인 아름다운 동산이었다."[95]

개신교 주석가들과 피에르 다니엘 위에의 〈창세기〉 연구에 비하면, 로제·아르두앵·베뤼에의 결론은 고리타분해 보일 수 있다. 특히 아르두앵은 불가타 성경을 확고하게 고수하면서 '태초에'를 '동쪽에'로 바꾸는 것을 거부한다. 그러나 돌이켜 보면 지상낙원의 위치를 팔레스타인으로 두는 설은 아르메니아설이나 바빌로니아설과 가까워 보인다. 18세기에는 지상낙원이 달의 궤도나 아시아의 깊은 곳, 심지어 크리스토퍼 콜럼버스처럼 파리아만 상류에 위치할 것이라는 중세와 르네상스 시대의 환상은 이미 폐기되었다. 아무도 비손강을 갠지스강과, 기혼을 나일강과 동일시하지 않았다. 반면에 기독교 교회에서는 주변인들, 특히 영국의 비국교도들("가족주의자, 반율법주의자, […] 퀘

이커교도" 등[96])만이 〈창세기〉의 지상낙원 이야기를 상징적인 의미로 이해했다.

몇 가지 보충 질문

지상낙원의 위치 문제는 필연적으로 그 크기의 문제로 이어졌다. 그래서 존 살케드와 아고스티노 인베제스는 각각 백과사전의 한 장을 할애하여 이 다소 난처한 문제를 다루었다. 즉, 살케드|《낙원에 관한 논문》|의 제3장(낙원의 경계와 크기)과 인베제스|《지상낙원의 신성한 역사와 지극히 거룩한 무죄의 상태》|의 제4장(《낙원의 경계, 혹은 낙원은 어디까지 뻗어 있었나)이 바로 그것이다. 두 저자는 서로 알지 못하는 상태에서 글을 쓴 것으로 보이지만, 기독교 역사에서 이 주제와 관련해 채택된 다양한 견해를 언급하고 있다. 살케드는 에프렘이 "낙원은 땅 자체와 같은 크기였다"[97]고 주장했음을 상기시켰다. 인베제스는 성 어거스틴|아우구스티누스|의 문구를 인용한다. "낙원은 (네 개의 강이 솟을 만큼) 큰 샘이 흐르기 때문에 결코 작은 지역이 아니었다."[98] 좀 더 넓게 보면, 16세기의 바디안이나 고로피우스와 같이 지상낙원을 대지 전체와 동일시한 저자들은 모두 이러한 동일시를 통해서 크기 문제를 해결했다. 반면, 특히 16~17세기에 정확한 위치를 제안한 사람들은 에덴동산이 온 땅에 걸쳐 있지는 않았지

만, 그럼에도 불구하고 "광활한 크기"⁹⁹라고 말한 루터의 주장에는 동의할 수 없었다.

주석가들은 두 진영으로 나뉘어 있었다. 한편으로는 리베처럼 에덴동산이 "그다지 넓은 지역을 차지하지 않았다(non valde magna regio)"¹⁰⁰고 생각하는 사람들이 있었다. 다른 편에는 수아레스처럼 "적어도 꽤 큰 왕국 정도의 넓이(saltem amplitudinem unius regni non parvi habuisse)"¹⁰¹를 가져야 한다고 생각한 사람들도 있었다. 살케드는 "필요 이상으로 어려운" 이 공간적 특성에 관한 문제에 당혹감을 감추지 못했다. "그럼에도 많은 사람들이 이를 문제 삼았기 때문에, 나는 어느 정도까지는 답변을 해야 하지만, 그것은 어디까지나 철학과 신학의 원리, 즉 성경에 대한 위대한 주석가들이 내 주장에 확실한 근거를 제공하는 한에서이다."¹⁰²

여기에는 큰 난제가 있다. 아담과 이브가 원죄를 저지르지 않았다면 인류 전체가 어떻게 (예를 들어, 메소포타미아와 같은) 그렇게 한정된 영토와 비교적 제한된 크기에 수용될 수 있었을까 하는 것이다. 살케드는 인간이 지금보다 더 많은 자녀를 낳았을 것이라고 확신한다("왜냐하면 철학이 가르쳐 주듯이 죄는 세대가 번식하는 데 작은 장애물이 아니기 때문이다"¹⁰³). 게다가 인간은 훨씬 더 오래 살았을 것이다. 따라서 지상낙원은 그들에게 너무 좁았을 것이다. 이에 대해 영국 성공회 총장의 대답은 다음과 같다. 인간은 그곳에서 "더 행복한 상태", 즉 천국으로 "옮겨 갈 때까지만"[104] 머물렀을 것이다. 따라서 에덴동산은 넘쳐나는 주민을 정기적으로 최종적인 행복의 영역으로 내보냄으로써 그곳의 과잉을 배출했을 것으로 보인다.

인베제스는 이 난제를 다음과 같이 해결한다. "이 행복의 동산이 크고 매우 넉넉한 크기를 가졌을 법한 여러 가지 이유가 있다. 첫째, 모세와 다마스쿠스의 요한네스가 가르치듯이, 하느님 자신이 자신의 손으로 이 정원을 만들었다. 이제 하느님의 모든 작품, 특히 첫 번째 작품은 위대하고 신성한 창조주의 영광에 걸맞게 위대했다. 더욱이 아우구스티누스와 바르세파스가 올바르게 말했듯이, 모든 강 중에서 가장 큰 강인 유프라테스강, 갠지스강, 티그리스강, 인더스강이 이곳에서 발원했다면, 이 동산이 작을 리 없다. 마지막으로, 만약 무죄 상태가 계속되었다면 〔…〕, 인류 전체 또는 대부분이 여기에 살았을 것이다."[105] 반면에 인베제스는 이 장소의 크기에 대해 정확하게 말하는 것을 거부하면서도, 수아레스의 표현, 즉 "적어도 상당한 크기의 왕국 정도의 넓이"라는 표현이 오히려 합리적이라고 말한다.[106]

하나의 문제가 다른 문제로 이어지면서, 인베제스는 다음 장에서 광대한 한계를 감안할 때 지상낙원이 평야에 있었는지 여부를 묻는다. 그리고 낙원의 폐쇄된 경계 내에 산, 언덕 및 계곡이 있었는지 여부를 그다음 장인 5장에서 묻는다. 늘 그렇듯, 저자는 이전에 이 주제에 대해 제기된 다양한 의견을 제시한다. 예를 들어, 테르툴리아누스는 에덴동산을 평원에 두었다.

그러나 낙원에 광대한 공간을 부여한 모든 저자들은 논리적으로 그곳에 산, 언덕, 계곡이 포함된다고 결론지었다. 여기서도 인베제스는 수아레스의 말에 동의하면서 다음과 같이 말한다. "낙원 내부의 땅은 균일하지 않았고 광활한 땅에서 어떤 부분은 다른 부분보다 높았다. 그렇기 때문에 언덕과 들판이 있었을 가능성이 높다. 그러한 다양성은 사람들에게 즐거움을 줄 뿐만 아니라 장소를 아름답게 하고 풍요로움에도 기여한다. 따라서 이 신성한 정원에 기복이 없었을 리 없다."[107] 반면에 인베제스 주석가들은 지상낙원과 관련해 아르메니아, 바빌로니아 또는 유대와 같이 해당 지역의 고도라는 조건만 제시할 수 있었다.

제9장

정교해진 연대 계산

(Map)

지상낙원은
언제 창조되었나?

"지상낙원은 어디에 있었는가?"라는 질문과 더불어 창조의 순간과 최초의 조상이 추방될 때까지 그곳에서 일어난 결정적인 사건의 연대에 대해 〈창세기〉 주석가들은 잇달아 질문을 던졌다. 그러나 이처럼 어려운 주제에 시간을 할애할 가치가 있었을까?

앙드레 리베는 그렇게 생각하지 않는다면서, 《창세기에 대한 190가지 논쟁Exeercitationes CXC in Genesim》에서 약간의 유머를 섞어서 이렇게 썼다.

이 주제에 대해 어떤 스콜라 학자들이 다음과 같은 이상한 질문을 수도 없이 제기하고 있다. 최초의 인간은 낙원에 몇 시간, 며칠 또는 몇 년 동안 머물렀느냐는 질문이다. 이미 예전부터 유대인 박사들은 이러한 주제를 가지고 고심해 왔고, 고대의 유대교 신비주의자들 중 다수는 아담이 창조된 지 20년이 지나기 전까지는 〔신에 의해〕 벌을 받지는 않았을 것으로 생각했다. 어떤 사람들은 몇 년, 다른 사람들은 40일, 몇몇은 단 하루, 또 다른 사람들은 6시간, 어떤 사람들은 그보다는 긴 시간, 어떤 사람들은 8일로 계산했다. 그러나 이들 모두는 자신도 남들도 납득시키기를 포기한 채 어설픈 추측에 의존한다. 결국 그들은 이 분야에서 정확하고 확실한 대답이 불가능하다는 것을 인정해야만 했다. 왜냐하면 그 대답은 성경에서 결론을 내릴 수도 없고, 성경에 관한 저술가들로부터 확실한 방법으로 결론을 도출할 수도 없으며, 그럴듯한 주장에 근거하여 추측할 수도 없기 때문이다. 페레이라와 그의 〔가톨릭〕 동료들은 이 질문이 우리와 같은 여행자들에게는 어려운 문제라고 말한다. 〔…〕 메르센은 신의 계시 없이는 그것에 대해 아무것도 말할 수 없다고 했는데, 이는 일리 있는 말이다.[1]

앙드레 리베, 페레이라Benedict Pereira, 메르센Marin Mersenne의 경고에도 불구하고, 많은 주석가들은 〈창세기〉를 손에 들고서 세상의 시작과 인류의 첫걸음에 대한 신비를 풀려고 했다. 다시 한 번 인베제스가 작성한 전집을 지침서 삼아 지상낙원과 그곳에서 아담과 이브가 체류했던 기간에 대해 오랜 세월 제기된 다양한 특징적 질문을 시대순으로 살펴볼 수 있다. 이러한 질문 중에서 눈에 띄는 것은 다음과 같은 것들이다.

"낙원은 몇 월, 며칠, 몇 시에 신에 의해 만들어졌는가?"[2]
"신은 몇 월, 며칠, 몇 시에 아담의 몸을 만들었는가?"[3]
"신은 며칠, 몇 시에 아담을 창조의 장소에서 낙원으로 인도했나?"[4]
"〔십계명〕'낙원에 있는 나무 열매는 무엇이든지 마음대로 따먹어라.' '그러나 선과 악을 알게 하는 나무 열매만은 따먹지 마라.' 그러면 아담의 지식은 언제 어디서 왔는가?"[5]

"(동물들) 며칠, 몇 시에, 어떻게 아담 앞으로 인도되었는가?"[6]

"아담은 며칠, 몇 시에, 그리고 어느 곳에서 동물들에게 이름을 부여했는가?"[7]

"아담은 몇 시에, 어디서, 어떻게 잠을 자기 시작했는가? 그리고 몇 시간 동안 잠을 잤는가?"[8]

"신은 며칠, 몇 시에, 어디서 이브의 몸을 창조했는가?"[9]

"언제, 어디서, 누가 이브를 결혼시키기 위해 아담에게 데려왔는가?"[10]

"아담과 이브는 낙원에서 몇 시간, 며칠, 몇 달 또는 몇 년을 함께 살았는가?"[11]

"선악과를 따먹은 시간은 언제였는가?"[12]

"아담과 이브가 추방된 것은 몇 시였는가?"[13]

이 질문들은 지상낙원에 대한 1,500년 동안의 고찰을 요약한 것이다. 그러면 이 질문에 대해 16, 17세기에 이루어진 답은 무엇이었을까?

기쁨의 동산은 아담이 창조되기 전에 "마련되어" 있었다. 모세 바르 세파스의 말처럼 "신이 신랑을 위해 준비해 놓은 침대와 같은 곳"[14]이었을 것이라는 주장은 널리 받아들여졌다. 반면에 더 정확한 연대 설정에 대해서는 이견이 있었다. 나지안조스의 그레고리오스, 다마스쿠스의 요한네스, 세비야의 이시도루스, 라바누스 마우루스, 베다 등과 같은 일부 사람들은 나무가 잎으로 덮이고 자연이 가장 아름다운 3월 춘분에 사건이 일어났다고 주장했다. 다른 사람들은 7월에 일어났다고 했다. 그 근거는 노아 시대에는 1년이 7월에 시작됐다는 것이다. 또 다른 사람들은 9월 추분에 일어났다고 했는데, 항상 조심스러운 태도를 지녔던 페레이라조차 이 명단에 들었다.[15] 그들의 근거는 나무에 열매가 맺히는 것이 가을이라는 점이었다. 아담과 이브는 그 열매를 먹었음이 틀림없다. 심지어 성공회 대주교 제임스 어셔James Ussher는 지구와 지상낙원이 창조된 날로 10월 25일을 정하기도 했다.[16] 인베제스는 가장 널리 확산되어 있던 첫 번째 의견을 지지했다. "우리는 낙원이 지상과 동시에 봄에, 그중에서도 3월에 신에 의해 만들어졌다고 생각한다. 왜냐하면 예수가 봄에, 그중에서도 3월에 육신을 가졌고 수난을 당했기 때문이다. 아담이 〔죄를〕 저지른 것과 그리스도에 의한 대속은 같은 시간에 이루어졌을 것이다."[17] 아담의 이야기와 예수의 이야기 사이에 있을 것으로 가정한 이러한 유사성은 에덴에 관한 달력을 재구성하는 데 중요한 역할을 했다.

　창조의 달력에 대해 좀 더 알아볼 수는 없을까? 지상낙원이 지상과 동시에 셋째 날, 즉 화요일에 생겨났고, 가장 일반적인 견해인 3월에 이러한 사건이 일어났다고 하더라도, 3월 중 어느 때에 창조가 시작되었는가에 따라 여러 가지 가설이 가능하다. 인베제스는 "최근 작가들의 공통된 생각"에 동의하면서, 마리아가 예수를 잉태한 날인 3월 25일에 아담이 창조되었고, 따라

서 지상낙원은 3월 22일에 창조되었다고 보았다.[18]

그러나 하루 중 몇 시에 그 일이 이루어졌단 말인가? 의문은 여전히 남게 된다. 하느님은 다양한 피조물을 창조했는데, 그 날짜와 시간에 대해 학자들 사이에 다양한 의견이 존재하기 때문이다. 예를 들어, 개신교 신학자 베로알드는 하늘과 당이 한밤중에 창조되었다고 생각했다.[19] 스테우쿠스 에우구비누스는 아침 6시경에 창조가 시작되었고, 저녁 6시경에 빛이 나타날 때까지 반나절 동안 어둠 속에서 창조가 이루어졌다고 믿었다. 그때가 되어서야 발아가 시작되어 지상낙원에 식물이 출현했을 것이다.[20] 그러나 인베제스는 또다시 수아레스의 견해에 동조하여,[21] 기쁨의 정원의 창조를 "봄, 3월 22일 화요일, 하루의 첫 시간이 시작될 때 [⋯], 해가 뜰 때"[22]라는 견해를 선호했다.

아담의 창조와 이브의 창조 사이의 시간

그다음 질문은 다음과 같다. 전문가들 사이에 널리 퍼져 있는 신념은 인간이 모든 생물과 무생물 다음에 창조되었다는 것이다. 이것이 〈창세기〉에 나오는 순서이다. 또한, 페레이라의 설명에 따르면, "더 완벽한 것"이 덜 완벽한 것 다음에 오는 것이 논리적이라고 한다.[23] 그러나 이러한 확신 너머로 나아갈 수는 없을까?

　학자들은 그렇게 하려고 노력했다. 그런데 세계의 첫 주를 가을, 7월 또는 3월 중 어느 달로 정하느냐에 따라 아담이 창조된 날짜에 대한 견해가 달라진다. 예를 들어, 17세기 영국에서 큰 명성을 얻었던 성공회 대주교 제임스 어셔는 10월을 고수하여 10월 28일을 아담과 이브가 창조된 날로 보았다.[24] 반면 인베제스는 3월에, 더 정확하게는 3월 25일(가경자 베다가 주장한 3월 23일이 아니라 3월 25일)에 일어났다는 것이 가장 널리 퍼진 의견이라고 단언한다.[25] 마지막으로, 최초의 인간이 언제 창조되었는지에 대해서는 학자들 사이에 "많은 논란이 있다." 수아레스는 우리로서는 그것을 "전혀 알 수 없는 것"으로 간주한다. 그럼에도 다음과 같은 순서를 "가장 그럴듯하다"고 여겼다. 동물은 여섯째 날 해가 뜰 무렵에 나타났고, 사람은 같은 날, 즉 동물이 창조되고 한두 시간 후에 해가 뜬 상태에서 나타났다.[26] 인베제스는 아담의 창조가 3월 25일 새벽에 일어났다는 것이 "가장 확실한 가설"이라고 한다. 그 시간은 성령이 마리아의 태안에서 그리스도의 몸을 형성한 시간이다. 실제로 교회 전통에 따르면 첫 번째 "삼종기도 종"은 새벽에 울린다.[27]

　〈창세기〉(2:8)에는 다음과 같이 기록되어 있다. "하느님께서는 동쪽에 있는 에덴이라는 곳에 동산을 마련하시고 당신께서 빚어 만드신 사람을 그리로 데려다가 살게 하셨다." 이 구절을 문자 그대로 받아들여 옛 주석가들은 아담이 지상의 낙원 밖에서 창조된 후 하느님에 의해 그곳으로 옮겨졌다고 결론 내렸다. 하느님이 이렇게 하신 이유에 대해서는 여러 가지 설명이 있지만, 살케드는 이렇게 설명한다. "이는 인간이 자신을 향한 신의 선함과 넓은 도량을 더 잘 이해하고, 이 장소(축복의 동산)가 자연에서 빌린 것이 아니라 대가 없는 선물이라는 점을 깨달을 수 있게 하기 위함이다."[28]

이쯤에서 신학과 연대기는 새로운 질문을 제기했다. 신이 언제 아담을 에덴동산에 들여보냈을까? 수아레스는 "불확실하다"고 대답하며, 그것은 "드러나 있지 않기 때문"이라고 했다.[29] 과거에 시나이의 아나스타시우스(700년 이후 사망)와 같은 일부 사람들은 최초의 인간이 창조된 후 지상낙원에 들어간 시점까지 40일이 경과했다고 생각했다. 아나스타시우스는 아담의 창조를 3월 25일, 지상낙원으로 들어간 날을 '십자가현양축일'(과거 로마가톨릭에서 헬레나 성녀가 예루살렘에서 예수의 십자가를 찾은 것을 기념한 날)인 5월 3일로 정했다. 이제까지 신중했던 수아레스는 이 대목에서 아담이 "창조 직후 즉시 낙원에 놓여졌다"고 생각했다.[30] 인베제스는 아나스타시우스보다 수아레스에 훨씬 더 가깝지만, 부사 "즉시"가 과도하다고 생각했다. 그는 아담이 동산으로 옮겨진 시간을 우리는 "전적으로 모른다"면서도, 그 이동이 첫 인간이 창조된 후 "아주 짧은 시간 안에", 아마도 두 시간 안에 "놓였은 직하다"고 여겼다. 따라서 이 이동은 31일 아침 9시 또는 10시경에 일어났을 것이다.[31] 아담은 이 이동 전의 시간 동안 무엇을 하고 있었을까? 아마도 그는 하느님을 경배하고 자신이 발견한 "세상의 아름다움, 다채로움, 조화로움에 대해 깊이 생각하며" 시간을 보냈을 것이다.[32]

"나무 열매는 무엇이든 마음대로 따먹어라" "그러나 선과 악을 알게 하는 나무 열매만은 따먹지 마라"는 "두 가지 명령은 언제 아담에게 주어졌는가"라는 문제는 많은 논쟁의 대상이 되었으며, 학자들은 두 진영으로 나뉘었다. 한편은 성 요한네스 크리소스토모스, 성 암브로시우스, 성 아우구스티누스, 성 토마스 아퀴나스, 수아레스 등이다. 이들은 이 두 가지 명령이 이브가 창조되기 전에 아담에게만 알려졌고, 이후 남편이 이브에게 알려 주었다고 생각했다. 다른 편, 특히 토마스 카예탄과 페레이라는 이브가 창조된 후에 알려졌으며 최초의 인간 부부 각자에게 따로, 그리고 직접 분명하게 전달되었다는 견해를 취했다. 인베제스는 첫 번째 가설에 기대어, 이 두 계명의 계시가 아담이 낙원의 관목 숲을 거닐고 있을 때, 즉 아침 11시경에 내려졌다고 계산했다.[33]

다른 새로운 질문도 제기되었다. 〈창세기〉(2:19-20)에서 하느님이 들짐승과 공중의 새를 인간에게 데려다 주고 이름을 붙이게 했다는 에피소드는 언제 일어난 일인가? 먼저 선결해야 할 문제는 하느님이 지상낙원의 아담 앞에 모든 동물 세계를 가져왔다고 보아야 하는가이다. 페레이라에 따르면, 에덴동산은 바다가 아니었기 때문에 물고기는 제외해야 하며, "썩은 물질에서 태어난 동물"도 제외해야 한다고 했다. 또한 이것도 페레이라의 의견인데, 각 고귀한 종의 수컷과 암컷 한 쌍만이 아담에게 주어졌다. "왜냐하면 땅의 모든 짐승이 낙원에 들어가고 숲의 모든 새가 그곳에서 날아다닌다면, 기쁨보다는 공포의 광경이 펼쳐졌을 것이다. 그 많은 동물과 새들이 동산의 아름다움을 짓밟고 망가뜨렸을 것이기 때문이다."[34]

인베제스가 시인하기를, 이 어려움이 해결되면 우리는 곧바로 시간 문제 자체를 다룰 수 있을 것이다. 물론 그것도 "어려운 탐구"[35]가 되겠지만 말이다. 인베제스가 수아레스의 말을 인용하여, 동물은 금요일 해 뜰 때, 인간은 한두 시간 후에 창조되었을 것이라고 여겼다는 점을 잊지 말아야 한다. 그 후 동물들은 아침 7시부터 정오까지 지상낙원으로 옮겨졌을 것이며, 아담의 명명은 14시경까지 계속되었을 것이다. 이 시간은 한편으로는 천사들이 목동처럼 지상의 동물과 새들을 낙원으로 인도하기에 충분하고, 다른 한편으로는 아담이 그들의 본성에 대해 "성찰"하고 숙고한 후 "수많은 이름을 발명"하기에 충분한 때였다.[36]

이 작업이 끝난 후 "아담이 자신의 우월함과 즐거움을 동시에 나타내기 위해 가장 아름다운 동물과 가장 매력적인 새를 불러 손으로 쓰다듬었을 것이라는 생각은 경건한 추측이다. 새들은 아담의 목소리에 순종하여 다가와 노래하고 날아다니고 귀를 움직이고 꼬리를 흔들며 온순함과 기쁨을 표현했을 것이다."[37] 월트 디즈니의 애니메이션에나 나올 법한 광경이다!

이브의 창조부터
지상낙원에서의 추방까지

〈창세기〉가 제시한 달력에서 중요한 순간은 아담의 잠, 이브의 창조, 최초의 조상이 결혼한 순간임이 분명하다. 인베제스는 아담이 서너 시간 동안 집중력이 필요한 숙고를 거쳐 동물들에게 "이름을 짓는 긴 시간"을 보낸 뒤 피곤에 지쳐 빠르게 깊은 잠에 빠져들었다고 설명했다.[38]

그것은 어떤 종류의 잠이었을까? 카예탄은 그것이 자연스러운 진정한 잠이 아니라 "우화적이고 은유적인"[39] 잠이었다고 했다. 반면에 페레이라, 수아레스, 코넬리우스 아 라피데 등 위대한 권위자들은 그 잠이 "자연적이면서도 초자연적이기도 한"[40] 잠이라고 믿었다. "학자들의 침묵에도 불구하고", 이러한 마비 상태는 아담이 동물들에게 이름을 붙인 바로 낙원에서 일어났음을 인정할 수 있다.

금요일 몇 시에 이 첫 번째 남자가 잠을 자기 시작했을까? 그리고 그는 얼마나 오래 잤을까? 첫 번째 금요일과 성 금요일 사이의 시간이 필연적으로 대칭을 이룬다는 점을 염두에 두고, 인베제스는 아담에게 졸음이 찾아온 것은 15시쯤, 혹은 어쨌든 16시 이전, 즉 그리스도가 죽을 때쯤이었을 "가능성이 있다"고 생각했다. 그는 비슷한 방식으로 추론하여, 그 잠은 예수의 죽음과 옆구리를 찌른 창 사이에 흐른 시간 정도였다고 생각했다.⁴¹ 또한, 아담과 이브의 결혼이 저녁, 해질 무렵에 이루어졌다고는 상상할 수 없다. 아직 대낮이고 햇볕이 쨍쨍할 때 결혼식이 이루어졌을 것이다. 따라서 인베제스는 아담이 15시에서 16시까지 정도만 잤다고 가정했다. 따라서 아담에게는 결혼식을 축하하고 하느님에게 받은 계명과 잠자는 동안 받은 계시를 아내에게 가르쳐 줄 수 있을 만큼의 시간인 대낮의 두 시간이 남아 있었다. 그리고 마지막으로 아내와 우정을 나누며 낙원의 즐거움을 만끽할 수 있었다.

이렇게 창조의 달력을 재구성하면, 이브가 탄생한 시간은 금요일 오후 3시에서 4시 사이가 된다. 그러나 이 날짜와 시간은 오랜 세월 동안 논쟁거리가 되었다. 예를 들어, 성 토마스 아퀴나스는 이브가 일곱째 날 이후에 태어났다고 했다.⁴² 그러나 르네상스 말기에 몰리나Luis de Molina,⁴³ 페레이라,⁴⁴ 수아레스⁴⁵ 등은 금요일설을 지지했다. 금요일이 매우 바쁜 날이기는 하지단 신이 토요일에 쉬었기 때문에 그렇게 받아들여야 한다는 것이다. 인베제스는 여기서 하루 중 16시의 중요성을 다시 한 번 강조한다. 이 시간은 그리스도의 옆구리가 찔린 순간이면서 아담의 옆구리가 열린 순간이다. 아담과 예수의 대칭은 필연적이다.⁴⁶

이 두 사건이 같은 날에 일어났다는 사실에 대해서는 학자들 사이에 논란이 없었던 것을 고려하면, 이와 마찬가지로 이브의 창조와 아담과의 결혼도 같은 날에 일어났다고 생각할 수 있다. 수아레스는 "이브가 창조되자마자 아담에게 데려와 결혼으로 그와 맺어졌다"⁴⁷고 했다. 이처럼 속도가 빠른 이유는 유사한 일로부터 설명할 수 있는데, 이미 성 아우구스티누스가 설명한 바 있다.⁴⁸ 예수의 찔린 옆구리에서 흘러나온 피와 물은 그리스도와 교회의 결합 및 이 결합에서 비롯된 성사聖事를 나타낸다. 따라서 창에 찔린 시간이 16시경이었다면, 아담과 이브의 결혼도 거의 같은 시간에 일어났다고 보아야 한다.⁴⁹ 결혼식 장소에 관해서는 "생명의 나무와 지혜의 나무의 향기롭고 화려한 그늘 아래, 낙원의 중심부, 샘이 솟아나는 높은 곳"이었을 것으로 추정할 만한 이유가 충분하다.⁵⁰

이제 두 가지 중요한 문제에 직면하게 되는데, 그 둘은 서로 연관되어 있다. 아담과 이브가 지상낙원에 얼마나 오래 머물렀으며, 원죄는 언제 발생했는가라는 문제이다. 첫 번째 문제에 대해서는 수 세기에 걸쳐 다양한 답변이 나왔다. 인베제스는 우리의 첫 조상이 기쁨의 동산에 몇 시간, 며칠 또는 몇 년 동안 머물 수 있었는지에 따라 문제를 세 가지 주요 범주로 분류했다.⁵¹ 이 시칠리아 사제는 이 문제를 연구한 "말 많은 학자들 무리"를 언급하고, 그들 사이의 의견 "불일치"에 대해 말했다. 따라서 이 영역에서 확실한 것을 제시하는 것은 매우 어렵다고 생각했다.⁵² 살케드는 《낙원에 관한 논문》의 한 장을 할애하여 이 주제를 다루었는데, 그도 마찬가지로 "이토록 의심스럽고 불확실한 문제"에 대해 주저하는 것은 당연한 일이라고 인정했다.⁵³ 존 스완John Swan이 쓴 《세계의 거울Speculum mundi》(1635)은 큰 성공을 거두었고, 이 책의 17세기 판본 4종이 영국 보들리언 도서관에 보관되어 있다. 스완 역시 이 책의 독자가 "자신에게 가장 만족스러운 의견"을 선택할 수 있도록 허용했다. 왜냐하면 여러 다른 의견들이 나름대로 타당한 이유가 있었기 때문이다.[54]

아담과 이브가 창조된 바로 그날 죄를 지었다는 신념은 한때 널리 퍼져 있었으나 17세기 전문가들에게는 더 이상 지지받지 못했다. 말루엔다는 이 점에서 당대의 예외였다.[55] 인베제스는 최근 저자들의 "공통된 의견"은 우리의 첫 조상이 지상낙원에서 "며칠 동안" 살았다는 것이라고 했다. 이 의견은 특히 고세 바르 세파스의 추론에 근거하는데, 그는 아담의 창조, 낙원으로의 이동, 신의 계명에 대한 인식, 동물 이름 짓기, 이브의 창조, 유혹, 죄, 추방 등 많은 사건이 단 하루에 일어났을 리가 없다고 주장했다.[56] 수아레스는 이 모든 중요한 일을 포함하려면 최소한 하루 반이 필요했다고 보았다.[57] 인베제스는 아담과 이브가 축복받은 동산에서 일주일 동안 살았다고 계산한 페레이라의 의견에 동의했다.[58] 계속하여 인베제스는 아담과 이브가 지상낙원에서 며칠, 몇 달, 또는 몇 년을 보냈는지 계산하려는 것은 확실히 "무모한 일"이라고 했다. 그럼에도 불구하고, "가장 우리를 미소 짓게 하는 것은 8일 가설이다."[59] 성공회 소속 살케드도 같은 결론에 도달했다. "나는 (우리의 첫 조상이) 낙원에 단지 8일만 머물렀다고 기꺼이 생각한다. 왜냐하면 그 기간은 이 행복한 상태를 경험하기에 충분한 시간이기 때문이다."[60] 반면

에 성공회 소속 존 스완은 아담이 창조된 후 14일째 되는 날에 첫 번째 죄를 지었다고 보았다.[61]

낙원에서 보낸 시간에 대한 논쟁이 있었던 것은 사실이지만, 치명적인 죄가 발생한 요일에 대해서 더 큰 논쟁이 있었다. 수아레스는 아담의 창조 날 낮에 너무 많은 사건이 겹쳐서는 안 된다고 생각하여 원죄를 다음 날로 미루는데, 이는 다소 고립된 견해이다.[62] 16~17세기에 가장 일반적 견해는 그 일이 금요일에 일어났다는 것이다.

이것은 존 살케드가 설명한 것인데, 그는 이 점에서 오랜 전통의 계승자였다. 그의 의견을 요약하면 이렇다. 우리 구세주는 금요일에 잉태되고 금요일에 죽었다. 마찬가지로, 첫 번째 죄도 금요일에 범해졌다. "그러므로 아담의 원죄, 아담의 창조와 속죄는 전능하신 하느님의 특별한 섭리에 의해 [...] [한 주의] 같은 날에 일어났다. 비록 이에 대한 결정적인 논거나 성서에 근거한 결정적인 증거는 없지만, 그럼에도 이 주제에서 이성의 일치와 정합성을 부정할 수 없다. 왜냐하면 결말과 그에 이르는 길을 언제나 예견하는 하느님이 병과 치료제가 같은 날에 있도록 정해 놓았기 때문이다."[63] 수아레스에 반대하는 인베제스는 금요일 가설에 동조하면서 "모든 교부들은 아담이 그리스도가 십자가에 못 박힌 금요일에 지혜의 나무를 향해 손을 뻗었다고 여겼다"고 했다.[64] 역사상 가장 "기억에 남는" 두 금요일은 죄를 저지른 금요일인 4월 1일, 그리고 아담이 창조된 금요일인 3월 25

일이다.

이제 구체적인 "선악과 섭취" 시간을 결정해야 한다. 우리의 충실한 안내자인 인베제스는 성 아우구스티누스와 성 히에로니무스에서 수아레스에 이르기까지 수 세기에 걸쳐 전해 내려온 일반적인 믿음을 상기시킨다. 사람들은 예수가 십자가에 매달렸을 때, 즉 정오 무렵에 아담이 죄를 지었다고 믿어 왔다. 여기에다가 〈창세기〉 내용에 따라, 과일을 먼저 따먹은 것은 이브였다는 사실, 그리고 죄를 지은 후 두 죄인이 "바람이 불어오는 가운데" 동산을 걷는 하느님의 음성을 들었다는 사실이 더해졌다. 이는, 한낮의 더위가 지나고 바람이 느껴지기 시작한 시간이라는 뜻으로 널리 받아들여졌다. 이로부터 인베제스는 다음과 같이 재구성했다. 이브는 아침 11시경에 죄를 짓고, 남편도 과일을 먹도록 설득했다. 아담은 정오쯤에 동의했고, 하느님은 오후에 동산을 거닐었는데 저녁 전,[65] 즉 15시쯤에 동산을 산책했다. 따라서 아담과 이브는 약 세 시간 동안 신의 심판을 기다리며 "불안하고, 초조하며, 슬픈"[66] 시간을 보냈을 것이다.

마지막 문제는 지상낙원에서 추방된 시간이다. 이와 관련하여 "많은 역사적 상황을 주의 깊게 검토해야 하며, 항상 그렇듯 인베제스의 견해를 살펴보면, 우선 추방이 몇 시에 일어났는지가 문제이다."[67] 모세 바르 세파스는 예수가 선한 도둑의 영혼을 낙원에 들여보낸 시간과 같은 시간에 추방이 일어났다고 했다.[68] 즉, 첫 번째 아담과 두 번째 아담 사이의 시간에는 항상 대

393

칭성이 존재한다는 것이다. 이후 많은 주석가들이 모세 바르세파스의 견해를 받아들였다. 그러나 인베제스는 좀 더 세련되고 "가능성이 더 높은" 시간 설정으로 기울었다. 앞에서 말한 대로 심판이 15시경에 시작되었다면, 그것은 심판이 거의 한 시간 동안 지속되었다고 생각할 수 있다. "이 시간은 죄인을 심문하고, 판결을 내리고, 전체 심판을 진행하기에 충분해 보인다. 따라서 우리는 예수가 16시경에 십자가에서 내려졌고 아담이 같은 시각에 낙원의 높은 곳에서 내려왔다고 믿을 수 있다."[69]

이 정도가 되면 인베제스의 작품에 포함된 모든 연대기적 요소를 일람표 형태로 명확하게 정리할 수 있다. 이 표는 16~17세기의 〈창세기〉 주석가들이 성서를 연구하면서 쏟은 세심함을 보여 준다. 그들은 성경의 내용을 역사적인 것으로 보고 그것을 밝히려고 노력했던 것이다.

아고스티노 인베제스(1649)에 따른 아담과 이브의 지상낙원 체류 연대기[70]

3월 25일 금요일, 창조 여섯째 날.
- 새벽, 에덴동산에서 아담 창조.
- 9시경, 지상낙원에 입장.
- 9시부터 11시까지, 아담은 낙원의 숲속을 산책. 아담은 전지전능한 이에게서 두 가지 명령을 받는다. "동산을 돌보고 지

켜라."
- 11시경, 아담은 동산 한가운데에 도착하여 다른 두 가지 명령을 받는다. "모든 과일을 먹어라." "하지만 선악을 알게 하는 나무의 열매는 만지지 말라."
- 12시부터 15시까지, 동물들이 아담에게 다가오고, 아담은 이들의 '이름'을 지어 준다.
- 15시부터 16시까지, 아담은 잠을 자고 이브가 창조된다.
- 16시경, 아담과 이브의 결혼식, 그리고 그 이후 일주일간의 행복.

4월 1일 금요일
- 10시경, 사탄이 이브를 유혹하기 시작한다.
- 11시경, 불행하게도 사탄은 이브를 굴복시킨다.
- 12시경, 이번에는 아담이 죄를 짓는다.
- 15시경, 두 범인이 재판에 소환된다. 유죄판결.
- 16시경, 낙원에서의 추방. 정원은 폐쇄되고 천사가 정원을 지키도록 임명된다.

영국에서는 아담의 창조일로 3월 25일을 만장일치로 받아들이지는 않았다. 당대 최고의 영국인 히브리 학자 중 한 명인 존 라이트풋John Lightfoot(1602~1675)은 사건이 오전 9시에 일어났기 때문에 9월 18일이라고 주장했다.[71] 존 스완은 아담의 탄생

일을 4월 23일로 정했다.[72] 반면, 대륙에서는 최초의 인간의 창조와 구세주의 대속代贖을 같은 날인 3월 25일로 하는 것이 적절하다고 생각했다.

지상낙원에 대해 글을 쓴 르네상스 및 고전주의 작가들 모두가 인베제스처럼 정교한 연대기적 세부 사항을 다룬 것은 아니다. 그러나 인베제스가 인류의 첫 주와 관련된 시간과 공간 문제에 쏟은 열정을 이해하려면, 당시에 이 문제를 좀 더 일반적인 맥락에 놓고 세계 창조 연도를 좀 더 정확한 방법으로 결정하고자 하는 폭넓게 공유된 관심이 있었음을 인식해야 한다. 이러한 야심에 놀라지 말자. 그것은 빅뱅의 순간을 좀 더 정확하게 계산하려는 오늘날의 야심과 다르지 않다. 물론 우주의 기원을 거슬러 올라가는 개념적 방법은 오늘날과 다르지만 말이다.

케플러와 갈릴레오의 동시대 사람들은 대부분 이 어렵고 매혹적인 문제를 밝혀내고자 성경에 의지했다. 1594년에 성공회 신학자 휴 브라이튼Hugh Brighton이 말했듯이 "세상의 끝과 우리 주님이 돌아가신 구원의 해에 이르는 시간의 흐름이 성경 속에 기록되어 있다는 것을 부정하는 사람이 있다면, 그는 태양이 빛난다는 사실도 부정할 수 있을 것이다."[73] 이 책에 많은 영감을 준 훌륭한 작품을 쓴 파트리데스C. A. Patrides는 "연대 계산은 르네상스와 17세기 대부분의 시간 동안 가장 전형적인 [지적) 생산물 중 하나였다"고 했는데, 이는 올바른 지적이다.[74] 따라서 감옥에서 죽은 지롤라모 베키에티Girolamo Vecchietti라는 사제가 첫 번째 아담의 창조와 두 번째 아담의 탄생 사이를 144만 2,801일로 계산한 것은 놀라운 일이 아니다.[75]

히브리어에 다시 관심을 보인 르네상스 시대에는 대체로 (기원전 3세기에 시작된) 그리스어 70인역 구약성경보다 히브리어 성경을 더 선호했다. 이러한 경향은 특히 개신교 국가에서 두드러졌다. 그런데 히브리어 성경은 예외 없이 세상의 창조를 유대력의 기준이 되는 해인 기원전 3760년으로 보는 반면에, 70인역은 5,200년 이전으로 보았다. 첫 단계에서 히브리어 텍스트에 근거할 것인지 그리스어 텍스트에 근거할 것인지를 선택해야 하는 문제에 더하여, 다른 요소들까지 문제들이 얽히면서 복잡해졌고 이리하여 더 정교한 계산이 나왔다. 구체적으로는, 당시 가장 널리 받아들여졌던 역사의 시대구분들까지 고려하게 되었다. 하나는 엘리야가 고안한 것으로서, 시간을 세 부분으로 나누는 것이다. 창조와 율법 선포 사이의 2천 년, 율법과 메시아 사이의 2천 년, 메시아부터 세상 종말까지의 2천 년이다. 다른 구분법은 성 아우구스티누스, 세비야의 이시도루스, 그리고 가경자 베다가 6시대로 나눈 것이다. 아담부터 노아, 아브라함, 다윗, 바빌론 유수, 예수 탄생, 마지막으로 최후의 심판으로 나누는 구분법이다. 이러한 맥락에서 〈시편〉 90편과 〈베드로의 둘째 편지〉(3:8)가 자주 인용되는데, 이 두 편은 모두 하느님의 눈

397

에는 "천 년이 하루와 같다"고 명확히 밝히고 있다. 마지막으로, 히브리어 성경은 홍수를 창조 1656년으로 기록한 반면, 70인역 성경의 연대기는 2242년 또는 2262년으로 기록했다.

연대에 관심을 가진 16, 17세기 〈창세기〉 주석가 등 저술가들은 나열한 다양한 요소를 고려하여 세상의 첫날 날짜를 제시하기 위해 노력했다. 나는 파트리데스의 논문을 참조했는데, 이 논문에서 파트리데스는 16세기와 17세기의 저자 177명을 나열했다. 물론 이것이 완전한 목록이라고 주장하지는 않았다. 그는 기원전 4103년부터 3928년까지 43개 연도를 나열하여 독자들이 각자 원하는 시대를 자유롭게 선택할 수 있도록 제공했다.[76] 이 목록에서 중요한 인물들의 이름과 그들이 선택한 연도를 발췌해 두는 것도 흥미로울 것이다.

학자들이 주장한 하느님의 우주 창조 연도(기원전)

3928 칼뱅주의 신학자이자 유대 학자인 마티외 베로알드Mathieu Béroalde(또는 베루), 유대 학자 존 라이트풋John Lightfoot, 독일 칼뱅주의자 다비드 파레우스David Pareus(Wängler)

3947 개신교 학자 조제프 쥐스트 스칼리제Joseph Justus Scaliger, 연대기에 관한 작품 《시간의 수정Opus de emendatione temporum》(1583)의 저자

3950 지롤라모 베키에티Girolamo Vecchietti와 팔츠 지방의 신학자 프리드리히 슈판하임Friedrich Spanheim(1649년 사망)

3951 리에주 출신의 학자 코넬리우스 아 라피데Cornelius a Lapide

3954 16세기 독일 개신교 역사가 슬라이단Sleidan

3955 스페인 예수회 수도사 말도나도Maldonado(프랑스어로 갈도나Maldonat)

3960 휴 브라이튼Hugh Brighton

3963 16세기 독일 개신교 수학자이자 역사가 카리온Carion(1538년 사망), 연대기의 저자. 그의 연대기를 멜란히톤Melanchthon이 다시 씀

3967 영국 신학자 윌리엄 퍼킨스William Perkins

3974 취리히에서 츠빙글리Zwingli를 계승한 하인리히 불링거 Heinrich Bullinger

3980 프랑스 종교개혁파 신학자 랑베르 다노Lambert Daneau

3983 프랑스 인문주의자이자 르페브르 데타플의 제자 샤를 드 보벨Charles de Bovelles(1470~1553?), 프랑스 예수회 신학자 드니 페토Denis Pétau(1652년 사망), 그의 연대기는 보쉬에 Jacques-Bénigne Bossuet의 《세계사에 관한 담론Discours sur l'histoire universelle》에 영감을 줌

3984 벨라르미노Robert Bellarmino[77]

3992 케플러Kepler

3996 벨기에 의사이자 화학자 판 헬몬트Van Helmont(1644년 사망)

4000 루터, 수아레스, 스당 출신의 종교개혁파 신학자이자 유대 학자 루이 카펠Louis Cappel

4004 성공회 대주교 제임스 어셔James Usseher

4022 스페인 예수회 수도사 베네딕트 페레이라Benedict Pereira

4051 종교개혁파에서 가톨릭으로 개종한 프랑스의 인문주의자이자 시인 장 드 스퐁드Jean de Sponde(1595년 사망)

해석학과 종말론 작품에 대한 이러한 조사는 스코틀랜드의 신학자이자 수학자인 존 네이피어John Napier(1617년생)가 로그를 발명하면서 가지고 있었던 주요 관심사를 이해할 수 있게 해준다. 그는 〈묵시록〉에 나타난 "짐승의 수"와 세계 종말 날짜 계산을 간편하게 하려고 로그를 만들었다.[78] 실제로 당시에는 창조의 첫 주에 대한 연구와 세상 종말일에 대한 계산이 밀접하게 묶여 있었다.

제10장

인류는 눈을 뜨자마자, 행복한 자신의 모습을 보았다

[Map of Mesopotamia and surrounding regions, labels include:]

MESOPOTAMIA

Antiochia
Edessa
Charræ olim Charan
Singaris Mons
Hierapolis
Nicephorium
Nicephus olim Rezeph
Naarda
Sepphar
Arbela
Oryba olim Rechoboth
Thelde
Ctesiphon
Mossul

SIRIÆ PARS

Pacoria olim Pethor
Seleucia
Babylon
Tigris
Euphrates
Agamar
Sabe
Barsita
PALU
CHALDÆA
Orchoe olim Hur
Rages

ARA BIA

Vorderes Chaldær

AMORDACIA

Althaunde Arula Latr
Teredon

TARAPOTAMIA
SIVE SUSIANÆ PARS

《구약성경 신비극 Mistére Du Viel Testament》(15세기 말)에서 우리는 신이 아담의 손을 잡고 지상낙원을 보여 주는 장면을 볼 수 있다. 놀라는 첫 인간에게 창조주는 이렇게 말한다.

"아담아, 우리가 너에게 주노라,
신성한 권능으로 가득 찬 이 장소를 주노라.
여기서 너는 모든 고귀한 기쁨으로
행복해지고,
이 아름다운 지상낙원에
너의 거처를 만들리라.
오른편 왼편 사방에서
영광과 즐거움이 있으리라."¹

뒤이어, 이브를 창조한 후, 신이 우리의 첫 번째 조상에게 이렇게 말한다.

"너희는
바다 모든 곳에 사는
물고기 전체를
너희의 힘으로 다스리게 될 것이다.
그리고 너희는
나의 신성한 힘으로

땅에서 움직이는 짐승들을
복종시키게 될 것이다.
자유롭고 빠르게 날아다니는
새들도 기꺼이
너희에게 복종할 것이다.
그리고 요컨대, 너희는
짐승과 물고기와 뱀과 도마뱀을
완전히 지배할 것이다.
그리고 너희는 생명을 유지하기 위해
모든 과일을 먹어도 좋다.
단, 생명나무는 제외하고."[2]

신비극 작가들처럼 〈창세기〉 주석가들도 아담과 이브가 에덴동산에서 누린 혜택과 은혜, 특권에 대해 끝없이 이야기했다. 더 나아가, 그들은 원죄가 모든 것을 망치지 않았다면 그들의 후손들이 어떤 조건에서 살았을지 궁금해했다. 그들의 펜 아래서 지상낙원은 가장 우울한 후회에 어울리는 유토피아적 장소이자 과거의 비현실적인 특별함을 불러일으키는 계기가 되었다.

존재의 완벽함

서로 모르는 사이였던 존 살케드와 인베제스는 이미 오래된 의문을 똑같이 제기했는데, 둘 다 아담의 나이와 키에 대해 질문을 던졌다.³ 시칠리아의 사제[아고스티노 인베제스]는 도입부에서부터 "몇몇 랍비들의 미친 소리"를 거부했다. 즉, 우리의 첫 조상이 어린아이로 창조되었고 나중에야 지혜의 나무에 대한 금지를 배웠다는 주장을 거부한 것이다. 오래전부터 기독교 세계에서 이 주제에 대해서는 성 아우구스티누스의 견해가 채택되었다. 히포의 주교 아우구스티누스가 보기에 아담은 부모에게서 태어난 것이 아니라 신에 의해 흙에서 만들어졌으며 창조될 때부터 완전한 나이였다.⁴ 르네상스 말기에 가톨릭 신자인 벨라르미노, 페레이라, 수아레스도 이 관점을 채택했는데, 여기에 더하여 벨라르미노는 우리의 첫 조상이 지구를 채우라는 명령을 받았기 때문에 자녀를 낳을 수 있는 나이와 신체 상태로 창조되었다고 지적했다.⁵ 성공회도 살케드의 신념도 같았고,⁶ 밀턴의 《실낙원》에서 아담과 이브는 성인으로 태어난다.

기독교 전통과 이교 전통이 중첩되어 이러한 확신을 낳았다. 〈창세기〉는 하느님이 자신의 형상대로 사람을 창조했다고 했다. 그러나 정의상 신은 시작도 끝도 없는 존재이다. 신은 영원히 완전한 존재로 존재한다. 인간의 관점에서 보면 신은 항상 어른이었다고 말할 수 있다. 그리스 로마인들의 경우, 신성한 아버지의 뇌에서 완전히 무장한 상태(따라서 성인 상태)의 아테나 미네르바를 탄생시켰다. 이에 근거하여 키케로의 다음 문장이 나왔고, 이것을 15세기에 레온 바티스타 알베르티가 다시 언급했다. "태어날 때부터 완전한 것은 없다." 완전하기 위해서는 인간과 같은 탄생이나 유년기의 단계를 거쳐서는 안 된다. 아담은 완벽한데, 그것은 하느님의 손에서 성인인 상태로 나왔기 때문이다.[7]

그렇다면 지상낙원에서 성인이라면 몇 살이었을까? 성 아우구스티누스도 벨라르미노도 명확하게 답하지 않았다. 반면에 수아레스는 성 히에로니무스의 의견[8]을 받아들여 아담이 예수가 부활할 당시의 나이, 즉 30세에서 40세 사이, 더 정확하게는 34세 정도에 창조되었다고 주장했다.[9] 그러나 이것은 순결한 상태에서는 삶의 차원이 오늘날과 같지 않았을 것이라는 점을 잊은 것이 아닐까? 이 당시의 수명은 훨씬 더 길었을 것이다. 따라서 페레이라는 아담이 창조될 당시 50세였을 것으로 생각했다.[10] 카예탄은 "아담이 자유의지를 완전히 사용할 수 있는 나이",[11] 아마도 70세였을 것으로 생각했다. 이에 대해 수아레스는 유머러스하게 대답했다. "백 년은 안 될 이유가 있나?" 반면에 살케드 신중하게 다음과 같이 말했다. "신은 우리의 첫 번째 조상을 키와 나이가 완벽할 때, 즉 많은 사람들이 주장하는 것처럼 30세에서 40세 사이, 또는 다른 사람들이 주장하듯 50세 정도로 창조했다."[12]

여기서 완벽한 키는 무엇을 의미하는 것일까? 아담과 이브는 거인이었을까? 모세 바르 세파스는 여러 저자가 제시한 다음과 같은 가설들을 언급했다. 지상낙원에서 쫓겨난 최초의 조상들은 바다를 건넜을 것이다. 그러므로 머리가 물 위로 나오거나, 아니면 구름에 닿아야 했을 것이다. 모세 바르 세파스는 "이것은 말도 안 된다"고 했다.[13] 수아레스는 아담이 완전한 인간의 특성에 해당하는 키를 가졌다고 믿었다.[14] 인베제스는 아담이 6피트(1.9미터)라고 한 몇몇 주석가들을 인용했다. 그들은 이것이 그리스도의 키였고, 미래에 부활할 우리의 키라고 생각했다.[15] 살케드는 이 질문에 대해 합리적인 근거를 제시했다. 우리의 첫 부모가 거인이었다는 것은 불가능하다고 그는 주장했다. 아담은 "양이 아니라 질에서, 육체적 크기가 아니라 몸과 영혼의 아름다움에서, 크기가 아니라 존엄성, 특권 및 기타 육체적·영적 우수성에서 가장 위대한 사람임이 틀림없다. 그렇지 않다면 우리에 비해 사람이라기보다는 괴물처럼 보였을 것이다." "아담은 우리 구세주를 제외하고 인간이 지금까지 가졌거나 앞으로 가져야 할 가장 훌륭한 체격과 최적의 비율"을 타고났을 것이다.[16]

이브의 신체는 아담의 완전함에 맞춰졌을 것이고, 성의 특성에 맞게 조정되었을 것이다. 따라서 인베제스의 저서는 책의 한 장을 첫 번째 여성의 "나이, 키, 아름다움, 거룩함, 특권"에 대한 것에 바쳤다. 한 가지 확실한 것은, 아담이 잘생긴 만큼이나 이브가 아름다웠다는 점이다. 그러나 여자는 남자보다 먼저 성장하기 때문에 신이 이브를 남편보다 10년 더 젊게 창조했다고 추측할 수 있다. 따라서 앞서 제시된 아담의 수치를 적용하면, 이브는 "카예탄에 따르면 50세, 페레이라에 따르면 40세, 수아레스에 따르면 24세"였을 것이다. 이 차이를 감안할 때, 이브는 아담이 죽은 후 10년을 더 살았다고 생각하는 것이 합리적이다.[17] 비슷한 추론을 통해 인베제스는 여성의 신체가 남성의 신체보다 작다는 원칙 아래 최초의 여성의 키를 계산했다. 그는 우리의 첫 번째 조상이 거인이라는 견해를 거부하고 이브가 남편보다 한 뼘 또는 반 뼘 더 작았다는 수아레스의 의견에 동의하는 것이 합리적이라고 했다.[18] 아마도 매우 그럴듯하게도, 아담이 그리스도와 같은 키를 받은 것처럼 이브는 성모 마리아와 같은 키를 하느님으로부터 받았을 것이다.

"이브의 몸은 미래의 하느님의 어머니의 형상과 모양으로 창조되었다"는 것은 성 이레네우스[19]부터 성 베르나르[20]에 이르기까지 오랜 전통으로 이어져 왔다. 이 주제에 대한 결정적인 텍스트는 한때 콘스탄티노플 총대주교였던 비잔티움 사람 성 니케포루스(829)가 썼다. 인베제스는 니케포루스의 마리아 묘사를 한 단어 한 단어 있는 그대로 받아들여 그랬을 법한 최초의 여성의 이미지를 추론했다. "이브는 평균 키 또는 평균보다 약간 큰 키였다. 그녀의 얼굴은 따뜻한 안색, 금발 머리, 아치형의 다소 검은 눈썹, 약간 황금색이고 거의 올리브색에 가까운 눈동자의 날카로운 눈(pupillis sub flavis, et tamquam olee color), 좋은 모양의 코, 꽃같이 생겼으면서 달콤한 말이 나오는 입술 등을 가진 둥글지도 않고 각지지도 않은 모양이었다. 그녀의 손과 손가락은 가늘었다. 전체적으로 이브는 위엄 있고 진지해 보였는데, 그것은 미래의 신의 어머니의 모습이었다."[21]

품위와 욕망을 조화시킨 이 초상의 장점 중 하나는, 무엇보다도 15~16세기 서양에서 예술가들이 널리 받아들였던 여성적 아름다움의 이상을 우리에게 드러내 준다는 점이다. 아담과 이브에게 주어진 신체 비례는 비트루비우스의 《건축론De Architectura》, L. B. 알베르티의 《회화론De pictura》(1540), 루카 파치올리의 《신성한 비례De diuina propotione》(1509), 프란체스코 조르지올리의 《세계 전체의 조화De harmonia mundi totius》(1525), 뒤러의 《인체 비례Vier Bücher von menschlicher Proportion》(1528) 등 박식한 사람들의 저작에서 제시된 기준에 견주어 논의해야 할 것이다.[22]

물론, 아담과 이브를 나타내는 모든 표현에서 아담이 이브보다 20센티미터 또는 25센티미터 더 큰 것은 아니다. 비엔나에 보존되어 있는 한스 멤링Hans Memling의 패널화(1480년경)[23]와 프라도와 피렌체의 우피치 미술관에 있는 뒤러의 유명한 패널화(1507)에서도 우리의 첫 번째 조상은 거의 같은 크기다. 반면에 동일 작가 뒤러(1504)의 동판화[24]에는 아담이 배우자보다 키가 더 큰 모습이다. 미켈란젤로는 시스티나 성당 천장화

(1508~1512)에서, 루카스 크라나흐는 〈원죄〉[25]의 도상(1533, 우피치 미술관 소장)에서 같은 방식을 채택했는데, 사실 이러한 방식이 가장 빈번하게 채택되었다.

여기에다 르네상스 시대에 이브나 성모 마리아를 그린 회화, 미니어처, 스테인드글라스 등을 보면 이 둘은 일반적으로 금발 또는 밝은 갈색 머리를 하고 있는 것을 볼 수 있다. 밀턴에게도 이브는 "땋은 금발 머리"[26]였다. 예술가들은 다음 세기에 인베제스가 상기시킨 규칙에 따라 인류의 어머니와 그리스도의 어머니에게 아치형 눈썹, 모양 좋은 코, 단정한 얼굴, 꽃 같은 입술, 섬세한 손을 부여했다. 라파엘로의 성모상은 미학과 종교를 결합하여 이상적인 여성을 표현한 도상학의 가장 좋은 예이다. 17세기까지 사제 살케드와 대부분의 신학자들은 "남자는 하느님의 모습과 영광을 지니고 있으니 … 그러나 여자는 남자의 영광을 지니고 있을 뿐"(1고린토 11:7)이라는 성 바울로의 말에도 불구하고, 이브 역시 하느님의 형상대로 창조되었다고 분명히 인식하고 있었다. 모든 인간 중에서 하느님을 가장 닮은 사람은 명백히 마리아였다.[27]

원죄를 짓기 전, 지상낙원에서 아담과 이브는 불멸의 존재였고 모든 질병으로부터 보호받았다. 루터는 다음과 같이 설명했다. "만약 자연적으로 찾아오는 어떤 불편함이 아담에게 닥치더라도 그는 생명나무에서 [적절한] 도움을 받아 항상 강하고 완전한 건강을 유지할 수 있도록 창조되었다."[28] 만약 우리의 첫 조상이 "순결한 상태"를 유지했다면, 그들의 자녀들은 "태어날 때 모유에 그렇게 오래 의존하지 않았을 것이며, 더 지체하지 않고 병아리처럼 스스로 먹이를 찾아 움직일 수 있었을지도 모른다."[29] "아담은 불멸의 영적 삶을 위해 창조되었으므로, [죄를 짓지 않았다면] 아담은 에덴동산과 지상의 모든 곳에서 행복한 삶을 만끽한 후 [죽음을 통과하지 않고] 천국으로 인도되었을 것이다."[30] 똑같은 신념을 존 스완이 《세계의 거울》(캠브리지, 1635)에서 다음과 같이 표현했다. "인간이 죄를 짓지 않았다면 죽음이 개입하지 않았을 것이고, 고대 교부들이 선언한 대로 그의 몸과 영혼은 땅에서 하늘로 옮겨졌을 것이다."[31] 그런데도 죄 많은 아담이 950세까지 살았다면, 그것은 그가 이전 상태의 무언가를 간직하고 있었기 때문일 것이다.

그러나 죄를 짓기 전의 인간에게 붙은 '불멸'이라는 형용사는 설명이 필요하다. 이것이 신교도 다비드 파레우스가 말하고자 하는 바이다. 간단히 말해서, 오직 신만이 엄격한 의미에서 썩지 않고 불멸이라고 할 수 있다는 것이다. 천사들도 그렇기는 하지만 그것은 신의 뜻에 따른 것이다. 마찬가지로 "새로운 하늘"과 "새로운 땅"도 전능한 자의 명령으로 그렇게 된다. 따라서 전능한 자는 필멸의 존재에게 불멸의 선물을 받을 수 있도록 했다. 아담은 순결한 상태를 누리고 있을 때에는 "죽을 수 없는 것은 아니지만 죽지 않는 능력을 가지고 있었으며" 천국으로 옮겨 가는 순간에는 죽지 않을 수 있게 되었을 것이다.[32]

인베제스는 대부분의 개신교 신학자들과 마찬가지로 아담이 "불멸"과 "고통을 느끼지 않는", 즉 고통을 겪을 수 없는 존재였다고 가정했다. 무엇보다 이것은 당시 모든 전문가들의 의견이기도 했다. 수아레스는 이것이 "신앙 개조信仰個條"라고 주장했다. 그러나 "상반되고 이질적인 체액"으로 구성된 신체를 가지고 있는데, 어떻게 우리의 첫 번째 조상이 그럼에도 불구하고 죽음을 피하고 고통을 느끼지 않을 수 있을까? "설명하기 쉽지 않다"고 인정한 인베제스는 결국 그때까지의 다양한 해답을 제시하는 것으로 만족했다. 아담과 이브는 질병이 그들의 몸을 침탈하기 전에 천국으로 옮겨졌을까? 그랬을 것이라는 것이 스코투스Duns Scotus의 견해이다. 아담과 이브는 신에게서 그들의 몸에 주입되어 모든 타락으로부터 지켜 주는 "선물"을 주입받았을까? 성 아우구스티누스, 성 요한네스 크리소스토모스 외에 많은 사람들이 이 해결책을 선택했다. 어떤 경우든 우리의 첫 번째 조상은 필멸의 존재이면서 동시에 불멸의 존재였을 것이다.

수아레스는 사실 세 가지 "불멸"을 구분했다. 첫 번째는 "자연적인" 것으로서 "부패하지 않는" 천사와 "부패하지 않는" 하늘에 속한다. 두 번째는 "영광스러운" 것으로, 축복받은 자의 것이다. 세 번째는 단순히 "중간적인" 것이다. 무고한 인류에게 부여되어 있었지만, 체액의 부패와 죽음의 가능성을 확실히 배제하지 않았으며, 이 두 가지 비극적 결과는 낙원의 열매, 특히 생명나무의 유익한 작용으로 피할 수 있다. 따라서 "자연적 죽음"

은 아담과 이브에게 영향을 미치지 않았다. 비명횡사는 하느님의 특별한 보호를 받은 아담과 이브에게 미치지 못했다. 이것이 수아레스의 논리다.[33]

죄를 저지르기 전에는 낙원의 동산에서 일하는 것이 어렵지 않았다는 것은 말할 필요도 없다. 게으름은 악이기 때문에 인간은 틀림없이 그곳에서 일했지만, 그것은 그의 보다 더 큰 기쁨을 위한 것이었다. 루터는 이 점에 대해 다음과 같이 확언했다. "아담이 무죄의 상태에 머물렀다면 그는 땅을 경작했을 것이다 […] 그것은 수고롭지 않았을 뿐만 아니라 일종의 유희이자 비교할 수 없는 즐거움이었을 것이다. […] 여기서 인간은 게으르도록 창조된 것이 아니라 일하기 위해 창조되었다는 점을 지적할 가치가 있다. 인간은 순결한 상태에 있었다. 그러므로 수도사와 수녀의 게으름은 단죄되어야 마땅하다."[34]

루터는 이 구절에다가 가장 오래된 기독교 도덕 신학과 르네상스 시대 산업계에서 각각 선언한 게으름에 대한 두 가지 단죄를 더하여,[35] 수도원 생활에 대한 그의 적대감을 정당화하는 데 사용했다. 여기서 우리에게 중요한 것은 원죄 이전의 노동은 행복의 한 형태였다는 주장이다. 칼뱅은 이렇게 말했다. 대지가 "저주받지 않고", "비참하고 추한 상태로 전락하지 않았을 때", 그리고 현재처럼 "상복"[36]을 입고 있지 않은데, 어떻게 다른 상태로 존재할 수 있는가. "당시에는 대지의 어느 한 구석도 불모지가 아니었고, 오히려 크게 풍요롭고 비옥하지 않은 땅이 없었다."[37]

이 주제에 대한 개신교 담론은 루터와 칼뱅의 담론을 계승한 것이다. 우리는 살케드의 《낙원에 관한 논문》에서 다음과 같은 구절을 볼 수 있다. "신은 그의 선함으로 아담을 낙원에 두고, 그가 낙원을 돌보고 지킬 수 있도록 하셨다. 아담은 노동을 통해 낙원을 지킬 수 있었고, 낙원은 인간을 일하게 함으로써 아담을 게으름과 죄로부터 보호할 수 있었다. 게으름은 죄의 일반적인 원인이며, 노동이 큐피드의 화살과 악마의 다른 창끝을 무디게 한다고 한 시인의 말은 옳다." 평온과 휴식, 행복을 포함하는 축복받은 낙원의 상태와 노동은 반대라고 반박할 수 있을까? "노동은 피로나 고통을 수반하지 않고 오히려 즐거움, 〔…〕 의지와 정신의 재창조와 향유를 구성하기 때문에, 이 행복한 상태의 필연적인 결과라고 나는 대답했다." 여기서 살케드가 제시한 근거는 성 아우구스티누스의 《창세기 문자적 해설》(8장)이다.[38]

사람들이 상상한 원죄 이전의 노동의 고귀함은 1632년 온건한 칼뱅주의자이자 로드 주교에게 박해를 받았던|캔터베리 대주교인 윌리엄 로드는 엑서터 주교였던 홀의 청교도 성향을 의심했다.| 조셉 홀Joseph Hall 주교의 문장으로 드문 교육적 힘을 발휘했다. "보라! 인간의 창고〔지상낙원〕는 그의 작업장이기도 했다. 일은 그의 즐거움이었다. 낙원은 그의 감각을 만족시켰을 뿐만 아니라 그의 손도 단련시켰다. 행복이 아무것도 하지 않는 것으로 구성되어 있다면 인간은 게으름을 피웠을 것이다. 그러나 모든 쾌락이 〔그

에게 주어지더라도), 그것은 게으른 삶에서 그를 행복하게 만들지 못했을 것이다. 그래서 인간은 창조되자마자 노동을 하게 되었다. 팔짱만 끼고 있어서는 위대함도, 완벽함도 이룰 수 없다. 인간은 행복하기 때문에 일하는 것이다. 언젠가 (천국에서) 행복해지려면 우리는 얼마나 더 일해야 할까." "노동은 원래 불필요한 것으로서, 고통이나 피로가 아니었다. 우리가 직업에 더 즐겁게 헌신하면 할수록 우리는 천국에 더 가까이 다가갈 수 있다."[39] 이것은 낙원 시대를 환기시킴으로써 역설적으로 행동주의를 놀랍게, 그리고 청교도적으로 옹호한 것이다!

밀턴도 이 주제를 다시 다루었지만, 그의 뉘앙스는 약간 다르다. 밀턴은 에덴동산에서도 노동 후에 피로가 있었을 것이라고 인정했다. 그러나 그 피로는 휴식의 쾌감을 더 잘 맛볼 수 있게 한다. 밀턴도 죄 이전의 남녀에게는 알려지지 않았던 상태인 게으름을 단죄하는 것에 대해서는 흄과 의견이 완전히 일치한다.

그들은 앉았다.
정원을 가꾸는 일을 하는 수고도,
아니 수고라기보다는
그 때문에
부드러운 바람도 더욱 상쾌하게, 편안함도 더욱 편안하게,
건강한 갈증과 식욕도
더욱 기분 좋게 느껴질 정도라면

오히려 달콤한 수고라고 해야 할 것이다.
그 일도 끝나고 저녁 식사로 과일을 먹었다,
꿀처럼 달콤한 과일을.
그들은 꽃무늬도 선명한 부드러운 풀밭 위에 몸을 누인 채
신의 음료처럼 달콤한 이 과일을 가지에서 마음껏 뜯을 수 있
    었다.[40]
더 나아가 아담은 이렇게 말했다.
… 다른 생명체는 하루 종일
별다른 일 없이 그저 어슬렁거리므로,
그만큼 휴식도 필요하지 않는다.
그러나 인간에게는 매일 정해진 몸과 마음의 일이 있다.
그것이 인간의 존엄성을 보여 주고,
인간의 삶의 방식에 대한 하늘의 배려를 보여 준다.
다른 동물들은 일도 하지 않고 그냥 어슬렁거리고 있을 뿐이고,
따라서 그 행동에 대해서는 신이 조금도 신경 쓰지 않는다.
내일, 상쾌한 아침이 동쪽 하늘을
여러 줄기의 빛으로 아름답게 염색하기 전에, 우리는 일어나서
즐거운 노동으로 바빠진다.[41]

밀턴에 따르면, 아담과 이브는 동이 트기도 전에 일어났다. 지상낙원에서도 늦잠을 자는 것은 있을 수 없는 일이다.
　지상낙원의 노동에 대한 가톨릭 측 담론은 종교개혁가들의

담론과 유사했다. 둘 다 〈창세기〉와 성 아우구스티누스에 뿌리를 두고 있다. 가톨릭의 담론 역시 게으름을 죄로 규정하지만, 농업의 가치를 특별히 강조한다는 점에 그 독창성이 있다. 의사이자 어원학자인 고로피우스〔고로피우스 베카누스. 원래 이름은 장 베칸〕는 저서 《안트베르펜의 기원》에서 다음과 같이 질문한다. "〔원죄 이전의〕 온 땅이 오직 행복을 위해서만 사용되었다면, 신은 왜 인간을 그곳에 배치하여 일하고 〔지상낙원을〕 지키게 했겠는가. 이러한 일이 즐거움이 아니라 피로와 불편을 불러일으키는데도 그렇게 했겠는가?" 이 질문에 대한 대답은 두 가지다. 한편으로 아리스토텔레스가 모든 진정한 기쁨은 미덕을 행동으로 옮기는 것과 연결되어 있다고 말한 것은 옳지만, 그것은 게으름과 양립할 수 없다. 고로피우스는 "인간이 죄를 짓기 이전에 정원을 가꾸고 돌보는 것은 필연적으로 즐거움을 가져왔다"[42]고 썼다.

 토르콰토 타소 또한 시의 형태로 《창조된 세계 Il mondo creato》에서 신은 "인간을 이 행복하고 온화한 정원의 관리인으로 배치하여 일할 수 있도록 했다. 신은 게으르고 쓸모없는 삶을 위해 인간을 창조한 것이 아니다."[43]라고 했다. 수아레스는 성 토마스 아퀴나스의 글을 인용하며 〈창세기〉 주석가들이 널리 공유한 감정을 다음과 같이 표현했다.[44] "〔지상낙원에서의〕 노동은 피로나 형벌이 아니라 간단한 일, 즐거운 육체적 단련이었을 것이다. 〔…〕 게다가 오늘날처럼 식량을 얻기 위한 의무가 아니라 성 토마스 아퀴나스의 말처럼 대지의 힘, 씨앗 또는 식물

에 대해 여러 가지 시도를 해 봄으로써 자연을 완성하고 비옥하게 하며 탐구하는 수단이었을 것이다."⁴⁵

그렇다면 지상낙원에서 아담의 "농업"은 정확하게 무엇이었을까? 성 아우구스티누스에게는, 그리고 그 이후 오랫동안, 그것은 파종, 절단, 묘목 운반, 접목 삽입, 그리고 더 일반적으로 재배와 관련된 모든 작업을 수행하는 것으로 구성되었다.⁴⁶ 그러나 모세 바르 세파스의 견해는 달랐다. "아담은 씨를 뿌리거나 가지치기를 할 필요도 없었고 무거운 도구를 사용해 몸을 혹사할 필요도 없었다. 그의 역할은 낙원의 숲에서 걸을 수 있도록 도로와 길을 평평하게 하고 정리하는 것이었다."⁴⁷ 말루엔다에게는 에덴동산에서 첫 번째 사람의 역할이란 정원을 최대한 세심하게 꾸미고 아름다움을 유지하여 그 어떤 것도 정원을 훼손하지 못하도록 하는 것이었다.⁴⁸

이러한 세부적인 차이가 있기는 하지만, 과거의 모든 가톨릭 주석가들은 개신교 주석가들과 마찬가지로 낙원의 농업이 "고된 것이 아니라" "기쁨의 원천"—노동이 아니라 즐거운 것(non laboriosa, sed delitiosa)—이라고 확신했다.⁴⁹ 그리고 그것은 키케로가 말한 것처럼 "농업 연구보다 더 왕에게 적합한 것은 없다"고 오랫동안 확신해 온 사람들에게 그다지 놀라운 일이 아니었다. 키케로의 이 《노년에 대하여 De senectute》의 문장을 인용한 사람이 바로 페레이라였다.⁵⁰

지상낙원의 "농업"에 관해 아담에게 내려진 명령을 다루는 장의 마지막 부분에서, 인베제스는 이 문제에 대한 논의를 완벽하게 만들기 위해 다음과 같은 예상치 못한 질문을 던진다. 지상낙원의 농업에 대한 하느님의 명령은 아담에게만 주어진 것인가, 아니면 우리의 첫 두 조상에게 함께 주어진 것인가? 시칠리아 사제는 모세의 본문이 이 점에 대해 명확하지 않으며 두 가지 해석이 다 가능하다고 지적했다. 그래서 그는 자신의 의견을 제시하지 않았다.[51]

시인과 〈창세기〉 주석가들은 성경 속 황금시대의 목가적인 조건에 대해 끝없이 이야기해 왔다. 뒤 바르타스는 독자들에게 놀라지 말라면서 다음과 같이 권고했다.

> 만약 당신이 항상 고요한 얼굴을 하고 있다면
> 모든 것을 포용하는 하늘이 이 평원을 비추고 있었다,
> 활처럼 휜 바위에서 달콤한 꿀이 흘러나오고
> 영양이 풍부한 젖이 들판을 흘러내렸다.
> 운향芸香나무✤에서는 장미와 같은 향기가 났고,
> 모든 대지는 항상 모든 것을
> 같은 가지에 수백 가지의 과일이
> 너무 익지도 너무 덜 익지도 않고, 가지에서 흔들리고 있었다.
> 그곳에 있는 가장 시큼한 과일과 가장 쓴 풀이

✤ 운향은 강한 향기가 난다. 과다하면 독성이 있다.

마데이라섬의 설탕만큼 단맛이 같았다,

그리고 미로볼란✢은 효능이 뛰어나서,

그들의 건강한 몸에 영양을 훨씬 더 잘 공급했다 …

그곳에는 음악이 울려퍼지고, 해변에서는 항상

잔잔한 파도 소리가 목소리의 반주처럼 울렸다.[52]

존 스완은 저작 《세계의 거울》에서, 우리의 첫 조상이 죄를 저지르기 전의 "히말라야 삼나무"인 것에 비하면 우리는 "난쟁이"라고 확신한다. 그들의 몸은 질병과 허약함을 몰랐다. 공기는 "가볍고 순수했다." 과일은 대홍수 이후보다 훨씬 더 영양이 풍부했다.[53] 이 주제에 관한 조셉 홀의 문장은 거의 서정시 수준이다. 그에 따르면, 최초의 인간은 질병도 없고 불평할 이유도 없었다. 어떠한 질병도 그의 정맥, 동맥, 근육을 침범하지 못했다. 신은 최초의 인간을 배우이자 관객으로 만들었다. 최초의 인간은 대지를 경작하고 동시에 하늘을 바라보았기 때문이다. 그의 주변에 있는 모든 것은 아름답고 힘이 있고 조화로웠다. 그를 둘러싼 우주에는 감탄을 불러일으키지 않는 것이 없었다. 당시 인간에게는 "구세주가 필요 없었다. 그는 신의 은혜를 누리고 있었기 때문에 완전히 행복했다. 새로운 피조물과 그 창

✢ 미로볼란은 인도의 과일이다.

조주의 영광을 깊이 생각하며 경험한 기쁨은 그를 기쁘게 하여 여유도 불평의 이유도 갖지 않았다. 그는 존재의 완전함을 누렸다. (…) 그는 눈을 뜨자마자 자신이 행복하다는 것을 알았다."[54]

아담과 이브의 능력과 지식

지상낙원에서 아담과 이브가 누린 행복 중 하나는 자연을 완전히 지배하고 모든 동물이 복종한다는 것이었다. 〈창세기〉(1:26)에는 창조주가 다음과 같이 말했다고 한다. "(사람으로 하여금) 바다의 고기와 공중의 새, 또 집짐승과 모든 들짐승과 땅 위를 기어다니는 모든 길짐승을 다스리게 하자!" 수아레스의 주석에 따르면, 이로부터 "사람을 죽거나 다치게 할 수 있기 때문에 지금은 두려워하는 사나운 동물조차도 그 당시에는 인간에게 온순하고 순종했다."[55] 성 아우구스티누스는 죄가 있기 전에는 아담과 이브가 두려워할 수도, 고통받을 수도, 죽을 수도 없었다고 단언한 바 있다. 그 어떤 것도 그들의 육체나 영혼을 해칠 수 없었다.[56]

실제로 동물의 복종은 어떻게 이루어졌을까? 창조에 대한 성경 기록을 문자 그대로 받아들인 순간부터 이러저러한 의문이 어떻게 연이어 나왔는지 이번 기회에 주목할 가치가 있다.

독창성 있는 카예탄은 자연과 동물의 지배는 죄 이전과 이후 모두 인간에게 주어진 권한이었다고 주장했다. 왜냐하면 인간은 여전히 동물을 길들이고 포획하고 죽일 수 있기 때문이다.[57] 그러나 성 아우구스티누스는 다음과 같이 추측했다. 신의 섭리에서는 위험한 짐승이 무죄 상태의 인간 앞에서는 공격성을 버리도록, 즉 인간에게 해를 끼치지 않도록 준비되어 있다고 했다.[58] 이것이 일반적으로 받아들여지는 견해였다. 성 토마스 아퀴나스에 따르면, 신은 동물이 사람을 두려워하고 사람을 주인이자 주인으로 존중하도록 마련했다.[59] 페레이라는 죄 이전의 인간은 동물의 본성과 성향을 완벽하게 파악할 수 있는 통찰력과 지혜가 있었다고 생각한다. 따라서 인간은 동물이 자신에게 순종하도록 만드는 방법을 알고 있었다. 또한 필요한 경우, 신은 천사들을 개입시켜 아담의 명령에 순종하지 않는 동물들을 쉽게 다시 순종하도록 이끌 수 있다고 믿었다.[60]

수아레스는 동물들에게는 오늘날에도 "자연스러운 신중함"이 있는데, 이 사례를 꿀벌에서 찾아볼 수 있다. 심지어 말에서 볼 수 있듯이 인간과 친숙해질 수도 있다고 설명했다. 따라서 우리는 죄가 있기 전에 신이 동물에게 인간을 본능적으로 순종하고 존중하는 성향을 부여했다고 생각할 수 있다. 물론 죄가 있는 상태에서도 인간은 동물을 지배할 가능성이 여전히 있다. 하지만 죄를 짓기 전에는 아담과 이브가 고기를 먹지 않았고, 양털이나 가죽으로 옷을 입을 필요도 없었으며, 동물의 견인력이 필요하지 않았다는 점을 생각해 보자. 우리의 첫 조상은 정직한 지적 기분 전환, 또는 과학적 용도로만 사용하거나, 혹은 (동물의 입장에서) 그들의 영혼을 하느님께로 끌어올리기 위해서"[61]만 짐승들을 이용했으니, 짐승들이 어떻게 공격적인 의도를 가질 수 있겠는가?

동물의 순종을 말하고 있는 지금도, 〈창세기〉에 대한 가톨릭과 개신교 주석의 유사성을 다시 한 번 주목하는 것은 흥미롭다. 살케드는 이 점을 강조했다. "인간의 우수성, 특히 순결한 상태에서의 인간의 우수성을 모든 피조물에 대한 그의 권력과 지배력보다 더 잘 드러내 주는 것은 없으며, 모든 피조물은 항상 그의 명령에 복종할 준비가 되어 있었다. 사자는 (오늘날처럼) 무섭지 않았고, 코끼리는 엄청난 힘을 갖지 않았고, 호랑이는 사납지 않았고, 매는 집요하지 않았고, 고래는 괴물 같지 않았다. 인간 자신이 그의 주인인 창조주에게 복종하는 것처럼 모든 것이 인간의 힘에 복종했다."[62] 낙원의 상황에서는 혼란스럽지 않은 창조 논리에 따라 열등한 존재는 당연히 우월한 존재에게 복종했을 것이다. 모든 생명체는 맹수와 맹금류를 지배하는 인간을 두려워했을 것이다.

아담이 동물들에게 이름을 부여한 것은 신이 그에게 모든 짐승에 대한 권능을 부여했다는 분명한 증거였다. 조셉 홀은 "인간은 그 이름을 신으로부터 받았고, 동물들은 사람으로부터 그 이름을 부여받았다"[63]고 썼다. 가톨릭 측이나 신교 측이나 시인들과 예술가들은 인간과 짐승이 나란히 조화롭게 살던 행복한 시대를 떠올렸다. 타소는 다음과 같이 단언했다. 지상낙원에서 "인간은 땅과 바다가 낳은 동물들의 주인이자 지배자로서 안전하고 행복하게 살았다. 모든 것은 그에게 순종할 의무가 있었다. 많은 것들은 인간의 온화한 힘에 복종하고 행복한 평화 속에서 기꺼이 인간을 섬기는 법을 배웠다."[64] 밀턴은 〈이사야〉에서 영감을 얻어 아담과 이브가 맺은 아름다운 부부 연緣을 이야기하면서 이를 더욱 서정적으로 표현했다.

… 그들 주변에는
오래전부터 야생 상태였던 지상의 모든 동물들이 뛰놀고 있다.
그 동물들은 숲이나 사막, 숲이나 동굴에 살았다.
사자는 놀고, 뒷발로 서서, 발로
새끼 산양을 어르고 있다.
곰, 호랑이, 살쾡이, 표범이 그들 앞에서 자유롭게 뛰어다니고,
　있다.
무거운 코끼리가 그들을 즐겁게 하기 위해 모든 힘을 다해
유연한 몸통을 구부렸다.[65]

수 세기 동안 얼마나 많은 예술가들이 이 장면을 떠올렸던가! 아담과 이브는 동물들에게만 명령한 것이 아니다. 모든 자연이 그들에게 복종했다. 살케드는 이 복종이 아직 죄로 인해

어지럽혀지지 않은 창조의 논리에 맞는다고 설명했다. 죄가 없었다면 "모든 피조물은 인간에게 종속되어 있었을 것이고, 인간은 오직 신에게만 복종했을 것이다. 모든 열등한 피조물은 그 본성, 신의 질서, 신의 완전성, 신의 명령에 따라 그들의 상급자에게 복종했다. 그리하여 불완전한 것은 더 완전한 것에, 물질은 형상에, 육체는 영적인 것에, 우발적인 것은 실체적인 것에, 원소는 화합물에 따른다.

그래서 하늘과 별과 행성조차도 인간의 것이었다. 만물이 인간의 권한 아래 있고 인간을 통해서만 하느님과 연결되도록 한 신성한 관계와 명령을 위반하지 않는 한, 인간은 오직 하느님의 소유였으며 그에게만 복종했다."⁶⁶

그런데 지상낙원에서 아담과 이브의 활동에 대한 의문은 다양한 세부적 의문을 불러일으켰다. 예를 들어, 그들이 신을 경배하고 제사를 지내고 찬송가를 불렀는지 여부가 문제가 되었다. 수아레스는 이 주제에 대해 확답할 수 없음을 인정하면서, "왜냐하면 (에덴동산에서) 보낸 시간이 짧기 때문에 우리가 긍정적으로 대답할 수 없는 것처럼, 그것을 부정할 충분한 증거도 없다. 성경에는 언급되어 있지 않지만 그렇다고 해서 그것이 일어나지 않았다는 것을 의미하지는 않는다"고 했다.⁶⁷

그러나 원죄를 범하지 않았다면 원죄가 없는 인류가 성전과 제단, 그리고 사제를 두었을까? 성 토마스 아퀴나스에 이어 수아레스는 긍정적인 답변 쪽으로 기운다. 왜냐하면 '자연법'이 신에게 제사를 올리라고 명령했기 때문이다. 그렇다면 사제들은 어떻게 선택되었을까? 가장 그럴듯한 추정은 장남 중에서 선택하는 것이다. 왜냐하면 장자상속이 가장 권위가 있기 때문이다. 이 사제들은 의식 중에 어떤 의례를 지켰을까? 수아레스는 여기에 대답하지는 않았지만, "영광스러운"⁶⁸ 몸처럼 알몸으로 희생제를 지냈을 것이라고 확신했다.

지상낙원에 있는 아담과 이브에게로 돌아가 보자. 그들이 신에게 제물을 바쳤든 안 바쳤든, 그들은 농업이라는 일과 무관하게 "신성한 묵상을 즐기고 하늘나라의 기쁨에 대해 명상하며 여유를 즐겼다." 이것은 인베제스의 표현이지만, 모세 바르 세파스도 같은 의견이었다. 우리의 순결한 첫 조상이 "신과 친밀하게"⁶⁹ 살았던 것은 분명하다는 것이 모세 바르 세파스의 견해이다. 이러한 "신과의 친밀함"은 필연적으로 우리보다 훨씬 뛰어난 지혜와 지식으로 이어졌다. 아담과 이브는 우리에 비해 재능이 뛰어났다. 루터는 "아담이 순결한 상태를 유지했다면 〔…〕 우리는 종이도, 잉크도, 펜도 그리고 오늘날 우리가 사용하는 수많은 책도 필요하지 않았을 것이다. 그렇게 하면서도 낙원에 있던 아담이 지녔던 지혜의 천 분의 일도 얻지 못하고 있다. 〔…〕 죄가 없었다면 아담은 (하느님의) 그 유일한 계율✣을 모든

✣ "이 동산에 있는 나무 열매는 무엇이든지 마음대로 따먹어라. 그러나 선과 악을 알게 하는 나무 열매만은 따먹지 마라."

후손에게 전수했을 것이고, 최고의 신학자, 가장 학식 있는 법학자, 가장 전문적인 의사를 탄생시켰을 것이다."[70]

우리의 첫 조상은 신에게서 받은 은혜, 거룩함, 신앙 외에 자연에 대해 어떤 지식을 가지고 있었는가? 과거 신학자들도 이 질문에 대해 논쟁을 벌였고, 수아레스는 17세기 초에 이 문제를 검토했다.

> 아담은 완벽한 자연 지식이 있었다. 〔…〕 그의 지식은 하늘 전체 또는 별들의 힘 전체에 미치지 못했다. 또한 그의 지식은 자유의지에 좌우되는 우발적인 미래를 알려 주지도 않았다. 그러나 그 지식은 필연적인 많은 자연적 원인이 겹쳐서 일어나는 미래의 일은 예측할 수 있게 해 주었다. 그는 과거의 모든 것을 알지는 못했지만 현재에 드러난 과거는 알 수 있었다. 게다가 그의 과학은 새, 물고기, 야생동물, 나무, 풀, 꽃 등 실제로 창조된 모든 종으로 확장되었다.

확실히 아담은 '창조할 수 있는' 모든 것에 대한 계시를 받지도 않았고, 각 종을 구성하는 개체에 대해서도 계시를 받지 않았다. 또한, 그리스도와 달리 다른 사람들의 은밀한 생각에 대해서도 계시를 받지 못했다. 그러나 수아레스는 성 아우구스티누스와 성 토마스 아퀴나스에 근거하여 다음과 같이 말했다. "죄 이전에 아담과 이브의 타고난 지식은 너무나 뛰어나서 자신들을 속이거나 속을 수 없었다. 즉, 그들은 자의가 아닌 한 거짓을 참으로 착각하거나 그 반대의 경우도 할 수 없었다. 무지와 오류는 죄에 대한 형벌이었기 때문이다." 요컨대, 그들의 지식과 지혜는 솔로몬을 비롯한 그들의 후계자들 중 가장 학식 있고 현명한 사람들의 지식과 지혜를 훨씬 뛰어넘었다.[71]

개신교 측의 살케드의 시각도 다르지 않다. "아담은 자연 전체에 대해 지극히 완전한 지식을 부여받았다는 것이 교부들과 다른 신학자들의 공통된 견해이다."[72] 이를 증명하기 위해 그는 〈집회서〉 17장(3-11절)을 인용했다. "주님께서는 〔…〕 땅 위에 있는 모든 것을 다스릴 권한을 인간에게 주셨고, 자신처럼 여겨서 힘을 주시고 그들을 당신의 모양대로 만드셨다. 주님께서는 모든 생물에게 사람을 무서워하는 본능을 넣어 주셔서 사람으로 하여금 짐승이나 새들을 지배하게 하셨다." 아담은 하등 존재들의 본성을 잘 알고 있었기 때문에 그들의 특성에 따라 이름을 지을 수 있었다고 살케드는 말했다.[73]

확실히 솔로몬은 이 시대 이후 "인간 중 가장 지혜로운 자"였다. 실제로 〈지혜서〉(7:17-20)에는 그의 입에서 몇 가지 놀라운 말이 나온다. "그분은 나에게 만물에 대한 어김없는 지식을 주셔서 세계의 구조와 구성 요소의 힘을 알게 해 주셨고 시대의 시작과 끝과 중간, 동지, 하지의 구분과 계절의 변화, 해가 바뀌는 것과 별들의 자리, 동물들의 성질과 야수들의 본능, 〔…〕 각종 식물들과 그 뿌리의 특성을 알게 해 주셨다." 솔로몬에게 진실한 것은 아담에게는 더욱 진실했을 것이다. "의심의 여지없이, 아담의 지혜를 창조하고 모든 지혜를 창조한 우리 구세주를 제외하고는 아담이 가장 현명한 인간이었다."[74] 여기서 지혜는 지식과 신중함도 포함하는 것이다.

여기서 이전 질문들만큼이나 놀라운 새로운 질문이 있다. 신은 어떻게 그 명령을 아담과 이브에게 전했는가, 이해할 수 있는 말씀으로 한 것인가 아니면 내적 계시로 전달한 것인가? 성 아우구스티누스는 첫 번째 답을 선호했다. "나는 신이 나중에 아브라함과 모세에게 말한 것처럼 낙원에서 아담에게 말했을 것이라고 생각한다. 즉, 어떤 육체적 형태로 말이다."[75] 다시 말해, 언어를 사용하여 말했다고 이해할 수 있다. 그럼 어떤 언어로 했다는 말인가? 다시 성 아우구스티누스는 16세기 말과 17세기 초에 페레이라와 다른 가톨릭 측 주석가들도 우리 최초의 조상들이 듣고 사용했던 "관용어idiome"가 인류의 원시 언어이자 다른 모든 언어의 어머니인 히브리어라고 대답했다.[76]

신교 측도 오랫동안 이 신념을 공유했다. 히브리어는 계시로 가득 차 있으며, 논리적으로 본다면 성경 본문은 조금도 변질되지 않고 인류에게 전달되었다고 생각했다.[77] 조세프 쥐스트 스칼리제Joseph Justus Scaliger(1609년 사망)는 "모든 언어 중 가장 오래된 언어는 성경에 기록된 언어"라고 단정했다.[78] 이후 요한네스 벅스토르프Johannes Buxtorf(2세)는 인간 종이 한 사람에게서 나왔기 때문에 바벨의 혼란 전까지 히브리어는 인류가 사용한 유

일한 언어였다는 것을 증명하려고 했다. 히브리어는 그것을 만든 분이 신이기 때문에 신성한 언어이다.[79]

소뮈르 학파|17세기 소뮈르대학에서 모와이즈 아미로가 가르친 개혁주의 신학 혹은 아미랄디즘|는 이 지나치게 단정적인 견해에 미묘한 변화를 주었다. 루이 카펠Louis Cappel은 《성스러운 비판Critica sacra》(1650)에서 히브리어에 부여된 특별한 지위를 수정하자고 제안했다. 즉, 히브리어의 탄생을 태초로 거슬러 올라감으로써 이 언어를 모든 언어의 근원이 되게 하자는 것이었다.[80] 그다음으로 뛰어난 아랍 학자였던 사뮈엘 보샤르는 히브리어를 동방의 다른 언어와 비교하자고 제안했다. 이 혁신적인 방법론에도 불구하고, 언어의 계통학에서는 낡은 방식을 답습하여 모든 언어가 히브리어에서 파생되었다고 했다.[81] 히브리어의 우위에 대한 학문적 도전은 17세기 말 에라스뮈스의 편집자인 장 르 클레르Jean Le Clerc의 작품이 나올 때까지 기다려야 했다. 그럼에도《백과전서Encyclopédie》|18세기 프랑스 계몽주의 시대에 달랑베르와 디드로가 편집하고, 볼테르와 루소 등이 참여한 총 28권으로 구성된 대백과사전|의 '언어' 항목에서는 여전히 히브리어를 인류의 모국어로 간주했다.

지상낙원에서 히브리어 이외의 다른 언어를 발견하려는 독창적인 생각을 가진 사람들, 즉 반순응주의자들도 있었다. 그중 한 명인 고로피우스는 아담과 이브가 플랑드르어를 사용했다는 것을 증명하려고 했다. 그의 주장은 다음과 같다. 성경에 의하면(창세기 10:5), 노아의 손자이자 야벳의 아들인 마곡은 "이

방인의 섬으로" 이주했다. 17세기 초 라이프니츠Gottfried Wilhelm Leibniz는 안트베르펜의 학식 있는 의사였던 고로피우스에게 찬사를 보내고, 킴브리어Cimbri라고 부르는 게르만어에는 히브리어만큼 혹은 그 이상으로 원시적인 어떤 특징이 있다고 주장했는데, 이는 그리 틀린 말이 아니었다.[82] 고로피우스가 보기에, 북해 연안에서 게르만족이 살았던 해안은 마곡과 그 일족의 최종 종착지였다.[83] 그러나 17세기에 스웨덴 학자들, 특히 요르예 슈티에른헬름Georg Stiernhielm(1672년 사망)과 올라우스 루데벡 Olaus Rudebeck(1702년 사망)은 이 이주가 스웨덴으로 이어졌고, 그 과정에서 기원의 원어를 가져왔다는 사실을 확인했다. 따라서 아담과 이브는 스웨덴어를 사용했다는 것이다.

지상낙원에서 사용된 언어 문제는 당시에 어지간히 논란거리였던 모양이다. 그리하여 또 다른 스웨덴인 안드레아스 켐페Andreas Kempe가 독일어로 《스웨덴의 깃발이 솟았다Die schwedische Standarte erhöht》(1683)라는 책을 썼다.[84] 이 책에는 스웨덴의 목사들이 탁자 주변에 모여 맥주잔을 들고 지상낙원에서 사용된 언어에 대해 토론하는 모습이 그려져 있다. 그들 중 한 명이 그 언어는 히브리어라고 하자, 저자의 대변인이 신이 지상낙원에서 우리의 첫 조상에게 스웨덴어로 말씀하셨음을 설명하고 증명한다. 반면에 우리의 첫 조상들은 덴마크어를 사용했다. 뱀은 프랑스어를 썼다. 프랑스어는 "온몸을 이용하는 언어, 그래서 가장 현명한 사람도 속일 수 있는 언어이다."

우리는 켐페가 여기서 심각한 어조로 말하지 않는다는 것을 알 수 있다. 그러나 지상낙원에서 사용된 언어라는 문제가 여전히 탁월한 사람들의 관심을 끌었다는 것은 사실이다. 이러한 사람들 중에 1678년의 리샤르 시몽Richard Simon도 있었다.[85]

지상낙원에서의 결혼과 사회

루터는 《창세기 주석》에서 지상낙원의 놀라운 조건을 연상시키면서 특히 다음과 같이 단언했다.

〔당시에도〕 인간은 먹고 마셔야 했고, 그 음식은 몸에서 변형되어야 했지만, 지금처럼 혐오감을 불러일으키는 것은 아니었다. 그 생명나무는 〔우리에게〕 영원한 젊음을 유지하게 했을 것이고 노년의 불편함을 결코 느끼지 않았을 것이다. 이마에 주름이 생기지 않았을 것이고 다리와 손 그리고 다른 신체 부위가 약해지거나 피곤해지지 않았을 것이다. 〔생명〕나무의 열매는 인간이 육체적 삶에서 영적 삶으로 넘어가는 마지막 순간까지 번식력과 모든 일을 완수할 수 있는 힘을 온전히 유지하게 해 주었을 것이다. 〔…〕
인간 자신, 다리, 눈, 귀 등은 창조 당시의 모습을 그대로 간직하고 있지만, 이 신체 부분들은 죄로 인해 비참할 정도로 부패하고 손상되었다. 죄를 저지르기 이전의 아담은 놀랍도록 꿰뚫어 보는 눈과 가장 섬세하고 미묘한 후각을 가졌으며, 그의 몸은 번식하기에 가장 완벽한 몸이었고 그의 의도를 완벽하게 따랐다. 〔…〕

〔그럴 경우〕 이성에 대한 사랑은 순수하고 순결했을 것이다. 인간은 순결한 상태로 태어났을 것인데, 이는 순종에서 비롯된 것이라고 할 수 있다. 어머니들은 고통 없이 출산했을 것이다. 그리고 아이들을 키우는 데 그렇게 많은 어려움과 고통이 없었을 것이다. 〔…〕

남자와 여자가 서로 느끼는 매력은 그 결실인 출산이 자연스러운 것과 마찬가지로 자연스러운 일이다. 그러나 욕망의 과도한 분출과 출산의 큰 고통이 반드시 따른다. 부부조차도 합법적인 당연한 관계를 즐길 때, 부끄러움과 당혹감을 느낀다. 그만큼 원죄의 엄청난 악은 어느 곳에나 존재한다. 창조는 선하고 축복도 선한 것은 사실이다. 그러나 죄로 인한 타락 때문에, 부부조차도 부끄러움 없이는 그것을 즐길 수 없을 정도이다.[86]

이 글에서 루터는 에덴동산의 낙원 생활에 대해 기독교 세계가 오랫동안 품었던 관념을 인상적인 방식으로 요약하고, 신학자들의 호기심을 불러일으킨 의문, 즉 아담과 이브가 죄를 짓지 않았다면 어떻게 자녀를 낳았을 것인가라는 의문에 답을 제시했다. 그들은 사랑을 나누었을까? 원죄가 개입하지 않았다면, 인류는 어떻게 번성했을까?

이 의문은 곧바로 이를 보완할 다른 의문을 낳았다. 아담과 이브는 죄를 짓기 전에도 육체적 관계를 가졌을까? 인베제스의 답은 다음과 같다. "모든 교부들은 아담과 이브가 죄를 짓기 전에 처녀와 총각으로 남아 있었다고 주장했다. […] 이 주장은 성 요한네스 크리소스토모스, 성 히에로니무스, 성 아우구스티누스의 공통된 주장이다." "크리소스토모스는 낙원을 잃은 후 처음으로 성관계가 시작되었다고 했다. 왜냐하면 불복종 전에는 아담과 이브가 천사 같은 삶을 살았고 비너스의 쾌락에 대한 이야기가 없기 때문이다."[87] 천사의 삶에 대한 이 언급은 강조할 가치가 있다. 왜냐하면 오랫동안 가톨릭교회에서는 신이 인간을 창조한 것은 반항한 천사들이 떠난 후에 비어 있는 하늘의 자리를 인간이 차지하도록 하기 위함이라고 생각했기 때문이다. 이 초기 전제에서 현실과 동떨어진 인간학이 탄생하게 되었다.[88]

그러나 성 토마스 아퀴나스, 페레이라, 수아레스는 아직 순결한 아담과 이브의 처녀성에 대해 더 흥미로운 설명을 제공하며 미묘한 변화를 더했다. 그들은 처녀성(이브의 경우), 성욕의 부재, 성적 결합을 자제하려는 확고한 의지를 구분했다. 수아레스에 따르면, 에덴동산에서 우리의 첫 조상은 "자식을 낳고 번성하라"|창세기 1:28|는 창조주의 명령에 순종하기 위해 육체적으로 결합할 의지가 있었지만, 그들은 "육체적으로" 순결을 지켰

고 신에 대한 불복종 이후에야 순결을 잃었다.[89] 인베제스도 이 구별을 받아들여 다음과 같이 결론 내린다. "아마도 성스러운 동산에서 아담과 이브는 서로 다른 곳에서 잠을 잤던 것 같다. 낮이나 밤이나 그들은 키스도, 포옹도, 애정 어린 말도 없이 떨어져 있는 침대에서 자는 것처럼 보인다." 이것은 매우 정상적인 것이다. 왜냐하면 그들은 욕망이 불러일으키는 동요를 알지 못했기 때문이다.[90] 이러한 주장에 성공회 교도인 존 스완은 또 다른 이유를 추가했다. "아담이 죄를 저지른 이후에야 아내의 육체를 알게 되었다는 것은 인정한다. 그렇지 않았다면 카인은 죄 없이 잉태되었을 것이다. (…) 그러나 카인이 죄 없이 잉태되었다는 것은 상상할 수 없다."[91]

이런 종류의 신학적 추론이 모든 사람을 납득시킨 것은 아니다. 만약 에덴동산에서 아담과 이브가 부드럽고 순수한 사랑을 하지 않았다면, 밀턴의 《실낙원》에서 가장 아름다운 구절 중 하나가 탄생하지 않았을 것이다.

> 부부는 벌거벗은 채 지나간다, 하느님이다 천사의
> 눈을 피하지도 않고, 악은 생각조차 하지 않기 때문에,
> 이윽고 그들은 손에 손을 잡고 걷는다. 가장 아름다운 한 쌍은
> 일찍이 사랑의 포옹으로 결합한다. (…)
> 맑은 샘가에
> 그들은 앉는다. (…) 그들은 저녁 식사로 과일을 먹는다. (…)

부드러운 대화와 사랑의 미소를 주고받으며,
행복한 혼약을 맺은 아름다운 부부에 어울리는
젊음의 자연스러운 애무도
이 식사에서 빠지지 않는다.
그리고 그들 이외에는 아무도 없다.[92]

아담과 이브의 구체적인 사례와 별개로, 〈창세기〉의 주석가들은 더 일반적인 질문을 피할 수 없었다. 만약 원죄를 범하지 않았다면, 남자와 여자는 어떻게 사랑을 경험하고 자녀를 낳았을 것인가? 두 가지 점에 대해서는 전적으로 일치했다. 낙원 상태에서는 부끄러움 없이 나체로 있고 고통 없이 출산을 했을 것이라는 점이다. 그러나 성에 대한 두려움과 과거의 '천사 인간 동형론同形論'으로 인해 몇몇 신학자들은 우리가 보기에 놀라운 주장을 펼쳤다. 성 요한네스 크리소스토모스, 니사의 성 그레고리우스, 성 아우구스티누스(나중에는 변하지만, 적어도 《마니교 논박》에서는 이러한 입장이다), 다마스쿠스의 성 요한네스 등은 낙원의 상황에서 인간의 번성은 남성과 여성의 결합이 아니라 신성한 창조로 이루어졌을 것이라고 했다. 왜냐하면 그 당시 인류는 천사의 지위를 누렸을 것이기 때문이다. 다마스쿠스의 성 요한네스는 다음과 같이 설명했다. "'자식을 낳고 번성하라'라는 말은 짝짓기로 성취되는 것과 같은 (종의) 번식을 의미하지 않았다. 신은 다른 방법으로도 이러한 번식을 가져올 수 있기 때문이다."[93] 성 아우구스티누스는 이미 《종교론De Religione》에서 순결한 자연 상태에서는 인간은 남성과 여성의 결합으로 번성하지 않기 때문에 결혼도, 혈연관계도, 친족관계도 없었을 것이며, 이 모든 친근한 관계는 자연이 아니라 죄에서 비롯되었다고 단언했다.[94]

성 아우구스티누스가 경력을 쌓으면서 이 문제에 대한 관점을 수정하고 의견을 바꾼 것은 사실이다. 그러나 그는, 그리고 그를 따르는 많은 신학자들은 원죄 이후 우리가 경험한 형태의 성생활에 대해 항상 강한 죄책감을 품고 있었다. 아우구스티누스는 《신국론De Civitate Dei》에서 다음과 같이 썼다.

> 그토록 풍요로운 재화와 영혼의 행복 속에서, 관능의 병이 없었다면 출산이 일어날 수 없었을 것이라고 생각하는 데 주의를 기울여야 한다. 남편은 영혼의 평온함과 육체의 완전한 순결성 속에서 매혹적인 정열의 자극 없이도 아내를 임신시켰을 것이다. 경험으로 입증되지 않았다고 해서 의심하지 못할 이유는 없다. 신체의 이러한 부분은 격렬한 욕정에 자극받는 것이 아니라 필요에 따라 자신의 통제력에 따라 사용되었을 것이기 때문이다. 따라서 현재 월경이 순결을 해치지 않고 발생할 수 있는 것처럼, 남자의 씨앗은 처녀성을 보존하면서 아내에게 전달될 수 있었다. 이러한 방식으로 하나의 경로를 통하지만 어떤 것은 주입되고 다른 것은 거부되는 것이다.[95]

12세기 스콜라 철학자 헤일스의 알렉산더는 (초기의) 성 아우구스티누스보다 한술 더 떠서 순결한 상태에서는 처녀막을 뚫지 않고도 성교와 생식이 일어났을 것이라고 주장했다. 성교는 남성의 생식기가 "여성 외음부의 닫힌 문"에 접근하는 것이며, 남성과 여성의 성기가 단순히 접촉하는 것만으로 이루어졌을 것이다. 그런 다음 여성의 생식기 외부에 방출된 남성의 정액이 신의 특별한 작용(신의 특별한 섭리 speciali Dei providentia)으로 자궁 안으로 인도되었을 것이다.[96]

그러나 성 아우구스티누스는 방금 살펴본 의견을 수정하여 죄를 저지르지 않았다면 인류는 자연적 생식으로 증가했을 것이라고 했다.[97] 이 점에 대해서 성 토마스 아퀴나스에서 수아레스에 이르는 대부분의 신학자들은 아우구스티누스에 동의했다. 이 주제에 대해서는 성 보나벤투라의 글이 나중에 자주 인용되었다. 그는 성행위를 구별했다.

〔…〕 여성의 빗장을 여는 것, 죄의 대가인 열정, 그리고 수치스러운 쾌락. 첫 번째는 자연에 따른 것이고 두 번째는 형벌이고 세 번째는 형벌과 죄의 중간에 있는 사악한 타락이다. 남자가 순결한 상태에서 여자와 육체관계를 맺는다면 문이 열릴 것이지만, 형벌인 열정이나 부끄러운 기쁨은 없을 것이다. 왜냐하면 그럴 경우 생식력이 타락하거나 감염되지 않았을 것이고, 성 아우구스티누스가 말한 바 있듯이, 입과 손과 혀가 이성에 의

해 움직이듯이 (성행위에 필요한) 생식기도 이성에 따랐을 것이기 때문이다. 손과 입이 열정과 수치스러운 쾌락의 개입 없이도 열리고 닫히는 것처럼, 〔성적인〕 신체조직도 마찬가지였을 것이다. 그렇다면 성기에 대해 말하는 것이 신체의 다른 부분에 대해 말하는 것보다 혐오스러운 일이 아니었을 것이다. 하지만 현재는 자연에 반하는 것을 말하는 것으로서 혐오감을 주는 일이 되어 버렸다. 이 행위는 그 안에 내재된 추악함 때문에 얼굴을 붉게 만든다.[98]

성 보나벤투라의 이러한 입장은 무엇보다도 성 토마스 아퀴나스의 입장과 일치하며, 후대 〈창세기〉 주석가들, 특히 수아레스에 의해 널리 채택되었다. 더 나아가, 그들은 성행위 중에는 성적 쾌락이 분명히 존재했을 것이라는 결론에 이르렀다. 심지어 성 토마스 아퀴나스는 그것이 원죄 이후에 더 커졌을 것이라고 생각했다.[99] 그럼에도 그것은 완전히 통제되었을 것이라는 결론이다. 수아레스는 다음과 같이 말했다. "성기는 자연적이고 비자발적인 열정의 변화에 자극받는 것이 아니라 무엇보다 이성과 의지에 의해 흥분되었을 것이다." 따라서 "쾌락"은 "온화한 것이고 이성의 규범에 따른 것"[100]이었을 것이다. 이 대단한 논쟁 결과를 도출하면서, 인베제스는 지상낙원에서 죄를 짓기 전의 아담과 이브는 "부끄러움 없는 포옹, 수줍음에 찬 키스와 애무, 거룩한 애정이 담긴 말"[101]로 서로에 대한 사랑을 표현했을 것이라고 생각했다. 더 나아가 우리는 다음과 같이 생각해야 한다. "낙원에서의 성교는 타락한 자연 상태인 현재처럼 빈번하지는 않았을 것이다. 왜냐하면 현재의 이러한 부적절한 성교는 열렬하고 난잡한 색욕의 결과이기 때문이다. 그렇다면 반대로, 그것은 매우 특정한 시간statuto tempore, 즉 번식의 필요성을 위해 이루어졌을 것이다."[102] 이것이 아우구스티누스적인 사고의 전형이다.[103]

이 주제에 대해서도 가톨릭과 신교의 입장 사이의 유사성을 다시 한 번 강조할 필요가 있다. 신교 측에 널리 퍼진 정서를 표현한 살케드는 수아레스가 그랬던 것처럼 다음과 같이 말했다.

> 인간의 높은 능력이 신에게 순종하는 한, 하위 능력은 인간에게 순종할 것이다. 죄가 의지를 변형시키지 않는 한, 자연적인 행동에는 더러움과 추함이 없다. 우리의 눈과 다른 감각이 여전히 우리의 의지를 따르는 것처럼 오늘날 우리 안에서 반항하는 다른 낮은 능력도 더 높은 능력에 복종한 채로 남아 있을 것이다. 모든 왜곡과 무질서는 피할 수 있었을 것이다. (의지에 대한) 복종과 질서는 그대로 유지되었을 것이다. 감각적 욕구는 이성에 순종하고 이성은 영혼에 순종하며 영혼은 신에게 순종했을 것이다. 자연의 무질서가 자연의 창조주에게서 나올 수 없는 것처럼, 자연적 행위의 무질서도 정상적인 과정에서는 발생하지 않았을 것이다. 따라서 자연 상태에서는 지금과 같은 인간의 번

식이 있었을 것이다. 행위의 본질에 대해서는 그렇게 말할 수 있지만 즐기는 방법과 쾌락의 맹렬한 지배 속에서 이루어지는 것에 대해서는 말할 수 없었을 것이다.[104]

낙원의 상황에서 여성은 남성과 동등했을까? 인베제스는 한 문장으로 대답했다. "이브의 신성함과 능력은 아담의 그것과 거의 같았다."[105] 그러나 아담은 인류의 미래 지도자로서의 "공적" 책임 때문에 대천사의 보호를 받으며 동시에 "사적" 행동도 천사의 보호를 받았다. 이브는 "사적" 천사의 도움만 받았다.[106] 인베제스와 달리, 살케드는 죄 이전의 남녀평등에 대해 더 길게 의문을 제기하며 여러 차례 이 의문을 다루었다. 그는 사실 〈고린토인들에게 보낸 첫째 편지〉(11:1-16)의 유명한 구절, "남자는 하느님의 모습과 영광을 지니고 … 여자는 남자의 영광을 지니고 있을 뿐이다. … 남자가 여자를 위해 창조된 것이 아니라 여자가 남자를 위해서 창조되었"다는 구절에 당황스러워 했다. 〈창세기〉(1:27)는 정반대로 말했다. "당신의 모습대로 사람을 지어내셨다. 하느님의 모습대로 사람을 지어내시되 남자와 여자로 지어내시고."

살케드는 성 아우구스티누스의 말을 빌려[107] "모습"이라는 단어의 두 가지 의미를 구분함으로써 이 문제에서 벗어났다. 만약 이 단어에 "자연적 능력"만 포함하면, 남자는 "여자의 머리"라는 결론을 내릴 수 있다. 그러나 불멸의 영혼, 은총, 자유

441

의지 등과 같은 "초자연적 능력"까지 고려하면, 우리는 남자와 여자가 하느님 앞에서 평등했고 평등하며 심지어 "어떤 여성은 남성보다 이러한 특권과 초자연적 능력을 더 많이 지녔으며, 이에 따라 신을 더 닮았다"는 것을 이해할 수 있다. 그 증거로서 성모 마리아를 들 수 있다.[108]

그러나 이 대답이 낙원의 맥락에서 아담에 대한 이브의 지위라는 문제를 완벽히 해결하지는 못했다. 여자가 남자에게 복종하는 것은 죄 이전에도 존재했던 것일까, 아니면 죄의 결과일까? 다음은 당시 신학자들의 공통된 의견을 표현한 살케드의 답변이다.

> 아내가 남편에게 복종하는 데에는 두 가지 종류가 있다. 하나는 자발적인 것이고, 다른 하나는 비자발적인 것이다. 하나는 자연에서, 다른 하나는 죄에서 비롯된 것이다. 하나는 고통스러운 것이고, 다른 하나는 즐거운 것이다. 후자는 은총에 의해 강화되고, 전자는 자연에 반하는 것이다. 따라서 하나는 순수한 상태와 결코 상반되지 않는 반면, 다른 하나는 원죄에 대한 형벌이다.
>
> 물론 이브가 선악과를 먹음으로써 죄를 짓거나 신성한 계명을 어기지 않았다고 하더라도, 그녀는〔남자보다〕더 연약한 그릇이었기 때문에 본성에 따라 남편에게 복종했을 것이다. 내가 이해하기로, 복종은 강요된 것이 아니고 자연스러운 것이며, 강

제되는 것이 아니다. 그러므로 오늘날 이브의 후예들 중에서 가장 우수한 자들조차도 그들의 남편에 대해 거부감을 느끼는데, 복종이란 그러한 거부감 없이 자유롭게 이루어지는 것이다.[109]

이러한 신학에 기반한 인간학을 염두에 두어야 밀턴이 《실낙원》에서 말한 다음 구절을 명확하게 이해할 수 있다. 이 구절은 성 바울로와 〈창세기〉("도리어 남편의 손아귀에 들리라")의 구절에 암묵적으로 근거하여, 죄 이전에도 아담이 이브보다 우월했다는 것을 강하게 시사한다.

이 두 피조물은
그들의 성별이 같지 않은 것처럼 동등하지 않다.
남자는 사색과 용기를 위해
여자는 온순함과 달콤하고 매력 있는 우아함을 위해,
또 그는 하느님만을 위해,
그녀는 그에게 나타난 하느님을 위해 만들어졌다.
남자의 아름답고 넓은 이마와 숭고한 눈은
절대권을 나타내고, 히아신스 같은 머리채는
술이 많은 가른 앞머리에서 탐스럽게 늘어져
넓은 어깨 밑까지는 이르지 않는다. 그녀의 꾸밈없는 금발은 마
   치 베일처럼
가느다란 허리까지 내려 흐트러져,

포도덩굴의 수염이 꼬부라지듯이
제멋대로 곱슬곱슬 굽이친다. 이는
복종을 의미하지만, 관대한 주권의 요구를 받아
그녀 스스로 응하는 것, 수줍으면서도 공손하게
겸손하면서도 자랑스럽게, 달콤하면서도 마지못한 듯
망설이며 정답게 응하면, 그는 이를 극진히
받아들인다.[110]✣

우리가 보기에, 이것은 이데올로기의 가면을 쓴 남성중심주의의 좋은 예이며, 이 시의 후반부에서 남편에게 축복받은 정원의 식물을 가지치기하고 꽃 가꾸기를 도와 달라는 남편에게 이브가 하는 대답을 보면 이 남성중심주의가 더 강화되었음을 볼 수 있다.

아, 그대,
그대를 위해 그대 살 중의 살로 그대에게서 만들어진
이 몸, 그대 없으면 무슨 보람으로 살리까. 나의 안내자,
나의 머리여, 그대의 말씀 옳고 또 옳습니다. 〔…〕
월등한 그대는 자신과 대등한 배필을
어디서도 찾을 수 없으십니다.[111]

✣ 〔옮긴이〕 밀턴, 《실낙원》, 조신권 옮김, 문학동네, 2010.

만약 인류가 순결한 상태로 머물면서 낙원의 삶을 계속했다면, 아이들은 걱정을 불러일으키지 않았을 것이고 고통을 겪지 않았을 것이다. 성 아우구스티누스는 비록 아이들이 "자궁의 용량 때문에" 아주 작게 태어나지만, 태어나자마자 곧바로 신에 의해 성인의 완전함에 이르렀을 것이라고 가르치기도 했다.[112] 성 토마스 아퀴나스와 수아레스는 이 점에서 아우구스티누스의 주장을 수정하여, 어린 인간도 우리와 마찬가지로 유년기, 청소년기, 청년기를 차례로 경험했을 것이라고 했다. 인간은 성인이 될 때까지 어머니의 젖이 필요했을 것이고, 하지만 성인이 된 이후에는 늙음과 쇠퇴를 피할 수 있었을 것이다. 흰 머리, 얼굴 주름, 떨리는 팔다리, 쉰 목소리, 끈적한 가래 등을 피할 수 있었을 것이다.[113]

인베제스는 이 담론의 논리에 따라, 출산은 고통스럽지 않았을 것이며, 심지어 "일종의 영혼의 재창조"로서 피투성이로 나온 아기는 어머니의 체액으로 즉시 씻겨지고 정화되었을 것이며, 신생아라도 울거나 보채거나 떨지 않았을 것이라고 했다. 오히려 아기는 행복했을 것이고, "불멸의 존재로 태어났기 때문에 큰 소리로 웃고 기뻐했을 것이다." 물론 기저귀나 배내옷도 필요하지 않았을 것이다. 게다가 어머니는 적어도 열두 살이 될 때까지 자식에게 젖을 먹였을 것이라는 수아레스의 말에 동의할 수 있다.[114]

성 아우구스티누스는 아이가 태어나자마자 성인이 된 것과 같은 논리로 아이는 즉각적으로 이성을 사용하고 방대한 지식을 습득했을 것이라고 했다.[115] 그러나 대부분의 학자들은 이 점에서도 히포의 주교 아우구스티누스와 생각이 달랐다. 위그 드 생빅토르, 성 토마스 아퀴나스, 성 보나벤투라, 수아레스 등은 순결한 상태의 어린 인간이 "수태의 순간부터" 이성을 사용할 수 있었다고는 생각하지 않았다. 아이들은 점차 그것을 습득했을 것이다. 아이들은 "이성에 반하는 마음의 움직임이나 욕망"을 겪어 보지 못했을 것이다. 지식에 관해서는 그것을 점진적으로 습득했을 것이다. 다만, 아이들은 모두 처음부터 "천부적인 지혜"를 부여받았을 것이다.[116] 인베제스의 말로 요약해 보자.

> 타락한 자연 상태에서 인류는 눈물, 슬픔, 두려움, 고통 속에서 유아기, 유년기, 청소년기를 지나간다. 유아기는 괴로움과 울음소리로 표시되고, 유년기와 청소년기는 아버지의 엄격한 훈육과 스승의 감독 아래서 보내기 때문에, 이 세 단계는 두려움과 고통으로 가득 차 있다. 반대로 자연의 온전한 상태에서는 어머니가 젖으로 아이들을 키우고, 아이들은 보채거나 울지 않는다. 부모와 스승은 유아와 청소년을 교육하고 지도하므로 두려움이나 고통을 몰랐을 것이다. 모든 활동은 항상 기쁨으로 가득했을 것이다.[117]

"눈물의 계곡"은 에덴동산의 부정적 의미다. 에덴동산을 단어 하나하나 뒤집어 놓은 개념으로 오랫동안 자명하다고 여겼다.

앞선 여러 가지 의문에서 새로운 의문이 생긴다. 낙원의 사회에도 상층과 하층, 황제, 왕, 제후, 그리고 그들에게 복종하는 사람들이 있었는가? 사유재산이 존재했는가? 성 아우구스티누스에 따르면, 순결한 상태에서는 도시와 왕국에 왕, 행정관, 집정관 등 오늘날 권력을 상징하는 어떤 권위도 필요하지 않았을 것이다. 인간은 물고기, 새, 야생 짐승만 지배할 수 있었을 것이다.[118] 그러나 성 토마스 아퀴나스, 페레이라, 수아레스는 이 점에서도 《신의 도시 De civitate Dei contra paganos》의 저자[성 아우구스티누스]와 달랐으며, 이 주제에 대한 그들의 추론은 살케드의 저서에 담긴 남성과 여성 논의와 유사했다.[119]

성 토마스 아퀴나스 등은 두 가지 종류의 권위가 있다고 말했다. 하나는 자연스러운 권위로서 자유롭고 즐거운 복종을 수반한다. 다른 하나는 죄에서 비롯된 것으로서 강제를 수반한다. 낙원의 사회를 "형벌의 법을 이용해서가 아니라 인도의 계율을 이용해서" 평화롭고 온화하며 자유롭게 다스리도록 만든 것은 첫 번째 권위다. 여기서 우리의 안내자인 인베제스는 이 축복받은 땅의 통치자들이 세습했는지 또다시 의문을 품었다. 선출되었을 것이라는 그의 답변이다. 죄 없는 인류는 분명 왕정 아래서 살았을 것이다. 아리스토텔레스도 이를 권장했고, 가톨릭교회도 교황이라는 한 명의 목자를 따른다.[120] 그러나 이 왕정은 선출제였을 것이다.

이쯤에서 주제에서 잠시 벗어나 15세기 스페인에서 등장한 귀족에 대한 독특한 담론을 상기해 볼 필요가 있다. 페르난도 데 메히아Fernando de Mexia는 1492년에 출간한 《진정한 귀족Nobiliario vero》에서 다음과 같이 주장했다. 신은 우리의 첫 번째 조상을 "귀족"으로 창조했다. 아벨은 이 고귀함을 지켰지만 카인은 그것을 잃었다. 원죄는 우리에게 자유의지를 남겨 주었다. 이것으로 인해 우리는 탁월하게 고귀한 창조주와 닮았다는 것을 당연하게 여길 수도, 당연하지 않게 여길 수도 있다. 즉, 창조주와 닮은 상태에 가까워질 수도, 혹은 멀어질 수도 있다. 그러므로 세계가 시작된 이래, "악인들은 (본래의) 고귀함에서 벗어나 (…), 천하고 혈통을 잃어버려 죄의 저열함과 비천함, 그리고 사악한 습관에 점점 더 가까워지고, 천한 일과 부끄러운 행동에 빠지게 되었다."[121] 귀족 신분을 사회적으로 옹호하는 근거를 〈창세기〉에서 가져온 놀라운 변론이다.

성 아우구스티누스, 성 그레고리우스 대교황, 성 토마스 아퀴나스, 페레이라, 수아레스의 일치된 의견에 따르면, 낙원 사회에는 하인이 필요하지 않았던 것 같다. 물론 하인 신분이 노예 신분은 아니지만, 여전히 한 사람이 다른 사람을 지배하는 것을 의미한다. 그러므로 그것은 죄의 결과이다.[122] 마지막으로 에덴동산 공동체의 지도자들은 궁전에 살지 않았을 것이고, 왕관을 쓰거나 왕홀을 갖지도 않았을 것이며, 신하들로 둘러싸여 있지도 않았을 것이다. 그들의 생활 방식은 수도회의 우두머리처럼 화려하지 않고 소박했을 것이다. 모든 권력을 둘러싼 모든 장식물은 원죄의 결과이기 때문이다.[123]

그렇다면 낙원 사회에도 동산과 부동산 소유권이 있었을까? 성 암브로시우스와 성 요한네스 크리소스토모스까지 거슬러 올라가는 오랜 기독교 전통에 따르면,[124] 낙원 사회에서 토지, 동물, 나무에 대한 사적 소유권은 인정되지 않았고, 만약 낙원이 계속되었다고 하더라도 이러한 소유권은 인정되지 않았을 것이며, 땅의 열매는 공동 소유였다. 그러나 17세기의 문턱에서 수아레스는 이러한 주장을 두 가지 방식으로 약간 변화시킬 필요가 있다고 생각했다. 동산과 부동산을 구분하는 것이 그것이다. 순결한 상태에서도 동산은 구분해야 할 필요가 있었을 것이다. 예를 들어, 나무 열매를 따는 사람은 그 열매에 대한 특별한 권리를 획득했을 것이고, 부정한 방법이 아니라면 그것을 그에게서 빼앗을 수 없었을 것이기 때문이다. 그러나 이 사유재산은 나무와 동물에 대해서는 유효해도 금, 재물, 의복에 대해서는 그렇지 않았을 것이다. 원래 옷은 필요 없었을 것이다. 브동산 소유권에 대해서도 수정이 필요하다. 왜냐하면 전혀 나눌 수 없게 만들면 씨를 뿌릴 밭이나 집을 지을 땅을 마음대로 처분하지 못하게 함으로써 그 사람의 이익을 침해하게 될 것이기 때문이다. "그러나 이러한 것들은 그다지 중요하지 않다고 할 수 있으며, 순결한 상태에서 본질적으로 재산 분할이 불가능하다는 것과 완전히 모순되는 것은 아니다."[125] 여러 시대를 통해 지상낙원을 되살리려고 시도한 모든 사람들의 공산주의적 꿈은 여기에서 비롯된다.

제11장

매혹의 정원의 소멸

MESOPOTAMIA

Antiochia
Charre olim Charan
Singaras Mons
Nicephorium
Resipha olim Rosaph
Pocorus olim Pethor
Agunum
Sabe

Arbela
Thelde
Orepha olim Rehoboth
Ctesiphon
Mosface
Sepphar
Naarda
Babylon
Seleucia
Apamea
Barsita

SIRIÆ PARS

PALUDES

CHALDÆA

Orcho olim Ur
Raqa

ARABIA

Uardane
Chaldder

AMORDACIA

Althazunde Arale latro nec a Plinio dict.

PARAPOTAMIA SIVE SUSIANÆ PARS

Tigris
Euphrates

밀턴의 《실낙원》이 출간된 1667년에서 뷔퐁Georges-Louis Leclerc, Comte De Buffon이 《자연의 시대Époques de la nature》를 출간한 1779년으로 갑자기 넘어가 보면, 가장 저명한 지식인들이 에덴동산과 〈창세기〉 첫 장에 대해 가지고 있었던 시각과 담론이 어느 정도 변화했는지 가늠할 수 있다. 밀턴의 걸작 이후 한 세기 동안 아담과 이브와 지상낙원에 관한 문학작품과 주석 작품이 모두 와해되었다는 사실은 이미 잘 알려져 있다.[1] 루앙의 여성 시인 뒤보카주Dubacage 부인이 프랑스어로 각색한 《실낙원Paradis perdu》도 늦은 시기(1760)에 쓰였기 때문에 기억할 만한 작품으로 언급되어야 한다.

우리가 여기서 다루고 있는 주제와 관련하여 계몽주의 시대의 특징은 〈창세기〉 첫 부분의 내용과 그 '역사적' 진실성이 점차 의문시되었다는 점이다. 다양한 접근 방식이 시도되었지만 결국 수렴하여 이러한 결과를 가져왔다. 그러나 이러한 접근이 사람들의 머릿속에 스며들기까지는 시간이 필요했다. 당시의 역사적 오류에 대한 비판뿐만 아니라 긍정적인 비평을 목적으로 한 베일Pierre Bayle의 《역사 비판 사전Dictionnaire historique et critique》(1696~1697)은 아담과 이브를 매우 전통적인 용어로 표현했다. 이 사전의 '아담' 항목을 보자.

온 인류의 뿌리이자 아버지인 아담은 창조의 여섯째 날에 신에 의해 즉시 만들어졌다. 그의 몸이 땅의 흙으로 만들어지자신은 그의 콧구멍에 생명의 숨결을 불어넣었다. 다시 말해, 그에게 생기를 불어넣어 조직화된 몸과 이성을 갖춘 영혼으로 구성된 인간이라고 불리는 구성체를 만들었다. 아담을 창조한 바로 그 신은 그를 아름다운 동산에 두고, 동물들이 그에게 온 다음 이름을 지어 주게 했다. 그 이후 아담을 깊은 잠에 빠지게 하고 그의 갈비뼈 중 하나를 떼어 내어 여자를 만들었다. 〔…〕 동산에는 나무 한 그루가 있었는데, 신은 그 나무의 열매를 먹지 말라고 명령하고 먹으면 생명을 잃을 것이라고 했다. 그러나 뱀의 유혹을 받은 여자는 그것을 먹고 아담에게도 먹으라고 설득했다. 그래서 그들은 자신이 벌거벗었다는 사실을 깨닫고 무화과나무 잎을 꿰매어 몸을 가렸다. 신이 다가와 그들에게 죄에 대한 형벌을 선고하고, 그들을 동산에서 쫓아내고 가죽옷을 지어 입혔다.[2]

글 전체에서 신중한 태도를 유지하는 베일은 이 주제에 대해 "우리가 확실히 알고 있는 것"에 충실했다. 따라서 그는 "〔아담에 대해〕 사람들이 말하는 거짓이나 매우 불확실한 수많은 말들"을 거부했다. 그러나 "아담이 창조주의 손에서 태어났을 때, 지식을 주입받은 채 태어났으며", 아담이 "아름다웠을 것"으로 생각했다. '아벨' 항목에서는 첫 번째 죄가 결혼의 축복 직후에 일어났으며, 이브는 "창조되자마자 유혹을 당하고 마음을 빼앗겼다"[3]고 생각했다. 따라서 베일은 〈창세기〉 첫 장의 '역사적' 성격에 의문을 제기하지 않았다.

로크John Locke가 1695년 익명으로 처음 출판한 《기독교의 합리성The Reasonableness of Christianity》에도 동일한 지적이 있다. 물론 이 저작은 전통 신학에 대한 도전이었다. 전통 신학에 따르면, "아담의 후손은 모두 이 첫 번째 인간의 죄로 인해 영원하고 끝없는 형벌을 받게 되었지만, 많은 인간들은 이 사람에 대해 들어 본 적도 없고, 그 누구도 그의 이름으로 행동하거나 그의 인격을 대표할 권한을 부여받지 못했다."[4] 그러나 로크는 "아담이 지상낙원에 있던 상태는 불멸과 영생의 상태였으며, 선악과를 따먹은 바로 그날 그것을 박탈당했다"[5]는 것을 의심하지 않았다. 그러면서 다음과 같이 쓰기도 했다. "지상낙원은 불멸의 장소였을 뿐만 아니라 행복의 장소였으며, 이 행복한 거처에는 견뎌야 할 피로도 슬픔도 없었다."[6]

《백과전서》의 '아담' 항목에 관해서 우리가 말할 수 있는 것은, 이 항목이 신중하고 심지어 보수적이라는 것이다. 이 항목은 '아담'이라는 용어가 인간 전체를 의미한다는 점을 분명히 지적하고 있다. 또한, 아담의 갈비뼈에서 이브가 창조되었다는 설을 거부하고 첫 번째 인간의 아름다움과 체격에 대한 "우화"를 거부하고, 신에 의해 아담에게 "부여된 지식"의 범위가 어느 정도인지 말하지 않고, 아담이 히브리 문자를 발명했다고 보는 견해를 거부했다. 그러나 《백과전서》의 이 항목은 본질적으로 베일의 견해를 더욱 간결하게 정리한 형태로 답습하면서 전통 신학의 견해를 따른다. 그 내용은 다음과 같다.

〈창세기〉 1장, 2장, 3장, 4장에는 아담의 역사 전체가 실려 있다. 그가 어떻게 흙으로 만들어져 지상낙원에 놓이고, 땅과 그를 위해 창조된 동물의 통치자이자 왕으로 임명되고, 그의 최초의 무죄와 그의 원래 정직함이 무엇이며, 그가 어떤 불복종으로 타락하고 자신과 그의 후손에게 어떤 형벌을 초래했는지 알 수 있다. 인간이 어떻게 현재의 상태에서도 악덕과 미덕의 기묘한 혼합체이며, 최고의 선을 향해 강하게 기울다가도 종종 악덕에 끌리며, 오래전에 저지른 범죄에 대한 형벌이라고밖에는 볼 수 없는 수많은 악행의 지배를 받는지 이해하기 위해서는 반드시 행복과 불행, 약함과 위대함의 이중 상태로 돌아가야만 한다. 이교도들도 이 진리의 일부를 엿볼 수 있었으며, 이 진리는 그들의 윤회설의 근본적 기초이자 기독교의 전체 체계의 유일한 열쇠이다.

따라서 《백과전서》의 '지상낙원' 항목도 완전히 고전적이다. 아담과 이브가 창조된 후 에덴에 놓였다는 것을 확실하게 했다. "그들은 순결한 상태로 그곳에 머물렀고 금단의 열매를 먹음으로써 신에게 불복종하자마자 추방당했다." 뒤이어 시대별로 제기된 지상낙원의 위치에 대한 주장, 특히 홉킨슨, 위에, 보샤르, 칼메 신부 등의 의견을 설명한다. 이 항목의 저자는 아마도 아시아에 있었던 것 같다. 따라서 우리가 에덴동산에 의문을 제기하게 된 지적 경로를 탐구하려면, 비판적 의도로 쓰인 사전들을 참조할 때조차도 사전 이외의 자료를 살펴보아야 한다.

화석이 제기하는 질문

〈창세기〉에 실려 있는 지상낙원이 "과거에 실재 했다"는 언급이 사람들의 마음에서 점점 멀어지게 된 간접적 경로들 중 하나는, 점점 증가한 화석에 대한 관심이다. 앞으로 우리는 화석 연구에서 영감을 얻은 일부 '대홍수 소설'을 다루게 될 텐데, 이러한 소설의 관심 사항은 원죄와 그 즉각적인 형벌에서 대홍수라는 대재앙으로 옮겨졌다. 화석에 대한 지식이 깊어지면서 지구의 연대가 성경의 연대기와 불일치하게 되었다.

이미 레오나르도 다빈치는 형상을 가진 돌이 별의 영향을 받아 언덕 꼭대기에서 탄생했다는 이론에 의문을 제기한 바 있다. 그 후 1517년 프라카스토로Girolamo Fracastoro는 화석에서 실제로 살았던 동물의 잔해물을 발견했다.[7] 특히 베르나르 팔리시는 고향인 생통주와 아르덴 지방에서 많은 화석을 발굴하고, 화석층은 물 아래의 퇴적층이라고 확신하게 되었다. 그리하여 대홍수의 결과 "창조의 흔적"인 화석층이 형성되었다는 수학

자 카르다노Gerolamo Cardano|히에로니무스 카드라누스, 프랑스명은 Jérôme Cardan|의 학설을 반박했다. 그러나 카르다노의 견해는 그 후로도 오랫동안 지속되었다.[8]

17세기, 특히 18세기에는 화석에 대한 관심이 점점 더 커졌다. 1669년 이탈리아에 거주하던 덴마크 학자 닐스 스텐센Niels Stensen|니콜라스 스테노|은 《고체 내에 자연적으로 포함된 고체에 대한 논설 서론De solido intra solidum naturaliter contento dissertationis prodromus》이라는 소책자를 출판했다. 제목에 있는 "고체 내에 자연적으로 포함된 고체"란 바로 화석이었다. 스텐센은 화석 상층부가 하층부보다 나중에 쌓였을 것이라는 사실을 최초로 이해한 사람이다. 따라서 그는 지층학의 창시자인 셈이다.[9] 1708년 스위스 루체른의 학자 니콜라 랑주Nicolas Lange는 《화석의 역사Histoire des fossiles》를 출판했는데, 여기에는 163개의 도판이 포함되었다. 1718년 앙투안 드 쥐시외Antoine de Jussieu는 생샤몽 지역의 식물 화석에서 흥미로운 점을 발견했는데, 그 식물 화석들이 인도와 서인도제도의 식물과 유사했다. 당시 비료로 사용되던 거대한 조개껍질 덩어리인 투렌 지방의 조개 침전물로 관심을 돌린 레오뮈르René Antoine Ferchault de Réaumur는 "바다는 오랫동안 인구 밀집 지역의 근저를 이루고 있었다"[10]는 결론을 내렸다. 여기서 "오랫동안"이라는 표현에 주목할 필요가 있다. 이 표현은 격렬하지만 짧았다고 알려진 '대홍수'라는 전통적 개념과 분명히 상충되기 때문이다. 취리히에 거주하던 개

신교도 루이 부르게Louis Bourguet가 1729년에 쓴 《철학 서간집 Lettres Philosophiques …》은 화석이 모든 곳에서 발견된다는 사실을 강조했다.[11]

1746년 볼테르Voltaire가 화석에 대한 고생물학자들의 생각을 조롱하며, 화석을 로마 식탁에서 버려진 물고기나 순례자들이 시리아에서 가져온 조개껍데기로만 본 것은 당시의 과학에 뒤처졌던 것이다.[12] 그는 1764년 《철학 사전Dictionnaire philosophique》 초판을 출간하면서 이를 바로잡았다. '홍수' 항목에는 다음과 같은 문장이 수록되어 있다. "바다에서 몇 마일 떨어진 곳에서 발견된 조개껍질층은 과거에 이 땅이 바다의 해안이었고, 바다가 오랜 시간에 걸쳐 이 해양 산물을 서서히 퇴적시켰다는 의심할 수 없는 증거이다."[13]

대홍수가 일으킬 수 있는 결과에 대한 관심이 높아지면서 진정한 '대홍수 소설'이 쓰이게 되었는데, 그중 적어도 세 편은 언급할 가치가 있다. 시간 순서대로 첫 번째는 토머스 버넷 Thomas Burnet의 《대지에 대한 성스러운 이론Telluris theoria sacra》(1681)이다. 이 책에 대해 뷔퐁은 다음과 같이 썼다. "이 책은 잘 쓰인 소설이며 재미로 읽을 수는 있지만 교훈을 얻기 위해 참고해서는 안 되는 책이다."[14] 버넷에 따르면, 홍수 이전의 지구는 매끄럽고 평평했으며, 원래 여러 물질이 혼합된 유동적 상태를 껍질이 덮고 있었다. 그러나 〈창세기〉에 기록된 대로, 죄 많은 인류에 대한 마땅한 형벌인 대홍수가 지구 전체를 덮었다. 이

재앙은 폭우와 껍질을 뚫고 나온 내부 심연의 물이 방출되어 발생했다. 순식간에 지구는 무너져 이 심연 속으로 산산조각 나서 떨어졌다. 이것이 바로 산의 기원이다. 그 후 땅이 마르면서 오늘날 우리가 볼 수 있는 고르지 않고 굴곡진 모습이 남았다. 버넷이 보기에, 대홍수는 지구 역사상 가장 중요한 사건이자 단 한 번 일어난 대격변이었다.[15]

1695년 영국의 또 다른 지질학자 존 우드워드John Woodward는 《지구의 자연사에 대한 논문An Essay toward a Natural History of the Earth》을 발표했고, 이 책은 나중에 라틴어와 프랑스어로 번역되었다. 우드워드는 영국과 다른 곳의 땅이 겹겹이 쌓인 지층으로 형성되어 있으며, 그 지층의 대부분에 화석이 포함되어 있고, 산 정상이나 깊은 채석장에서도 화석을 발견할 수 있다는 사실을 확인했다. 그러나 그는 이 사실을 〈창세기〉에 맞추려고 대홍수 당시의 물이 지각을 완전히 녹였을 것이라고 생각했다. 이 용해된 물질이 조개껍데기를 뚫고 들어가 조개껍데기를 채웠을 것이다. 그러면 조개껍질은 그 안에 침투한 물질에 모양을 부여함으로써 틀의 역할을 했을 것이라고 설명했다.[16] 뷔퐁은 우드워드가 수행한 지질학적 관찰의 우수성을 인정하면서도, 대홍수의 물이 "모든 것을 녹이는 강한 용해제이면서도 조개껍질만은 (녹이지 못하고) 그대로 유지하는 (이상한) 시스템, 그리고 물이 대리석과 바위는 녹이지만 (비슷한) 조개껍질은 녹이지 못하는 이상한 시스템"을 비웃었다.[17]

'대홍수 소설' 가운데 가장 특징적인 것은 수학자이자 지질학자인 윌리엄 휘스턴William Whiston의 소설이었다. 케임브리지 대학에서 뉴턴의 후임이었던 그는 1696년 《지구의 새로운 이론, 기원에서 모든 것의 연소까지A New Theory of the Earth from its Original to the Consummation of All Things》를 출판했다. 이 책의 부제도 주목할 만하다. '6일 동안의 세계 창조, 세계 전체를 덮은 대홍수, 성경에 기록된 대화재가 이성 및 철학과 완벽하게 일치하는 작품.'[18] 휘스턴에 따르면, 기원전 2349년 11월 18일 혜성이 지구 가까이 지나갔는데, 지구는 2시간 동안 이 혜성의 (증기로 만들어진) 꼬리 안에 머물렀다. 그 결과, 엄청난 비가 내렸다. 또한, 혜성이 가하는 중력의 영향으로 지구의 거대한 내부 심연에 갇혀 있던 액체가 지각을 깨고 지구 표면으로 퍼졌다.

우리가 방금 소개한 지구에 대한 세 가지 '이론' 또는 '이야기'는 〈창세기〉에 대한 과학적 정당성으로 제시되었으며, 죄 많은 인류의 형벌에 대해서는 의문을 제기하지 않았다. 오히려 그 반대였다. 그러나 이 작품들은 (뉘앙스 차이는 있지만) 낙원의 환경이 대홍수 당시까지 지속되었다고 보는 경향이 있었다. 예를 들어, 버넷은 대홍수 이전 인간의 장수를 당시 지구가 연중 일정했기 때문이라고 설명했다. 즉, 혹한도 무더위도 없이 1년 내내 동일했고, 오늘날 일부 섬에서 여전히 그러하듯 "하늘의 영원한 온화함"이 있었다.[19] 우드워드가 보기에도 "그 당시 지구가 처해 있던 전체적인 상태, 그리고 겉보기에는 순수한 상태에 적합한 상태가 파괴하고 변화되기 위해서는" 홍수가 필요했다.[20] 그러므로 우리는 대격변 이전에는 "쟁기가 사용되지 않았다고 생각해야 한다. 쟁기는 그 후에야 발명되었다. 땅을 경작할 필요가 없거나 적어도 거의 필요하지 않았다." "전체적인 격변" 이후로 "식물에 필요한 물질의 양이 상당히 감소했다. 그 물질들은 대홍수 이전에는 지구 표면에 매우 많은 양이 있었고, 매우 순수했기 때문에 지구를 비옥하게 만들었다."[21]

휘스턴도 마찬가지로 홍수 이전에는 지구 인구가 지금보다 천 배나 많았고 대지도 천 배나 비옥했을 것이라고 추측했다. 인간과 동물은 중심핵의 강한 열로 인해 10배 더 오래 살았다. 대홍수 이전에는 지축이 황도면과 수직이었기 때문에 계절의 변화가 없었고, 대홍수 이전의 인류는 우리 위도에서도 영원한 봄을 즐겼다. 비옥한 땅 덕분에 고기를 먹을 필요가 없었다. 그러나 이 열기는 유리하게 작용하기도 했지만, 정열과 폭력, 그리고 처벌받아야 할 범죄를 불러일으켰다. 이에 신은 징벌의 혜성을 날려서, 〈창세기〉에 언급된 "하늘의 폭포"를 일으켰다.[22]

'대홍수 소설'은 확실히 인류가 받은 큰 형벌을 아담과 이브의 시대에서 대홍수의 시대로 옮겼고, 다른 한편으로 새로운 방식으로 부차적 원인을 강조했다. 그러나 그러면서도 과학의 도움을 받아 〈창세기〉의 기록을 고수하고자 했다. 반면에 뷔퐁은 1749년 《박물지Histoire naturelle》에서 갈릴레오도 부인하지 않았을 방법론적 고찰을 통해 휘스턴의 체계에 반대했다.

신학적 진리를 물리적 이성으로 설명하고자 할 만큼 어리석고, 성경의 신성한 본문을 순전히 인간의 관점에서 해석하고자 할 때마다, 지극히 높으신 분의 뜻과 그분의 법령 집행에 대해 추론하고자 할 때마다, 큰 박수를 받았던 이 체계의 저자가 빠진 어둠과 혼돈에 반드시 빠지게 될 것이다. 그는 대홍수의 진실이나 성서의 진위를 의심하지 않았지만, 물리학이나 천문학보다 그것들에 훨씬 덜 관심이 있었기 때문에 성경 구절을 물리학의 사실과 천문 관측의 결과로 착각했으며, 신성한 학문과 우리 인간의 학문을 이상하게 혼합했기 때문에, 세상에서 가장 놀라운 일이 생겼는데, 이것이 우리가 방금 언급한 [휘스톤의] 체계이다.[23]

물론 뷔퐁의 《박물지》의 〈두 번째 담론〉을 구성하는 "대지의 이론" 전체가 이러한 근대적인 맥락에 있는 것은 아니다. 뷔퐁은 "창조가 한 번에 이루어졌다는 것"을 확신하면서 "지층에 축적되어 있는 조개와 여러 해양생물의 잔해가 인류나 여러 육상 생물보다 훨씬 이전에 존재했다"는 주장에 동의하지 않았다. "그런데 성경의 증언과는 별개로, 모든 종의 동물과 식물이 어느 똑같은 정도로 오래된 것이라고 믿는 편이 옳지 않을까?"[24]

그러면서 뷔퐁은 '대홍수 소설' 저자들의 추정과는 반대로 대홍수를 깎아내린다. 뷔퐁은 홍수가 인류를 벌하기 위한 "기적"이었지만 "어떤 방식으로도 대지를 변화시키지 않았고," 그 후에도 "경작" 가능한 대지로 남아 있었고 포도나무와 과일도 생산할 수 있었다. 홍수는 대량의 토사와 오물을 쓸어내림으로써 특정 장소의 토양을 수 세기 동안 경작에 부적합하게 만들어 버리는데, 대홍수는 이와 정반대였다.[25] "대홍수가 지속된 짧은 시간 동안 홍수의 물이 (휘스턴의 말처럼) 지구 표면의 땅을 그토록 깊은 곳까지 뒤집어 놓을 수 있었다는 것은 불가능해 보인다."[26] 무엇보다도, 뷔퐁은 대홍수를 일반 역사의 맥락에 놓고 다음과 같이 썼다. "지난 2천, 3천 년 동안 지구에서 일어난 변화는 창조 후 초기에 일어났을 혁명에 비하면 매우 작은 것이다."[27] 따라서 대홍수는 하나의 에피소드에 불과하다. 지구의 역사를 근본적으로 바꾸지 못했기 때문이다. 이것은 〈창세기〉 기록을 "기적"이라는 관점에서 바라보게 한다. 뷔퐁은 "기적"이라는 단어를 사용했다. 이 단어는 물리법칙으로는 설명할 수 없다는 의미다.

볼테르는 이 "기적"이라는 단어를 여지없이 비꼬았다. 그는 《철학 사전》에 다음과 같이 썼다.

> 대홍수 이야기에서는 모든 것이 기적이다. 40일 동안 비는 온 세상을 물에 잠기게 만들었고, 가장 높은 산들 위로 15큐빗이나 수위가 올라갔다. 이것이 기적이다. 하늘의 폭포, 문, 균열이 있는 것이 기적이다. 모든 동물이 세계 각지에서 방주까지 찾아온 것이 기적이다. 노아가 그 동물들을 열 달 동안 먹일 수

있는 충분한 음식을 찾은 것도 기적이다. 그 식량과 함께 모든 동물이 방주에서 살았던 것도 기적이다. 그들 대부분이 죽지 않은 것도 기적이다. 그 동물들이 방주를 떠날 때 먹을 수 있는 충분한 음식을 찾았다는 것도 기적이다. …[28]

〈창세기〉첫 몇 장에 실린 '역사적' 이야기의 신뢰성은 이후 공개적으로 의심을 받게 되었다. 지상낙원과 홍수도 더 이상 예외가 아니었다. 이집트 주재 프랑스 영사였던 브누아 드 가이예Benoît de Maillet는 1749년에 출판되었지만 아마도 세기 초에 쓴 것으로 보이는《텔리아메드 또는 프랑스 선교사와 인도 철학자의 대화Telliamed ou entretiens d'un philosophe indien avec un missionaire françois》라는 책에서 이미 이 점을 분명히 밝혔다. 이 이상한 제목의 책은 대홍수에 의한 화석의 존재를 설명하는 교리를 "지지할 수 없는 의견"으로 묘사했다. 오히려 "우리는 바다가 지구의 가장 높은 산들을 덮었던 때가 있었으며, 바다가 그 산들을 반죽할 수 있을 만큼 충분히 오랜 세월 또는 수 세기 동안 그 산들을 덮었고, 바다가 그 품 안에 있었다는 것에 동의해야 한다"고 주장했다. 또한 "〈창세기〉에서 읽은 창조 이야기는 이제 버려야 한다"[29]고 했다. "날"이라는 단어는 거기서 " 부적절하게" 그리고 "은유적으로" 만 사용되었다.[30]

성경과 이성

〈창세기〉 첫 번째 몇 장의 주제에 대한 볼테르의 새로운 풍자에 앞서, 특히 1640년에서 1660년 사이에 활발했던 비판의 흐름이 영국에서 있었다. 그리고 1693년 찰스 블런트Charles Blount의 《이성의 신탁The Oracles of Reason》이 런던에서 출간되었다. 블런트는 종교와 이성이 대립할 수 없음을 증명하고자 했던 이신론자理神論者|합리적인 사고를 통해 신의 존재를 파악하려는 사람|였다. 인간은 이성을 부여받았으므로 성경을 해석하는 데에도 이성을 사용할 권리와 의무가 있다. 따라서 블런트는 과학적 설명으로 〈창세기〉를 깨우쳐 준 버넷에게 감사를 표했다. 그러면서 이성의 이름으로 원죄 교리를 거부했다. 이 교리는 "목구멍을 통과하지 못한" "알약"과 같다고 했다. 그는 "자연적 죄"와 "율법 위반 죄"를 구분하지 않고 전쟁, 재앙, 질병을 아담의 탓으로 돌려야 한다면 그것을 합리적이라고 믿을 수 있는 사람은 아무도 없다고 했다. "자연적 죄"는 다름 아닌 우리 본성의 약함과 불완전함이며, 인간의 타고난 연약함이 인간의 주요한 자연적 불행이다.[31]

18세기에는 영국 국교회주의자들도 같은 맥락의 발언을 했다. 데이비드 휘트비David Whitby는 원죄 교리가 "지나치게 잔인하다"고 생각했다. 매슈 틴달Mathew Tindal은 이브와 뱀의 대화를 조롱하고 우리의 첫 조상에게 가해진 엄청난 형벌이 신의 본성에 모순된다고 생각했다. 존 테일러John Tayor는 성경이나 이성에서 원죄의 근거를 찾을 수 없다고 했다.[32]

이신론자이자 과격한 반교황주의자로서 1750년에 사망한 코니어스 미들턴Conyers Middleton의 저서 중에는 《인간의 창조와 타락에 대한 우화적 해석과 문학적 해석에 관한 에세이 Essay on the Allegorical and Literal Interpretations of the Creation and Fall of Man》가 있는데, 이 글에는 다음과 같은 문장이 있다. "〔지상〕낙원이라는 한 주제에 대해 지금까지 상상된 이상하고 다양한 이야기를 수집하는 것은 지루한 일일 것이다. 이 지상낙원이 현실이 아니라는 주요 근거는 모든 시대를 지나오면서 지상낙원의 위치에 대해 보여 온 무지에서 찾을 수 있다."[33] 불타는 검을 든 케루빔 천사가 지키고 있다면, 이것은 그것이 어딘가에 존재한다는 증거이다. 아담은 그곳에서 멀지 않은 곳에 정착했을 것이다. 그곳이 어딘지 아무도 말할 수 없게 된 이유는 무엇일까? 이어서 미들턴은 모세가 이집트인들에게 모든 지식을 얻었다고 주장하면서, "모세의 오류에 대한 이야기"가 "모세가 이집트인들의 학교에서 어렸을 때 주입받은 원리와 관념"을 드러낸다고 생각했다.[34]

역사적 기록으로서 〈창세기〉의 가치에 의문을 제기한 문헌으로는 볼링브로크Henry Saint John Bolingbroke 경(1751년 사망)의 저서도 들 수 있다. 그는 조너선 스위프트, 교황, 볼테르의 친구이자 복잡한 정치 경력을 가진 활동적인 인물로서, 에세이 《역사 연구 및 용도에 관한 편지Letters on the Study and Use of History》에서 모세 5경의 저자 또는 저자들이 보편적인 역사를 쓰려고 한 것이 아니라 유대 민족에게 그들의 기원을 알리고 가나안 땅에 대한 권리를 정당화하려고 했다는 것을 보여 주려고 했다.[35]

이것은 라 페레르의 "아담 이전에 창조된 인간" 주장을 세속적으로 재구성한 것으로서, 이 주장에 대해 간단하게나마 상기할 필요가 있다. 신교도였던 이삭 드 라 페레르(1594~1676)는 《아담 이전 인류》(1655)에서 시대적으로 대담한 가설을 제시했다. 아담은 최초의 인간이 아니라 단순히 선택된 민족의 조상이었다는 것이다. 아담 이전에도 창조된 인간들이 존재했다. 이 저서는 출판되자마자 가톨릭과 신교 모두의 적대감을 불러일으켰다. 저자는 벨기에의 말린 대주교의 명령으로 체포되었고, 그의 저서는 파리 고등법원에서 단죄되었다. 라 페레르는 견해를 철회하고 프로테스탄티즘을 포기했다. 볼링블로크는 라 페레르보다 한 걸음 더 나아가, 〈창세기〉에 기반한 세계 초기에 대한 역사와 지리학을 조롱했다. 그는 다음과 같이 썼다. "첫 번째 인간의 창조에 대해 몇몇 사람들〔주석가〕은 마치 자신들이 아담보다 먼저 창조된 인간으로서 직접 목격한 것처럼 묘사한다. 그들은 아담의 아름다움에 대해 마치 그들이 직접 본 것처럼 말하며, 아담의 몸이 컸다는 것을 마치 그들이 측정한 것처럼 말하며, 아담의 놀라운 지식에 대해 마치 그들이 아담과 대화를 나눈 것처럼 말하고 있다. 그들은 뱀과 모든 인류의 어머니 사이에 이루어진 대화의 완전한 기록을 가지고 있다. 이브는 그 자녀들을 임신하기 전에 그들을 죄에 빠뜨렸다."[36] 볼링브로크의 결론은 다음과 같다. 성스러운 것과 세속적인 것을 막론하고, 이 주제에 대해 쓴 저자들은 세계 초기 시대의 연대와 역사를 확립할 수 있는 어떠한 자료도 우리에게 제공하지 않는다.[37]

볼링브로크가 사망한 지 6년 후, 데이비드 흄David Hume은 《종교의 자연사》를 출판하고, 〈창세기〉에서 일반적으로 추론되던 진화 과정과는 정반대의 주장을 펼쳤다. 그는 "역사적 사실"과 "생각에 의한 의견"[38]을 대비시키면서, 낙원의 땅에서 유일신과 친밀하게 접촉하는 최초의 부부라는 기존의 생각을 완전히 버렸다. 그에게 "사회의 첫 단계에 있는 야만적이고 빈곤한 동물"은 명백히 다신교적인 것이다.[39] "고대로 거슬러 올라갈수록 인류는 다신교에 빠져 있었다. 더 완벽한 종교의 흔적도, 징후도 없다. 인류의 가장 오래된 기록에는 여전히 다신교가 확립되고 대중적인 믿음으로 나타나 있다."[40]

원시 낙원 상황에 대한 믿음의 포기는 다음과 같은 진술의 기초가 된다. "우리는 인간이 오두막과 오두막에 거주하기 전에 궁전에 살았다고 상상할 수 있고, 농업 이전에 기하학을 공부했다고 상상할 수도 있다. 이와 마찬가지로 신을 강력하지만 제한된 힘을 가진 존재, 열정, 식욕, 사지, 신체 기관을 가진 존재로서 강력하지만 제한된 힘을 가진 존재로서 이해하기 전에 전지하고 전능하며 모든 곳에 존재하는 순수한 영혼의 형태로 존

재했다고 상상할 수도 있다. 정신은 열등한 존재에서 우월한 존재로 점차 상승해 나가는 것이다."⁴¹

이 터무니없는 추론은 에덴동산과 원죄를 모두 무시한다. 흄은 전형적인 계몽주의자답게 다시 이렇게 썼다. "인간 사회가 그 조잡한 초기 상태에서 더 완전한 상태로 발전해 온 과정을 생각해 보면, 다신교나 우상숭배는 인류의 최초이자 가장 오래된 종교였을 것이며 필연적으로 그랬을 것 같다."⁴²

진화론의 탄생

새로운 시간 개념은 지구의 시간을 훨씬 더 긴 것으로 확장시키면서 동시에 두 가지 결과를 가져왔다. 하나는 18세기 린네Carl von Linné에게 친숙한 '고정론'이 뒤집혔다는 것인데, 고정론이란 식물과 동물이 처음부터 완전히 구별되는 형태로 6일에 걸쳐 창조되었다는 주장이다. 다른 하나는 오랜 세월 동안 자연에 이루어진 작용을 강조하는 것이었다. 최초의 진화론적 주장은 18세기로 거슬러 올라간다. 린네가 직접 수행한 관찰을 포함하여 수많은 관찰의 결과가 결합하여 새로운 종이 발견되고, 곤충과 식물 사이의 중간 단계인 '식충식물'을 확인했다. 베르사유 시험정원의 책임자였던 원예학자 뒤셴Antoine Nicolas Duchesne은 1766년 새로운 품종의 딸기 식물에 대해 다음과 같은 글을 썼다. "계통 질서만이 자연이 보여 주는 유일한 것이고, 정신을 완전히 만족시키는 유일한 것이며, 그 외 모든 것은 자의적이고 의미 없는 것이다."[43]

당시는 종의 변화 가능성이라는 새로운 개념이 등장하기 시작한 시기다. 이 개념은 오랫동안 〈창세기〉를 문자 그대로 이해했던 창조에 대한 엄격한 관점과는 명백히 모순되는 것이었다. 자연의 작용이 지속적으로 이루어진다는 생각은 우주를 정신론적으로, 또한 계층적 질서를 가진 것으로 보는 관점과 잘 통합될 수 있었다. 라이프니츠는 이러한 생각을 그의 우주 조화 체계에 포함시켰다. 자연 작용을 지속적인 것으로 보는 생각은 점차 유물론적 방향으로 기울었다. 이는 특히 《인간기계론 L'homme machine》(1748)의 저자 라 메트리Julien Offray de La Mettrie에서 두드러진다.

볼테르는 화석에 대해 비판한 1746년 《논문Dissertation》에서 단호하게 "고정론자"를 표방했다. "식물이나 동물 중 어떤 것도 변한 것은 없으며, 모든 종은 변화 없이 동일하다. 밀 종자가 그 본성을 영원히 유지하고, 지구 전체가 그 본성을 변화시킨다는 것은 매우 이상한 일이다."[44] 반면에, 일찍이 1722년 퐁트넬Bernard Le Bovier de Fontenelle은 엄격한 구분이라는 개념에 도전했다. "방법론적 관점에서 보면, 그리고 뉘앙스에 주의를 기울이면, 자연에서는 모든 것이 단계적으로 나아간다."[45] 25년 후, 뷔퐁도 같은 맥락에서 글을 썼다. "자연에는 각각의 개체만 존재하고, 종·목·강과 같은 것은 우리의 상상 속에만 존재하기 때문에, 자연에 의해 만들어진 것의 분류를 세분화할수록 진실에 더 가까워 질 것이다."⁴⁶

마찬가지로 샤를 보네Charles Bonnet는 세 개로 나누는 고전적인 구분을 넘어서 '식충식물'에 근거하여 식충식물을 "식물계와 동물계를 하나로 묶는 연결 고리"로 간주했다. 이는 자연의 연속성과 "존재의 규모"에 대한 증거로서, "세계의 여러 부분을 형성하고 결합시킨 무한한 지혜"를 가리킨다. 그래서 그는 "〔우리의 지식이〕 늘어날수록 우리는 더 많은 단계와 정도를 발견하게 될 것"⁴⁷이라고 확신했다. 뒤이어 《자연에 대한 관조Contemplation de la nature》에서 루이 부르게가 주장한 또 다른 주장은 "자연에는 도약이 없으며, 모든 것은 단계적이고 미묘한 차이가 있다. 만약 두 존재 사이에 간격이 있다면 다음 존재로 넘어가는 이유는 무엇일까?"였다.⁴⁸ 부르게는 돌연변이를 의심하지 않았다.

'식충식물'이 발견된 직후, 또 다른 자연주의자인 부아시에 드 소바쥬Pierre Augustin Boissier de Sauvages는 식물과 광물 사이의 연결 고리를 확립할 수 있는 '암석생물'의 존재에 대해 의문을 품었다. 그는 다음과 같은 결론에 도달했다. "자연을 조금만 연구하면 세 개의 세계 중 어느 세계로 분류해야 할지 알 수 없는 생산물 하나를 발견하게 된다. 말하자면 광물계와 식물계 중 어느 쪽에 속하는지 알 수 없고, 광물계와 식물계의 경계가 불분명한 것이 존재하는 것이다."⁴⁹

이처럼 위대한 자연의 연속성을 대하는 새로운 시각은 피조물 중 인간의 우위에 대한 재평가, 특히 낮추어 평가하는 방향으로 이어졌다. 뷔퐁은 다음과 같이 썼다. "자연에 대한 이러한 고찰에서 드러나는 첫 번째 진실은 인간에게 굴욕적인 진실이며, 그것은 인간이 자신을 동물 중 하나라고 생각해야 한다는 것이다."[50] 뷔퐁은 이 관찰에서 유물론적 결론을 도출하지는 않았다. 하지만 라 메트리 등은 그렇게 했다. 지상낙원의 아담과 이브는 지평선에서 사라졌다.

1761년, 볼테르와 불화를 겪은 철학자 장 바티스트 로비네 Jean-Baptiste Robinet(1735~1820)는 영원한 봄은 단조롭고 무미건조할 것이라고 했다.[51] 몇 년 후인 1768년, 그는 현대적인 제목의 작품인 《존재의 다양한 형태에 대한 철학적 고찰, 또는 인간을 창조하는 것을 배우는 자연이 행한 다양한 시도 Considerations philosophiques de la gradation naturelle des formes de l'etre, ou Les essais de la nature qui apprend a faire l'homme》를 발표했다. 이 책에는 다음과 같은 구절이 있다. "인간보다 열등한 동물의 다양한 연속 선상에서, 나는 자연이 자기 작품의 정상을 장식할 존재를 향해 더듬어 가며 전진하는 것을 본다. […] 자연은 끊임없이 자신의 작업을 완성해 나간다. 능력에 능력을 더하고, 기관에 기관을 추가하고, 점진적 진보의 기념물인 다양한 종을 창조한다."[52] 로비네의 아이디어 중 일부는 오늘날 우리에게는 순진해 보인다. 그에 따르면, 자연은 하나의 원형을 머릿속에 떠올린 다음 연속적인 시도를 통해 인간을 창조하려고 했기 때문이다. 자연은 심장, 신장, 두개골 모양의 돌을 만들고 가슴에 두 개의 젖꼭지가 있는 바다사자 등을 만들었다. 로비네는 오랑우탄을 "원숭이와 인간 사이의 간극을 메우는 중간 종"으로 보았는데, 왜냐하면 오랑우탕이 "다른 어떤 동물보다 인간과 닮았기 때문이다."[53] 로비네는 진화론의 방향으로 나아간 사람들 중 한 명이다.

계몽주의 시대, 특히 그 후반에는 다양한 의견과 관찰이 점차 수렴되었고, 이는 나중에 진정한 문화혁명으로 이어질 것이었다. 교잡 실험을 즐겼던 수학자 모페르튀Pierre Louis Moreau de Maupertuis는 진화론의 창시자이자 현대 돌연변이론의 선구자 중 한 명으로 알려져 있다. 그는 "자연이 만들어 낸 우연한 조합 속에서, 살아남는 데 적합한 관계가 있는 조합만이 살아남을 수 있기 때문에, 이러한 적합성이 자연적으로 존재하는 모든 종에서 발견된다는 것은 그다지 놀라운 일이 아니지 않을까?"라고 했다. 이는 찰스 다윈을 예고한 말이라고 할 수 있다. "우연은 무수히 많은 개체를 만들어 냈다. 소수만이 자신의 필요를 충족시키는 방식으로 만들어졌을 뿐이다. 다른 무한히 많은 것들에게는 편리함도 질서도 없었고, 이 모든 것들은 멸망했다고 할 수 있다." 이 텍스트는 1756년에 출판되었다.[54]

진화론의 또 다른 선구자는 미셸 아당송Michel Adamson(1727~1806)으로서, 그의 저서 《식물군Familles des Plantes》은 1763년에

출간되었다. 이 책에서 아당송은 계界-속屬-종種에 관해 다음과 같이 주장했는데, 이 부분은 44년 후 라마르크가 한 단어 한 단어 거의 그대로 반복하게 된다. "자연에 그러한 구분이 있다는 것을 증명할 수 있는 사람은 아무도 없다." 그 이유는 오직 "개체만이 존재하며, 그 개체가 다양함으로써 서로 합쳐지는 것"이기 때문이다.[55] 아당송은 많은 화석 조개껍질이 지금은 사라진 오래된 종의 것임을 이해했고, 우리가 변종이라고 부르는 개체의 변이와 유전적 변이 또는 돌연변이를 구분했는데, 이는 그가 당대의 어느 누구보다 예리했음을 보여 주는 점이다.[56]

1800년 무렵, 조직화된 세계의 연속성과 진화를 주장하는 여러 목소리가 다시 들려왔다. 의사 카바니스Pierre Jean Georges Cabanis는 다음과 같이 언급했다. "물리학자들은 물질이 무조직 상태에서 식물 조직으로, 나무나 식물의 불완전한 삶에서 가장 완벽한 동물의 삶으로 넘어갈 때 겪는 변화를 적어도 부분적으로 밝히는 단계의 직전에 이른 것 같다."[57] 그는 이미 "획득형질 이론으로 불리게 될 것을 정식화하고, 존재 방식이 그것을 생성한 원인이 소멸한 후에도 존재를 유지하거나 재생산될 수 있다"고 주장했다. 뷔퐁의 제자이자 국립자연사박물관 교수였던 라세페드Bernard Germain de Lacépède는 종의 지속 기간에 대해 언급하면서 다음과 같이 결론지었다. "종種도 속, 목, 강과 마찬가지다. 기본적으로 정신의 추상화이다." 그는 과거에 대한 연구가 "조직되고, 살아 있고, 움직이고, 감각을 가진 물질의 연속적인 변화"⁵⁸를 밝혀 주기를 원했다.

찰스 다윈의 할아버지인 에라스머스 다윈Erasmus Darwin은 식물학자이자 시인이자 이신론자이자 찬송가의 작사가였다. 그는 자연선택 개념에 이르지는 못했지만 "모든 온혈동물의 해부에서 얻은 유사성"에 주목하고, 이 동물들이 신체조직상 공통된 출발점이 있을 것으로 생각했다.⁵⁹ 마지막으로 뷔퐁의 제자로서 식물학자로 시작해서 동물학자가 된 라마르크Jean-Baptiste Lamarck를 들 수 있다. 라마르크는 국립자연사박물관 개관 강연(1800)에서, 그리고 저서 《무척추 동물의 체계Système des animaux sans vertèbres》(1810)에서 생명체의 조직이 드러내는 "미묘한 단계들"을 강조했다. 이것은 "자연이 걸어온 발자취를 보여 주는" 것이다.⁶⁰ 그는 생명체가 복잡성과 완벽을 향해 나아가는 근본적인 경향에 주목하고, 환경적응을 위한 변형 과정을 밝히고 획득형질의 유전법칙을 제시했다.

라마르크는 에라스머스 다윈과 마찬가지로, 그러나 카바니스와는 반대로, 이신론자였다. 그는 생명에 내재된 질서와 진행이 우연으로 설명될 수 없다고 생각했다. 생명은 내재하는 궁극적 목적을 드러낸다. "모든 것은 만물의 숭고한 창조주의 의지에 의해서만 존재한다. 창조주의 무한한 힘이 우리가 보는 모든 것을 차례로 존재하게 하는 질서를 창조하지 않았을까?"⁶¹ 당시 진화론 개념이 등장했음에도 〈창세기〉의 기록을 문자 그대로 해석하는 것과 완전히 관계를 끊지 못했다. 진화론 개념은 지금까지 받아들여졌던 명확한 범주에 의한 창조 개념, 즉 "새, 큰 바다뱀 [...], 가축, 짐승, 야생동물 등은 각각 종에 따른다"는 창조 개념을 버린 상태였다. 진화론은 아담이 "모든 가축과 공중의 새와 모든 야생동물에게 이름을 지어 주었던" 감동적인 장면을 통속적 교훈이나 주는 에피날 판화ㅣ19세기 프랑스에서 유행한 대중적인 채색 판화ㅣ와 같은 것으로 치부하게 만들었다. 기독교 문명의 역사에서 한 페이지가 넘어간 것이다.

16세기부터 17세기까지 뛰어난 지성들이 지구의 탄생 연대를 최대한 정확히 계산하려 노력하며, 이를 기원전 3928년과 기원전 4051년 사이에 위치시키려 했던 모든 노력을 떠올리면, 진화론의 혁명적 성격과 세계 역사에 부여된 새로운 역할을 이해할 수 있다. 1800년에 베르나르 제르맹 드 라세페드가 "시간이라는 이름의 자연"에게 묻자고 제안했을 때, 그것은 새로운 과학정신을 잘 특징지은 것이었다. 그가 단언하듯, 과거에 대한 이러한 연구는 우리에게 "조직되고, 생명력 있고, 생동감 있는 감각을 갖춘 물체의 연속적인 변화"를 밝혀 줄 것이다.[62] 라세페드가 뷔퐁의 제자였기 때문이 아니라, 뷔퐁은 〈창세기〉에 근거한 연대 결정에 의문을 제기하는 데 결정적인 역할을 했다는 점을 기억해야 한다.

"성경의 순수성과 나쁜 물리학을 혼합하기"[63]를 거부하고 성경에 나오는 대홍수를 지구 전체의 지리적 역사에서 배제시킨 뷔퐁은 1749년 《박물지》의 〈두 번째 담론〉에서 격변적 설명 대신에 자연의 점진적 변화에 대한 연구로 대체하자고 제안했다. "드물고 격렬하며 순간적으로 끝나는 원인들이 우리에게 영향을 미치지 않아야 한다. 그런 것은 자연의 일반적 과정에서는 발견할 수 없다. 오히려 매일 일어나는 효과, 중단 없는 연결성, 끊임없이 되풀이되는 움직임, 일정하고 항상 반복되는 작용 등 이러한 것들이 우리의 원인이며 우리의 이유"[64]라고 그는 썼다. 몽바르 경[뷔퐁은 부르고뉴 몽바르 지역의 영주였다]에게 지구의 역사는 인류의 역사보다 무한히 길었다. 이것은 명확하게 표현되지는 않았지만, 자연의 역사에 성서적 연대기를 적용하는 것이 파산 직전에 있음을 보여 주는 것이었다.

> 우리는 자연의 혁명적 연속에 대해 매우 불완전하게만 판단할 수 있다. (…) 우리는 경험과 시간이 부족하다. 우리는 우리에게 부족한 시간이 자연에는 전혀 부족하지 않다는 것을 생각조차 하지 않는다. 우리는 지나간 세기들과 앞으로 올 여러 시대를 우리가 사는 짧은 순간과 연관시키려 한다. 그리고 인간의 삶이라는 이 순간이, 역사가 그것을 아무리 확장해서 생각해 본다고 하더라도, 매우 긴 시간 속의 한 점에 불과하며, 신에 의해 이루어진 다양한 일들 중 단 한 가지에 불과하다는 것을 생각해 보려고도 하지 않는다.[65]

뷔퐁의《박물지》첫 세 권은 성공을 거두었고, 1749년부터

1750년까지 예수회 월간지 《트레부Trévoux》에서 호평을 받았다.|《박물지》는 1749부터 1804년까지 출간된 총 44권의 방대한 백과사전으로, 다윈의 진화론에 영향을 미쳤다.|반면에 장세니스트|17세기 프랑스에서 일어난 가톨릭 신학운동과 그 교파. 원죄와 구원을 엄격히 해석했다.|의 반#합법적인 정기 기관지 《교회 소식》은 이 책 《박물지》가 뷔퐁에 의해 정제된 "독이라고 평했다.⁶⁶ 뷔퐁은 인간을 동물로 간주하고 〈창세기〉에 반대한다는 이유로 탄핵을 받았다. 신학부가 이 사건을 다루었다. 다르장송d'Argenson은 다음과 같이 썼다. "뷔퐁 경은 (…) 그의 책이 가져다준 성공이 그에게 준 고통 때문에 정신이 이상해졌다. 신도들은 분노하고 형벌 집행자의 손에 그가 화형당하기를 원한다. 그는 모든 면에서 〈창세기〉에 반대하고 있음이 명백하다."⁶⁷

처벌을 피하기 위해 뷔퐁은 성명서를 쓰는 데 동의했다. 여기서 뷔퐁은 자신이 "창조에 대해 (성경에서) 언급된 모든 것을, 그것이 시간 순서와 관련된 것이든 사건의 상황에 관련된 것이든, 매우 확고하게 믿으며" 자신의 이론을 "순수한 철학적 가정으로만" 제시했다고 했다.⁶⁸ 이 철회 문서는 1753년부터 거의 30년 동안 《박물지》 후속판에 계속 삽입되었다. 이 안전 조치에 대한 대가로, 뷔퐁은 문제가 된 텍스트를 한 글자도 바꾸지 않고 재출판할 수 있었다.

1749년 뷔퐁은 태양이 한때 혜성에 비스듬히 충돌했으며, 이에 따라 태양에서 액체 물질의 "급류"가 빠져나갔으며, 이 급류가 빠른 회전으로 움직이는 몇 개의 행성으로 분열되었다고 가정했다.[69] 1778년 《자연의 시대》[70]에서 그는 지구에 대한 이론을 다듬고 지구의 전체 지질학적 역사를 점진적인 냉각으로 설명할 수 있음을 증명했다. 그때부터 그는 1749년에 미루어 두었던 지구의 나이라는 문제를 피할 수 없게 되었다. 고심 끝에 그는 지구의 형성부터 현재 온도[71]에 이르기까지 7만 4,832년이라는 수치를 내놓았다. 생명체가 지구에 탄생한 것은 지구가 형성된 지 3만 5,983년 후일 것이다.

자크 로제Jacques Roger는 뷔퐁의 전기에서 몽바르 경이 이러한 추정치에 만족하지 않고 계산을 반복하며 다양한 가설을 시도하고 70만 년 또는 80만 년 또는 그보다 더 높은 추정치에 도달했음을 보여 주었다.[72] 《자연의 시대》의 원고에는 이러한 망설임의 증거가 남아 있다. 그러나 뷔퐁은 이러한 망설임을 인쇄본에 반영하지 않고, 지구의 나이를 약 7만 5천 년으로 기재했다. 자크 로제는 의문을 품는다. "7만 5천 년은 천만 년만큼이나 소동을 일으켰을 것이다. 그런데 왜 이렇게 신중했을까?"[73] 분명히, 이는 동시대 사람들의 지적 습관에 충격을 주지 않고 그들을 "시간의 어두운 심연"에 빠뜨리지 않기 위해서였을 것이다. 자크 로제가 편집한 원고에는 뷔퐁이 직접 말한 자책이 담겨 있다. "시간의 폭을 연장할수록, 우리가 진실에 접근하고 자연이 시간을 사용한 실제 모습에 접근하는 것은 확실하지만, 우리의 제한된 이해 능력에 맞추기 위해 그 폭을 가능한 한 단

축해야 한다."⁷⁴

현재 과학은 지구의 나이를 약 40억 년으로 추정하고 있다.|2025년 현재 45억 년으로 추정된다.| 이것은 뷔퐁의 추정치와는 분명히 거리가 멀고, 심지어 가장 긴 추정치와도 한참 동떨어져 있다. 그럼에도 뷔퐁이 그때까지 지구의 과거에 대한 과학적 연구를 막고 있던 장벽을 돌파했다는 사실은 분명하다. 그 장벽이란 "역사적" 작품으로 여겨지던 〈창세기〉 첫 장을 문자 그대로 해석하는 것이다. 30년 전에도 그랬던 것처럼, 1779년 뷔퐁은 《자연의 시대》를 출간한 후 일부 종교 옹호자들의 공격에 직면했다.|《자연의 시대》는 《박물지》에 수록된 저작이다.| 그러나 그를 공격하는 것은 1749년보다 확실히 더 어려워졌다. 그는 유명해졌고, 항상 창조주에 대해 정중하게 말했으며, 《백과전서》 편찬에도 참여하지 않았기 때문이다. 그럼에도 소르본의 일부 신학자들은 "성경 해석의 일반 원칙"은 받아들일 수 없으며, 뷔퐁이 말하는 "자연의 시대(…)는 시간의 순서나 사실의 상황으로 볼 때 창조의 다른 날들과 아무런 관련이 없다"⁷⁵고 지적했다. 다시 한 번 뷔퐁은 철회 문서에 서명하고 이를 다음 권의 앞머리에 넣어 출판하겠다고 약속했다. 그리고 이번에는 약속을 지키지 않았다. 그러자 신학부는 1780년에 출판된 이 사건에 관한 라틴어 팸플릿에 이를 삽입했다. 그리고 사건은 거기서 끝났다. 이제 더 이상 갈릴레오의 시대가 아니었던 것이다.

1788년, 죽음이 다가오는 것을 느낀 뷔퐁은 교회 성사聖事

를 받겠다고 고집했다. 단순히 기존 질서에 대한 존중 때문이었을까? 이 질문에 답할 수는 없지만, 그는 《자연의 시대》에 다음과 같이 썼는데, 이는 아마도 그의 깊은 신념을 표현한 것이었을 것이다. "자연의 품에 더 깊이 들어갈수록, 나는 창조주를 더 찬양하고 더 깊이 존경하게 되었다. 그러나 맹목적인 존경은 미신이 될 것이다. 진정한 종교는 오히려 깨달은 존중을 전제로 한다."[76] 우리는 "성경의 문자 그대로를 믿는 것이 살인과 같은 것이라면, 그러한 문자 그대로의 해석이 건전한 이성과 자연 사실의 진리에 직접적으로 반대되는 것처럼 보인다면, 〔…〕 이 거룩한 전통에서 떠나야 한다."[77] 지구의 나이가 측정되기 시작하면서, 동화 속 정원에 놓인 거의 신과 같은 지위를 누렸던 원시 인류는 전설의 계급으로 강등되었다.

루소와 칸트의 '자연 상태'

루소Jean Jacques Rousseau의 목가적인 "자연의 상태"에 대한 그림도 그가 황금시대에 대한 믿음을 유지했다는 점에서 오늘날 우리에게는 당시의 과학적 연구와 다소 동떨어진 것처럼 보인다. 루소의 《인간 불평등 기원론Discours sur l'origine et les fondements de l'inégalité parmi les hommes》(1755)은 분명히 "왕 아담"⁷⁸을 재발견했다고 주장하지 않는다. 루소는 "자연인"에게서 모든 "초자연적 재능"과 모든 "인위적 능력"을 박탈한다. 그리고 인간을 몇몇 동물보다 "덜 강하고" 다른 동물보다는 "덜 민첩한" 동물로 묘사한다. "그러나 모든 것을 고려할 때 모든 동물 중에서 가장 유리하게 조직된 동물이며, […] 참나무 아래에서 배를 채우고, 처음 만난 개울에서 갈증을 해소하고, 식량을 제공한 나무 밑에서 잠자리를 찾는 자"라고 설명한다. 이 원시인류는 넉넉한 자연 속에서 행복하게 살았다.

    대지는 자연의 비옥함에 맡겨진 채 방치되어 있었고, 도끼로 한 번도 훼손되지 않은 거대한 숲으로 뒤덮여 있었고, 모든 종류의 동물들에게 매번 먹이와 휴식처를 제공했다. 인간은 동물들 사이에 흩어져 그들의 기술을 관찰하고 모방하며, 마침내 동물의 본능 수준까지 올라갔다. 각 동물종은 각자의 본능만 가지고 있는 반면, 인간은 아마도 자기 본능은 하나도 없지만 모든 본능을 자기 것으로 만드는 이점이 있었다. […]
    어린 시절부터 기후의 변덕과 계절의 혹독함에 익숙해지며 […] 인간은 튼튼하고 거의 변하지 않는 체질을 계발했다. […]
    거의 움직이지 않고 땀도 거의 흘리지 않는 노인의 경우, 음식의 필요성과 그것을 공급하는 능력 모두 쇠퇴한다. 그리고 미개한 생활 덕분에 통풍이나 류머티즘에서 멀어져, 노쇠는 모든 고통 중에서 인간의 도움으로도 가장 완화하기 어려운 것이기

때문에, 결국 그들은 사람에게 발견되지 않고, 자신도 거의 의식하지 못한 채 사라져 간다.[79]

루소에 따르면, 한 인간이 "다른 사람의 도움을 필요로 하기" 전의 자연 상태란 바로 이런 것이다. 타인의 도움에 대한 요구는 의존, 노동, 불평등, 노예제도를 낳았다. 인류가 축적한 모든 지식과 발전은 "원시 상태"에서 누렸던 행복한 상태를 대체할 수 없었다. 행복은 우리 뒤에 있다. 황금시대는 존재했지만, "광활한 숲이 황량한 들판으로 변하면서 그 시대도 사라져 버렸다. 그 들판은 인간의 땀으로 적셔져야 하고, 노예 상태와 비참함이 싹트고 자라나야만 수확을 얻게 되는 그런 곳이었다."[80]

1785년 칸트Immanuel Kant가 《인류 역사의 추측적 기원 Mutmaßlicher Anfang der Menschengeschichte》[81]에서 제시한 관점은 다른 점에서 매우 깊이가 있다. 여기서 쾨니히스베르크의 철학자ㅣ칸트는 쾨니히스베르크에서 태어나 평생을 이곳에서 살았다. 현재 러시아 칼리닌그라드이다.ㅣ는 원죄의 전통적 관점과 진보에 대한 확신을 조화시키기 위해 새로운 〈창세기〉 해석을 시도한다. 이 점에서 칸트는 루소와 다르다. 칸트는 "보호된 환경에서 [⋯], 항상 온화한 기후인 일종의 정원에서 부부로서 함께 사는 성인 크기의 한 남자를 출발점으로 삼는다." 이 인간은 이전에 일어난 일에 대해서는 알지 못하는 것 같은데, 칸트는 이에 대해서는 이야기하지 않는다. 이 인간은 이미 서고, 말하고, 생각하는 방법을 알고 있다. 그러나 그는 여전히 "초심자"이며 동물처럼 "하느님의 음성", 즉 본능에 순종한다. 그러나 그의 이성은 깨어나기 시작하고 본능의 한계를 넘어 자신의 지식을 넓히고 싶어 한다. 이것이 바로 욕망의 탄생이다. 해로워 보이지만 맛있어 보이는 과일을 따먹은 것은 어쩌면 "자유 선택"의 첫 시도였을지도 모른다. 인간은 자신의 삶의 방식을 스스로 선택할 수 있다는 것을 발견했다. 그러나 이것은 그의 책임 아래 이루어졌고 위험에 빠졌다. 그 결과, 불안과 걱정이 생겨났다.

인간은 아직 선택할 수 없는 무한한 대상에 자신을 개방함으로써 "어머니의 가슴과 자연의 가운데에서 밖으로", 그리고 "어린 시절의 순수하고 안전한 상태에서 그렇지 않은 상태로" 자신을 내던졌다. 즉, "자신의 필요를 채워 주는 정원과 같은 상태"에서 밖으로 자신을 던져 버렸다. 이후 그는 두 가지 사이에서 갈등한다. 하나는 "꿈과 장난을 즐기며 자신의 삶을 보낼 수 있는 […] 상상력의 산물인 낙원에 대한 소망"이며, 다른 하나는 "자신 안에 있는 능력을 개발하도록 끊임없이 촉구하고 그가 벗어난 원시 상태와 단순성의 상태로 돌아갈 수 없도록 만드는 지칠 줄 모르는 이성의 자극"이다. 인간이 지상낙원에서 벗어난 것은 "순전히 동물적 피조물의 원시 상태에서 인간의 원시 상태로 넘어간 것에 지나지 않았다."

그 이후로 인간이 이 변화에서 무엇을 얻었는지 혹은 잃었는지라는 질문은 더 이상 제기되지 않았다. 우리 종의 "운명"은

"완성을 향한 진보"에 있으며, 이는 이성의 사용과 "동물성과의 투쟁"으로 가능해진 것이기 때문이다. 물론 이 투쟁에는 악이나 악덕이 동반된다. 그러나 "이러한 악과 악덕은 무지의 상태, 따라서 무죄의 상태와는 전혀 다른 것이었다."

성경의 용어로 말하자면, 자연의 역사는 선으로부터 시작되었다. 왜냐하면 그것은 신의 작품이기 때문이다. 반면에 자유의 역사는 악에서 시작되었다. 왜냐하면 그것은 인간의 작품이기 때문이다. 실제로 타락과 형벌이 있었다. 그러나 누구도 "원죄"나 자신의 범죄를 아담 탓으로 돌려서는 안 된다. 왜냐하면 "우리 각자가 아담과 같은 상황에 있었다면 똑같은 방식으로 행동했을 것이고, 자연의 지시에도 불구하고 이성을 잘못 사용하기 시작했을 것이기 때문이다. 그럼에도 불구하고(그리고 이 점에서 칸트는 오랫동안 서구 기독교를 지배해 온 아우구스티누스적 비관주의에서 벗어났다고 할 수 있는데) 자유의 사용은 개인의 실수에도 불구하고 인류에게 "이득"이 되었으며, 그 자연적 목적은 "완성"이다. 따라서 인간사의 과정은 "전체적으로 보면〔…〕 선에서 출발하여 악을 향해 나아가는 것이 아니라, 최선을 향해 천천히 나아가는 것이다. 그리고 이러한 전진은 각 개인이 자신이 차지하는 위치에서 자신의 능력 범위 안에서 자연이 요구하는 진보에 따라 이루어진다." 원죄를 후회하지 말자. 원죄는 "행복의 죄felix culpa"였으며, 심지어 필요한 것이었다.

그러므로 "시인들이 찬양하는 황금시대에 대한 헛된 향수를 버리자. 우리 안의 사치가 불러일으키는 모든 상상적 욕구에서 해방되고, 자연이 단순하게 요구하는 것만 만족시키고, 인간 사이에는 완전한 평등이 있고 인간에게는 영원한 평화가 있는 시대, 한 마디로, 걱정 없는 삶을 충분히 즐기고, 게으름과 공상에 빠져 있거나 아이들처럼 놀면서 시간을 보내는 시대, 이러한 시대에 대한 향수를 버리자." 인간은 이 원시 상태로 돌아갈 수 있다고 가정하더라도 스스로를 유지할 수 없으며, 더욱이 "로빈슨과 남해 제도로의 항해를 그토록 매력적으로 만드는" 우리의 꿈에도 불구하고, 인간은 그 시대로 돌아갈 수 없다. 이성과 자연은 인류가 그에 걸맞은 미래를 건설하도록 인도한다. 태양은 우리 앞에 있다.

결론

신화의 다른 해석

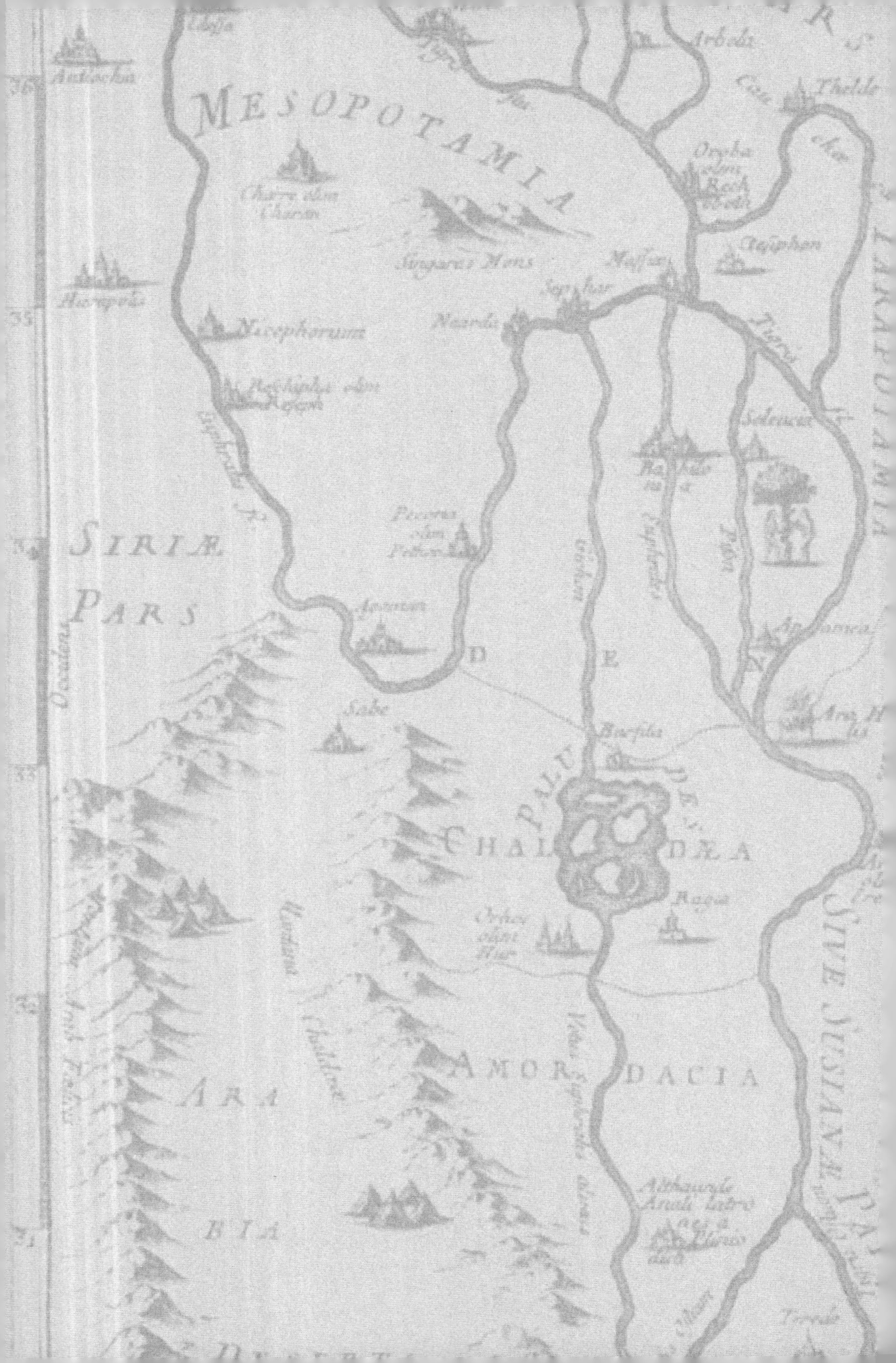

[Map of ancient Mesopotamia, Chaldaea, Syria, and surrounding regions, with labels including Antiochia, Edessa, Mesopotamia, Charrae olim Charan, Singares Mons, Nicephorium, Arbela, Ninus, Ctesiphon, Seleucia, Apamea, Sabe, Chaldaea, Orchoe olim Ur, Ragua, Amordacia, Arabia, Susiana Pars, Syriae Pars, etc.]

중세 기독교 유럽에서 지상낙원에 관한 가장 널리 퍼진 믿음은 지상낙원이 여전히 지상에 존재한다는 것이었다. 물론 화염으로 둘러싸여 있고 칼을 지닌 거룹|생명나무로 가는 길을 지키는 천상의 존재. 히브리어로 케루빔|이 지키고 있어서 접근할 수 없지만 완전히 사라진 것은 아니었다. 사람들은 주저 없이 지도상 동방의 어느 구석에 자리 잡고 있다고 생각했다. 여행자들은 그곳에 접근하려고 했고 르네상스 시대의 탐험가들은 놀라운 에덴동산의 몇몇 모습, 특성, 흔적 등을 지닌 땅에 도달했다고 믿었다.

그러나 두 종교개혁에서 자극을 받아 〈창세기〉 1장에 대한 새로운 주석이 달렸고, 지상낙원은 사라졌다는 완전히 새로운 결론에 이르게 되었다. 홍수가 낙원을 삼켜 버렸다는 것이다. 반대로 지식에 대한 갈증으로 당시의 과학은 가용할 수 있는 모든 정보를 총동원하여 최초의 인간 부부가 원죄를 저지르기 전에 신께서 낙원으로 자리 잡았던 장소를 가능한 한 정확하게 맞추려고 노력했다. 과학에 따라 먼 동양이 배제되고 좀 더 가까운 곳이 등장했다. 메소포타미아, 아르메니아, 또는 성지가 그것이다.

18세기에 들어서자 새로운 요인이 고려 대상이 되었다. 화석 연구로 지구 나이가 6천 년이 아니라는 것이 밝혀졌다. 이리하여 인류 역사가 지금까지 믿어 왔던 것보다 훨씬 길다는 점, 인간이 동물에서 점차 분화되었다는 점, 그리고 신학자들이 그들의 저작에서 그토록 즐겨 부여했던 '자연 이전의prenaturel' 재능을 인간이 태초부터 가지고 있었을 리 없다는 점 등을 미루어 짐작하게 되었다. 이때부터 '기쁨의 동산'은 사라졌다. 기쁨의 동산은 루소와 칸트의 작품 속에서 아직 본능에 충실한 최초의 인간을 어머니처럼 돌보는 자연, 즉 안도감을 주는 자연으로 그려지는 것이 고작이었다. 비록 교회의 공식 견해는 오랫동안 이 명백한 사실을 〈창세기〉 기록에 대한 문자 그대로의 해석으로 감추려고 했지만, 지상낙원이 상징적 의미를 가진다는 점은 점점 더 명백해졌다.

그런데 지상낙원과 원죄 사이에는 밀접한 신학적 관계가 있었다. 이 둘은 상호 의존적이었다. 사람들이 겨울 없는 과수원을 점점 더 이상적인 것으로 만들수록, 최초의 인간이 우리를 뛰어넘는 능력과 특권, 지식을 가지고 있었을 것으로 생각했고, 그럴수록 원죄가 점점 더 크게 여겨졌다. 온화하고 기분 좋은 자연 속에 살면서 신의 은총을 가득 받으며 행복해질 수 있는 모든 것을 누리며 살았지만, 막대한 결과를 초래하는 불복종의 죄를 서슴없이 저질러서 창조주에게 가장 큰 형벌을 받아 마땅한 배은망덕을 범했다. 고통과 죽음은 여기서 비롯된 형벌이다. 여기에 아우구스티누스는 지옥을 추가했는데, 이것은 〈창세기〉 저자들은 그 존재를 몰랐던 것이다. 아담과 이브의 죄로 인해 인류는 '타락한 집단'이 되었고 인류 전체는 원죄를 저지른 자가 되었다. 오직 구세주의 희생만이 모두가 받아야 할 저주에서 소수를 구원할 수 있을 뿐이다. 서방 기독교의 비극적 신학은 에덴동산의 아름다움과 신이 최초의 인간 조상에게 부여한 놀라운 혜택을 극단적으로 과장한 데에서 생겨난 것이다.

그러나 우리 시대에는 다음과 같은 테야르 드 샤르댕Pierre Teilhard de Chardin|진화론과 종교의 조화를 시도한 20세기 프랑스 예수회 신부이자 과학자|의 주장을 인정할 수밖에 없다. "황금시대의 잔해, 혹은 우리가 더 좋은 세상에서 떨어져 나왔다는 것을 나타내는 최소한의 흔적도, 어떠한 자취도 지상에서는 찾을 수 없다." 다른 한편, 복음서에 따르면 예수는 "세상(지상)의 죄"에 대해 자주 말했지만 "원죄"에 대해 말한 적은 없으며, 더구나 고대 유다교는 원죄에 그다지 큰 중요성을 부여하지 않았다. 고대 유대교의 관심은 온통 언약에 맞춰져 있었고, 이 약속을 나중에 그리스도가 성 목요일 밤에 확인하여 전 인류로 확대시켰다.

그러면 이 지점에서 의문이 생긴다. 〈창세기〉의 첫 몇 장을 기독교적으로 달리 읽을 수는 없는가? 오늘날 우리는 그것이 가능하다는 것을 안다. 선조들이 갖지 못했던 주석학적 지식에 따르면, 〈창세기〉 1, 2, 3장 안에 기원이 다른 두 가지 이야기가 있다고 한다. 하나(1장과 2장 그리고 4장a)는 엿새 동안의 창조 이야기이고, 다른 하나(2장, 4장b, 3장, 4장)는 아담과 이브어 관한 이야기다. 엿새 동안의 창조는 기원전 5세기와 4세기어 만

들어졌을 것이다. 반면 아담과 이브 이야기는 기원전 9세기에서 6세기에 걸쳐 작성되었다. 이 두 번째 이야기에는 고대의 사고, 즉 수메르와 아시리아 시대의 사고의 흔적이 담겨 있다. 반대로 우리가 보기에 첫 번째 이야기는 우주를 이해하려는 시도로서, 여러 요소가 나타난 순서에 따라 구성되어 있다. 여기에 원죄에 대한 언급은 없다. 이와 달리, 〈시편〉에는 개인의 죄가 자주 강조되며, 〈마카베오기〉|유대인이 셀레우코스 왕조에 맞서 싸운 역사를 그린 구약 외경| 하권에는 "우리는 우리의 원죄로 인하여 고통받는다"[2]는 문구가 두 번이나 반복된다. 여기서는 우리 조상들의 잘못이 문제가 아니다.

우리 시대 이전에는 아담과 이브 이야기를 덜 극적으로 읽자는 주장이 있었는데, 특히 2세기 말의 저술가이자 주교였던 안티오키아의 테오필루스와 성 이레네우스가 이러한 주장을 펼쳤다. 확실히 이 두 사람은 〈창세기〉에 나오는 지상낙원과 원죄에 관한 이야기를 '역사적으로' 이해했다. 그러나 두 사람 모두 아담과 이브에게 "자연적이지 않은préternaturel" 재능과 특권을 부여하지는 않았다. 신은 아담과 이브에게 단지, 테오필루스의 표현에 따르면 "진보의 동력"을 제공했을 뿐이며, 그 덕분에 그들은 "발전하고 완전함에 이를 수" 있다.[3] 특히 두 주교는 우리의 첫 번째 조상이 어린아이와 같았다고 확신했다. 테오필루스는 이렇게 썼다.

지식의 나무는 그 자체로는 좋았다. 그 열매도 마찬가지였다. 몇몇 사람들이 상상하듯 이것은 죽음을 포함하지는 않았지만 불복종을 포함하고 있었다. 지식의 나무에는 그 이외에는 없었다. 지식은 정확하게 이용될 때 좋은 것이다. 그러나 아담은 실제 나이로는 아직 아이에 불과했고, 바로 그러한 이유로 지혜를 정확하지 받아들이지 못했다. 오늘날에도 갓 태어난 아이는 아직 빵을 먹지 못하므로 우선 우유로 양육된다. 이후 나이가 들면서 더 든든한 음식을 섭취하게 된다.[4]

이레네우스는 테오필루스를 읽었을까? 어찌되었든 이레네우스도 테오필루스와 마찬가지로 아담과 이브가 어린아이 같았다는 신념이 있었다. "(처음에) 인간은 정말로 작다. 어린아이였다가 점차 성장하여 어른이 되어야 하기 때문이다. 그는 아직 제대로 된 판단력을 갖추지 못했다."[5] 이레네우스의 의견이 더 분명하게 표명되고 테오필루스에 더 가까운 것은 다음 글이다.

(창조된 존재는) 창조된 존재이므로 완전함에 이르지 못한다. 왜냐하면 창조된 존재는 새로 만들어졌으므로 어린아이이며, 어린아이이므로 완전한 행동에 익숙하지 않고 훈련을 받지도 않았다. 마찬가지로 어머니가 신생아에게 완전한 음식을 줄 수 있어도 아이는 여전히 자신의 나이에 맞지 않는 음식을 먹을 수 없듯이, 신은 처음부터 인간에게 완전함을 줄 수 있지만 인

간은 어린아이에 불과했기 때문에 그 완전함을 받아들일 수 없었다.[6]

《이단논박 Adversus Haereses》(제4권, 38장, 1절)에 실려 있는 이 주장은 조금 뒤에서 유사한 주장을 하는 다른 문장에 의해 보완된다(제4권, 40장, 3절). "인간은 간교함 때문에 불복종에 빠진 것이 아니라 부주의해서 그렇게 된 것이다."[7] 근대 어법으로 말하자면, 테오필루스와 이레네우스가 보기에 아담과 이브는 너무 서둘렀다고 할 수 있다. 어린아이인 그들은 더 자랐을 때에만 얻을 수 있는 지식을 알고자 했던 것이다.

이러한 사고 논리에 따라, 이레네우스는 첫 번째 죄의 주된 책임은 유혹자에게 있다고 말한다. 그래서 신은 "적의를 신에게 쏟게 하려는 자들에게 적의로 답했다"[8]는 것이다. 그러면서 "인간에 대한 연민"이 있었다. 독자들도 알 수 있듯이, 이레네우스의 말에는 타락한 집단도, 죄를 지은 인류 전체에 당연하게 부과되는 전면적인 지옥행이라는 단죄의 흔적도 없다. 테오필루스와 이레네우스는 둘 다 신이 인간을 지상낙원에서 추방한 것은 인간들에게 속죄할 기회를 주기 위해서이며, 인간이 죽도록 내버려 둔 것은 죄가 "불멸의 것이 되지" 않도록 하기 위함이었다고 생각한다. 테오필루스는 다음과 같이 썼다. "인간을 영원히 죄의 상태에 머물게 하지 않고, 그러기는커녕 낙원에서 그를 쫓아낸 것, 말하자면 그에게 일종의 추방형을 가한 것은 신의 입장에서 보면 인간에 대한 크나큰 은혜였다. 벌을 받음으로써 인간은 한정된 시간 동안에 그 죄를 속죄하고, 한번 벌을 받은 후에는 새로운 소명을 부여받을 수 있게 되었다."[9] 이레네우스는 이 점에 대해 더욱 명확하게 말한다.

> 자! 이것이 신이 (인간을) 낙원에서 추방하고 생명의 나무에서 멀리 이동시킨 이유이다. 몇몇 사람들이 대담하게 주장했듯이 신이 질투 때문에 인간에게 이 생명의 나무를 주지 않은 것이 아니다. 신은 연민 때문에 인간이 영원히 죄인으로 머물지 않도록, 그리고 인간이 몸에 짊어지고 있는 죄가 불멸의 것이 되지 않도록, 또한 악이 영원히 치유되기 어려운 일이 되지 않도록 하기 위해서 그렇게 했다. 신은 인간이 죄 안에 있지 않도록 만들고 죽음을 부여하여 죄를 멈추게 했다. 신은 지상에서 이루어지는 육체에 종말을 찍음으로써 죄에 종지부를 찍게 하고, 이로써 인간이 '죄 안에 사는 것'을 멈추고(《로마인들에게 보낸 편지》, 6:2) '이 죄로 죽고' '신에 의해 살기' 시작하도록(《로마인들에게 보낸 편지》, 6:10) 만들었다.[10]

테오필루스와 이레네우스는 잃어버린 낙원을 슬픈 시선으로 바라보지 않는다. 반대로 그들은 "신이 나타남"으로써 "무결성incorruptibilitas을 부여받게"[11] 될 것을 진심으로 믿는 자들을 언젠가 인도하게 될 힘을 훨씬 더 섬세하게 다루었다. 왜냐하면 인류는 처음 죄를 진 이래 새로운 소명을 부여받았기 때문이다. 테오필루스가 쓰기를, "인간이 복종하지 않음으로써 죽음을 얻게 된 것과 마찬가지로 신의 의지에 따름으로써 영원한 삶을 얻을 수 있으며 부활이 찾아왔을 때 무결성을 상속받게 될 것이다."[12]

이레네우스에게는 아담과 이브의 시대뿐만 아니라 구세주가 도래하는 시점에도 인류는 여전히 어린아이이다. "어린아이에게 주어지는 것과 마찬가지로, 하느님 아버지의 완전한 빵은 우리에게 젖의 형태로 주어진다. 하느님은 인간의 모습으로 도래하신다. 그것은 이를테면 예수의 육체라는 젖에 의해 길러졌고, 이러한 젖을 먹음으로써 하느님의 말씀을 먹고 마시는 데 익숙해져서, 성령에 다름 아닌 영원함이라는 빵을 우리 안에 간직할 수 있게 하기 위해서이다. 우리가 우리 안에 어버이 하느님의 입김에 다름 아닌 불사의 빵을 유지할 수 있도록 하기 위함이다."[13] 그러므로 우리는 지름길을 구하지 말아야 한다. "먼저 인간이 되어야 그다음에 신이 된다."[14] "이러한 본성이 드러나야 그다음으로 필멸의 특성이 영생의 특성으로 극복되고 사라질 것이다."[15] 이레네우스는 거듭 말하기를 "당신이 여전히 인간인데 어떻게 신이 될 수 있겠는가? 필멸의 성격을 가진 당신이 어떻게 당신의 창조주에게 복종하지 않겠는가? 당신이 인간으로서의 지위를 먼저 유지해야만 그 이후에야 신의 영광을 분배받을 수 있기 때문이다."[16]

'기독교 원전 집성' 시리즈로 출판된 테오필루스의 저서 《아

우토뤼쿠스에게 보내는 세 권의 책Trois livres à Autolycus》에 서문을 쓴 편집자 |180년경 쓰인 이 책은 원래 3권의 별도의 책이었다. 편집자 바르디Bardy가 서문을 썼다.|는 "180년경 교회가 설파하고 전달해 준 교리가 이 책에 충실하게 반영되어 있으므로"[17] 이를 살펴보라고 권한다. 역시 주교였던 또 다른 기독교 변론가인 이레네우스에게도 마찬가지의 권고가 적용될 수 있을 것이다. 그런데 우리가 보기에 이 두 사람의 일치된 견해는 환상적 정원(에덴동산)에서 완벽한 커플이 저지른 엄청난 죄에 근거하여 인간을 비관적으로 바라본 성 아우구스티누스의 견해와 매우 달라 보인다. 물론 테오필루스와 이레네우스는 에덴동산에 대해 의문을 품지 않았고, 고통과 죽음이 아담과 이브의 불복종에서 비롯되었다는 점도 의심하지 않았다. 그러나 그들은 인류를 벌하고, 특히 인류가 속죄하지 않는다면 지옥으로 떨어지는 형벌을 주는 신의 분노가 역사의 시작부터 있었다고 보지는 않았다. 그들은 최초의 죄를 "어린아이"에 의해 저질러진 것으로 보는 상대적인 관점을 가지고 있었다. 그들은 인류가 당초 잘못을 저질렀더라도 "새로운 소명"을 부여받았다는 점, 그리고 구세주의 도태와 구세주의 도움 덕분에 인류가 무결성의 길, 신이 되는 길토 가는 과정에 있음을 확신했다.

지상낙원을 다룬 이 책의 결론으로서 두 주교의 시각에 대해 말한 이유는, 서양에서는 에덴동산 신화가 "역사적 서술로 이해"[18]되었고, 이것이 교리가 되어 이로 인해 인간과 신의 이미지가 암울한 것으로 채색되었기 때문이다. 그러나 한편에는 과학이 인간의 기원에 대해 가르쳐 주는 것이 있고, 다른 한편에는 에피날 판화에 나타난 지상낙원에 대한 이미지 및 서구 신학이 우리 최초의 조상에게 부여한 지위가 있을 때, 이 둘을 양립시킬 어떠한 방법도 없는 반면, 테오필루스와 이레네우스의 견해는 근대과학의 성과와 얼마든지 조화를 이룰 수 있다. 그것도 유년기부터 오늘날에 이르는 인류의 여정을 강조하면서 그럴 수 있다. 물론 이 길이 "오류가 없는 것"은 아니다. 오히려 그 반대다! 그러나 과학과 오늘날 받아들일 수 있는 유일한 기독교 신학은 테오필루스와 이레네우스의 자취를 따라 초기 상태의 인류를 과도하게 단죄하지 않는 방향으로 함께 나아가고 있다.

지상낙원이 사라진다 해도, 그와 함께 복수심에 찬 신이라는 혐오스러운 이미지도 사라진다면, 그것이 나쁜 일일까?

미주

머리말

1 M. Reeves, *The Influence of Prophecy in the Late Middle Ages*, Oxford, Clarendon Press, 1969, p. 504.
2 H. Michaux, *Connaissance par les gouffres*, Paris, Gallimard, rééd. de 1978, p. 9.
3 Th. Zeldin, *Le Bonheur*, Paris, Fayard, 1988, p. 328.

1장 _ 전설의 혼합: 모세와 호메로스에서 토마스 아퀴나스까지

1 여기서는 내가 참조한 간단한 소개로 만족하고자 한다. 참고문헌에 대해서는 다음 책을 참조하라. *Dictionnaire de la Bible*, supplément, t.6, 「Paradis」 항목, c.1177-1220; *Catholicisme*, t.10, 「Paradis」 항목, c.621-632; *Encyclopedia of Religion* (M. Éliade dir.), t.11, 「Paradis」 항목, pp.184-189.
2 H. Limet, 「Dilmun et la mythologie sumérienne des pays lointains」, dans Fr. Jouan et B. Deforge, *Peuples et Pays mythiques*, Paris, Les Belles Lettres, 1988, pp.9-21.
3 성경의 지상낙원과 딜문 사이의 밀접한 관계는 크라머에 의해 확립되었지만, 오늘날에는 과도해 보인다. S.N. Kramer, *L'histoire commence à Sumer*, trad. fr., Paris, 1957, chap. XIX.
4 이 문제에 대해서는 다음 두 권의 기본 서적을 참조하라. A.B. Giamatti, *The Earthly Paradise and the Renaissance Epic*, Princeton Univ. Press, 1966, 특히 pp.15-48. J.E. Duncan, *Milton's Earthly Paradise*, Univ. Minnesota Press, 1972, 특히 pp.19-38. 이 책들은 다음 책에 빚진 바 크다. E.-R. Curtius, *European Literature and the Latin Middle Ages*, 영어 번역, New York, 1953.
5 Hésiode, *Les Travaux et les jours*, Paris, Les Belles Lettres, 1928, p.90, v.111-121.
6 *Ibid.*, v.170-175.
7 Platon, *Le Politique*, Paris, Les Belles Lettres, 1935, p.25 (플라톤 전집 t.IX). 또한 같은 책, t.IX, *Les Lois*, 1951, pp.61 et 62.
8 Virgile, *Quatrième Bucolique*, Paris, Les Belles Lettres, 1942, traduction de E. de Saint-Denis, v.5-10, 18-46.
9 Ovide, *Métamorphoses*, Paris, Les Belles Lettres, 1928, pp.10 et 11, v.90-112.
10 Homère, *L'Odyssée*, Paris, Les Belles Lettres, 1924, p.107: v.536-568.
11 Pindare, t.1: *Deuxième Olympique*, Paris, Les Belles Lettres, 1922, pp.46 et 47, v.78-84.

12 Virgile, *L'Eneide*, Paris, Les Belles Lettres, 1978, 3 vol., t.2; pp.67 et 68, livre VI, v.637-675.
13 Homere, *L'Odyssée*, p.187, v.110-133.
14 Hésiode, *Théogonie*, p.39, v.215-217.
15 Horace, *Odes et Epodes*, Paris, Les Belles Lettres, 1927, p.266, "Sixième Epode", v.43-62.
16 Diodore De Sicile, *Bibliothèque historique*, Londres, W. Heinemann, 1967, 12 vol., II, pp.65-81.
17 여기서 나는 자마티가 제시한 유용한 구분을 채택했다. A.B. Giamatti, *The Earthly Paradise*..., pp.34-48.
18 *Hymnes homériques*, Paris, Les Belles Lettres, 1936, p.125.
19 Théocrite, 「Septième Idylle」, *Bucoliques grecs*, Paris, Les Belles Lettres, 1972, I, p.14: v.134-146.
20 Justin, *Cohortatio ad Graecos: Patrologia Graeca*, t.6, c.294.
21 Tertullien, *Apologie*, chap.47: Patrologia Latina, I, c.517.
22 Clement (d'Alexandrie), *Les Stromates*, Paris, Cerf, "Sources chrétiennes", t.30, 1951, p.126.
23 *Ibid.*, p.91.
24 Lacrance, *Institutions divines*, V, Paris, Cerf, "Sources chrétiennes", t.204, 1973, p.153.
25 A.G. Giamatti, *The Earthfy Paradise*..., p.30.
26 *Cf.* Basile De Césarée, *Homélies sur l'Hexaemeron*, 2e éd., Paris, Cerf, "Sources chrétiennes", t.26 bis, 1968; M. Thibaut De Maisieres, *Les Poèmes inspirés du début de la Genèse à l'époque de la Renaissance*, Louvain, 1931, pp.18-39.
27 Pseudo-Basile, *Appendix operum s. Basilii magni: Patrologia Graeca*, t.30, c.63-66.
28 Éphrem, *Hymnes sur le paradis*, Paris, Cerf, "Sources chrétiennes", t.137, 19, ici p.139 (hymne x). 앞의 것에 대해서는 특히 pp.47, 48, 135, 137을 참조하라.
29 *Ibid.*, p.181.
30 *Minor Latin Poets*, Harvard Univ. Press, 1954: "De Ave Phoenice" pp.650-665. *Cf.* A.B. Giamatti, *The Earthly Paradise*..., pp.69 et 70; J. Duncan, *Milton's Earthly Paradise*..., pp.60 et 61.
31 *De variis Marcionis haeresibus, appendices: Patrologia Latina*, t.2, c.1094-1095. A.B. Giamatti, *The Earthly Paradise*..., pp.70 et 71.
32 Prudence, *Cathemerinon: Patrologia Latina*, t.59, c.803-804, III, v.101-110 et c.826-827, II, v.113-124.
33 C.-M. Victor, "Alethia", *Corpus scriptorum ecclesiasticorum latinorum*, V-XVI, Vienne, 1898, pp.372-375.
34 Sidonius Apollinaris, *Panégyrique à Anthémius*: *Patr. Lat.*, t. 58, c. 640.
35 Avitus, *Poematum de mosaicae historiae gestibus libri quinque*: *Patr. Lat.*, t.59, c.327-328. H.R. Patch, *The Other World According to Descriptions in Medieval Literature*, Cambridge (Mass.), Harvard Univ. Press, 1950, p.140; A.B. Giamatti, *The Earthly Paradise*..., pp.73 et 74; J. Duncan, *Milton's*..., pp.64 et 65.

36 Dracontius, *Carmen de Deo*: Part. *Lat.*, t.60, c.704 et suiv.
37 *Ibid.*, c.704.
38 Isidore de Séville, *Étymologies*, XIV, vi, 8: *Patr. Lat.*, t.82, c.514.
39 *Cf.* A.-B. Ciamatti, *The Earthly Paradise*..., pp.79 et 80. A.Graf, *Miti, leggende e superstizioni del Media-Evo*, (réimp), Bologne, 1980, I, pp.209-217.
40 W. Raleigh, *The Works*, 8 vol., 1829, Oxford, *The History of the World*, t.2, p.74.
41 Philon, *Œuvres*, Paris, Cerf, 1963, t.10 (36, "De Plantatione") p.39. 다음 자료도 참조하라. t.34, "Quaestiones in Genesim", pp.67-69.
42 *Ibid.*, p.39, 32.
43 Origène, *Traité des principes*, Paris, Cerf, "Sources chrétiennes", t.268, p.343.
44 위의 책 p.23. 참조.
45 Éphrem, *Hymnes sur le paradis*, pp.36 et 125.
46 *Ibid.*, p.146.
47 Gregoire de Nysse, *De Beatitudinibus: Patrologia Graeca*, t.44, c.1212.
48 *Ibid.*, *Traité de la création : Patrologia Graeca*, t.44, c.196-b.
49 Théophile d'Antioche, *Ad Autolycum*, II, 24: *Patrologia Graeca*, t.6, c.1090.
50 Irénée, *Adversus haereses*, V, chap.v: Patrologia Graeca, t.7, c.1135.
51 Hippolyte, *Fragmenta in Hexameron: Patrologia Graeca*, t.10, c.583 et c.586. 이 각주와 앞의 각주는 다음을 참조하라. J. Danielou, "Terre et paradis chez les Pères de l'Eglise", *Eranos Jahrbuch*, 1953, XXII, p.443.
52 Épiphane, *Panarium*, II, I, 36: *Patrologia Graeca*, t.41, c.1148-c. 다음 책에서 인용. J. Danielou, "Terre et paradis", p.444.
53 Théodore de Mopsueste, *Fragmenta alia in Genesim: Patrologia Graeca*, t.66, c.638.
54 Jean Damascène, *La Foi orthodoxe*, Institut orthodoxe français de théologie de Paris, 1966, p.65.
55 Mosès Bar Céphas, *De Paradiso: Patrologia Graeca*, t.111, c.583-602. *Cf.* C.R Beasley. *The Dawn of Modem Geography*, Londres, 1887, p.333. H.R Patch, *The Other World*, op.cit., p.147; I.E. Duncan, *Milton's*..., pp.50-51.
56 Ambroise, *De Paradiso: Patrologia Latina*, t.14, c.276.
57 Lacrance, *Institutions divines*, II, Paris, Le Cerf, "Sources chrétiennes", 1987, t.337, p.175.
58 Augustin, *De Genesi ad litteram*, Paris, Desclée, 1972, Bibl. Augustinienne, t.49, p.9.
59 *Ibid.*, p.17.
60 이 주제에 관해서는 《신국론》 13권 참조. *Œuvres de saint Augustin*, Paris, Desclée, 1959 (xx-xxi), pp.307 이후.
61 *Ibid.*, *De Genesi ad litteram*, pp.11-35.
62 다음 책을 참고하라. J. Fontaine, *Isidore de Séville et la culture classique dans L'Espagne wisigothique*, Paris, Etudes augustiniennes, 1959. 다음 책도 참조하라. *Histoire des saints et de la sainteté chrétienne*, Paris, Livre de Paris, 1986-1987, 10 vol., IV, pp.194 et 195.
63 Isidore De Séville, *De Ordine creaturamm*, I, chap.x, 7-11: *Patrologia Latina*, t.83, c.939-940.

64　Le Goff, *La Civilisation du Moyen Age*, Paris, Arthaud, 1964, p.577.
65　Raban Maur, *De Universo libri XXII*, 1. XII, chap.II : Patrologia Latina, t.111, c.334.
66　Honorius d'Autun, *Elucidarium*, l. I, Chap.XVIII : Patrologia Latina, 172, c.1117. 동일 저자의 다음 책도 참조하라. *De Imagine mundi*, 1. I, *Ibid.*, c.121-125.
67　Herrade De Lansberg (Hottenbourg라고도 함), *Hortus deliciamm*, Leiden, Brill, 1979, 2 vol., II, p.36.
68　Pierre Lombard, *Sentences: Patrologia Latina*, t.192, c.686.
69　Augustin, *Cité de Dieu*, 1. XIII (XXI, p.311).
70　Thomas d'Aquin, *Somme théologique*, "Les origines de l'homme", I, q.102, Paris, Desclée, 1963, pp.270 et 271.
71　*Ibid.*, pp.273 et 274.
72　*Ibid.*, p.281.
73　Vincent De Beauvais, *Speculum historiale*, chap.LVI. 참조한 것은 *Speculum maius*, Douai, 1623, t.4, p.22.

2장 _ 낙원, 대기의 장소

1　A. Dupont-Sommer et M. Philolenko (sous la dir. de), *La Bible. Écrits intertestamentaires*, Paris, Gallimard, 1987, p.LXXIX.
2　*Cf.* C. Kappler (sous la dir. de), *Apocalypses et voyages dans l'au-delà*, Paris, Le Cerf, 1987, pp.187, 202-203.
3　특히 다음 책에 있는 그렐로(P. Grelot)의 다른 논문을 참조하라. "Paradis" 항목, Dictionnaire de la Bible, t.6, c.1220.
4　*La Bible. Écrits intertestamentaires*, pp.XCIX, 1143-1144 et 1153.
5　*Ibid.*, pp.1395 et 1396. J. Le Goff, *La Naissance du purgatoire*, Paris, Gallimard, 1981, pp.51-53.
6　*La Bible. Écrits intertestamentaires*, pp.1426-1428.
7　J. Le Goff, *La Naissance du purgatoire*, pp.52 et 53.
8　*Patrologia Latina*, t.14, c.560. 다음 서지도 참조하라. Saint Ambroise, *In Lucam: Patrologia Latina*, t.15, c.1653.
9　Eusèbe de Césarée, *Praeparationes evangelicae: Patrologia Latina*, t.21, c.535.
10　다음 서적에 인용되어 있음. Il de Vuippens, *Le Paradis terrestre au troisième ciel*, Paris, Fribourg, 1925, p.10.
11　M.R. James, *The Apocryphal New Testament*, Oxford, Clarendon Press, rééd. de 1966, pp.504-521, 특히 pp.518 et 519. F. Amiot, *La Bible apocryphe. Évangiles apocryphes*, Paris, Fayard, 1952, pp.291-294.
12　C. Kappler (sous la dir. de), *Apocalypses...*, pp.237-240.
13　*Ibid.*, pp.254-258.

14 M.R. James, *The Apocryphal...*, pp.537-573. F. Amiot, *Évangiles apocryphes*, p.306. C. Kappler, *Apocalypses...*, p.258.
15 이 주제를 더욱 심화시킨 연구로는 다음을 참조하라. J. Le Goff, *La Naissance du purgatoire*, pp.74-77, 그리고 참고문헌.
16 *Dictionnaire d'archéologie chrétienne*, 항목 "Paradis", t.13, c.1583-1584. *Passio sanctarum Petpetuae et Felicitatis*의 전문은 다음을 참조하라. C. van Beek, Nimègue, 1936.
17 Tertullien, *De Anima: Patrologia Latina*, t.2, c.7 44. *Cf.* J. Danielou, "Terre et paradis...", *Eranos Jahrbuch*, 1953, XXII, p.448.
18 *Cf.* Il de Vuippens, *Le Paradis terrestre....*, pp.20 et 21. *Dictionnaire d'archéologie chrétienne*, t.13, 항목 "Paradis", c.1582.
19 *Dictionnaire de la Bible*, op.cit., t.6, 항목 "Paradis", c.1214.
20 이 인용문 및 다음에 나오는 인용은 다음을 참조하라. Il de Vuippens, "Le Paradis terrestre", pp.15 et 16 그리고 *Dictionnaire d'archéologie chrétienne...*, t.13, c.1580. 아타나시우스(Athanase)에 대해서는 다음을 참조하라. *Expositio fidei*. 1: *Patrologia Graeca*, t.25, c.201 및 그 이후 쪽.
21 Grégoire de Nysse, *Oratio in baptismum Christi; Oratio in Christi resurrectionem*, I; *Oratio II in XL marryres: Patrologia Graeca*, t.46, c.600, 617, 772.
22 Jean Chrysostome, *De Cruce et latrone: Patrologia Graeca*, t.49, c.401.
23 Proclus, *Oratio in Parasceve: Patrologia Graeca*, t.65, c.784.
24 Jean Damascène, *Homilia III: Patrologia Graeca*, t.96, c.620.
25 Theophilacte, *In s. Lucam: Patrologia Graeca*, t.123, c.1104.
26 Léon Le Grand, *Sermo LXVI: Patrologia Graeca*, t.54, c.367.
27 *Ibid., Sermo* LXXIII: *Patrologia Graeca*, t.54, c.396.
28 *Cf. Dictionnaire d'archéologie chrétienne*, t.13, "Paradis", c.1593-1601.
29 이 주제에 대해서는 다음 책을 참조하라. J. Daniélou, "Terre et paradis...", p.447.
30 Basile, *Homilia in ps. XXXIII: Patrologia Graeca*, t.33, c.377.
31 Augustin, *Enarratio in ps. XXXVI: Patrologia Latina*, t.36, c.361. *Enchiridion, Œuvres*, Paris, Desclée, 1936 et ss, t.9, chap.LXIII, p.213. *De Genesi ad litteram*, t.49, 1. VIII, n. 4 : *Patrologia Latina*, t.38, c.638.
32 Augustin, *Confessions*, in *Œuvres*, t.14, p.81.
33 Jérôme, *Epist. 22 : Patrologia Latina*, t.22, c.405. *Contra Joan.: Pair. Lat.*, t.23, c.381.
34 *Dictionnaire de la Bible*, op.cit., t.6, 항목 "Paradis", c.1219.
35 앞에서와 마찬가지로 인용은 다음을 참조했다. Il de Vuippens, *Le Paradis terrestre...*, pp.21-25.
36 J. D. Mansi, *Sacrorum conciliorum nova et amplissima collectio*, Paris, 1759-1789, 31 vol., I, c.669 이하.
37 Irénée, *Adversus haereses: Patrologia Graeca*, t.7, c.1135, 1209, 1220-1222.
38 Clément d'Alexandrie, *Quis dives salvetur?: Patrologia Graeca*, t: 9, c.652.
39 Origène, *Traité des principes* : Paris, Cerf "Les sources chrétiennes", t.252, 1978, p.409.

40 위의 책 28쪽 참조.
41 Origène, *Traité des principes*, p.267.
42 묘비명 원문과 주석은 다음 책에 실려 있다. le *Dictionnaire d'archéologie chrétienne*..., t.13, c.1599-1600.
43 차례대로 인용을 밝히면 Athanase, *Expositio fidei; De lncarnatione...; Epist. heortast.*, chap. v, n. 3: *Patrologia Graeca*, t.26, c.201, 989, 1380. Didyme, *De Dydimo commentarius: Patrologia Graeca*, t.39, c.180; *De Trinitate*, I, 16: *Patrologia Graeca*, t.39, c.337. Epiphane, *Adversus Haereses*, 64, n. 47 et 69: *Patrologia Graeca*, t.41, c.1148 et 1192. Grégoire De Nysse, *Oratio II in XL Mart.*; *Oratio in funere Pulcheriae; Oratio in baptismum Christi: Patrologia Graeca*, t.46, c.772, 869 et 600. Jean Chrysostome, *De Cruce et latrone*, hom. I, n. 2: *Patrologia Graeca*, t.49, c.401; *Sermo VII in Genesim*, n. 5: *Patrologia Graeca*, t.54, c.614.
44 *Cf.* Grappin, *Patrologia Syriaca*, Paris, 1884, t.1, p.402.
45 Éphrem, *Hymnes sur le paradis*. Éd. "Sources chrétiennes", pp.36, 37, 47, 66, 77, 87, 92.
46 Théodoret de Cyr, *Patrologia Graeca*, t.82, c.448.
47 Cassiodore, *De Anima; In ps. CI; In ps. XXIV: Patrologia Latina*, t.70, c.1301, 713 et 180.
48 Isidore de Séville, *De Ordine creaturarum: Patrologia Latina*, t.83, c.927, 928 et 940.
49 Bède, *Homilia IV et Homilia XXII: Patrologia Latina*, t.94, c.30 et 96.
50 *Dictionnaire d'archéologie chrétienne*..., t.13, c.1581.
51 J. Danielou, "Terre et paradis...", p.448.
52 Thomas d'Aquin, *In IVum Sent.*, dist. XLV, qu.1, a.2, éd. Vivès, 1888, p.790.
53 *Cf. Dictionnaire de théologie catholique*, t.9, 항목 "Limbes", c.760-772.
54 Cassiodore, *Expositio in ps. XXIV: Patrologia Latina*, t.70, c.180.
55 다음 책에서 인용. *Dictionnaire d'archéologie chrétienne et de liturgie*, op.cit., 항목 "défunts", t.4 (1), c.444. 장례식에 관해서는 다음을 참조. J. Ntedika, *L'Évocation de l'au-delà dans la prière pour les morts*, Louvain, Nauwelaerts, 1971, 주로 chap.V, pp. 227 이하.
56 *Patrologia Graeca*, t.5, c.976. 이 인용문과 이하 인용은 다음을 참조하라. Il de Vuippens, *Le Paradis terrestre...*, pp.26-28, *Dictionnaire d'archéologie chrétienne*..., 항목 "Paradis", t.13, c.1582-1583, 그리고 *Dictionnaire de théologie catholique*, 항목 "ciel", t.2, c.2500-2503.
57 *Patrologia Graeca*, t.2, c.613.
58 E. Renaudot, *Litugiarum orientalium collectio*, Paris, 1715: I, p.18.
59 *Ibid.*, II, p.249.
60 *Sacramentaire de Gelase*, prière n° 91: *Patrologia Latina*, t.74, c.1232-1233.
61 *Sacram. Greg. magni: Patrologia Latina*, t.78, c.28.
62 *Lit. gallic.: Patrologia Latina*, t.72, c.539 et 568; *Cf.* Mabillon, *Musaeum italicum*, Paris, 1687, t.I, pp.280 et 281.
63 *Patrologia Latina*, t.86, c.982. *Cf.* dom Férotin, "Le Liber ordinum en usage dans les Eglises wizigothique et mozarabe d'Espagne du Ve au X^es.", *Monumenta Ecclesiae liturgicae de Dom Cabrol et Dom Leclerq*, t.5, *Litutgia mozarabica vetus*, Paris, 1904, c.111.
64 P. Ariès, *L'Homme devant la mort*, Paris, Seuil, 1977, p . 33 et J. Le Goff, *La Naissance...*,

p.72.
65 *Ibid.*, pp.31 et 32. *Cf.* J. Bonnet, *Artémis d'Éphèse et la légende des Sept Dormants*, Paris, Geuthner, 1977.
66 J. de Voragine, *La Légende dorée*, trad. de J.-B. Rose, Paris, Garnier- Flammarion, 1967, t.II, pp.12 이하. 또한 다음도 참조. Gregoire de Tours, *Les Livres des Miracles et autres opuscules*, Paris, Librairie de la Société d'histoire de France, 1864, pp.121-123.
67 Ph. Ariès, *L'Homme...*, p.31.
68 M. Vovelle, *La Mort et l'Occident de 1300 à nos jours*, Paris, Gallimard, 1983, p.63.
69 *Ibid.*
70 J. Le Goff, *La Naissance...*, pp.251-256. 해당 문헌의 원문은 다음을 참조하라. Dom Mauro Inguanez, *Miscellanea Cassinese*, XI, 1932, pp.83-103.
71 Cl. Carozzi, "Structure et fonction de, la vision de Tnugdal", *Faire croire* (sous la dir. de A. Vauchez), École française de Rome, 1981, pp.223-234. J. Le Goff, *La Naissance...*, pp.256-259. 해당 원문은 다음을 참조하라. A. Wagner, *Visio Tnugdali*, Erlangen, 1882. 그리고 다음 책도 참조하라. H. Spilling, *Die Visio Tnugdali*, Munich, 1975.
72 A. Wagner, p.32.
73 J. Le Goff, *La Naissance...*, pp.259-273(참고문헌 참조). *Purgatorium sancti Patricii* 이 문헌의 편집본은 다음 책에 실려 있다. Éd. Mall, *Romanische Forschungen*, 1891, VI, pp.139-197.
74 책 제목은 *L'Espurgaatoire saint Patriz*.
75 Gervais de Tilbury, *Otia imperialia, in Scriptores rerum brunsvicensium*, Hanovre, 1707 (éd. de Leibniz), p.897. J. Le Goff의 번역본.
76 J. Le Goff, *La Naissance...*, p.276.
77 M. Vovell, *La Mort...*, p.64. *Cf.* M. Dykmans, *Les Sermons de Jean XXII sur la vision béatifique*, Rome, Université grégorienne, 1973, pp.93,

3장 _ 지상낙원과 중세 지리학

1 R. Beylot가 에티오피아 사본에 근거하여 번역했으며, 다음 책에 재수록되어 있음. A. Desreumaux et Fr. Schmidt, *Moïse géographe. Recherches sur les représentations juives et chrétiennes de l'espace*, Paris, Vrin, 1988, pp.16 et 17.
2 Flavius Josèphe, *Histoire ancienne des Juifs...*, 번역 Arnauld d'Andilly, 편집 및 각색 J.A.C. Buchon, Paris, Lidis, 1968, p.8.
3 위의 책 p.28.
4 Éphrem, *Hymnes sur le paradis*, Paris, Cerf, "Sources chrétiennes n° 37", pp.36 et 37.
5 In *Genesim commentarii, in Corpus Scriptorum christianorum Orientalium*, n° 72, Louvain, 1955, p.21.
6 Philostorgios, *Historiae ecclesiasticae: Patrologia Graeca*, t.65, c.491-495, Philostorgios의

원문을 Photius가 요약한 것을 참조했으므로, 요약의 서지 사항은 다음과 같다. Pauli-Wissowa, *Real Encyclopädie*, t.93, pp.191-192.

7 K. Kitamura, "Cosmas Indicopleustès et la figure de la terre", in A. Desreumaux et Fr. Schmidt, *Moïse géographe...*, pp.79-98. *Cf.* *La Revue des Deux Mondes*, 1834 (I), Lettrone, "Des Opinions cosmographiques des Pères de l'Eglise", pp.606-633.

8 Jean Damascène, *La Foi orthodoxe*, Paris, "Cahiers saint Irénée", 1966, chap.XI, p.65.

9 *Ibid.*, IX, p.61.

10 Mosès Bar Cèphas, *Commentaria de paradiso*, 특히 I, chap.VII-IX: in Patrologia Graeca, t.57, c.491-494. H.R. Patch, *The Other World*, p.147. J.E. Duncan, *Milton's...*, p.50.

11 Isidore de Séville, *Differentiae...: Patrologia Latina*, t.83, col. 75.

12 Isidore de Séville, *Etymologiae: Patrologia Latina*, t.82, 2, c.496.

13 Bède Le Venerable, *Hexaemeron: Patrologia Latina*, t.91, c.43-44.

14 Raban Maur, *De Universo libri XXII*; l. XII, chap.III, "De Paradisa": *Patrologia Latina*, t.111, c.334.

15 Honorius d'Autun, *De Imagine mundi: Patrologia Latina*, t.172, c.123. *Cf.* *Elucidarium: Patrologia Latina*, t.172, c.1117. *Imago mundi*의 중세 이탈리아어 번역본이 출판되어 있다. Fr. Chiovaro, *L'Ymagine del mondo*, Naples, Loffredo, 1977.

16 Pierre Lombard, *Sententiarum libri quatuor: Patrologia Latina*, t.82, c.496.

17 이에 관해서는 G. Duby의 지도 아래 연구 중인 박사학위논문을 참조하라. Danielle Lecoq, *La Vision et la représentation dans les milieux intellectuels du XII siècle*. 위 저자의 논문이 다음 학술지에 발표되었다. *Revue de la Bibliothèque nationale*, numéro spécial, juin 1992, "Le Paradis au commencement du monde."

18 아래 사항에 대해서는 다음 서적을 참조하라. H.R. Patch, *The Other World*, pp.148-151; Gervais de Tilbury, *Otia imperialia*, p.911.

19 *Patrologia Latina*, t.177, c.209-210.

20 *Patrologia Latina*, t.178, c.775 n° 8.

21 Éd.-F. Zarncke, "Der Priester Johannes", *Abhandlungen der... Kön.-sächsischen Gesellschaft der Wissenschaften*, Phil.-Hist., Leipzig, 1883, n° 8, p.123.

22 B. Sylvestre, *De Mundi universitate*, (éd. Barach et Wrobel), pp.24 et 25.

23 A. Hilka, in L.P.G. Peckham et M.S. La Du, "The Prise de Defur and the Voyage au Paradis Terrestre", in *Elliott Monographs*, 35 (Princeton Univ.Press, 1935), pp.XXXIII-LII et 73-90. G. Cary, *The Medieval Alexander*, Cambridge Univ.Press, 1956, pp.19, 20, 151, 373.

24 L.P.G. Peckham et M.S. La Du, "The Prise...", p.XLII.

25 *Ibid.*, p.L.

26 *Ibid.*, pp.78 et 79.

27 Huon de Bordeaux, in *Les Anciens Poètes de France*, V, éd. 1860, F. Guessard et c. Grandmaison, pp.165 이하.

28 Thomas d'Aquin, *Somme théologique*, "Les origines de l'homme", pp.268-284.

29 Bona Venture, *Commentaria in quatuor libros sententiarum in Opera omnia*, Florence, éd.

Quarachi, 1938, t.2, p.66.
30 Vincent de Beauvais, *Speculum majus*, p.24.
31 Joinville, "Histoire de Saint Louis", in *Historiens et chroniqueurs du Moyen Age*, Paris, "Pléiade", 1952, pp.247 et 248; 인용문은 다음 책. J. Le Goff, *La Civilisation de L'Occident médiéval*, Paris, Arthaud, 1964, p.177.
32 이 주제에 관한 참고문헌은 다음 책을 참조하라. H.R. Patch, *The Other World*, op.cit., pp.152 et 153. A.B. Giamatti, *The Earthly...*, pp.79-81. J. Duncan, *Milton's...*, pp.83 et 84.
33 Gauthier de Metz, *Le Miroir du monde*, éd. de Genève, 1517: s.p.IIe partie, 2. 이 시의 다른 제목은 《세상의 거울L'Image du monde》.
34 Br. Latini, *Li Livres dou Tresor*, Paris, "Coll. des inédits de l'histoire de France", 1863, p.161.
35 Dante, *La Divine Comédie*, "Le Purgatoire", chap.xxv, trad. L. Portier, Paris, Le Cerf, 1987, pp.330-334.
36 F. DegliI Uberti, *Il Dittamondo*, Milan, 1826, p.35.
37 F. Frezzi, *Il Quadriregio*, éd. E. Filippini ("Scrittori d'Italia", t.65), 1. II, chap.13, pp.158-162.
38 *Cf.* G.H.T. Kimble, *Geography in the Middle Ages*, London, Methuen, 1938, p.24. J. de Hesse, *Itinerarius*, Deventer, 1504, f° 5.
39 J. de Marignoili, *Relatio, in Sinica Franciscana*, Florence, 1929, t.1, p.352. 또한 I, pp.531-534도 참조.
40 최근 박사학위논문을 참조하라. C. Deluz, *Le Livre de Jehan de Mandeville. Une "Géographie" au XIVe siècle*, Publ. de l'Univ. de Louvain-la-Neuve, 1990, 특히 pp.3-8.
41 *Mandeville's Travels*, Malcolm Letts 편집, Londres, 1953, 2 vol., 여기서 인용한 것은 II, p.234.
42 *Ibid.*, p.404.
43 *Ibid.*, pp.405 et 406.
44 *Ibid.*, pp.336 이하.
45 B. Penrose, *Travel and Discovery in the Renaissance*, Harvard Univ.Press, 1952, p.16.
46 R. Hygden, *Polychronicon*, éd. Londres, 1865, I, chap.x, pp.66-70.
47 *Ibid.*, p.74.
48 *Ibid.*, pp.7 4-7 6.
49 *Orto do esposo*, édité par B. Mater, Rio de Janeiro, 1956, 2 vol., *Cf.* S. Buarque de Holanda, *Visão do paraiso*, São Paulo, Compànhia eclitora nacional, 1969 (2d.), pp.172 et 173. 내가 자주 인용한 이 책은 이 장에서 다루는 주제의 기본적인 책이다.
50 *Orto do esposo*, I, pp.14 et 15.
51 P. d'Ailly, *Ymago mundi*, chap.LV, éd. Buron, Paris, Maisonneuve, 1930, II, pp.460 et 461.
52 C. Colomb, *Œuvres*, présentées, traduites et annotées par A. Cioranescu, Paris, Gallimard, 1961, pp.233-235.
53 *Ibid.*, p.20.
54 B. de Las Casas, *Obras. I: Historia de las Indias*, Madrid, Atlas, "Biblioteca de autores

españoles", 1957, p.379.
55 S. Buarque de Holanda, *Visão...*, pp.XXIII-XXIV.
56 G.H.T. Kimble, *Geography...*, p.31.
57 M. F. de Barros et Sousa, vicomte de Santarem, *Essai sur L'histoire de la cosmographie et de la cartographie*, Paris, 1852, 3 vol., plus un atlas, 여기서는 다음을 참조했음. II, p.16 et pl. III.
58 Santarem, *Essai...*, *Atlas*, pl. IV.
59 *Ibid.*, *Atlas*, pl. XI et Jomart, *Les Monuments de la géographie*, Paris, 1854, *Cf.* J. Lelewel, *Géographie du Moyen Age*, Bruxelles, (1852-1857), 4 tomes en 2 vol., IV, pp.115-117.
60 Santarem, *Essai...*, II, pp.197 et 224. *Atlas*, pl. XIII, 4.
61 *Ibid.*, *Atlas*, pl. VII, 3.
62 P. Gautier Dalché, *La "Descriptio mappe mundi" de Hugues de Saint-Vtctor*, Paris, Etudes augustiniennes, Paris, 1988, p.88 et pl. I.
63 Santarem, *Essai*, II, p.241. 다음 책에 재수록 *Atlas*, pl. XIV. 이 "세계도"는 1410년판 《세계의 모습L'Imago mundi》 필사본의 첫 부분에 있다.
64 J.B. Harley et D. Woodward, *The History of Cartography*, Univ.of Chicago Press, 1987, I, p.291. 다음 책에 재수록. Jomart, *Monuments de la géographie*, op.cit., pl. XIV. 다음 두 논문도 참조하라. R. Lindemann et A. Wolf, dans M. Pelletier, *Géographie du monde au Moyen Age et à la Renaissance*, Paris, éd. du Comité des travaux historiques et scientifiques, 1989, pp.45-68. 엡스토르프 지도에 관해서는 다음을 참조하라. A. Wolf, *Neues zur Ebstorfer Welkarte in das Benedikt innerinnenkloster Ebstorf im Mittelalter*, Hildesheim, 1988. 영어본은 다음과 같다. M. Pelletier, *Géographie du monde au Moyen Age et à la Renaissance*, pp.51-68.
65 *Cf.* F. Plaut, "Where is Paradise?: The Mapping of a Myth", in *The Map Collector*, 1984, 24, p.2. E. F. Jomart, *Les Monuments de la géographie*, Santarem, *Essai...*, t.II, p.292. J. Lelewel, *Géographie du Mqyen Age*, t.4, pp.141-143.
66 J. Lelewel, *Géographie du Moyen Age*, IV, pp.145-161. Santarem, *Essai...*, t.3, p.32.
67 F. Plaut, "Where is Paradise?", p.3.
68 Santarem, *Essai...*, t.3, p 214. *Atlas*, pl. XXII.
69 *Ibid.*, III, pp.247-301. *Atlas*, pl. XXXV.
70 *Ibid.*, III, pp.381-382· et *Atlas*, pl. XXXVIII. J. Lelewel, *Géographie du Moyen Age*, t.2, pp.85-89.
71 *Ibid.*, pp.89-96. G.H.T. Kimble, *Geography in the Middle Ages*, pp.194-196.
72 A.E. Nordenskiöld, *Facsimile-Atlas to the Early History of Cartography*, New York, Dover, 1973, p.51.
73 *Ibid.*, p.3.
74 R.W. Shirley, *The Mapping of the World Early Printed World Maps, 1472-1700*, Londres, The Holland Press, 1972, p.115.
75 W.G.L. Randles, *De la terre au globe terrestre: une mutation épistémologique*, Paris, A. Colin,

1980, 특히 pp.20-28. 다음 박사학위논문도 참조. Frank Lestringant, *André Thévet; Cosmographe du Levant*, Genève, Droz, 1985.
76 Santarem, *Atlas*, pl. XLIV.
77 J. Lelewel, *Géographie du Moyen Age*, II, p.135-139.

4장 _ 사제 요한 왕국

1 앞으로 여러 차례 다음 저작에 근거하게 될 것이다. J. Richard, "L'Extrême-Orient légendaire au Moyen Age : Roi David et Prêtre Jean", *Annales d'Éthiopie*, 1957, II, pp.225-242 및 L. Hambis, "La Legende du Prêtre Jean", in *La Tour Saint Jacques*, janv.-févr. 1957, pp.31-46: 이 두 논문은 풍부한 참고문헌을 수록하고 있다. 그러나 최근 한 저작이 이 문제를 완전히 바꿔 놓았다. J. Pirenne, *La Légende du Prêtre Jean*, Presses Universitaires de Strasbourg, 1992. 이 책은 요절한 뛰어난 여성 연구자의 업적으로서, 내 책이 참조하는 많은 문헌은 이 책의 서지에서 얻은 것이다. 이 주제에 대한 기본 연구가 되는 작품을 제공해 준 스트라스부르의 동료들에게 감사한다.
2 네스토리우스파 기독교도들은 예수의 두 본성, 즉 인성과 신성을 부인하고 오직 인성과 신성의 결합만을 인정한 네스토리우스(5세기)의 이단을 받아들였다. 네스토리우스가 431년 이단으로 정죄받은 후 그의 제자들은 아시아로 퍼져 나갔다.
3 이 편지를 비롯하여 사제왕 요한에 대한 모든 문서는 기본적으로 다음에 근거한다. F. Zarncke, "Der Pries ter Johannes", in *Abhandlungen der Sächsischen Kön. Gesellschaft der Wtssenschaften*, n° 7(1879), pp.829-1030 et n° 8(1883), pp.1-186. 책에 인용한 것은 n° 7, pp.837-843.
4 *Ibid.*, n° 7 (1879), pp.843-847.
5 *Ibid.*, n° 7 (1879), pp.847-850. Otto von Freising, *Chronicon*, VII, chap.XXXIII in *Monumenta Germaniae*, XX, p.266. 다음도 참조하라. J. Richard, "L'Extrême-Orient légendaire...", p.232.
6 J. Pirenne, *La Légende du Prêtre Jean*, pp.31-46.
7 *Ibid.*, p.25.
8 *Ibid.*, p.32.
9 *Ibid.*, p.36.
10 *Ibid.*, pp.19 et 45-46.
11 *Ibid.*, p.49.
12 V. Slessarev, *Prester John. The Letter and the Legend*, Minneapolis, Univ.of Minnesota Press, 1959.
13 E. Ullendort et C.F. Beckingham, *The Hebrew Letters of Prester John*, Oxford Univ. Press, 1982.
14 J. Pirenne, *Le Prêtre Jean*, p.65.
15 *Ibid.*, p.66.

16　*Ibid.*, p.81.
17　*Ibid.*, p.86.
18　F. Zarncke, "Der Priester Johannes", n° 7, pp.909-924.
19　다음에서 인용. J. Pirenne, *Le Prêtre Jean*, p.45, J. de Saintgenoix, "Sur des lettres inédites de Jacques de Vitry", in *Mémoires de l'Ac. royale de Belgique*, XXIII, Bruxelles, 1849, pp.42-43.
20　이것도 다음 책을 참조하라. J. de Saint-Genois.
21　Joinville, *Histoire de Saint Louis, in Historiens et chroniqueurs du Moyen Age*, Paris, Gallimard, "Pléiade", 1963, pp.305-310.
22　Vincent de Beauvais는 다음 책에 재수록되어 있다. Plancarpin, *Speculum historiale*, éd. de Venise; 1591, p.449.
23　Thomas De Cantimpré, *De Apibus*, Douai, 1605, pp.526-527.
24　G. de Rubrouck, *Voyage dans l'empire mongol*, R. Kappler 번역과 주석, Paris, Payot, 1985, pp.123 et 124.
25　Marco Polo, *La Description du monde*, éd. L. Hambis, Paris, Klinsieck, 1955, pp.78-80.
26　*Ibid.*, pp.91 et 92.
27　Odorico de Pordenone, "Les Voyages en Asie du bienheureux frère Odoric de· Pordenone", *Recueil de voyages et documents pour servir à l'histoire de la géographie*, éd. H. Cordier, X, Paris, 1891, p.433.
28　L. Hambis, "La légende...", p.36. J. Richard, "L'Extrême-Orient légendaire...", p.236. N. Egami, "Olon-Sume et la découverte de L'Eglise catholique romaine de Jean de Montcorvin", *Journal asiatique*, CCXL, 1952, pp.155 이하. J. Dauvillier, "Les Provinces chaldéennes de l'extérieur au Moyen Age", *Mélanges offerts au P.F. Cavallera*, Toulouse, 1948, pp.230-316.
29　F. Zarncke, "Der Priester Johannes", n° 8, pp.117-119. J. Richard, "L'Extrême-Orient légendaire...", p.236. *De gestis trium regum*은 다음 책에 실려 있다. C. Horstmann, *The Three Kings of Cologne. An Early Translation of the Historia trium regum by John of Hildesheim*, Londres, 1886 (Barly English Text Society, n° 85): 여기서는 chap.XLIV et XLV 참조.
30　P. d'Alcripe, *Nouvelles Fabriques des excellents traits de vérité, suivies des Nouvelles de la terre du Prestre Jehan*, Paris, 1853, pp.207 et 208. 이 문서의 요약본은 다음 책에 있다. J.-P. Albert, "Le Légendaire médiéval des aromates...": *110ᵉ Congrès des Sociétés savantes* (Montpellier, 1985): *Le Corps humain, nature, culture, surnaturel*, pp.40 et 41.
31　나는 다음과 같은 부분에서 가장 중요한 부분만 요약할 것이다. *Mandeville's Travels*, chap.XXX, XXXI et XXXII, pp.383-410. 다음도 참조하라. C. Deluz, *Le Livre de Jehan de Mandeville...*, pp.182-186.
32　*Ibid.*, p.401.
33　*Ibid.*, pp.397-398.
34　*Ibid.*, pp.399-401.
35　*Ibid.*, pp.388 et 389.

36 Odorico de Pordenone, *Les Voyages en Asie...*, p.474. C. Kappler, *Monstres, démons et merveilles à la fin du Moyen Age*, Paris, Payot, 1980, pp.88 et 308.
37 Marco Polo, *La Description du monde*, pp.48-52.
38 *Ibid.*, p.49.
39 *Les Mille Et Une Nuits*, "Cinquième voyage de Sindbad", Paris, Garnier-Flammarion, 1965, I, pp.268 et 269.
40 *Ibid.*, III, p.79.
41 특히 Sourates 56 (27-3); 61 (12); 69 (22-23); 76 (14); 78 (31-32).
42 Jourdain de Séverac, *Mirabilia*, éd. Coquebert de Monbret, in *Recueil de voyages et mémoires*, IV, 1824, pp.50 et 51.
43 *Mandeville's Travels*, II, p.254.
44 Marco Polo, *La Description...*, p.288.
45 *Ibid.*, p.114.
46 C. Kappler, *Monstres...*, p.82.
47 *Les Mille Et Une Nuits*, "Histoire des amours de Camaralzaman", Paris, Garnier-Flammarion, rééd. 1978, II, p.156.
48 *Mandeville's Travels*, II, p.404.
49 *Ibid.*, pp.390-393.
50 Odorico de Pordenone, *Les Voyages en Asie...*, p.490.
51 이 이야기에 관해서는 다음을 참조하라. C. Kappler, *Monstres...*, pp.102-104.
52 Marco Polo, *La Description...*, p.66.
53 이것은 12세기에 대한 묘사인데, 위그 드 생빅토르가 붙인 "이야기가 사실이라면"(si tamen verum est quod dicitur)이라는 유보 조건이 붙어 있다. P. Gautier Dalché, *La "Descriptio mappe mundi" de Hugues de Saint-Victor. Texte inédit avec introduction et commentaire*, Paris, Etudes augustiniennes, 1988, p.141. 이 책에 관심을 갖게 해 준 Michel Mollat du Jourdin에게 감사드린다.
54 *Mandeville's Travels*, II, p.403.
55 P. d'Ailly, *Ymago mundi*, II, p.260.
56 *Secret de l'histoire naturelle...*, Paris, B.N. ms. fr.22971, f° 60v°.
57 *Ibid.*, p.11.
58 *Ibid.*, pp.82 et 83.
59 J. Richard, "L'Extrême-Orient légendaire...", pp.228 et 229.
60 *Ibid.*, p.236. Santarem, *Essai...*, III, p.195.
61 J. Lelewel, *Géographie...*, III, p.169.
62 *Ibid.*, p.228. .
63 Vincent de Beauvais, *Speculum histotiale...*, XXXI, chap. IV 이하., f° 448 et 449.
64 G. de Santisteban, *Libro del Infante Don Pedro de Portugal*, 출판 및 주석 Fr. M. Rogers, Lisbonne, 1962. 영어 번역 Fr. M. Rogers, *The Travels of the Infante Dom Pedro of Portugal*, Cambridge (Mass.), Harvard Univ. Press, 1961.

65 나는 Don Pedro 여행기 영어 번역본의 11-19장을 발췌했다. Fr. M. Rogers, *The Travels...*, pp.134-150.
66 이 모든 것에 대해서는 다음을 참조했음을 다시 밝힌다. L. Hambis, "*La Légende...*", pp.36-38 및 J. Richard, "L'Extrême-Orient légendaire...", pp.236-242.
67 Jourdain de Séverac, *Mirabilia...*, pp.55 et 56.
68 *Itineraria Symonis Symeonis*, éd. J. Nasmith, Cambridge, 1778, p.36.
69 *Sinica Franciscana*, éd. van de Wyngaert, 1929, t.1, p.532.
70 J. Lelewel, *Géographie...*, II, p.52.
71 Santarem, *Atlas*, pl. XXXVII.
72 *Il Mappemondo di Fra Mauro*, a cura di Tullia Gasparrini Le Portace, Rome, Istituto Poligrafico dello Stato, 1954, carte X.
73 J. Lelewel, *Géographie...*, II, p.102. Santarem, *Atlas...*, pl. XXXVII, et *Essai...*, III, pp.281-296.
74 J. Lelewel, *Géographie...*, II, pp.109 et 110. Jomart, *Monument de la géographie...*, pl. XVI et Santarem, *Atlas*, pl. LV.
75 B. Penrose, *Travel and Discovery...*, pp.27, 138-141 et 284.
76 Lord Stanley of Alderley의 영어 번역본이 있다. Londres, Hakluyt Society, 1881: F. Alvarez, *Narrative of the Portuguese Embassy to Abyssinia during the Years 1520-1527*.
77 J. Duncan, *Milton's...*, pp.196-198.
78 Mercator, *Atlas*, Amsterdam, 1968 (reprint de 1636), t.2, p.431. *Cf.* Jomart, *Les Monuments...*, fac-similé pl. XXXI.

5장 _ 다른 꿈의 나라

1 J. DE Marignolli, *Relatio*, in *Sinica franciscana*, I, pp.532 et 533.
2 Jourdain de Séverac, *Mirabilia*, I, pp.50 et 51.
3 *Mandeville's Travels*, II, p.383.
4 C. Kappler, *Monstres...*, p.35.
5 *Ibid.*, p.36.
6 이 번역은 다음 책에 있다. J. Lelewel, *Géographie...*, II, p.58. 연 2회 꽃이 피는 것에 대해서는 이미 Isidore de Séville, Etymologies(XIV, 6)에 나와 있는데, 거기서는 "타프로바나 Taprobana"라고 했다. 이 이름은 중세에는 세일란섬을 가리키기도 하고, 수마트라섬을 가리키기도 했다.
7 위의 책 앞부분(pp.1-19) 참조.
8 Isidore de Séville, *Étymologies: Patrologia Latina*, t.82, 2, col. 514.
9 Gervais de Tilbury, *Otia imperialia*, II, chap.XI, pp.10-11.
10 *Cf.* Barthélemy l'Anglais, *Le Grand Propriétaire de toutes choses*, Paris, 1556, LXV, chap. LXII, f' 128.
11 PIERRE d'Ailly, *Ymago mundi*, II, pp.389 et 390.

12 Geoffroy de Monmouth, *The Historia regum Britanniae*, éd. Action Griscom, Londres, 1929, p.501 (xi, 2).
13 Geoffroy de Monmouth, *The Vtta Merlini*, éd. J.J. Parry, Urbana, Univ. of Illinois Press, 1925, pp.82 이하.
14 H. R Patch, *The Other World*, pp.284-287.
15 위의 책 부분(p.82) 참조 : 대영박물관(British Museum).
16 P. Gautier Dalché, *La "Descriptio mappe mundi"...*, pp.82 et 135.
17 J. Lelewel, *Géographie...*, III, p.161. Jomart, *Les Monuments...*, pl. XIv. Santarem, *Essai...*, II, pp.127-153.
18 J. Lelewel, *Géographie...*, III, pp.145 이하. Santarem, *Essai...*, op.cit., III, pp.60-82.
19 Jomart, *Les Monuments...*, pl. X. J. Lelewell, *Géographie...*, II, p.49.
20 번역문은 여기에 있다. J. Lelewel, *Géographie...*, II, p.49.
21 *Ibid.*, pp.66 et 67.
22 M. de la Roncière et M. Mollat du Jourdin, *Portulans du XIIIe siècle*, Paris, Nathan, 1934, carte XIX, Graciozo Benincasa (1467).
23 *The Anglo-Norman Voyage of St Brendan by Benedeit*, éd. E.G.R Waters, Oxford, 1928, p.90. 다음 책에 인용되어 있다. S. Buarque de Holanda, *Visão do Paraiso*, pp.66 et 167. R. Hennig, *Terrae Incognitae*, Leyde, 1936-1938, 4 vol.: t.4, pp.318-327. *Journal de bord de saint Brendam à la recherche du paradis*, s.d., pp.203-208. T. Severin, *Le Voyage de Brendan*, Paris, Albin Michel, 1978.
24 S. Buarque de Holanda, *Visão do Paraiso*, p.167.
25 Santarem, *Essai...*, II, p.43. J. Lelewell, *Géographie...*, III, pp.160 et 161.
26 S. Buarque de Holanda, *Visão do Paraiso*, p.167 (n. 49). 위 책은 다음 책의 견해, 즉 성 브렌단 섬에 대한 마지막 언급이 1570년이었다는 견해를 수정했다. V.W. Babcock, *Legendary Islands of the Atlantic*, New York, 1922, p.48.
27 S. Buarque de Holanda, *Visão do Paraiso*, p.178. M. Martins, *Estudos de Literatura Medieval*, Braga, 1956, p.23.
28 R. Hennig, *Terrae Incognitae*, t.4, p.326. S. Buarque de Hollanda, *Visão do paraiso*, p.158.
29 Angelina Dalorto의 지도: S. Buarque de Holanda, *Visão do paraiso*, p.168.
30 *Ibid.*
31 *Ibid.*, p.178. E. Carus-Wilson, *Medieval Merchant Ventures*, Londres, 1954, p.97.
32 S. Buarque de Holanda, *Visão do Paraiso*, p.168.
33 B. Penrose, *Travel...*, p.13.
34 *Ibid.*, pp.149-152.
35 Santarem, *Atlas*, pl. XII.
36 *Ibid.*, pl. XXXVIII.
37 R.N. Shirley, *The Mapping of the World*, pp.XIII, XXI et 15에 실려 있다.
38 C. Colomb, *Œuvres*, Paris, Gallimard, 1961, p.305.
39 J.T. Medina, *El Veneciano S. Caboto al servicio de España*, Paris, 1882, Santiago du Chili,

1908, 2 vol.
40 B. Penrose, *Travel...*, pp.112-119.
41 다음을 참조하라. A. Métraux, "Les Messies de l'Amérique du Sud", *Archives de sociologie des religions*, IV, 1957, p.109.
42 모노모타파에 대해서는 다음 책을 다시 참조하라. P. Penrose, *Travel...*, pp.133-138. W.G.L. Randles, *L'Empire du Monomotapa du XVe au XIXe siècle*, Paris, E.H.E.S.S., 1975.
43 다음 논문집을 참조하라. *Archéologie*, Paris, Nathan, 1986, pp.98-101.
44 C. Colomb, *Œuvres*, p.181.
45 *Ibid.*, p.57.
46 S. Arnoldsson, *Los Momentos historicos de America*, Madrid, 1956, éd. de L'Institut Ibéro-américain de Gotteborg, p.10. S. Buarque de Hollanda, *Visâo...*, p.179.
47 H. Vignaud, *Améric Vespuce*, Paris, 1917, p.410.
48 *Ibid.*, p.309.
49 P. Martire d'Anghiera, *De Orbe Novo*, 1re éd. complète, Alcala, 1531, livre X, Décade III, chap. IX. 여기서는 다음을 참조함. *Recueil de voyages et de documents*, Paris, 1907, t.21, p.325.
50 F. Hernandez, *Antigüedades de la Nueva España*, Mexico, 1945. 다음 책에 인용되어 있다. S. Buarque de Hollanda, *Visâo...*, p.180.
51 R. Hakluyt, *The Principal Navigations, Voyages, Traffiques and Discoveries of the English Nation...*, Londres, 1927, V, p.174. *Principal Navigations...*의 1판은 1589년에 출판되었고 2판(증보판)은 1598~1600년에 출판되었다.
52 W. Raleigh, *The Works*, II, p.89.
53 Vicente de Salvador, *Historia do Brasil*, 1627년에 완성되었으나 20세기에야 상파울루대학에서 출판하였다. 출간 일자 미상, pp.23 이하 참조. S. Buarque de Holanda, *Visâo do Paraiso*, p.283.
54 다음 책에 서지 사항 없이 인용되어 있다. S. Buarque de Holanda, *Visâo do Paraiso*, p.XXI.
55 A. de L. Pinelo, *El Paraiso en el Nuevo Mundo...* 1650~1655년에 집필되었으나 1943년에야 2권으로 출판되었다. 여기서는 II, pp.373 이하 참조. S. Buarque de Holanda, *Visâo do Paraiso*, pp.XXII, 135 et 230-231.
56 A. do Rosario, *Frutas do Brasil...* , Lisbonne, 1702, pp.20 이하. S. Buarque de Holanda, *Visâo do Paraiso...*, pp.234-243.
57 S. Buarque de Holanda, *Visâo do Paraiso...*, p.233.
58 *Ibid.*, p.68.
59 *Ibid.*, pp.207-209.
60 *Ibid.*, p.208.
61 뒤이어 나오는 모든 것은 다시 아래 서지 사항을 참조하라. *Ibid.*, pp.239-242.
62 E. Faral, *La Légende arthurienne*, III, Paris, 1929, p.334.
63 P. d'Ailly, *Ymago mundi*, II, chap.XLII, p.393.
64 H. Vignaud, *Améric Vespuce*, p.411 (Laurent de Médicis에게 보내는 편지, 1502).
65 *Ibid.*, p.308.

66 Ibid., pp.13-15.
67 A. Pigafetta, *Relation du premier voyage autour du monde par Magellan*, Club des Libraires de France, 1956, pp.152 et 153.
68 J. De Léry, *Histoire d'un voyage faict en la terre antarctique*, Genève, Droz, 1975, chap.VIII, p.95.
69 B. De Las Casas, *Colecciôn de tratados*, Buenos Aires, 1927, pp.7 et 8. 다음 책에도 인용되어 있다. L. Hanke, *Colonisation et conscience chrétienne*, Paris, Plon, 1957, p.XXII.
70 Jean de Léry, *Histoire d'un voyage...*, p.95.
71 Montaigne, *Essais*, éd. Gallimard-Librairie générale française, 1965, I, pp.263 et 264.
72 C.L. Sanford, *The Quest for Paradise*, Urbana, 1961, p.111.
73 Ibid., pp.83-85.
74 Ibid.
75 이 문제는 다음 권에서 다룰 것이다.

6장 _ 향수鄕愁

1 J. Delumeau, *La Civilisation de la Renaissance*, éd. Arthaud, 2° éd. 1973, pp.347 이하.; éd. Flammarion, 1984, pp.310 이하. 그리고 같은 저자의 책 참조. *Le Péché et la peur*, pp.189-210.
2 H. Levin, *The Myth of the Golden Age in the Renaissance*, Indiana Univ. Press, 1969, pp 26, 39 et 112. 엘리자벳에 대해서는 다음을 참조하라. F. Laroque, *Shakespeare et la fête*, Paris, P.U.F., 1988, p.77.
3 G. de Lorris et J. de Meun, *Le Roman de la rose*, trans. A. Lanly, Paris, Champion, 1973 2 vol. : II, pp.6-9.
4 C. Salutati, *Epistolario*, éd. Fr. Novati, Rome, 1891-1911. I, pp.270, 271. 다음 책에서 인용함. A. Tenenti, *Il Senso della morte e l'amore della vita nel Rinascimento*, Reprints Einaudi, 1977, p.64.
5 S. Brant, *La Nef des fous*, trad. M. Horst, Strasbourg, Nuée bleue, 1977, p.64.
6 Érasme, *Œuvres choisies*, prés., trad. et ann. de J. Chomarat, Paris, Le Livre de poche, 1991, p.149.
7 Marot, *Œuvres complètes*, Paris, Garnier, 1951, pp.438 et 439.
8 A. de Guevara, *L'Horloge des Princes*, éd. fr. Paris, 1550, f° 92. 다음 책에 인용되어 있음. H. Lewin, *The Myth...*, p.30.
9 Cervantès, *Don Quichotte*, partie I, chap.II, trad. de la Pléiade, 1963, pp.93 et 94.
10 Lope de Vega, *La Vega del Parnaso*, Madrid, 1637, < El siglo de Oro>, f° 3. *Cf.* H. Levin, *The Myth...*, pp.143 et 144.
11 Th. More, *La République d'Utopie...*, Lyon, 1559, <Avertissement déclaratif-> par B. Aneau, p.3. *Cf.* J. Céard, < République de Platon et pensée politique > *Platon et Aristote à*

la Renaissance, XVI° Colloque international de Tours, Paris, Vrin, 1976, p.180.

12 *Cf.* l'éd. de l'*Utopie* par A. Prevost, Paris, Marne, 1978.
13 이 주제에 관해서는 내 책을 참조했다. *Civilisation de la Renaissance*, Arthaud, pp.359-365. 문고판은 Flammarion, pp.318-333 참조.
14 Ronsard, *Œuvres complètes*, Paris, éd. P. Laumonier, V, 1914-1919, p.160.
15 *Ibid.*, p.161.
16 Raban Maur, *Operum pars* 1: *Patrologia Latina*, t.107, c.479. H. Comito, *Sacred Space and the Image of Paradise*, Rudgers Univ. Press, 1978, 특히 pp.25-50.
17 *Herrad of Hottenbourg* (Landsberg), *Hortus deliciarum*, édité par Brill, à Londres, en 1979, 2 vol. 여기서는 1 : p.38 참조.
18 다음 책에 인용되어 있다. P. Riché, *Petite Vie de saint Bernard*, Paris, Desclée de Brouwer, 1989, pp.32 et 33.
19 R. King, *Les Paradis terrestres*, Paris, Albin Michel, 1980, pp.76-79 참조. M. Masser et G. Teyssot (sous la dir. de), *Histoire des jardins*, Paris, Flammarion, 1990, p.33 (contr. de T. Comito).
20 *L'Histoire des jardins*, p.37에 실려 있는 T. Comito의 논문.
21 G. Durand, *Rational ou manuel des divins offices*, Paris, 1848, p.59.
22 다음 책에 인용되어 있다. G. Cohen, *Histoire de la mise en scène dans le théâtre religieux français du Moyen Age*, Paris, Champion, 1951, p.91.
23 Staedelsches Kunstinstitut, Francfort. F. Russell et coll., *Dürer et son temps*, Time-Life, 1967, 1972, p.42. 다음 책도 참조하라. J. Wirth, *L'Image médiévale. Naissance et développements (VI°-XV° s.)*, Paris, Klinsieck, 1989, pp.294 et 295.
24 Adam et Ève (*L'Art et ses Grands Thèmes*, dirigée par L. Mazenod, Paris, 1967, pp.39-42에 실려 있다).
25 이 문서에 대한 관심을 환기시켜 준 다니엘 알렉상드르비동 부인에게 감사한다.
26 Albert Le Grand, *Opera omnia*, éd. Vivès, Paris, 1898, t.36, p.707에 있는 표현. 이 부분 및 이후의 서지 사항은 다음을 참조하라. M. Levi d'Ancona, *The Garden of the Renaissance. Botanical Symbolism in Italian Painting*, Florence,. Leo S. Olschki, 1977, pp.176-178.
27 Jérôme, *Adversus Jovianum: Patrologia Latina*, t.23, c.254.
28 L. Hautecoeur, *Les jardins des dieux et des hommes*, Paris, Hachette, 1959, p.81.
29 이 주제에 대한 관심을 환기시켜 준 베로나 아카데미 회장님과 사무국에 감사 드린다.
30 Adam de Perseigne, *Mariale*, in *Patrologia Latina*, t.211, c.707.
31 이러한 발전에 대해서는 다음을 참조하라. M. Levi d'Ancona, *The Garden...*, passim 그리고 〈이탈리아의 꽃Flore en Italie〉 전시 카탈로그. 이 카탈로그는 1991년 아비뇽의 프티팔레Petit Palais 미술관에서 열린 〈이탈리아의 꽃〉 전시회 때 발행된 것이다.
32 M. Levi d'Ancona, *The Garden...*, p.365-
33 *Ibid.*, p.332.
34 *La Flore en Italie*, p.68. 꽃의 종교적 의미에 관해서는 다음을 참조하라. O. Speer, < Les Jardins

du paradis: les plantes dans les tableaux des primitifs du paradis du musée d'Unterlinden >, *Annuaire de la Société d'histoire et d'archéologie de Colmar*, XXIX, 1980-1981, pp.27-46. St. Ambroise, *Hexaemeron: Patrologia Latina*, t.17, c.175.

35 *Cf.* T. Comito, <Le Jardin humaniste>, *L'Histoire des jardins*, pp.33 et 34.
36 여기서 이용한 자료는 다음과 같다. J. Chomarat, Érasme. *Œuvres choisies*, pp.638 이하.
37 여기서 이용한 자료는 다음과 같다. K. Cameron, Genève, Droz, 1988.
38 B. Palissy, *La Recepte...*, p.126. 다음 논문도 참조하라. A.M. Lecoq, "Le Jardin de la Sagesse de B. Palissy", *L'Histoire des jardins*, pp.65-75.
39 *Ibid.*, p.128.
40 *Ibid.*, p.160.
41 *Ibid.*, p.186.
42 *Ibid.*, p.196.
43 *Ibid.*, p.153.
44 *Ibid.*, pp.128, 144, 149, etc.
45 A. Labbé, *L'Architecture des palais et des jardins dans les chansons de geste*, Paris-Genève, Champion-Slatkine, 1987, p.377 (참고문헌 목록 포함).
46 이 책(*Livre de l'échelle de Mahomet*)은 서유럽의 13,14세기 필사본을 통해 알려졌는데, 그 사본은 적어도 세 종류이다. M. Brossard, "Vergers et jardins dans l'univers médiéval", *Senefiance*, publ. du < Cuerma >, Univ. de Provence, 1990, n° 28, pp.55-61.
47 A. Labbé, *L'Architecture...*, pp.315-317.
48 특히 M. Charageat, "Le Parc d'Hesdin, création monumentale du XIIIe siècle, ses origines arabes", *Bulletin de la Société d'histoire de l'art français*, 1950, pp.94-106.
49 *Le Roman de Thèbes*, éd. C. Raynaud de Lage, Paris, Champion, 1966-1967, v.2173-2174. 다음 논문에 인용되어 있다. M.-F. Notz, *Hortus conclusus*. "Réflexions sur le rôle symbolique de là clôture dans la description romanesque du jardin", *Mélanges de littérature...offerts à J. Lods*, Paris, E.N.S., 1978, p.461.
50 *Floire et Blancheflor*, éd. M. Pelan, Publ. de l'Univ. de Strasbourg, Paris, 1937, v.1746-1771. 다음 논문에 인용되어 있다. M.-F. Norz, *Hortus conclusus...*, p.461.
51 Chrétien De Troyes, *Romans*, Paris, Champion, 1970, p.193; v.6332-6333.
52 P. Trannoye, "Le Jardin d'amour dans le De Amore d'A. Le Chapelain", *Senefiance*, 1990, n° 28, pp.375-386.
53 *Roman de la rose* (1re partie), (éd. A. Lanly), I, p.20.
54 *Ibid.*, p.25, v.590.
55 J. Froissart, *Le joli Buisson de jonece*, Paris-Genève, Droz, 1975, p.94, v.1377-78.
56 다음 자료에 인용되어 있다. G. Pouzzi, "Sens plastique: le spectacle des merveilles dans le Livre du Cueur d'Amour espris", *Senefiance*, 1988, n° 25, p.206.
57 Fco Colonna, *L'Hypnérotomachie ou Songe de Poliphile*, éd. du Club français du livre, Paris, 1963, pp.106ro-106vo. 장미 이야기(Roman de la rose)의 정원과 키테라(Cythère)의 정원의 관계에 대해서는 다음 자료를 참고하라. G. Pouzzi, "Le Devenir du jardin médiéval.

Du verger de la Rose à Cythère", *Sénéfiance*, 1990, n° 28, pp.267-288.
58 *Ibid.*, p.110.
59 이 주제에 대해서는 다음 자료를 참조하라. R. King, *Les Paradis terrestres*, pp.87-155, 그리고 *L'Histoire des jardins*, pp.21-105.
60 *L'Histoire des jardins*, p.37 (T. Comito의 논문).
61 *Ibid.*, p.36 (T. Comito의 논문).
62 *Ibid.*, p.43 (L. Puppi의 논문).
63 *Ibid.*, p.52 (L. Puppi의 논문).
64 다음 자료에 인용되어 있다. K. Thomas, *Man and the Natural World*, New York, Pantheon Books, 1983, p.236. 틴토레토파의 한 화가가 햄튼코트 정원의 "사랑의 미로labyrinthe d'amour"를 묘사했다. 그림은 다음 자료에 실려 있다. *L'Histoire des jardins*, p.81.
65 *Ibid.*, p.146 (L. Puppi의 논문).
66 Montaigne, *Œuvres*, Paris, Pléiade, 1962, pp.1193-1194.
67 *L'Histoire des jardins*, pp.5 5-63 ("Naturalia et curiosa dans les jardins du XVIe siècle", 참고문헌 목록 포함, p.63), 그리고 이것 외에도 L. Zangheri는 다음 책의 저자이기도 하다. *Pratolino, il giardino delle meraviglie*, 2e éd., Florence, 1987.
68 *Histoire des jardins*, p.55 (L. Zangheri의 논문).
69 *Ibid.*, p.77 (L.T. Tomasi의 논문).
70 *Ibid.*, p.50 (L. Puppi의 논문).
71 다음 자료에 부분적으로 인용되어 있다. K. Thomas, *Man and the Natural World*, p.226. J. Shirley, Poems, 「The Garden」, p.136. 이 자료의 중요성을 일깨워 주고 이 시의 전문을 제공해 준 앙드레 라누André Rannou에게 감사한다.
72 이것의 해석은 다음 자료에 있다. *Ibid.*, p.89 (Br. Adorni의 논문).
73 여기서 나는 매우 흥미로운 카탈로그를 참조했다. *Het aarts Paradijs. Dierenvoorstellingen in de Nederlanden van de 16de en 17de eeuw*, Anvers, 1982.
74 솔리메나Solimena의 그림. 이 그림에 대한 주의를 환기시키고 그림의 사진을 제공해 준 다니엘 알렉상드르비동 부인에게 감사한다.
75 F. Colonna, *Le Songe de Poliphile*, p.107-115.
76 K. Thomas, *Man and the Natural World*, p.224.
77 *Ibid.*
78 *Ibid.*, p.226.
79 *Ibid.*
80 Paris, 1783-1785, 2 vol. avec 200 pl.
81 이전에 출간한 나의 책에서 여러 차례 이 문제를 다룬 적이 있으므로, 그 책을 참조하길 바란다. *La Civilisation de la Renaissance*, pp.350 et 351(éd. Arthaud), 그리고 pp.313 et 314(éd. Flammarion), 그리고 *La Mort des pays de Cocagne*, Paris, Public. de la Sorbonne, 1976, 그리고 *Péché et la peur*, 특히 pp.143-152.
82 Amsterdam, Rijksmuseum, 목록 번호 1452-A2.
83 나의 다른 책에서 묘사한 것을 여기서 다시 이용했다. *Civilisation de la Renaissance* (éd.

84 Pierre Martire d'Anghiera와 Fernandez de Oviedo에 대한 이러한 지적은 다음 자료에 근거한 것이다. V. Murga Sanz, *Juan Ponce de Léon*, éd. Univ. de Puerto Rico, 1972, pp.118-120: Anghiera (déc.II, 1. X, chap.n); Oviedo (1. XVI, chap.II). 또한 다음 자료도 참조하라. L. Olschki, "Ponce de Léon's Fontain of Youth: A History of a Geographical Myth", *Hispanic American Review*, XXI, 1941, pp.361-385.

85 히에로니무스 보스에 대해서는 특히 다음 자료를 참조하라. W. Fraenger, *Le Royaume millénaire de J. Bosch*, Paris, Denoël, 1966 그리고 C. de Tolnay, *Hieronymus Bosch*, Londres, Methuen, 1966.

86 A. de La Salle, *Le Paradis de la reine Sibylle*, trad. de F. Mora-Lebrun, Paris, Stock, 1983, p.94.

87 O. de Saint-Gelais, *Le Séjour d'Honneur*, éd. J. Alston James, Chapel Hill, Univ. of North Carolina Press, 1977. 다음 자료도 참조하라. P. Chiron, *Les Représentations du paradis dans la littérature entre 1450 et 1563*, D.E.A. dact., 1990-1991 (Univ. Paris X), pp.52-60.

88 Spenser, *Minor Poems*, éd. E. de Selincourt, Oxford, Clarendon Press, 1910, I, p.143.

7장 _ 새로운 학문과 지상낙원

1 Mauritshuis, La Haye (1520년경).
2 Mauritshuis. 루벤스는 아담과 이브를, 얀 브뤼헐은 동물과 꽃을 그렸다.
3 E. Gondinet-Wallstein et E. Rousset, *Une Rose pour la création*, Paris, Mame, 1987, pp.74-75.
4 A. Du Verdier, *Diverses Leçons*, Lyon, 1580, pp.16-20.
5 A. Williams, *The Common Exposition: An Account of the Commentaries on Genesis*, Chapel Hill, 1948, pp.3-19.
6 K. Kirkconnell, *Celestial Cycle*, New York, Gordian Press, rééd. 1967; pp.541-639.
7 나의 다른 책을 참조했다. *Le Péché et la peur*, Paris, Fayard, 1983, pp.273-289.
8 Luther, *Œuvres*, Genève, Labor et Fides, 1975, t.17, pp.94 et 95.
9 F. Laplanche, *L'Écriture, le sacré et l'histoire. Érudits et politiques protestants devant la Bible en France au XVIIe siècle*, Bolland Univ. Press (프랑스에서는 P.U. de Lille), 1986, 특히 p.70. 잔키우스의 저작 전집은 1613년 제네바에서 출판되었다.
10 J. Duncan, *Milton's...*, 특히 pp.93, 96, 134 et 206.
11 보샤르에 대해서는 다음 자료를 참조하라. F. Laplanche, *L'Écriture...*, 특히 pp.250-254.
12 보샤르의 저작 전집 참조. *Opera omnia...*, Leyde, 1692, 3 vol. : 1, 833-834. 이 자료에 실린 생 모랭의 서문도 참조. *Ibid.*, pp.9-28.
13 (개신교) 성경에 첨부된 지도는 다음을 참조하라. C. Delanosmith, "Maps in Bibles in the Sixteenth Century", *The Map Collector*, décembre 1984, n° 29, pp.2-16, 그리고 특히 C. Delano-Smith et E. Morley Ingram, *Maps in Bible, 1500-1600. An Illustrated Catalogue*, Genève, Droz, 1991, 특히 pp.XXI-XXXIX.

14 E.-S. Piccolomini, *Historia rerum ubique gestarum*, éd., consultée: Helmstedt, 1699, pp.7, 10 et 75-80(아르메니아에 대한 것).
15 G. Postel, *Cosmographicae disciplinae compendium*, Bâle, 1561, p.25.
16 J. Goropius, *Origines antwerpianae*, Anvers, 1569, 1. V, p.539.
17 Cajetan, *Commentarii in quinque libros moiaicos*, 이용 판본: Paris, 1539.
18 여기서 이용한 판본은 다음과 같다. Lyon, 1531, 특히 pp.83-101.
19 여기서 이용한 판본은 다음과 같다. Lisbonne, 1556, 특히 pp.58-60.
20 R. Bellarmin, Opera omnia, 1916 : IV, *De gratia primi hominis*, chap.LI.
21 Bossuet, *Correspondance*, Paris, Hachette, 1920, t.4, p.355.
22 J. Duncan, *Milton's...*, 특히 pp.210-215.
23 A. Inveges, *Historia sacra paradisi terrestris*, Palerme, 1649, "lectori".
24 M. Carver, *A Discourse of the Terrestrial Paradise*, Londres, 1666, "To the reader". W. Raleigh, The Works, II, p.78.
25 F. Suarez, *Opera omnia*, éd. Vivès, Paris, 1856, III, "De hominis creatione...", p.198.
26 *Ibid.*, p.202.
27 W. Raleigh, *The Works*, II, p.75.
28 M.F. Beck, *Schediasma hagiographicum de locis Eden, Ophir atque Tarsis*, Iéna, 1676, chap.1: *Thèses d'Iéna* (Fac. Th. Paris), t.IV, p.251.
29 J. Salked, *A Treatise of Paradise*, Londres, 1617, pp.19 et 20.
30 Cornelius A. Lapide, "Proemium et Encomium S. Scripturae", pp.13 et 14, *Commentaria in Pentateuchum Mosis*, éd. Anvers, 1671.
31 W. Raleigh, *The Works*, II, p.64.
32 M. Carver, *A Discourse...*, "To the reader".
33 P.D. Huet, *Traité de la situation du paradis terrestre*, 1691. 인용 판본 : 1701, pp.3 et 4. 다음 자료도 참조하라. J.-R. Massimi, "Montrer et démontrer": autour du *Traité de la situation du paradis terrestre* de P.-D. Huet, 1691. 이 자료는 다음 책에 실려 있다. A. Desreumaux et F. Schmidt, *Moïse géographe* (ouvr. coll.), Paris, Vrin, 1988, pp.203-225.
34 Luther, *Commentaire du livre de la Genèse*, p.95.
35 Calvin, *Commentaires sur l'Ancien Testament*, p.47.
36 J. Hopkinson, *Synopsis paradisi*, éd. Lyon, 1598, p.9.
37 W. Raleigh, *The Works*, p.67.
38 J. Salked, *A Treatise*, p.8.
39 M. Carver, *A Discourse of the Terrestrial Paradise*, "To the reader".
40 J. Basnage, *Histoire du Vieux et Nouveau Testament*, Amsterdam, 1705, p.6.
41 F. Suarez, *Opera omnia*, III, c.198-199.
42 A. Inveges, *Historia sacra...*, p.12.
43 Schedel, *Chroniques de Nuremberg*, 참조한 판본은 프랑스 국립도서관 소장(B.N., f° 9). 발행처 발행연도 미상.
44 Calvin, *Commentaires sur l'Ancien Testament*, p.47.

45 J. Hopkinson, *Synopsis paradisi*, p.9.
46 F. Suarez, *Opera omnia*, III, p.206.
47 E. Roger, *La Terre sainte*, p.7.
48 B. Pereira, *Commentariorum et disputationum in Genesim...*, 참조 판본: Mayence, 1912, III, f° 97 그리고 F. Suarez, *Opera omnia*, III, p.201, 사실 이들이 이러한 견해를 밝혔을 때에는 위그 드 생빅토르를 참조했다.
49 Vadian, *Epitome trium terrae partium, Asiae, Africae et Europae...*, Zurich, 1534, pp.183-187.
50 J. Duncan, *Milton's...*, p.200.
51 J. Goropius, *Origines antwerpianae*, Anvers, 1569, pp.481 et 482.
52 J. de Pineda, *Los Treynta libros de la monarchia ecclesiastica o historia universal del mundo*, Salamanque, 1558, I, pp.16 et 17. J. Duncan, *Milton's...*, pp.200 et 201.
53 F. Suarez, *Opera omnia*, III, pp.202-204. J. Salked, *A Treatise of Paradise*, p.26.
54 Calvin, *Commentaires sur l'Ancien Testament...*, p.47. A. Steuchus Eugubinus, *Recognitio Veteris Testamenti ad hebraicam veritatem*, Lyon, 1531, pp.83 et 84. J. Oleaster, *Commentaria in Moïsis Pentateuchum*, Lisbonne, 1556, p.58. W. Raleigh, *The Works*, pp.66 et 67. G. Diodati, *Annotations Upon all the Books of the Old and New Testament*, Londres, 165 7, s.p. chap.II, v.8.
55 D. Pareus, *In Genesim Mosis commentarius*, Genèse, 1614, c.316.
56 W. Raleigh, *The Works*, p.77.
57 B. Pereira, *Commentariorum...*, f° 98.
58 R. Bellarmin, *Opera omnia*, IV, c.50.
59 B. Pereira, *Commentariorum...*, f° 98.
60 F. Junius, *Protoctisia seu Creationis...historia*, Heidelberg, 1589, p.107.
61 T. Malvenda, *De Paradiso voluptatis*, Rome, 1605, chap.VIII, p.279.
62 R. Bellarmin, *Opera omnia*, IV, c.51.
63 F. Suarez, *Opera omnia*, III, pp.209 et 210.
64 Luther, *Commentaire du livre de la Genèse*, p.97.
65 *Ibid.*, p.93.
66 *Ibid.*, p.95.
67 Du Bartas, *La Deuxième Semaine (1ᵉʳ jour : Éden)*, Rouen, 1608, v.125 이하.
68 G. Diodati, *Annotations Upon all the Books...*, chap.II.
69 J. Salked, *A Treatise of Paradise*, p.39.
70 A. Steuchus Eugubinus, *Recognitio...*, p.98.
71 B. Pereira, *Commentariorum...*, f° 101.
72 Cornelius A. Lapide, *Commentària...*, p.85.
73 A. lnveges, *Historia sacra*, p.93.

8장 _ 지상낙원의 위치에 대한 연구(16~18세기)

1 Luther, *Commentaire du livre de la Genèse*, p.94.
2 Du Bartas, *La Deuxième Semaine*, V, v.125-126.
3 Calvin, *Commentaires sur l'Ancien Testament*, p.48.
4 Suarez, *Opera omnia*, III, p.198.
5 W. Raleigh, *The Works*, II, pp.78 et 79.
6 J. Duncan, *Milton's...*, p.99.
7 Tertullien, *Apologetica XLVII et contra Marcion: Patrologia Latina*, t.1, c.520 et II, c.288.
8 Thomas d'Aquin, *Somme théologique*, Ia, qu. 102, art.2 (éd. du Cerf, 11 , p.281).
9 Bonaventure, *Commentaria in quatuor libros sententiarum...: Opera omnia*, II, p.408.
10 Durand de Saint-Pourçain, *In Sententias theologicas Petri Lombardi commentariorum libri quatuor*, Lyon, 1586, p.361.
11 Pierre d'Ailly, *Ymago mundi*, éd. Buron, III, p.647.
12 다음 자료에 인용되어 있다. *Ibid*. R. Bacon, Opus majus, éd. de 1733, p.83.
13 *Ibid.*, III, p.648.
14 A.-S. Piccolomini, *Historia...*, p.10.
15 다음 자료에 인용되어 있다. Pierre d'Ailly, *Ymago mundi*, III, p.742.
16 다음 자료에 인용되어 있다. *Ibid.*, III, p.745.
17 다음 자료를 참조하라. A. de Leon Pinelo, *El Paradiso en el Nuevo Mundo*, 1650~1655년 사이에 저술되었으나 1943년에 2권으로 출간됨. S. Buarque de Holanda, *Visão...*, p.138.
18 F. Lopez de Gomara, *Historia general de las Indias*, Barcelone, 1954, 2 vol., I, pp.150 et 151.
19 A. Herrera y Tordesillas, *Historia general de los hechos de los Castellanos en las yslas y en tierre del Mar oceano (1499-1552)*, éd. Madrid, 1933-1953 (12 vol.): 1re déc., 1. III, chap.XII, p.281.
20 J. de Acosta, *Historia natural y moral de las Indias*, 1re éd. Séville, 1590; 1re éd. fr. 1598; éd. O'Gorman, Mexico, 1962 : 1. II, chap.XIV, pp.84 et 85.
21 Antonio de Leon Pinelo, *El Paraiso en el nuevo mundo*, 2 vol., Lima, Imprenta Tomes Aguirre, 1943, pp.III-XLV. 다음 자료도 참조하라. J.L. Phelan, *The Millenial Kingdom of the Franciscans in the New World*, Univ.of Cal. Press, 1956, p.69.
22 W. Raleigh, *The Works*, II, pp.87-88.
23 N. Carpenter, *Geography*, 1625, reprint 1976, pp.211 et 212.
24 FR. Suarez, *Opera omnia*, III, pp.208 et 209.
25 N. Carpenter, *Geography*, p.212.
26 이 책 217쪽 참조.
27 L. de Urreta, *Historia ecclesiastica, politica, natural y moral de los grandes y remotos reynos de la Etiopia, monarchia del emperador llamado presté juan de las Indias*, Valence, 1610, pp.96-100.
28 Purchas, *His Pilgrimes*, Londres, 1625, 5 vol. : IIe partie, p.1064.
29 P. Heyleyn, *Cosmographie in Foure Books*, 1re éd. 1652. 내가 참조한 것은 Londres, 1677,

IV, p.53.
30 G. Postel, *Cosmographiae disciplinae compendium*, Bâle, 1561, p.25.
31 예를 들어, 이 주제에 대한 논의는 다음 자료를 참조하라. F. Suarez, *Opera omnia*, III, p.208. 여기서 저자는 두 가지 의미를 동시에 지지한다. 다음 자료도 참조하라. C.-A. Lapide, *Commentaria...*, pp.82 et 83.
32 Grégoire de Nysse, *De Oratione dominica: Patrologia Graeca*, t.44, c.1184. 다음 자료도 참조하라. M. Alexandre, *Le Commencement...*, pp.248 et 249.
33 F. Suarez, *Opera*. omnia, III, p.207.
34 이처럼 (예외적으로) 위치를 아랍으로 선정하는 것은 개신교도의 다음 자료에서 제시된 것이다. M. Becker, *Schediasma hagiographicum de locis Eden, Ophir, atque Tarsis*, Iéna, 1676, p.258.
35 B. Pereira, *Commentariorum...*, fs 95-96.
36 C.-A. Lapide, *Commentaria...*, p.84.
37 M. Carver, *A Discourse...*, p.52.
38 *Ibid.*, p.135.
39 *Ibid.*, p.151. A. Ortelius, *Theatrum Orbis terrarum*, Londres, 1606 ; reprint Amsterdam·, 1968, 2ᵉ table, f° J.
40 Dom Calmet, *Commentaire littéral sur tous les livres de l'Ancien et du Nouveau Testament*, Paris, 1706, p.49.
41 *Ibid.*, p.50.
42 *Ibid.*, p.53.
43 Calvin, *Commentaires...*, p.48.
44 *Ibid.*, p.50.
45 Strabon, *Géographie*, éd. A. Tardieu, Paris, 1873, II, p.446.
46 Calvin, *Commentaires...*, p.52.
47 *Ibid*.
48 이 책 312쪽 참조.
49 C.D. Smith, "Maps in Bibles...", *The Map Collector*, 1984, n° 29, pp.9-11.
50 *The Dutch Annotations Upon the Whole Bible*, trad. Th. Hoak, Londres, 1657, sig. B3. J. Duncan, Milton's..., pp.210 et 309.
51 F. Junius, *Protoktisia seu creationis...historia*, Heidelberg, 1599, pp.99 et 100.
52 J. Hopkinson, *Synopsis...*, pp.17 et 18.
53 W. Raleigh, *The Works*, II, p.127.
54 P. Heyleyn, *Microcosmas: a Little Description of the Great World*, 1621. 참조한 판본: Oxford, 1636, pp.610-612.
55 *Ibid.*, pp.629 et 668. 동일한 지리학을 다음 자료에서 볼 수 있다. A. Ross, *The First Book of Questions Upon Genesis Containing Questions Upon the Sixe First Chapters*, Londres, 1620, pp.40-44.
56 D. Pareus, *In Genesim Mosis commentarius*, Genève, 1614, c.324.

57 *Ibid.*, c.329-334.
58 A. Rivet, *Exercitationes CXC in Genesim*, Lyon, 1633, p.24 7.
59 S. Bochart, *Opera omnia*, Leyden, 1692, I, c.833. 보샤르에 대해서는 다음 자료를 참조하라. F. Laplanche, *L'Écriture...*, pp.252-256.
60 G. Diodati, *Annotationes Upon...*, s.p., chap.11, v.8.
61 J. Basnage, *Histoire du Vieux et Nouveau Testament*, Amsterda.m, 1705, p.7.
62 *Ibid.*
63 이 책 347쪽 참조.
64 H. Grotius, *Adamus exul*, Assen, 1970, p.33.
65 *Ibid.*, p.107.
66 A. Steuchus Eugubinus, *Recognitio Veteris Testamenti ad hebraicam veritatem*, Lyon, 1531, p.85.
67 *Ibid.*, p.88.
68 H. Oleaster, *Commentaria in Moisi Pentateuchum*, Lisbonne, 1556, p.58.
69 *Ibid.*, p.60.
70 F. Vatable, *Biblia Sacra, In Genesim*, éd. Salmanticae, 1584, p.31.
71 A. Inveges, *Historia sacra...*, pp.14 et 15. 또한 다음 자료도 참조하라. J. Salked, *A Treatise...*, p.16.
72 P.D. Huet, *Traité de la situation du paradis terrestre*, 1re éd., Paris, 1691, pp.4-6. 다음 자료도 참조하라. J.R. Massimi, "Montrer et démontrer: autour du *Traité de la situation du Paradis terrestre* de P.D. Huet (1691)", *Moïse géographe...*, sous la dir. d'A. Desreumaux et F. Schmidt, Paris, Vrin 1988, pp.203-226.
73 P.D. Huet, *Traité...*, p.21.
74 *Ibid.*, p.30.
75 *Ibid.*, p.63.
76 *Ibid.*, p.66.
77 *Ibid.*, p.67.
78 *Ibid.*, p.35.
79 *Ibid.*, pp.70 et 71.
80 Bossuet, *Correspondance*, Paris, Hachette, 1920, t.4, p.355.
81 M. Servet, *Christianismi restitutio*, Vienne (Dauphiné), 1553, pp.373 et 374.
82 M. Beroalde, *Chronicum, scripturae sacrae auctoritate constitutum*, Genève, 1575, pp.80-87. Duncan, *Milton's...*, pp.209-210 et pl. 7.
83 J. Duncan, *Milton's...*, p.110.
84 I. de La Peyrere, *Praeadamitae sive exercitatio super...versibus epistolae D. Pauli ad Romanos*, 1655, 특히 pp.116-128. 저자는 "약속의 땅"을 넓은 의미로 해석하여 이집트에서 유프라테스강에 이르는 지역이라고 한다.
85 J. Heidegger, *Historia sacra patriarchum*, Amsterdam, 1667, I, pp.142 et 143. J. Herbinus, *Dissertationes de admirandis mundi cataractis*, Amsterdam, 1678, pp.147-151. J. Duncan,

Milton's..., pp.211 et 212.
86 N. Abram, *Diatriba de quatuor fluviis et loco paradisi*, Rouen, 1635, pp.64 et 65.
87 E. Roger, *La Terre saincte*, Paris, 1646, pp.7-10.
88 J.-R. Massimi, "Montrer et démontrer...", *Moïse géographe*, p.224.
89 J. Hardouin, *Traitez geographiques et historiques pour faciliter l'intelligence de l'Ecriture sainte*, éd. de La Haye, 1730, I, p.43.
90 *Ibid.*, p.56.
91 *Ibid.*, p.69.
92 J. Berruyer, *Histoire du peuple de Dieu*, Paris, 1728, I, p.18.
93 *Ibid.*, p.19.
94 *Ibid.*, p.20.
95 *Ibid.*, p.21.
96 경멸적인 열거를 제공한 자료는 다음과 같다. M. Carver, *A Discourse of the Terrestrial Paradise*: ("To the Reader"); 다음 자료도 이 문제를 장황하게 강조하고 있다. Chr. Hill, *Antichrist in Seventeenth-Century England*, Londres, 1971, passim.
97 J. Salked, *A Treatise...*, pp.23 et 24.
98 A. Inveges, *Historia sacra...*, p.15. Augustin, I*n Genesim ad litteram: Patrologia Latina*, t.34, c.381.
99 Luther, *Commentaire...*, p.101
100 A. Rivet, *Exercitationes CXC in Genesim*, p.246.
101 F. Suarez, *Opera omnia*, t.3, p.203.
102 J. Salked, *A Treatise...*, p.23.
103 *Ibid.*, p.25.
104 *Ibid.*, p.33.
105 A. Inveges, *Historia sacra...*, pp.16 et 17.
106 *Ibid.*, p.17.
107 *Ibid.*, p.18. F. Suarez, *Opera omnia*, III, p.207.

9장 _ 정교해진 연대 계산

1 A. Rivet, *Exercitationes CXC in Genesim*, op.cit., p.206.
2 A. Inveges, *Historia sacra...*, , pp.7-11.
3 *Ibid.*, pp.83-86.
4 *Ibid.*, pp.112-116.
5 *Ibid.*, pp.124-127.
6 *Ibid.*, pp.132-136.
7 *Ibid.*, pp.136-138.
8 *Ibid.*, pp.140-143.

9 *Ibid.*, pp.145-148.
10 *Ibid.*, pp.154-156.
11 *Ibid.*, pp.158-163.
12 *Ibid.*, p.261.
13 *Ibid.*, pp.258-289.
14 M. Bar Céphas, *Liber de paradiso: Patrologia Graeca*, t.111, c.490-491.
15 B. Pereira, *Commentariorum...*, n. 117-118, f° 41.
16 J. Ussher, *Annales veteri testamenti*, Londres, 1650, p.1.
17 A. Inveges, *Historia sacra...*, p.8.
18 *Ibid.*, p.9.
19 베로알드의 이러한 확신은 1577년 바젤에서 출판된 *Chronologia, hoc est supputatio temporum*에 있다. 이와 동시에 메르카토르의 *Chronologia...*의 재판이 출간되었는데 그는 자신의 이름을 책의 제목으로 삼았다. 이 책에서 참조한 부분은 1. II, chap.III, p.131.
20 A. Steuchus Eugubinus, *Recognitio...*, p.51.
21 F. Suarez, *Opera omnia*, t.3, p.208.
22 A. Inveges, *Historia sacra...*, p.11.
23 B. Pereira, *Commentariorum...*, fol.116.
24 J. Usser, *Annales...*, p.1.
25 A. Inveges, *Historia sacra...*, p. 84.
26 F. Suarez, *Opera omnia*, III, p. 368.
27 A. Inveges, *Historia sacra...*, pp. 85 et 86.
28 J. Salked, *A Treatise...*, p.142.
29 F. Suarez, *Opera omnia*, III, pp. 368 et 369.
30 *Ibid.*, p.192.
31 A. Inveges, *Historia sacra...*, p.126.
32 *Ibid.*, pp.125 et 126.
33 *Ibid.*, p.126.
34 B. Pereira, *Commentariorum...*, f°176.
35 A. Inveges, *Historia sacra...*, p.133.
36 *Ibid.*, pp.134-137.
37 *Ibid.*, p.136.
38 *Ibid.*, p.141.
39 Cajetan, *Opera*, Paris, 1539 : fs xxiii-xxxv.
40 F. Suarez, *Opera omnia*, III, p.182. B. Pereira, *Commentariorum...*, f°177. C.A Lapide, *Commentaria...*, p.69.
41 A. Inveges, *Historia sacra...*, p.142.
42 Thomas d'Aquin, *Somme théologique*, I, qu. 73, art. 2: *L'Œuvre des six jours*, Paris, Cerf, 1960, p.186.
43 L. Molina, *Commentaria in primam D. Thomae partem*, Lyon, 1622: "De opéré sex

dierum", disp. 22, pp.691 et 692.
44 B. Pereira, *Commentariorum*..., , f°156 et 158.
45 F. Suarez, *Opera omnia*, III, p.180.
46 A. Inveges, *Historia sacra*..., p.147.
47 F. Suarez, *Opera omnia*, III, pp.369 et 183.
48 Augustin, *Appendix tomi decimi operum s. Augustini, pars tertia : sententiae ex Augustino delibatae*, Sent. 329 : Patr. Lat., t.45, c.1888.
49 A. Inveges, *Historia sacra*..., p.115.
50 *Ibid.*,
51 *Ibid.*, pp.158 et 159.
52 *Ibid.*, pp.162 et 163.
53 J. Salked, *A Treatise*..., p.228.
54 J. Swan, *Speculum mundi or A Glass Representing the lace of the World*, éd. consultée : 3ᵉ, Londres, 1665, p.456.
55 T. Malvenda, *De Paradiso voluptatis*, Rome, 1605, chap, LXXV, pp.241-245.
56 Mosès Bar Céphas, *De Paradiso*, c. 580.
57 F. Suarez, *Opera omnia*, III, p.372.
58 B. Pereira, *Commentariorum*..., f° 238.
59 A. Inveges, *Historia sacra*..., p.163.
60 J. Salked, *A Treatise*..., p.228.
61 J. Swan, *Speculum mundi*..., p.456.
62 F. Suarez, *Opera omnia*, III, p.372.
63 J. Salked, *A Treatise*..., pp.227 et 228.
64 A. Inveges, *Historia sacra*..., p.236.
65 *Ibid.*, pp.261 et 262.
66 *Ibid.*, p.270.
67 *Ibid.*, p.285.
68 Mosès Bar Céphas, *De Paradiso*, c.579.
69 A. Inveges, *Historia sacra*..., pp.285-286.
70 *Ibid.*, pp.289-299.
71 J. Lightfoot, *Works*, Londres, 1684, I, p.692. C.A. Patrides, "Renaissance Estimates of the Year of Creatipn", *The Huntington Library Quarterly*, 1962-1963, vol.XXVI, p.319. 이후 내용에서 이 의미 있는 논문을 자주 이용할 것이다.
72 J. Swan, *Calamus mensurans*, Londres, 1653, I, pp.35-36. C.A. Patrides, "Renaissance Estimates...", p.319.
73 H. Broughton, *A Selder Olam, That Is: Order of the World*, Londres, 1954, p.1. 다음 자료에 인용되어 있다. C.-A. Patrides, "Renaissance Estimates...", p.315.
74 C.-A. Patrides, "Renaissance Estimates...", p.319.
75 G. Vecchietti, "Tabulae majores", *De Anno primitivo ab exordio mundi...*, Augsbourg,

1621. C.-A. Patrides, "Renaissance Estimates...", p.319.
76 C.-A. Patrides, "Renaissance Estimates...", pp.316-318.
77 다음 자료에 근거하여 파트리데스(C.-A. Patrides)의 목록에 그를 추가한다. Malvenda, *De Antichristo*, I, p.106, éd. de Lyon, 1647.
78 C. Hill, *Antichrist in Seventeenth-Century England*, p.25.

10장 _ 인류는 눈을 뜨자마자, 행복한 자신의 모습을 보았다

1 *Le Mistere du Viel Testament*, éd. J. de Rotschild, Paris, 1878, I, p.31.
2 *Ibid.*, p.35.
3 J. Salked, *A Treatise...*, pp.133-135; A. Inveges, *Historia sacra...*, pp.90-92.
4 Saint Augustin, *Œuvres*, Desclée de Brouwer, Bibliothèque augustinienne, n° 48: In *Genesim*, 1. VI, chap.XIII, p.481.
5 Bellarmin, *Opera*, Paris, Vives, 1873, t.5: *De amissione gratiae*, 1. III, chap.IV, p.308.
6 J. Salked, *A Treatise...*, p.134.
7 다음 자료를 참조하라. G. Maiorino, Adam "New Born and Perfect". *The Renaissance Promise of Eternity*, Indiana Univ. Press, 1987, pp.3 et 4, 10-13. L.B. Alberti, "Della Pittura", Opere volgari, éd. C. Grayson, Bari, 1960-1973.
8 St Jérôme, *Epistula 108 ad Eustochium: Patrologia Latina*, t.22, c.902.
9 F. Suarez, *Opera*, III, p.186.
10 B. Pereira, *Commentariorum...*, f° 138.
11 Cajetan, *Commentarii in quinque Mosaicos Libros, Genesis I*, Paris, 1539, p.20.
12 J. Salked, *A Treatise...*, p.134.
13 Mosès Bar Cephas, *Liber de paradiso*, chap.XIV: *Patrologia Graeca*, t.111, c.498.
14 F. Suarez, *Opera...*, III, p.187.
15 A. Inveges, *Historia sacra...*, p.91.
16 J. Salked, *A Treatise...*, p.134 et 135.
17 A. Inveges, *Historia sacra...*, pp.151 et 152.
18 *Ibid.*, p.152.
19 Saint Irénée, *Contre les hérésies* (1. V), trad. par A. Rousseau, éd. du Cerf, 1984, p.626.
20 St Bernard, *Sermones: Patrologia Latina*, t.183, c.429.
21 A. Inveges, *Historia sacra...*, p.153.
22 다음 자료를 참조하라. A. Chastel, *Le Mythe de la Renaissance, 1420-1520*, Genève, Skira, 1969, pp.137-143.
23 Kunsthistorisches Museum.
24 The Fogg Museum of Art, Cambridge, Mass. 첫 번째 부부의 그림에 대해서는 다음 자료를 참조하라. J.-D. Rey et A. Mazure, *Adam et Ève*, Paris, Mazenod, 1967.
25 Landesmuseum, Gotha.

26　Milton, *Paradis perdu*, 1. IV, chap.V. 305.
27　J. Salked, *A Treatise...*, pp.103-106.
28　Luther, *Commentaires du livre de la Genèse*, p.98.
29　*Ibid.*, p.105.
30　*Ibid.*, p.107.
31　J. Swan, *Speculum mundi or a Glasse Representing the Face of the World...*, Cambridge, 1635 : 참조 판본: Londres, 1664, p.460.
32　D. Pareus, *In Genesim Mosis commentarius*, Genève, 1614, c.202-203.
33　F. Suarez, *Opera...*, III, pp.271 et 272.
34　Luther, *Commentaires du livre de la Genèse*, p.105.
35　*Cf.* J. Delumeau, *Le Péché et la peur*, pp.255-265.
36　Calvin, *Commentaires sur l'Ancien Testament*, 1, p.50.
37　*Ibid.*, p.48.
38　J. Salked, *A Treatise...*, p.143-145.
39　J. Hall, *Works*, 1, 1863, p.15 ("The creàtion of man").
40　Milton, *Paradis perdu*, 1, p.209 (1. IV, chap.V. 327-335).
41　*Ibid.*, pp.223-225 (1. IV, chap.V. 616-625).
42　J. Goropius, *Origines antwerpiane*, p.497.
43　T. Tasso, *Opere*, éd. B. Maier, Milan, Rizzoli, 1964, IV, p.313, v.810-814.
44　Thomas d'Aquin, *Somme théologique*, éd. Desclée: I, "Les origines de l'homme", p.102, art.3, p.282.
45　Fr. Suarez, *Opera...*, t.3, p.230.
46　Augustin, *Œuvres*, t.49: *De Genesi ad litteram*, 1. VIII, chap.IX, 17, p.37.
47　Mosès Bar Cephas, *De Paradiso*, op.cit., chap.XXVIII: *Patrologia Graeca*, t.111, c.530.
48　Malvenda, *De Paradiso*, 1605, chap.LXV, pp.202-206.
49　Augustin, *Œuvres*, t.49: *De Genesi ad litteram*, 1. 8, chap.VIII, 15, p.35.
50　Pereira, *Commentariorum...*, 1. IV, f° 146.
51　A. Inveges, *Historia sacra...*, p.122.
52　Du Bartas, *La Deuxième Semaine: l'enfance du monde. Ier jour. Éden*, éd. Chouët, 1593, 다음 자료에 재수록됨 *The Works of G. de Salluste, sieur du Bartas*, Chapel Hill, The Univ.of North Carolina Press, 1940, Reprint Slatkine, 1977, 3 vol. : III, p.3.
53　J. Swan, *Speculum mundi...*, pp.457-458.
54　J. Hall, *Works*, I, pp.10-14.
55　F. Suarez, *Opera...*, III, p.280.
56　Augustin, *Œuvres*, t.35: *Cité de Dieu*, 1. XIV, chap.X, p.399.
57　Cajetan, *Commentarii...*, p.23.
58　Augustin, *Œuvres*, t.48: *De Genesi ad litteram*, 1. III, chap.xv, 24, pp.249-251.
59　Thomas d'Aquin, *Somme théologique*, I, q.96, a.1, "Les origines de l'homme", p.189.
60　B. Pereira, *Commentariorum...*, 1. IV, f° 175.

61 F. Suarez, *Opera*..., III, pp.407 et 408.
62 J. Salked, *A Treatise*..., p.122.
63 J. Hall, *Works*, I, p.10.
64 T. Tasso, *Il Mondo creato*, p.315, v.862-867.
65 Milton, *Le Paradis perdu*, 1. IV, v.340-347.
66 J. Salked, *A Treatise*..., pp.123 et 124.
67 F. Suarez, *Opera*..., t.23: *Commentaria ac disputationei in terliam partem D. Thomae*, disp.73, sect.8, p.622.
68 *Ibid.*, n. 5, p.622. A. Inveges, *Historia sacra*..., pp.166-169 et 217-219.
69 A. Inveges, *Historia sacra*..., p.168. Mosès Bar Céphas, *De Paradiso: Patrologia Graeca*, t.111, c.525.
70 Luther, *Commentaire du livre de la Genèse*,. op.cit., pp.107-108.
71 F. Suarez, *Opéra*..., III, p.232.
72 J. Salked, *A Treatise*..., p.185.
73 *Ibid.*, p.186.
74 *Ibid.*, p.189.
75 Augustin, *Œuvres*, t.49: *De Genesi ad litteram*, 1. VIII, chap.XVIII, 3 7, p.67.
76 *Ibid.*, t.36: *La Cité de Dieu*, 1. 18, chap.XXXIX, p.619. B. Pereira, *Commentariorum*..., 1. IV, f° 176.
77 이 문제에 대해서는 다음의 훌륭한 자료를 참조하라. F. Laplanche, *L'Ecriture*..., op.cit., 특히 pp.81, 93, 245-254, 593 et 594.
78 J.-J. Scaliger, *Opuscula varia antehac non edita*, Paris, 1610, p.439.
79 J. Buxtorf (II), *Dissertationes philologico-theologicae*, Bâle, 1645: *I De linguae hebreae origine, antiquitate et sanctitate.*
80 L. Cappel, *Critica sacra*, Paris, 1650, 1. VI, chap.x.
81 S. Bochart, *Opera omnia*, éd. de Leyde, 1692, I, c.799 이하.
82 Leibniz, "Nouveaux essais sur l'entendement humain"(1704), *Œuvres philosophiques*, éd. Janet, Paris, 1900 : I, pp.238 이하. 다음 자료에도 인용되어 있다. M. Olender, *Les Langues du paradis*, Paris, Gallimard, 1989, pp.12 et 13.
83 Goropius, *Origines antwerpianae*, pp.534-539.
84 다음 자료를 참조하라. C.C. Elert, "Andreas Kempe(1622-1689) and the Language spoken in Paradise", *Historiographica linguistica*, V, III, 1978, pp.221-226.
85 R. Simon, *Histoire critique du Vieux Testament*, éd. de Rotterdam, 1685, p.85. 다음 자료도 참조하라. M. Oldender, *Les Langes*..., p.16.
86 Luther, *Commentaire du livre de la Genèse*, pp.97-107.
87 A. Inveges, *Historia sacra*..., p.157. Jean Chrysostome, *Homelia: Patrologia Graeca*, t.53, XV, IV, c.123.
88 로베르 뷜토Robert Bultot를 이어받아 나도 이 주제를 내 책에서 발전시켰다. *Le Péché et la peur*, pp.205-503.

89 Thomas d'Aquin, *Somme théologique*, "La tempérance", II, II, q.151, a.1, p.195. B. Pereira, *Commentariorum...*, 1. IV, f 176.
90 A. Inveges, *Historia sacra...*, p.166.
91 J. Swan, *Speculum mundi*, p.454.
92 Milton, *Le Paradis perdu*, 1. IV, v.320-340.
93 앞의 주석 참조.
94 Augustin, *Œuvres*, t.8: *De Vera religione*, chap.XLVI, 88, p.155.
95 *Ibid.*, t.35: *Cité de Dieu*, 1. 14, chap.XXVI, p.459.
96 Alexandre de Hales, *Summa theologica*, Venise, 1575, IIe partie, q. 89, 1, f° 184v.
97 Augustin, *Œuvres*, t.49: *De Genesi ad litteram*, 1. IX, cha p.VI, 10, p.101.
98 Bonaventure, *Opera omnia*, t.2, éd. Quarachi, 1875, II, dist.20, q.1, Dubia 2. Augustin, *Œuvres*, t.35: *Cité de Dieu*, 1. XIV, chap.XXVI, p.461.
99 Thomas d'Aquin, *Libri Sententiarum*, II, Paris, Vivès, 1873, II, dist.20, q.1, art.2, p.265.
100 F. Suarez, *Opera...*, III, p.386.
101 A. Inveges, *Historia sacra...*, p.180.
102 *Ibid.*, p.181.
103 Augustin, *Œuvres*, t.49: *De Genesi ad litteram*, 1. IX, chap.III, 5-7, p.97.
104 J. Salked, *A Treatise...*, pp.180 et 181.
105 A. Inveges, *Historia sacra...*, p.153.
106 *Ibid.*, p.154.
107 Augustin, *Œuvres*, t.16, *De Trinitate*, 1. 12, chap.7 p.229.
108 A. Salked, *A Treatise...*, pp.105 et 106.
109 *Ibid.*, pp.130-131.
110 J. Milton, *Le Paradis perdu*, 1. IV, v.295-310.
111 *Ibid.*, v.441-447: I, p.215.
112 Augustin, *De Peccatorum meritis et remissione: Patrologia Latina*, t.44, 1. I, chap.XXXVII et XXXVIII, c.149-156.
113 Thomas d'Aquin, *Somme théologique*: "Les origines de l'homme", I, q.99, art.1, ad. 1, p.243. F. Suarez, *Opera*, III, p.403.
114 A. Inveges, *Historia sacra...*, p.88.
115 Augustin, *De Peccatorum meritis et remissione: Patrologia Latina*, t.44, 1. I, chap.xxxvi-XXXVII, c.148-149.
116 Hugues de Saint-Victor, *De sacramentis: Patrologia Latina*, t.176, c.278-179. Thomas d'Aquin, *Somme théologique*: "Les origines de l'homme", I, q.101, art.2, p.265.
117 A. Inveges, *Historia sacra...*, p.190.
118 Augustin, *Œuvres*, t.37: *La Cité de Dieu*, 1. XIX, chap.xv, p.121.
119 Thomas d'Aquin, *Somme théologique*: "Les origines de l'homme", I, q.96, a.4, p.203. B. Pereira, *Commentarium...*) 1; IV, f°132. F. Suarez, Opera..., III, pp.415 et 416.
120 A. Inveges, *Historia sacra...*, p.194. 아리스토텔레스의 책은 다음 판본을 참조했다.

Politique, Budé, 1971, t.2, 1. III, chap.VII, p.67 et 1. III, chap.XIV, p.11: *la Royauté des temps héroïques*, p.89.
121 F. De Mexia, *Nobiliario vero*, Séville, 1492. 이 자료를 보내 준 아들린 뤼쿠아Adeline Rucquoi에게 감사한다.
122 Augustin, *Œuvres*, t.36: *La Cité de Dieu*, 1. XIX, chap.xv, p.123. Grégoire Le Grand, *Moralium*, 1. XXI, chap.xv, n.689: Patrologia Latina, t.76, c.203. Thomas d'Aquin, *Somme*: "Les origines de l'homme", I, q.96, a.4, p.203. B. Pereira, *Commentariorum*...f°132. F. Suarez, *Opera*..., III, pp.415 et 416.
123 Pereira, *Commentariorum*..., 1. IV, f°132. F. Suarez, *Opera*..., III, pp.415 et 416.
124 A. Inveges, *Historia sacra*..., pp.195 et 196. Ambroise, *Depositio evangelii secundum Lucam: Patrologia Latina*, t.15, chap.122, c.1730, Jean Chrysostome, *Patrologia Graeca*, t.48, *De Beato phylogonio*, VI, c.700-750
125 F. Suarez, *Opera*..., XXIII, p.418.

11장 _ 매혹의 정원의 소멸

1 J. Duncan, *Milton's*..., p.269.
2 P. Bayle, *Dictionnaire historique et critique*. 참조 판본 : Paris, 1820; I, pp.197-207, 항목 "Adam".
3 *Ibid.*, I, p.45, 항목 "Abel".
4 J. Locke, *Le Christianisme raisonnable*, trad. fr., Amsterdam, 1740, 2 vol. : t.1 : p.2. 다음 자료도 참조하라. B. Cottret, *Le Christ des Lumières*, Paris, Cerf, 1990, pp.39-65.
5 *Ibid.*, p.4.
6 *Ibid.*, p.8.
7 이 문제에 대해서는 다음 자료를 참조하라. E. Guyenot, *Les Sciences de la vie aux XVIIe et XVIIIe siècles. L'idée d'évolution*, Paris, A. Michel, rééd. de 1957, pp.349-353.
8 B. Palissy, *Discours admirables*, *"des pierres"*, in *Œuvres complètes*, Paris, Librairie scientifique et technique A. Blanchard, 1961, p.273.
9 E. Guyenot, *Les Sciences*..., p.344. J. Roger, *Buffon*, Paris, Fayard, 1989, pp.138-139.
10 *Mémoires de l'Académie royale des sciences*, in *Histoire de l'Académie* (année 1720, publiée en 1722), pp.400-416. 다음 부분도 참조하라. pp, 5-9 (저자 불명 논문).
11 L. Bourguet, *Lettres philosophiques sur la formation des sels, des cristaux et la génération et le mécanisme organique des plantes et des animaux*, Amsterdam, 1729.
12 Voltaire, *La Défense de mon oncle*, in *Œuvres*, éd. Moland, t.26 (5e vol. des Mélanges), Paris, 1879, p.408.
13 Voltaire, *Dictionnaire philosophique*, Paris, Garnier, 1954, p.250.
14 Buffon, *Histoire naturelle*. "Second discours" in *Œuvres complètes*, 15 vol., Paris 1749-1763: I, p.182.

15 버넷에 대해서는 다음 자료를 참조하라. E. Guyenot, *Les Sciences de la vie...*, pp.345 et 346. J. Ehrard, *L'Idée de Nature en France à l'aube des Lumières*, I, Paris, Flammarion, 1970, p.200. J. Roger, Buffon, p.138.
16 우드워드J. Woodward에 대해서는 다음 자료를 참조하라. E. Guyenot, *Les Sciences de la vie...*, p.347; J. Ehrard, *L'Idée de Nature...*, p.20; J. Roger, *Buffon*, pp.139 et 140.
17 Buffon, *Histoire naturelle*. "Second Discours et théorie de la terre", p.186.
18 W. Whiston, *A New Theory of the Barth from its Original to the Consumation of all Things Wherein The Creation of the World in Six Days, The Universal Deluge and the General Conflagration, as Laid Down in the Holy Scriptures, are Shown to Be Perfectly Agreeable to Reason and Philosophy*, Londres, 1696.
19 T. Burnet, *Telluris Historia sacra...*, pp.163-181.
20 J. Woodward, *Géographie physique ou Essay sur l'histoire naturelle de la terre*, M. Noguez가 영어에서 번역, Paris, 1735, p.51.
21 *Ibid.*
22 W. Whiston, *A New Theory...*, éd. de 1696, 특히 pp.178 et 179.
23 Buffon, *Histoire natuselle*. "Second Discours...", p.220.
24 *Ibid.*, p.196.
25 *Ibid.*, p.201.
26 *Ibid.*, p.79.
27 *Ibid.*, p.77.
28 Voltaire, *Dictionnaire philosophique*, 항목 "Inondation", p.251.
29 B. de Maillet, *Le Telliamed*, Bâle, 1749, p.XLVII.
30 *Ibid.*, p.LIII.
31 C. Blount, *The Oracles of Reason*, Londres, 1693, préface.
32 D. Whitby, *Six Discourses.*, Worcester (Mass.), 1801; M. Tindal, *Christianity as Old as the Creation*, Londres, 1731; J. Taylor, *The Scripture. Doctrine of Original Sin proposed to Free and Candid Examination*, 2ᵉ éd. Londres, 1741. *Cf* J. Duncan, *Milton's...*, pp.278 et 279.
33 C. Middleton, *Miscellaneous Works*, Londres, 1752, II, p.127.
34 *Ibid.*, p.151.
35 H. Bolinbroke, *Works*, éd. H.G. Bohn en 4 vol., Londres, 1962 이하: II (1967), p.209.
36 *Ibid.*, p.207.
37 *Ibid.*, p.211.
38 D. Hume, *L'Histoire naturelle de la religion*, Paris, Vrin, 1971, p.43.
39 *Ibid.*, p.42.
40 *Ibid.*, p.40.
41 *Ibid.*, p.41.
42 *Ibid.*, p.40.
43 Cité par E. Guyenot, *Les Sciences de la vie...*, p.377. Duchesne (fils), *Histoire naturelle des fraisiers*, Paris, 1766.

44 Voltaire, *Dissertation envoyée...à Lacadémie de Bologne*, éd. Moland, XXII, p.228.
45 다음 자료에 인용되어 있다. J. Ehrard, *L'Idée de nature*, I, p.194: 내가 이 주제를 전개하면서 자주 이용한 자료이다.
46 Buffon, *Histoire naturelle*, p.38.
47 C.Bonnet, *Traité d'insectologie, ou observations sur les pucerons*, Paris, 1745, pp.xxvu-XXXI.
48 Ch. Bourguet, *Contemplation de la nature*, in *Œuvres*, Neuchâtel, 1781, t.7, p.52.
49 F. Boissier de Sauvages, "Mémoires contenant des observations de lithologie, pour servir à l'histoire du Languedoc et à la théorie de la terre", *Mémoires de l'Académie royale des sciences*, 1746, pp.749- 751.
50 Buffon, *Histoire naturelle*, p.12.
51 J.-B. Robinet, *De la Nature. Petit extrait d'un gros livre*, Genève, 1761, p.49.
52 J.-B. Robinet, *Considérations philosophiques de la gradation naturelle des formes de l'être ou les Essais de la Nature qui apprend à faire l'homme*, Paris, 1768, p.3.
53 *Ibid.*, p.151.
54 M. de Maupertuis, *Essai de Cosmologie*, in *Œuvres*, Lyon, 1756, t.1, p.11.
55 M. Adamson, *Les Familles des plantes*, Paris, 1763, pp.105 et 164.
56 E. Guyenot, *Les Sciences de la vie...*, pp.377 et 378.
57 P. Cabanis, *Rapports du physique et du moral*, in *Œuvres philosophiques*, Paris, P.U.F., 1956, p.518.
58 E. de Lacépède, "Discours sur la durée des espèces", en tête du t.2 de *L'Histoire naturelle des poissons*, Paris, 1800, p.24.
59 E. Darwin, *Zoonomia*, éd. française, Gand, 1810, t.2, p.282.
60 J.-B. Lamarck, *Système des animaux sans vertèbres, précédé du "Discours d'ouverture"*, Paris, 1801 : Avertissement, p.6.
61 *Ibid.*; "Discours d'ouverture", p.16.
62 E. De Lacepède, "Discours sur la durée des espèces" in *Histoire...des poissons*, II, p.24.
63 Buffon, *Histoire naturelle...*, "Preuves", p.203.
64 *Ibid.*, "Second Discours", p.99.
65 *Ibid.*, "Conclusion", p.612.
66 J. Roger, *Buffon*, pp.248-254.
67 *Ibid.*, p.252.
68 *Ibid.*, p.254.
69 Buffon, *Histoire naturelle*, p.22.
70 Buffon, *Les Époques de la nature* (1778), éd. critique par J. Roger, Paris, éd. du Museum, p.17.
71 *Ibid.*, p.41 et *Supplément à l'histoire naturelle*, t.2 (1775), pp.362-499.
72 J. Roger, *Buffon*, p.540.
73 *Ibid.*, p.541.
74 Buffon, *Époques de la nature*, "Première Époque", 필사본, éd. J. Roger, p.40.

75　J. Roger, *Buffon*, p.555. J. Stengers, "Buffon et la Sorbonne", *Études sur le XVIIIe siècle*, ed. de l'Université de Bruxelles, 1974, pp.109-124.
76　Buffon, *Les Époques de la nature*, "Premier Discours", p.18.
77　*Ibid.*, p.22.
78　루소의《사회계약론》에 있는 표현이다. *Contrat social*, éd. Garnier, 1954, p.237.
79　Rousseau, *Discours sur cette question proposée par l'Académie de Dijon : Quelle est l'origine de l'inégalité parmi les hommes...?*, Paris, Éditions Sociales, 1954, pp.72-75.
80　*Ibid.*, p.118.
81　E. Kant, *Conjectures sur le commencement de l'histoire humaine (1785)* in *Œuvres philosophiques*, sous la dir. de F. Alquié, Pléiade, II, 1985, 특히 pp.504-520.

결론: 신화의 다른 해석

1　P. Teilhard de Chardin, *Œuvres*, t.10: *Comment je crois*, Paris, Seuil, 1969, pp.62 et 63 (1922년 이전의 텍스트).
2　원죄의 문제에 대해 는 다음 책을 참조하라. M. Neusch, *Le Mal*, Paris, le Centurion, 1990, 특히 pp.44-51; 그리고 P. Ricoeur, "Le Péché original", *Le Conflit des interprétations*, Paris, Seuil, 1969, pp.265 이하; A.-M. Dubarle, *Le Péché originel*, Paris, Cerf, 1983; G. Martelet, *Libre réponse à un scandale*, Paris, Cerf, 1986; P. Gibert, *Bible, mythes et récits du commencement*, Paris, Seuil, 1986.
3　Théophile d'Antioche, *Trois livres à Autolycus*, Paris, Le Cerf, <Sources chrétiennes>, 1948, p.159 (II, 22)
4　*Ibid.*, p.161 (II, 25).
5　St Irénée, l'Epidixeis, 12에서 인용한 것으로서 다음 책에 있다. H. Lassiat, *Pour une théologie de l'homme. Création, liberté, incorruptibilité. Insertion du thème anthropologique de la jeune tradition romaine dans l'oeuvre d'Irénée de Lyon*, 2 vol., 재출간. Lille III, 1972: II, p.465.
6　St Irénée, *Contre les hérésies*, IV, trad. A. Rousseau, Paris, Cerf, "Sources chrétiennes", 1965, 2 vol.: II, pp.945-947.
7　*Ibid.*, p.981.
8　*Ibid.*
9　Theophile d'Antioche, *Trois livres...*, p.163 (II,26).
10　St Irénée, *Contre les hérésies* (III, 23, 6), 이것은 다음 책에 인용되어 있다. H. Lassiat, *Pour une théologie...*, II, pp.507-508.
11　*Ibid.*, IV, p.957.
12　Théophile d'Antioche, *Trois livres...*, p.167 (II,27).
13　St Irénée, *Contre les hérésies*, IV, pp.947-949.
14　*Ibid.*, p.955
15　*Ibid.*, p.961.

16　*Ibid.*, p.965-967.
17　Théophile d'Antioche, *Trois livres...*, p.7 (introd. de G. Bardy).
18　Formule de K. Rahner, *Grundkurs des Glaubens*, Fribour-en-Br., Herder, 1984, p.120.

낙원의 역사 기쁨의 정원은 어디에

2025년 11월 05일 초판 1쇄 발행

지은이 | 장 들뤼모
옮긴이 | 박용진
펴낸이 | 노경인 · 김주영

펴낸곳 | 도서출판 앨피 출판등록 | 2004년 11월 23일
주소 | (01545) 경기도 고양시 덕양구 향동로 218(향동동, 현대테라타워DMC) B동 942호
전화 | 02-710-5526 팩스 | 0505-115-0525 블로그 | blog.naver.com/lpbook12
전자우편 | lpbook12@naver.com

ISBN 979-11-92647-71-5 93920